职业教育·道路运输类专业教材

Gaosu Gonglu Jidian Xitong Jicheng yu Weihu

# 高速公路机电系统集成与维护

杨志伟　林晓辉　主　编

罗锦兴[广东省高速公路有限公司]　主　审

人民交通出版社

China Communications Press

# 内 容 提 要

本书主要介绍了我国高速公路机电系统各个方面的技术知识,包括认识高速公路机电系统、高速公路通信系统集成与维护、高速公路收费系统集成与维护、高速公路监控系统集成与维护、高速公路供配电系统及照明系统集成与维护等方面的内容,本书融入了大量高速公路机电系统维护工程案例,力求内容充实、实用性较强。

本书主要可作为高职高专交通运输类专业的教材和学习参考资料,亦可作为各类、各层次学历教育和短期培训的选用教材,也适合作为高速公路机电系统从业人员的技术参考书。

**图书在版编目(CIP)数据**

高速公路机电系统集成与维护 / 杨志伟,林晓辉主编. — 北京:人民交通出版社,2014.2
　　ISBN 978-7-114-11071-9

Ⅰ.①高… Ⅱ.①杨… ②林… Ⅲ.①高速公路—机电系统—系统集成技术②高速公路—机电系统—维修
Ⅳ.①U412.36

中国版本图书馆 CIP 数据核字(2013)第 297447 号

职业教育·道路运输类专业教材
书　　　名:高速公路机电系统集成与维护
著 作 者:杨志伟　林晓辉
责 任 编 辑:任雪莲　周　凯　潘艳霞
出 版 发 行:人民交通出版社股份有限公司
地　　　址:(100011)北京市朝阳区安定门外外馆斜街 3 号
网　　　址:http://www.ccpcl.com.cn
销 售 电 话:(010)59757973
总 经 销:人民交通出版社股份有限公司发行部
经　　　销:各地新华书店
印　　　刷:北京虎彩文化传播有限公司
开　　　本:787×1092　1/16
印　　　张:15.75
字　　　数:385 千
版　　　次:2014 年 2 月　第 1 版
印　　　次:2023 年 12 月　第 8 次印刷
书　　　号:ISBN 978-7-114-11071-9
定　　　价:44.00 元
(有印刷、装订质量问题的图书由本社负责调换)

# 交通安全与智能控制专业教材
# 编审委员会

# 前　　言

随着高速公路建设的快速发展,高速公路机电系统的更新换代,为了培养与时俱进的高速公路机电行业高技能人才、提高机电岗位从业人员的专业技术水平,广东交通职业技术学院智能交通专业教学团队在《高速公路机电系统管理》的基础上,编写了《高速公路机电系统集成与维护》一书。

本教材根据高速公路机电系统岗位能力要求和交通运输部"公路收费监控员"考证大纲,融入大量高速公路机电系统维护工程案例,由从事交通技术类课程教学的教学团队编写,是高职高专交通运输类专业的规划教材。本教材主要有以下特色:

(1)"课证岗"融通。根据高速公路机电系统岗位能力要求和交通运输部"公路收费监控员"考证大纲,确定课程知识模块,根据知识模块,确定教材各模块项目内容,真正做到"课证岗"融通,使学生所学即所考,所学即所需,适应高速公路机电系统行业人才需求。

(2)引入大量工程案例。本教材编写时,各模块项目知识点均引入工程案例,理论与实际相结合,吸引学生的眼球,激发学生的学习兴趣,便于学生更好地理解和巩固理论知识。

(3)提出"学习目的与要求"。每学习模块正式内容前有一段"学习目的与要求",提出本模块的"主要内容、学习目的与要求、学习的难点与重点"等内容,让学生明白本模块所讲授的主要内容。

(4)配备多媒体辅助教学资源包。本教材给出(如动画、视频资料、互动性内容、试卷库等)资料包,方便教师教学,拓展学生的知识面,提高学生的自学能力。

本教材由广东交通职业技术学院杨志伟、林晓辉主编,罗宇飞、吕其惠、蒋波参与编写,具体编写分工为:模块一、模块五由杨志伟编写,模块三、模块四由林晓辉编写,模块二由罗宇飞、吕其惠、蒋波编写。全书由杨志伟、林晓辉统稿。广东轻工职业技术学院王丽婷老师对书稿进行了初步编辑;广东省高速公路有限公司副总工程师罗锦兴审阅了书稿并提出宝贵意见。广州新软计算机技术有限公司和广东新粤交通投资有限公司的各位工程师对本书的编写提供了很大的帮助,在此表示感谢。

本书提供了与教学配套的教学资源包,读者可登录"高速公路机电系统"精品课程网站(http://jpkc.gdcp.cn/skills/solver/classView.do? classKey=3358555)免费下载。

由于编者水平有限,加之时间仓促,书中难免有不少缺点和错误,恳请各位读者批评指正。

编者

2013 年 8 月

# 目　　录

# 模块一　认识高速公路机电系统

**【本模块学习目的】**

理解高速公路机电系统的基本概念、特点、分类以及各子系统的基本功能，了解我国高速公路机电系统的发展情况以及我国高速公路联网收费的发展现状。

高速公路以其"高速、高效、安全、舒适"的特点赢得了人们的广泛赞誉，而高速公路需要一整套交通工程设施来实施营运管理，以充分发挥其特点，提高营运管理效率，使高速公路真正成为国民经济、物资流通中不可缺少的大运量、高效率大通道。虽然高速公路机电系统在整个高速公路建设投资中仅占一小部分，但它却显得越来越重要。机电工程设施中很多内容是以往公路建设中接触比较少的，为了让工程技术和管理人员系统地了解高速公路的整体功能，有必要对它作一个比较详细的介绍。

目前，我国高速公路的交通量特性类似于美国。但由于我国机动化水平不高，高速公路中运行车辆的种类多，各类型车辆的动力性能差异也很大，交通流特性复杂，这对高速公路发挥高速、高效、安全、舒适的功能是一个挑战。可见，我国高速公路建设中有必要设置功能强大的机电系统，否则，在复杂交通组成的条件下，高速公路很难发挥其高速、安全、舒适的功能。在某种意义上，缺少机电项目工程的高速公路系统也很难再称为高速公路了。高速公路机电系统正是为适应高速公路运行特点和营运管理要求而建立的，是保证高速公路交通运输正常运行和充分发挥道路通行能力的必要管理工具。

## 项目一　初步认识高速公路机电系统

近年来，我国流行这样一句俗话："想致富，先修路；想快富，修高速。"且不论这句话的逻辑是否严密，但反映了人们已经充分注意到修建高速公路的重要性。在国外，事实已经给出了证明：1920 年第一次世界大战结束，德国兴建了世界上第一条高速公路，在一定程度上缓解了德国战后危机；第二次世界大战之后，1959—1965 年，日本兴建了名神高速公路后，日本经济开始振兴；意大利太阳高速公路的通车使 755km（469mile）的路程用时缩短至 9h，通车后周边土地升值 20 倍，工商业也随之高速发展。

### 一、高速公路的定义

高速公路属于高等级公路。一般能适应 120km/h 或者更高的车速，路面有 4 条以上车道的宽度。中间设置分隔带，采用沥青混凝土或水泥混凝土高级路面，设有齐全的标志、标线、信号及照明装置；禁止行人和非机动车在路上行走，与其他线路采用立体交叉、行人跨线桥或地道通过。从定义可以看出，一般来讲，高速公路应符合下列 4 个条件：

（1）只供汽车高速行驶。

(2)设有多车道、中央分隔带,将往返交通完全隔开。

(3)设有平面、立体交叉口。

(4)全线封闭,出入口控制,只准汽车在规定的一些立体交叉口进出公路。

高速公路的建设情况反映着一个国家和地区的交通发达程度,乃至经济发展的整体水平。世界各国的高速公路没有统一的标准,命名也不尽相同。美国、加拿大、澳大利亚把高速公路命名为 Freeway,德国命名为 Autobahn,法国命名为 Autoroute,英国命名为 Motorway。

## 二、高速公路的分类

高速公路按其功能可分为城市内部高速公路和城市间高速公路两大类;按其距离长短可分为近程高速公路(500km 以内)、中程高速公路(500～1 000km)和远程高速公路(1 000km 以上)三类;按其布局形式可分为平面立体交叉高速公路、路堤式高速公路、路堑式高速公路、高架高速公路和隧道高速公路。

## 三、高速公路的特点

我国高速公路与普通公路相比,在运行和建造上具有以下特点:

### 1.运行特点

(1)车辆在高速公路上行驶车速快(约比普通公路车速快 1 倍),行车时间短。

(2)通行能力大。四车道年平均昼夜交通量为 25 000～55 000 辆/日;六车道为 45 000～80 000 辆/日。

(3)运输效率高。与普通公路相比,高速公路行车时间可节省一半,油料可节省 20%～35%,相应车辆损耗和维护费用也要降低。

(4)安全舒适。高速公路的安全性、线形标准、路面质量和服务水平均优于普通公路。

以上运行特点可归结为"高速、高效、安全、舒适"。

### 2.建造特点

(1)高速公路占地多。100km 高速公路占地面积为 3.5～4.5km$^2$。

(2)高速公路投资大。高速公路建设费用由四部分组成:土地费、拆迁费、道路建设费和交通工程建设费,每公里平均建设投资超过 1 000 万元。

## 四、各国高速公路建设情况

目前,全世界已有 80 多个国家和地区拥有高速公路,通车总里程超过了 23 万 km。

### 1.美国

美国的高速公路总里程居世界第二。美国于 1937 年开始修筑宾夕法尼亚州收税高速公路,长 257km。目前,高速公路总长度约 10 万 km,已完成以州际为核心的高速公路网,其总里程约占世界高速公路总里程的一半,联结了所有 5 万人以上的城镇,其高速公路系统承担了全美国公路运输任务的 21% 以上。

美国的高速公路建设有一套评估、规划立项、投融资以及维护管理的机制,每个项目的认证至少要两年时间。高速公路建设资金投入的比例为,州政府 19.6%、地方县市 77.4%、联邦政府 3%,平时维护费用主要由州政府负责。

美国高速公路系统,除较好地解决了国防需要外,还较好地解决了美国交通运输问题,如提高了运输速度,降低了产品运费,改善了交通安全和增加了车流量等。高速公路系统在美国交通史上占据重要的地位。但是在城市中心地区,因为车流量往往超过高速公路的通行能力,使汽车无法高速行驶,因而降低了高速公路的效能,再加上噪声和空气污染等问题,对当地环境也产生了一些副作用。

2. 中国

据统计,截至 2013 年 12 月底,我国高速公路总里程达 104 468km 已经超越了美国的107km,居世界第一。根据交通运输"十二五"规划,到 2015 年,国家高速公路通车里程将达到10.8 万 km。

中国台湾于 1978 年底建成的基隆至高雄的中山高速公路长 373km。1988 年 10 月 31日,上海至嘉定 18.5km 高速公路建成通车,使中国内地有了高速公路。此后,我国高速公路建设突飞猛进:2004 年 8 月底突破了 3 万 km。

我国用于高速公路建设的资金主要来源于各种专项税费和财政性资金(如车购税、养路费、国债、地方财政等)、转让经营权、直接利用外资、通行费收入、企业自筹资金以及国内外银行贷款。其中,银行贷款占了很大比重。

3. 德国

德国是最早修建高速公路的国家,建于 1931—1942 年的波恩—科隆高速公路是世界上第一条高速公路。德国高速公路与世界上其他高速公路一样,都是拥有多线道、双向分离行驶、完全控制出入口、全部采用两旁封闭和立体交叉桥梁与道口以及容许高速行驶的道路。

目前,德国拥有仅次于美国、中国和加拿大的世界发达高速公路网络。德国的公路系统由联邦远程公路、州级公路、县市级公路和乡镇级公路组成,公路总里程约 65 万 km,公路面积约占国土面积的 4.8%,其中约 1.8% 为高速公路,高速公路总里程超过 1.1 万 km。

德国高速公路管理中,运用了许多先进的技术手段,如智能交通诱导系统、应急通信系统、隧道安全监控系统、GPS 全球定位系统、GIS 地理信息系统、交通网络控制系统、交通信息发布查询系统等。这些先进的交通通信信息技术手段,为交通管理提供了有效、可靠的技术保证和为道路使用者提供了优质的服务。

4. 意大利

意大利高速公路建设始于 20 世纪 20 年代,真正大规模建设和发展则是从 20 世纪 50 年代开始的。意大利的高速公路已成为该国交通运输的主动脉,在公路运输中占主导地位。意大利的高速公路,有 80% 为四车道,20% 为六车道。意大利 80% 的国土是山地丘陵,为保证高速公路的技术标准和有利于环境保护,大量采用高架桥和隧道形式,其工程量之大,耗资之多,在世界上是少见的。据不完全统计,意大利的高速公路平均每 1km 就有一座桥梁式高架桥,每 10km 就有一座隧道,每 12km 就建有互通式立交。由于意大利的高速公路建造标准高,因此运行了四十多年,至今仍能适应需要。

5. 其他

加拿大高速公路网建设在世界上居第三位,共修建了 1.65 万 km 高速公路,而且不征收车辆通行费,所以路上也没有收费站、检查站。法国目前拥有 1 万 km 高速公路,由于采取了大量吸收民间投资的方法,因而有力地推动了高速公路的建设速度。法国也因此拥有了全世界最发达的公共交通系统。高速公路面积密度最大的国家是荷兰,每 1 000km² 面积中有高速公路 43.9km。

### 五、高速公路的营运管理

根据国情,我国采用"筹资建路—收费—还贷—再建路"的滚动模式发展高速公路。建设资金采用国家拨款、地方自筹、引进外资和发展股份等多种渠道筹资。公路开通营运后,使用道路的车辆一律按章征收通行费,以付息还贷、支付管理维护费用等。这样,高速公路营运管理具有明显的经营性质。

"收费"是高速公路的主要财政收入。但是办理收费需要时间,必然产生行车延误,对"高速"造成一定的障碍。因此,避免和迅速排除交通堵塞,保持高速公路"高速畅通"和快速"收费"是高速公路有别于普通公路的一种特殊管理要求。

要发挥高速公路的优势,在管理上应要求三个"快"和"准":获取交通信息要"快"和"准";对交通事件反应要"快"和"准";"收费"也要"快"和"准"。对于线路长达数十或数百公里的高速公路,单凭人力是无法完成管理的,必须采用由先进的技术设备所组成的系统——交通机电系统(即高速公路机电系统,包括交通监控、收费、通信、照明、隧道和供配电系统)协助高素质的管理人员来完成。因此,高速公路营运管理是一种现代化管理,具有以下特点:

(1)及时采集、处理各种数据,获取业务信息。

(2)凭通信工具对数据进行近程和远程动态处理。

(3)机电系统成为管理人员的重要工具。

(4)高素质的管理人员是实现现代化管理的必要条件。

随着高速公路的发展,高速公路的营运管理显得愈加重要。高速公路营运管理工作要适应新形势的要求,必须加大科技含量,提高科技应用水平。作为高速公路的一个重要组成部分,高速公路机电系统与道路工程本身一样,对经济建设起着明显的促进作用。高速公路营运管理机电系统的建设和应用,为今后高速公路的科学和规范管理提供了良好的保证,也为将来高速公路监控能力的提高、车辆防盗、事故灾难预防等提供了基础保证,同时也必将提高高速公路营运管理水平,有很高的社会效益和经济效益。

### 六、高速公路的组成

高速公路交通运输是一个综合系统,由高速公路交通设施、车辆和人组成。而公路交通设施本身又是一个复杂的系统,由道路设施和交通工程设施两大部分组成;道路设施包括收费站、桥梁隧道、立交和主线车道等;交通工程设施包括机电系统、安全服务设施、交通标志与标线等安全设施。如图 1-1 所示。

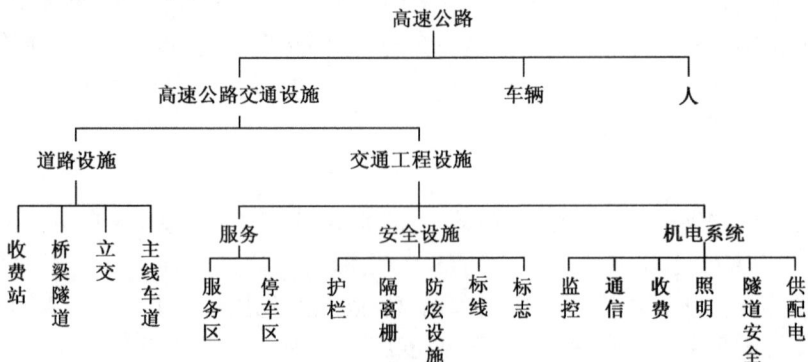

图 1-1　高速公路组成图

## 七、高速公路机电系统的功效

高速公路机电系统的功能和效果具体包括以下六个方面：

1. 提高通行能力和交通运行效率

(1) 提高高速公路的总车辆行程数。

(2) 提高行程速度，减少行程时间。

(3) 减少延误时间、事故判知时间。

(4) 减少停车次数。

(5) 增加车辆乘用率，提高旅行时间的可预知性。

2. 提高交通安全性

(1) 减少交通事故和伤亡人数。

(2) 减少二次事故的发生率。

(3) 减少事故经济损失。

(4) 减少交通事故和其他交通事件的反应时间。

(5) 减少驾乘人员的疲劳程度。

3. 降低交通能耗和交通对环境的影响

(1) 提高汽车燃油的使用效率，减少燃油消耗。

(2) 减少汽车尾气和噪声对环境的污染。

4. 提高运输生产力

(1) 行车速度的提高将给运输企业和交通服务业带来经济效益，增加客货运量，降低运输成本。

(2) 提高到达目的地和交货的及时性，吸引新客户。

5. 提高旅行的舒适和方便程度

(1) 减轻驾乘人员的疲劳程度，增加行车的舒适性。

(2) 增加旅行时间的可预知性，方便出行者事先安排出行计划。

6. 加快资金回收速度

(1) 提高通行能力，增加收费收入，加快资金回收。

(2) 减少因作弊现象引起的通行费漏收、漏缴现象。

## 八、高速公路设置机电项目的必要性

根据 1994 年版《公路通行能力手册》提出的速度—流量曲线图可知，高速公路的交通流量具有两个方面的特性：

(1) 在传统的交通流理论中，当交通流处于不饱和状态时，随着交通量的增加，速度将逐渐降低。但高速公路在相当大的流量区间内，速度不随交通量的增加而降低，而是保持着自由流的速度。

(2) 在传统的交通流理论中，交通量达到通行能力时，平均速度将降至自由流速度的一半。而在服务水平达到 E 级的高速公路上，当交通量达到通行能力时，车流速度仅比自由流速度降低 5～15km/h。

由上可知,在高速公路中,交通流的特性都体现着高速度,而高速度的维持则离不开高速公路机电系统。没有高速公路机电系统,交通事故则不能及时被发现,高速公路中运行的交通量不能得到有效控制,高速公路中的运行状况也不能及时通报给用路者,从而使高速公路失去了高速的安全保障和舒适的行车环境。可见,高速公路机电系统是高速公路交通流特性正常表现的基本保障,是高速公路建设中不可或缺的组成部分。

### 九、高速公路设置机电项目的阶段性

为实现高速公路高速、安全、舒适的功能,有必要设置机电项目,但由于高速公路本身所处的状态不同,对机电项目应该有针对性地进行设置,解决其主要矛盾。同时,这样也可以做到分期建设高速公路机电项目,从而有利于高速公路的良性发展。

根据交通量的不同,设置机电项目所能解决的问题及采取的措施包括以下三类:

(1)小交通量时:主要为实现安全的功能。相应的措施:设置可变情报板、限速标志,及时通报高速公路的交通信息。

(2)中等交通量时:主要为保证高速、安全的功能。相应的措施:增加设置紧急救援系统,及时处理交通事故和异常的交通事件,减少二次事故的发生。

(3)大交通量时:主要为保证高速、安全、舒适的功能。相应的措施:增加匝道控制,保证高速公路的高速运行。

# 项目二　认识机电系统的分类

### 一、系统组成

机电系统是发挥道路设施交通功能的主要辅助系统,是对高速公路实施现代化管理的主要工具。机电系统包括多个子系统,它由监控、收费、通信、照明、供配电和隧道安全运行保障等子系统组成。子系统内部和各子系统之间由通信网联系,系统组成见图1-2。

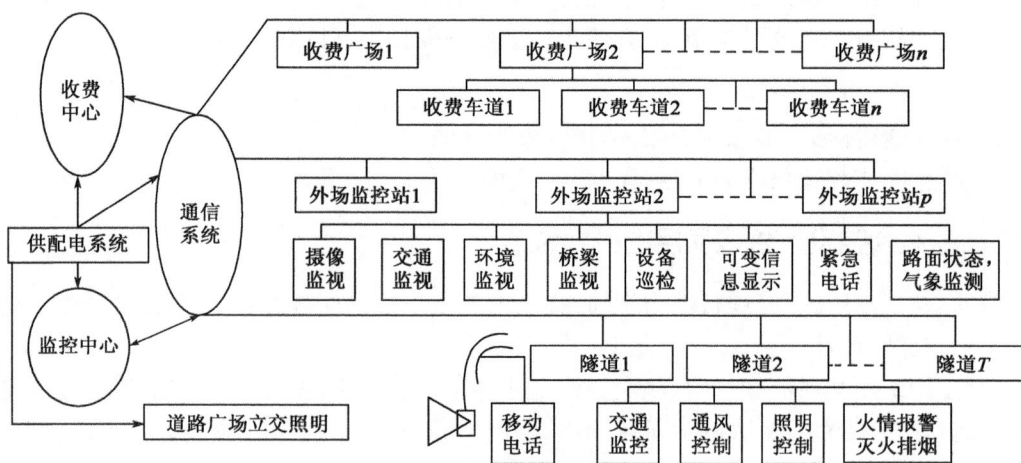

图 1-2　高速公路机电系统组成示意图

监控系统和收费系统大都为计算机系统,通过光缆数字通信连接成远程计算机网络,各网络间信息共享。

## 二、各子系统构成及其功能简介

### 1. 高速公路通信系统

高速公路通信系统作为高速公路现代化管理的支撑系统，主要承担三方面的任务：

(1)承担监控系统和收费系统的数据、语音、图像等各类信息系统的传输任务，使监控系统和收费系统正常运转。

(2)承担高速公路内部各业务部门和管理部门的业务联系，如事故救援、道路设备设施的维修等。

(3)承担高速公路内部的监控中心、收费中心、业务部门和管理部门与外界的联系，如与上级管理部门，与公安、消防、医院等的信息沟通，以及把高速公路实时交通信息通过有线或无线方式向社会公众发布等。

为此，高速公路通信系统应确保语音、数据及图像等各类信息准确及时的传输，应该为各种先进的管理手段提供信息传输的基础。高速公路的通信系统基本由以下几部分组成：

(1)主干线传输。作为交通专用通信网的通信主干线，它不仅要满足长途网和地区网的传输要求，而且应该考虑到省内各地区交通部门的通信需要。

(2)业务电话。它是通信系统基本的通信业务，包括网内各级管理机构的业务电话和个人电话，它应能实现专用网内用户和公用网用户之间的通话。

(3)指令电话。它为在高速公路内部进行交通管理和调度指挥服务。指令电话调度台对分机应具有选呼、组呼、全呼的功能，包括有线指令电话和无线指令电话。

(4)紧急电话。它是高速公路内部专用的安全报警电话，为高速公路使用者提供紧急呼救救援通信。

(5)数据传输。它包括收费系统和监控系统内部的计算机数据通信系统应提供的传输信道。

(6)图像传输。它包括中央电视台交通监视图像及会议电视图像传输，通信系统为各类图像信息提供信道。

(7)广播。它包括路侧道路情报广播和交通信息电台广播。

(8)通信电源。它包括交流供电系统、直流供电系统以及通信机房的接地系统。

(9)通信管道。它推荐采用高密度聚乙烯（HDPE）管道及 HDPE 硅管。

1988 年，沪嘉高速公路和沈大高速公路的相继通车，标志着我国的高速公路实现了零的突破，从此结束了我国公路通信的落后局面，开创了高速公路通信发展的新时期。随着计算机技术、网络技术和通信技术的迅速发展，高速公路通信技术也从简单的无线对讲系统发展到800MHz 无线集群系统，从小容量微波通信发展到 SDH 系列数字光纤传输系统，从单纯的电话业务发展到包括语音、数据和图像等多种信息的综合通信，并从模拟通信向数字通信演变，开始组建先进的宽带综合业务数字(B-ISDN)通信系统。

近年来，我国的高速公路发展非常迅速，高速公路网正在逐步形成。高速公路通信系统已开始从单条路的内部通信向路网环境的广域通信转变，高速公路各现场监控站有大量监测数据需要及时传送给监控中心；各个收费站也有大批数据文件要定时传送给收费中心，这些传输任务都由通信系统承担。因此，为了保证通信的高可靠性，高速公路辟有专用的通信网络。

## 2.高速公路监控系统

用户对高速公路最基本的要求就是"安全"和"通畅"。高速公路监控系统对交通流量、交通环境两大对象进行监控,它是为解决"安全"和"通畅"而设置的复杂机电系统,具有监视监测和控制两大功能。

监视部分对主干道的匝道连接点、互通立交以及重要路段的交通状况进行 24h 的连续监视,并实时显示所采集的图像和信息。检测部分负责实时采集交通流动态数据和交通环境的有关信息(如气象、路面状况等),进行传输、显示、统计分析和存储;对隧道的照明亮度和大气状况进行检测;对隧道火灾进行不间断监测。控制部分根据监视获取的交通信息,作出有效的控制决策。通过无线广播、可变信息板和可变限速板等信息传输手段,向驾驶员实时提供道路交通信息和有效建议;对入口匝道或主道等可控设施发出控制指令,实施交通控制,响应紧急电话呼叫,对交通事故进行电话处理;对隧道照明的亮度进行自动控制;当隧道发生火灾时,及时作出火灾消防紧急处理。

根据管辖路段不同的道路状况和交通需求,交通监控系统可分为主线控制、隧道控制、匝道控制和综合控制。

高速公路车辆行驶高速、安全、舒适是高速公路系统的本质特征。然而,偶然的交通事故、车辆抛锚、货物散落等交通事故却不可避免。这些事件一旦发生,必然对高速公路交通产生干扰。在交通量不大时,这些交通事件即使不造成交通堵塞,也需要及时救援人员和物资;在交通量增大到一定程度时,偶发的交通事件还会造成交通阻塞,此时要尽快发现交通事件并组织援助,清理路障;在交通量达到高峰时,某些路段即使不发生交通偶然事件也会发生交通堵塞,此时高速公路上应该有相应的设施去避免、减少这些交通异常情况的发生频率。这一切都依赖于完善、高效的高速公路监控系统。

监控系统主要由信息采集子系统、监控中心及信息发布子系统三大部分组成。信息采集子系统包括车辆检测器、气象检测器、紧急电话和巡逻车。信息发布子系统包括交通标志、标线和信号等,是交通监控管理为用户服务的主要形式。监控中心是高速公路全线路监控系统的最高层,即控制中心,主要负责全线路范围内交通情况的监视和控制。

监控系统的功能包括:道路及隧道桥梁监视、交通量检测、气象监测、信息采集与发布、交通诱导、隧道检测等。主要设备包括:车辆检测系统、气象检测设备(能见度、冰检等)、情报板系统、路侧摄像机系统、监控分中心计算机网络、地图板、大屏幕投影系统、图像监视系统、主控制台和监控软件、事件检测系统、隧道 CO/VI 检测设备、隧道火灾检测及报警系统、隧道 PLC 设备等。

(1)道路监控系统。

①路段监控(分)中心计算机管理系统,主要包括系统硬件与软件两个组成部分。其中计算机硬件主要有,数据库服务器、业务计算机、图形计算机、路由器、交换机、打印机等;软件系统主要包括,系统软件、支撑软件和业务管理软件等。利用计算机管理系统可以完成对道路沿线外场设备的状态查询、信息获取、功能设定;交通管理方案的比较与优选、交通控制参数的确定;路政、公安、医疗等相关部门的信息共享与突发事件的协同处理;报表打印、日常信息管理等功能。

②信息采集系统,用于道路沿线的交通、环境信息采集,采集方式主要有人工采集和自动采集两种,主要设备包括紧急电话(ET)、车辆检测器(VD)、气象检测器(WD)等。

③信息发布系统,用于道路交通诱导、警示信息的发布,主要设备包括门架式情报板

（CMS）、立柱式情报板（SCMS）、可变限速标志（CSLS）等。

④闭路电视监视（CCTV）系统，主要设备包括前端的视频采集摄像机（通常还含有云台、防护罩、解码器等）、传输用视频（数据）复用光端机、（分）中心视频切换控制矩阵及相应的码转换设备、硬盘录像机、大屏幕投影、监视器等。

⑤防雷与接地系统，用于保护监控设备免受雷击及过电压损害，主要包括避雷针、电源防雷器、信号防雷器、接地引下线以及接地极等。

⑥供配电系统，用于对中心及外场设备的电能供应与分配，主要包括不间断供电电源（UPS）、电力稳压器、配电箱（柜）、供电电缆等。对于系统规模较大、组成较复杂的供配电系统，往往还配置有电力监控自动化系统，用于对供配电设备运行状态进行遥测、遥信与遥控。

（2）隧道监控系统。

①隧道通风系统。通风系统主要包括射流风机、一氧化碳/能见度检测器（CO/VI）、通风控制箱（根据需要配有 PLC、软启动器、继电器等）、供电电缆等，用于隧道内外的空气交换和污染物浓度控制。

②隧道照明系统。由于在隧道内尤其是长隧道内行车会产生"黑洞"或"白洞"效应，影响行车安全，因此设置有隧道照明系统。设备主要包括用于引道照明的中杆灯、用于洞内一般情况照明的隧道灯、用于断电或火灾等紧急情况的应急灯以及亮度检测器、照明控制箱（根据需要配有智能照明控制器、PLC、继电器等）、耐火或阻燃电缆等。

③火灾报警系统。主要功能是完成隧道内火灾情况的及时侦测与报警。主要设备包括光纤火灾探测器及报警控制处理主机。

**3. 高速公路收费系统**

高速公路是经济高度发展的必然产物。自 20 世纪 50 年代大力发展高速公路至今，世界上已有 60 多个国家和地区修建了高速公路。综观全球发达国家发展历程，无一不是优先发展交通事业，尤其是高速公路的建设。不论是发展中国家还是发达国家，尤其是像我国这样经济高速发展的发展中国家，都面临着建设和养护高速公路系统资金缺乏的问题，这也是收费公路在各国发展的根本原因。通行费是高速公路最主要的经济收入，是完成营运管理、道路设备维修、还贷交税、建设新路的财源。按章收费是收费系统的主要任务。

高速公路有开放式和封闭式两种基本收费方式。开放式收费仅按车型一次性收费；封闭式收费按车型和行驶里程收通行费，收费系统识别进入高速公路的每一辆车的车型并判定其所属类别，确认其出口地址，按通行费收费率计算费额和收费。

收费系统的功能和作用主要包括：

（1）收费系统要具有相对公平的费率。如分车型收费，制定合理的收费标准。

（2）收费必须尽量减少延误，提高收费车道的通行能力，不降低道路的服务水平。

（3）收费系统应具有严密性，避免漏收和作弊行为。

（4）收费系统应尽可能减轻收费人员的劳动强度，保证收费的准确性，提高劳动效率；收费系统应具有一定的统计功能。

（5）收费系统应具有报警及自检功能。

收费系统的组成，广义地讲，包括收费政策、经济理论、管理机制和收费技术四个部分。其中，收费政策的内容包括，是否收费、为何收费、向谁收费等；经济理论包括，收费依据和收费标准等；管理机制包括，收费机构和收费方式等；收费技术包括，收费手段，如何收费等。

目前,全世界有四十多个国家存在收费道路,美国、日本、意大利、法国等国家,道路发达,路网密度较高,收费道路的设施、管理也比较先进,其中意大利是世界上较早修建汽车收费道路的国家,现有高速公路超过6 300km,收费高速公路占95％。在这些国家,道路收费系统的特点一般是收费道路等级高、里程长,管理和服务水平高,设施先进,并有一套有关建设、管理、收费经营的法规和制度。而且收费系统将由人工收费向半自动和自动化发展,有的国家已开始了自动化收费系统的建设和使用。

1984年,广东省率先批准对广珠、广深六座新建大桥实行有偿使用,成为中国内地道路直接收取车辆通行费用的先导。自1988年10月,沪嘉高速公路实行收费以来,先后有广佛高速公路、沈大高速公路、西临高速公路、莘松高速公路、京津高速公路等相继开通并实行了收费。由于我国公路建设任务重和资金短缺的矛盾比较突出,因此近年来建设的高速公路基本上是由含有内外资贷款或通过其他融资方式筹措的资金修建的收费路,实行收费制度拓展了公路建设资金的来源,调动了各方面投资修建高速公路的积极性,加快了公路建设的步伐,这将在一段时间内成为我国高速公路发展的主旋律。

**4.高速公路照明系统**

高速公路照明系统包括三部分:主车道照明、广场照明和隧道照明。在运输繁忙和重要路段设置主线照明,改善夜间行车环境,减少事故发生;在立交和匝道连接点等事故多发点设置广场照明,能使中央电视台摄像机充分发挥夜间监视作用,收费广场普遍采用高杆照明,以保证收费车辆的安全交汇和排队。隧道照明在白天和夜间都是必需的,隧道内各区段的亮度分布需满足人的视觉适应特点,各区段的人工照明亮度需按照环境亮度进行调节;隧道还应设置断电和火灾时的应急照明系统。

**5.隧道安全运行保障系统**

长隧道的几何特点给交通环境带来一系列变化:大量车辆排放物在封闭空间得不到扩散和稀释,有害污染物不断积聚,使洞内空气严重污染,不但对人的健康产生损害,而且大量烟雾使能见度恶化,影响车辆行驶。洞内环境照度低,驾驶员产生视觉不适应,加上交通空间的压抑和约束,心理发生变化,容易发生交通事故。而且隧道一旦发生火灾,大量烟雾无法自然排出,既给隧道内的人员带来生命危险,也给消防人员接近火源迅速灭火带来困难。因此,隧道交通环境的变化严重影响交通的安全运行。为此,长隧道需要建立安全运行保障系统,从多方面改善交通环境,保证车辆运行安全。

长隧道的安全保障措施有:

(1)隧道人工照明系统,对照明进行合理部设和控制。

(2)根据隧道长度合理选择机械通风方式,布置通风设备,调节风量,保持洞内空气质量和能见度符合有关规定指标。

(3)强化交通监控,动态显示全线交通流画面,结合交通状态参数检测,进行正常运行状态的交通控制。

(4)迅速探测出交通事件的发生时间、地点,组织指挥异常状态下车辆的安全转移、救援和恢复正常交通。

(5)全程检测气温、烟雾浓度,搜索火情,自动报警和确认火灾地点,组织车辆人员转移,指挥灭火、排烟和救灾。

(6)长隧道需要一个完整的安全保障系统,它包含通风、照明、消防和监控等子系统。

6.供配电系统

供配电系统是高速公路机电系统必不可少的辅助系统,其作用是保证24h无间断供应电源,既能正常供电(包括变电和配电),又能紧急供电(配备柴油发电机组、铅酸蓄电池或UPS电源)。

高速公路机电系统工作的最大特点是野外全天候的运行环境,除了承受日晒雨淋、严寒高温和潮湿多尘的侵扰外,还必须抵抗来自车辆、供电线路及其电子设备和雷击的电磁干扰,所以设备产品性能、系统集成和日常保养维护都必须考虑电磁兼容性问题,采取有效的预防措施。

# 项目三 认识我国高速公路机电系统的发展现状

## 一、我国高速公路通信系统发展现状及趋势

高速公路通信系统是收费系统、监控系统以及高速公路信息化管理的支撑系统,通信系统在高速公路机电项目工程中处于基础位置。安全可靠、完善高效的通信系统是高速公路运营的可靠保证。因此,近年来,高速公路通信网的设计、建设与管理日益成为高速公路管理部门密切关注的问题。高速公路通信系统不仅需满足其自身的通信需求,而且还要为收费、监控系统的数据(收费数据、监控低速数据)及图像传输等业务服务。建设智能化的高速公路必然会对通信系统提出很高的功能要求。

### (一)高速公路通信业务的内涵

高速公路通信业务一般可以分为语音、数据和图像三大部分。

语音业务包括业务电话(BT)、指令电话(CT)、紧急电话(ET)、无线集群、广播系统等。

数据业务分为两部分。一是收费系统计算机网络互联,即收费站—收费(分)中心—收费总中心的三级收费网络,计算机收费局域网的速率一般是10Mb/s或100Mb/s;二是外场交通监控数据采集及控制,这是一些低速数据,包括可变情报板、限速标志、车辆检测、气象检测、图像切换和控制等。

图像业务主要是中央电视台交通监控图像及会议电视图像。中央电视台交通监控图像包括收费站中收费车道、收费亭和收费广场图像以及重要路段和立交桥的外场监控图像。

从以上分析可以看出,高速公路通信网是一个多业务、传输距离长的专用多媒体传输系统。同时,伴随着交通信息产业的兴起,高速公路通信网作为交通信息网重要组成部分,其用户的可用带宽(可用到的通路波段宽度)在逐步增加,对业务的要求也逐步向宽带化、实时化发展。因此,高速公路通信系统必须把语音、数据和图像三种业务集成在同一网络平台上实现真正的综合业务数字网(综合业务服务网),并且向宽带化(B-ISDN)方向发展。

### (二)高速公路通信网络技术的发展现状与趋势

高速公路通信系统作为行业专网,其发展紧随着电信公网通信技术的发展步伐。从巡逻调度业务看,由简单的无线对讲系统发展到800MHz数字集群系统;从紧急电话看,由铜缆/光纤有线紧急电话发展到无线紧急电话;从交换角度看,由简单用户线模拟交换机发展到具备ISDN、SSP、V5.2等业务功能的交换机;从传输角度看,由小容量微波通信发展到早期PDH

传输系统,现在基本上采用 SDH 系列数字光纤传输系统,采取交换＋SDH＋接入网的网络结构形式,把高速公路通信系统中的多种业务融入一个传输平台。

目前,在高速公路建设发达的省份,如广东、山东、浙江,已经进行区域内高速公路交通机电工程联网的方案论证及工程实践,以省为中心的高速公路联网计划和实施已经逐步在全国铺开。在高速公路省域和全国联网实现后,这一庞大的通信专网将成为重要的网络服务资源。从组建全省/全国交通通信网的高度看,适合高速公路通信的关键网络技术有 SDH、ATM、IP 以及 WDM/DWDM,而且这些技术相互融合,产生了各种重叠模型和集成模型,如 ATM Over SDH、IP Over ATM、IP Over SDH、IP Over WDM/Optical 等。各种技术的特点如下:

1. SDH 技术

SDH(Synchronous Digital Hierarchy,同步数字体系)传输系统是在 PDH(Plesiochronous Digital Hierarchy,准同步数字体系)系统的基础上发展起来的,是目前国内外广泛应用的成熟的光纤传输技术。我国高速公路通信系统除早期采用 PDH 传输系统外,后期基本上是采用 SDH 系统。基于 SDH 技术的高速公路通信系统通过利用交换＋SDH＋接入网技术能把高速公路通信系统中的多业务融入一个传输平台。但是其网络构成复杂,除传输平台之外,还需要很多的附加设备,如收费计算机网络要外接路由器;对于视频,需要外接编解码器和切换器、分配器;对于电话和低速数据,需要外接时隙分割器等,这对管理带来很大难度,同时 SDH 系统通过路由器提供给收费计算机网络的接口速率一般为 128kb/s 或 2Mb/s,而收费计算机网络本身是 10Mb/s 或 100Mb/s,且联网收费需传输大量的信息(如抓拍的数字图像等),这样就可能形成通信瓶颈。造成上述问题的原因是,标准 SDH 是针对电信公用网设计的,提供的业务接入为 E1、E2、E3 等,不会直接提供视频、低速数据和 LAN 的接口,为了解决诸如此类的问题,有的厂商已开发出适应高速公路通信的专用多媒体通信网络,如上海贝尔开发的基于 SDH 标准 infotrax、西门子 OTN 等。

SDH 由于兼容 PDH,因此具有标准的信息结构等级(STM-1、STM-4、STM-16 等)、网络单元有标准的光接口可在光路上互通等优点,并被单条高速公路通信系统所广泛采用。但它也有自身的缺点,如只是一种简单的点到点传输,一种简单的复用过程,网络启动后即建立固定传输链路,固定的多路复用、带宽利用率低等。尤其是标准的 SDH 是针对电信公用网设计的,更适应于以语音业务为主的电信网。

2. ATM 技术

异步传输模式(Asynchronous Transfer Mode,ATM)是一种全新的网络技术。1991 年,ATM 被 ITU-T 确认为宽带综合业务数字网(B-ISDN)的传送模式。ATM cell(信元)、ATM vc(虚连接)和 ATM switch(交换)构成了 ATM 的三大技术基础。ATM 技术已是一个拥有标准化的技术细则、成熟可靠的多媒体通信网络的全球标准。ATM 以其高带宽、低延时和适应性强等特点,已成为新一代网络技术的代表。

ATM 最初是伴随着 B-ISDN 的概念提出的,因而 ATM 交换技术和传输技术,从诞生起就是为语音,数字和图像在同一网络上的综合交换和传输设计的。它综合了基于电路交换的电话网和基于包交换的数据网的优点,通过面向连接的信元交换和传送,为语音、数据和图像等不同传输要求的业务提供服务质量保证(QoS,Quality of Service)的带宽动态分配和连接。与其他的通信网络技术相比,ATM 有如下主要特点:

(1)业务质量保证(QoS),ATM 能针对连接提供 QoS 保障。

（2）简单的、固定长度的短数据包——信元（cell）。

（3）统计时分复用（异步性）、带宽利用率高。

（4）面向连接的交换方式。

（5）传送差错处理、高层的数据流控制。

ATM 作为实现宽带综合业务数字网（B-ISDN）的核心技术，其适应性极强。它可以应用到从 LAN 到 WAN 的各种领域，以及从数据传输到音频、视频传输的各种应用中。同时，伴随 ATM 的迅速发展，ATM 不但大量被作为骨干网技术，而且可以经济地支持端到端的连接。因此，从以上分析可以看出，ATM 技术最适合于作为高速公路通信系统及其联网的技术。

3. IP 技术

进入 20 世纪 90 年代以来，Internet 网络规模、用户数量以及业务量呈现指数增长，IP 技术异军突起，几乎成了未来信息网络的代名词。目前，IP 技术主宰了几乎所有的数据业务，而且正在向语音、视频领域扩展，IP 电话（IP Phone）、IP 传真（IP FAX）、电视会议、可视电话和点播电视（VOD）等多媒体和宽带通信业务也将加入到 Internet 上来，大有一切业务都要用 IP 技术之势。IP 是位于开放系统互联（OSI，OPen System Interconnection）七层模型的网络层（Network Layer）上，即第三层技术。IP 技术面向无连接、屏蔽了不同网络的底层实现，采用统一的地址格式和协议，使得异种网络互联只要在 IP 层取得一致即可交换信息。同时，TCP/IP 协议族提供良好的应用程序接口（API），使得用户在此基础上可自主开发大量应用软件，这也是 IP 技术迅速发展起来的原因之一。

高速公路通信系统及其联网是否必须采用 IP 技术呢？其实 IP 迅速发展源于 Internet 的迅速普及，IP 的业务专长是非实时型的数据。由于 IP 包的长度不是固定的（不像 ATM 中的 cell 固定为 53 字节），长信息包和短信息包中的信息打包、拆包时延差别很大，从而引起了较大的时延抖动，不太适于高速公路通信系统中的语音和视频等实时业务。另外，对于单条高速公路系统而言，只有收费计算机网络基于 IP，其他业务都需转换才基于 IP，可见视频业务通过网络编解码器（具有 IP 地址）、语音通过 IP 网关。然而，由于高速公路通信业务接入分散，接入成本太高，因而 IP 技术目前暂不适应单条高速公路通信系统。对于区域内高速公路联网收费通信网络，由于作为骨干网业务接入点少，且以收费计算机网络为主，IP 技术不失为一种好的选择。

4. 网络技术的融合

目前的网络技术正朝着数字化、宽带化、传输光纤化、分组化的方向发展。任何网络技术都具有独特的优点才能生存和发展，但也不能排除其自身的局限性，于是出现了各技术的互通结合，产生了各种重叠模型和集成模型，如 ATM Over SDH、IP over ATM、IP Over SDH、IP Over WDM。

（1）ATM over SDH。ATM Over SDH 是利用 SDH 的大容量、光纤传输，以及稳定可靠的、带有自愈和迂回路由的网络结构作为 ATM 交换核心的基础。其技术是将 ATM 信元打包成 SDH 帧（ATM 信元映射到 SDH 的 VC-4 容器中）在 SDH 上进行传输，既利用了 ATM 面向连接的快速交换能力，提供 QoS 保障，又利用了 SDH 可靠的传输特性。因此，从性能、价格和发展态势综合考虑，目前 ATM Over SDH 技术是高速公路通信系统及其联网技术的首选。

（2）IP Over ATM。IP Over ATM 技术的方式是只对数据流的第一个数据包进行路由地址处理，按路由转发。随后按已计算的路由在 ATM 网上建立虚电路（VC），以后的数据包沿着 VC 以直通（Cut Through）方式进行传输，不再经路由器，从而将数据包的转发速率提高到第二层交换的速度。

（3）IP Over SDH。IP Over SDH 技术是以 SDH 网络作为 IP 数据网络的物理传输网络。它使用链路适配及成帧协议对 IP 数据包进行封装，然后按字节同步的方式把封装后的 IP 数据包映射到 SDH 的同步净荷封装（SPE）中，按各次群相应的线速率进行连续传输。IP Over SDH 也叫 Packet Over SDH 或 PPP Over SDH，它保留了 IP 面向非连接的特性。

（4）IP Over WDM。光波分复用（WDM，Wavelength Division Multiplexing）技术是在一根光纤中能同时传输多个波长的光信号的一种技术。从光通信技术发展趋势看，SDH/SONET 在不久的将来必然让位于 WDM 技术。因此，IP Over（IP Over Optical）将最终取代 IP Over SDH/SONET。IP Over WDM 是一种最简单、直接的体系结构，省掉了中间 ATM 层与 SDH 层（IP 直接在光路上传输），简化了层次，减少了网络设备，从而减少了功能重叠，减轻了网管复杂性，同时降低了额外开销，提高了传输效率。

高速公路通信系统是集语音、图像和数据于一体的多媒体数字传输系统。SDH 作为成熟、稳定的光纤传输技术，在今后一段时间里仍将广泛应用于单条高速公路的通信系统中，但随着高速公路联网收费和路网集中监控的到来，ATM OverSDH 无疑是高速公路通信系统及其联网技术的首选，而宽带 IP（IP Over ATM、IP Over SDH、IP Over WDM 等）技术将是未来交通专用通信网的发展趋势，并最终实现 Everything over IP。

## 二、高速公路监控系统发展现状

高速公路监控系统作为高速公路有效的管理和维护手段，在我国蓬勃发展的高速公路建设中已越来越显示出其必要性和优越性。现代高速公路监控系统要求能对整条高速公路进行全方位、多功能的监视和控制，使高速公路的利用率和经济效益达到最佳，真正做到"快速、安全、经济、舒适"。因此，交通监控系统必须实现以下基本功能：利用先进的传感原理、现代化的通信传输设备和计算机设备对高速公路的路况进行监视；统计并控制车流量、平均车速、车头距；监视紧急电话状态并反馈紧急电话信息给管理和维护人员；监视设备运行状况；为收费系统提供必要的数据；控制相关的外场设备的信息等。

### （一）国外研究现状

国外对高速公路监控系统的研究起步比较早，经过长时间的探索和实践，相对来说发展到现在已比较完善，在监控系统的研究方面，美国、加拿大、日本、欧洲走在了世界的前列。美国在 20 世纪 50 年代早期就开始大规模修建高速公路，从 1960 年以后，开始把注意力集中在高速公路的运行和管理上。在纽约、芝加哥、底特律、休斯敦、洛杉矶等美国一些主要城市设置了对高速公路监视系统的控制，以此来保障高速公路的顺畅。

如今在美国，由美国联邦公路局牵头，在相关部门的配合下，正在制定一系列全国性的智能运输系统计划，以此实现保障道路安全和提高交通运行效率的目的，实现相互协调合作和能源节约。作为一项复杂的智能运输系统，它涉及众多组织之间的协调合作，需经多方研究、开发、实施和调控才能共同完成。它包括：交通信息系统、交通管理系统、车辆管理系统、公共交通系统、商用车辆运营系统等一些当今先进的系统。此外，智能运输系统具有的功能包括：智能化收集交通数据；通过数据的分析，将注释信息提供给系统的操作者或驾驶员。凭借这些交通信息，当遇到问题时，系统的操作者或车辆驾驶员就能迅速作出反应，以实现改善交通运行状况的目的。

日本高速公路监视控制系统的研究是从 1968 年开始的。为了实现监视和控制所管辖外场终端设备的目的，它采用三级管理模式，在全国设 6 个管理局，每个局又分为若干个管理处。而对德国高速公路通信信息化的发展趋势可归纳为：人、车、路达到有机的融合，一切以人为中心，以人为本，个人信息化，驾驶员无论何时何地均能获取所需信息；汽车智能化，车变成了流动办公室，成为提供信息和发布信息的重要工具；道路变为综合信息平台，以适应人的需求，交通管理水平完全智能化，人、车、路成为交通信息化的不可或缺的组成部分，推动了经济的良性发展。

欧洲其他国家的高速公路已有许多道路监视控制系统配置得相当完善。如在意大利那不勒斯收费公路上的 TANA 系统，其监控设备的日益完善，对高速公路实现了实时监控，给这些国家带来了很高的社会经济效益。

近几年来，在通信技术方面，随着光缆的问世，鉴于其低损耗、宽频带、无感应、高绝缘等特点，在大部分的监控系统中，传统的电线、电缆等已被光缆取代，以此实现对电视信号和数据、语音信号的传送。因此，将新技术应用到高速公路监视控制系统中，会使得监视控制系统的功能更加完善、强大。

### (二)国内研究现状

由于我国高速公路在建设和管理上的一路一公司现状，决定了现有的高速公路监控系统的设计和开发主要是基于单条高速公路管理的需要，所以目前国内高速公路监控系统主要是路段监控系统，缺乏路网监控、网络互通以及信息共享能力。

随着高速公路网的完善、统一的高速公路通信网络的构建、收费系统的联网管理，全国各省区开始规划与建设面向联网的高速公路监控系统，以实现高速公路全路网的信息汇集、共享和发布，并实现路网交通的宏观调控、诱导和救援，如沈阳—大连，合肥—南京，上海—南京，成都—重庆，广州—佛山等高速公路。这在一定程度上弥补了我国在高速公路监控系统上的空缺，也为之后的建设提供了成功的可借鉴经验。无论高速公路联网监控系统在管理架构上采取几层结构，从控制策略看，主要分为两种监控管理角色：以设备监控为主导的路段监控中心和以面向联网、协调的省监控中心或分中心。

广佛高速公路作为国家"七五"攻关项目和依托工程的"高速公路监控系统研究"，其全线总长 15.97km，是我国第一条有比较完备的监控系统的高速公路。它采取总线传输、双机冷备份的方式，按每组间隔 500～1 500m 不等在全线布设车辆检测器，共设 9 组，设置 7 块可变限速标志在主线上，设置 4 块可变信息板，每公里设紧急电话 1 部，并设有 4 台摄像机和 1 块模拟地图屏。

沈大高速公路按 1 个监控中心，7 个监控分中心进行设计，它全长 375km。其监控系统由五部分组成：监视系统、控制系统、情报系统、传输系统以及中心控制与显示系统。26 块可变速度标志设置在全线上，设置 12 块可变情报板、紧急电话每 2km 安装 1 对。

与国外相比，我国在高速公路监控系统上的发展状况存在较大的差距，在设备方面，如车辆检测器、摄像机和相关情报板布设密度偏低且陈旧，而所用的监控软件也一般是从国外引进，自主创新研发的极少。如此一来，致使车辆性能低下，交通要素组成复杂，因此我们在学习国外先进经验的同时,应通过对我国国情的具体分析,研究出适合我国实际情况的系统和软件,只有这样才能从根本上解决我国与发达国家在高速公路监控系统方面存在的差距。

### (三)发展趋势

#### 1.联网监控是大势所趋

当前,我国高速公路已初具规模。在单独路段,随着影响范围越来越广的异常事件的出现,必然要求相临路段之间能相互合作和互通协调,这就带来联网的需求。到目前为止,建立了联网监控中心的省份,在全国约有13个。照此发展下去,在未来2～3年的时间里,省内监控系统联网将在全国大部分省实现,而全国性的监控系统联网也在紧张进行中。因很多省份已积累了丰富的经验,所以要实现联网监控在技术上已没有难点,但目前管理体制还存在一些问题。

#### 2.信息化建设迫在眉睫

"十一五"期间,为实现交通信息化建设的目标,国家专门印发了《2006—2020年国家信息化发展战略》,以此来满足交通发展的需要。这就对交通信息化建设提出了进一步的要求,为此,根据发展战略,交通部❶确定了交通信息化发展方向,并开展示范工程的实施建设,提供了丰富的信息化建设的实践经验。在"十一五"期间,对整个交通行业起举足轻重作用的是交通信息化建设,而作为高速公路信息化建设一部分的监控系统的信息化建设,主要包括:信息采集的完善、数据资源的整合、实现公众出行的信息服务、办公自动化和地理信息系统,以及综合应急指挥调度平台、呼叫中心、网络安全等。

#### 3.运营管理及应急救援预案的要求

从注重公路里程的建设到关注公路的有效运营,可见国家对交通基础建设在宏观政策方面的变化,高速公路的发展趋势将由建设转入运营管理。我国迅速增长的交通量,导致交通异常事件常发,这将对车辆通行、收费道路产生直接的影响,而主要的解决办法是提高运营管理水平。又因应急救援预案是提高运营管理水平、做好"三个服务"的主要途径之一。所以,这在许多建设比较早的、交通量非常大的项目中的作用尤为突出,像沪杭、广深、成渝、沪宁高速公路等。

#### 4.对新技术和新设备的需求

提高运营管理水平的主要途径归功于高程度的自动化、技术创新、成熟稳定并适应我国环境的新设备和新技术方案。今后,在监控系统领域,新技术、新设备的应用前景将非常大,发展潜力无限,特别是采集交通信息的设备、检测事故事件的设备、传输数字化图像的设备(带宽窄、质量好)、多途径的发布信息的设备以及有利于自动化管理的设备等都是目前非常需要的。

## 三、我国高速公路收费系统发展现状及趋势

高速公路收费业务是高速公路公司的核心业务,直接为企业创效服务,因此高速公路收费系统是高速公路公司的核心系统。目前,收费系统运营模式主要有两种:开放式收费系统和封闭式收费系统。开放式收费系统主要用于公路桥隧收费站和无需按里程收费的路段收费站;而封闭式收费系统是我国高速公路收费系统的主要模式。

---

❶2008年后为交通运输部。全书同。

### (一)我国现有高速公路的收费方式

目前,我国现有的高速公路有两种:一种是开放式的高速公路,另一种是封闭式的高速公路。开放式的高速公路收费相对较简单,如首都机场高速公路,只在某一地区设置收费站,每一过往车辆按照车型大小不同缴纳不同费用。目前,有些地方采用车辆自动识别器。车辆自动识别器可识别出过往车辆的车型大小,并在计算机中自动计费。采用自动识别器可以自动统计出过往车辆的数目、收取的费用等,可有效地防止个别工作人员的贪污舞弊行为,提高了公路收费站的管理水平。

#### 1.封闭式的收费系统

目前,我国封闭式的高速公路越来越多,这些公路设有多个路口,每个路口均有收费站,高速公路上的汽车按照入口和出口的不同来缴费。目前,国际和国内有多种技术用于该种公路的收费,主要有:IC卡或磁卡收费方式、条码收费方式、射频识别技术等。

封闭式高速公路电子收费系统是一套融合了自动控制技术、自动检测技术、计算机管理技术、计算机通信网络技术等众多先进技术于一体的综合系统,B型采用磁票作为通行券,C型则采用非接触式IC卡进行收费与管理。该系统可对营运收费进行严格监管,有效堵塞费款流失,及时掌握车流量、车型比例、营运收入等准确数据,对道路收费实行科学管理。

该系统采用电脑监管及完善的管理软件进行配合,可杜绝收费员作弊的可能性;对于各种异常情况,如各种硬件故障、收费员操作失误和驾驶员错误等的处理办法都在车道软件中有周详考虑;有齐全、准确的统计和管理报表,包括所有收费数据,各时段的车流量,车型和车流向的分布,每个收费员的工作量、营业额、差错率等,可提高营运公司的管理水平;整个系统安全、稳定、可靠、数据准确,是久经考验的先进收费系统。本系统可用于有多个收费站的封闭式高速公路,每个收费站可有多个车道。若有多条高速公路联网,则可设置分账中心,具体内容将在后面介绍。

#### 2.开放式路桥收费系统

开放式路桥电脑收费系统是一套融合了自动控制技术、计算机管理技术、计算机传输通信网络技术、多媒体图像处理技术、IC卡加密技术、CCTV图像监控技术等众多先进技术于一体的综合系统。适用于高速公路、桥梁、隧道和停车场的收费站,对营运进行严格监管,可有效堵塞费款流失,及时掌握车流量、车型比例、营运收入等准确数据,对路桥收费实行科学管理。系统结构从功能上可分为,收费系统、CCTV图像监控管理系统、对讲及监听系统;而从系统设备构成可分为,车道设备、监控室设备、网络传输设备。

### (二)我国高速公路收费技术的发展成就

#### 1.公路建设与收费技术发展历程

经过近三十年的发展,我国以纵贯南北和横贯东西的"五纵七横"国道主干线为主骨架的高速公路格局已经形成,与此同时,高速公路施工建设和营运管理技术得到很大提高。截至2012年底,全国高速公路通车里程已经接近9.62万km。全国有17个省区高速公路突破3000km,其中河南、广东、河北、山西等省份突破5000km,山东、江苏、四川、黑龙江、江西、陕西、湖北等省份突破4000km,湖南、辽宁、浙江、福建、安徽、广西6个省份突破3000km。

交通基础设施建设,特别是农村公路和高速公路的建设,沟通了沿线地区与大城市、交通枢纽、工业中心的联系,改善了投资环境,吸引了资金、技术、人才、劳动力等生产要素的聚集,形成了区位优势,为国民经济和区域经济的持续发展,构筑了一系列新的经济增长点,促进了小城镇建设,促进了农村经济发展以及社会进步和现代文明的发展,产生了广泛的经济效益与社会效益。

因为高速公路建设融投资渠道复杂,所以形成了每建设一条高速公路(桥)就有一个独立法人公司进行运营管理的局面,因而收费是公路营运管理最重要的任务之一。总体上讲,各独立法人公司对收费系统的评估、采用、营运促进了收费技术的蓬勃发展。从公路收费方式来讲,我国已经有了以纯人工收费方式、人工收费计算机辅助管理为特征的半自动收费方式、单车道不停车收费的电子收费方式三种收费方式,其中半自动收费方式是主流技术,符合我国社会经济发展水平。另一方面,发达国家非常普遍的全自动机械收费方式,如自动投币方式在我国没有发展起来;自由流电子收费技术则因为太过超前而尚无法在国内实施。

从半自动收费方式所使用的通行券介质来看,我国已经有了纸介质磁券(一次性或重复使用)、以 Mifare I 为代表的非接触 IC 卡。其中,非接触 IC 卡正逐渐超过纸介质磁券成为主流介质;纸质二维条码则处于被密切关注和讨论中。单车道不停车收费方式所使用的标签主要是单片式电子标签,然而双片式电子标签在路网环境下和城市道路收费环境下得到应用。

2.收费领域科研技术发展成就

"七五"期间,我国开展了"高速公路收费系统研究"行业联合攻关项目。项目自 1992 年开始酝酿,实际工作在 1993 年启动,1995 年完成该项目,主要由西安公路科学研究所和交通部公路科学研究所承担。这些单位对推进我国使用以非接触 IC 卡为通行券的半自动收费方式发挥了很大的促进作用,并在江苏省沪宁路及苏南路网的收费联网工作中给全国起了示范作用。

"八五"期间,我国在公路收费领域基本没有安排重大研究课题。

"九五"期间,交通部安排了行业联合攻关项目"网络环境下不停车收费系统研究",旨在研究国际上迅速发展的电子不停车收费技术在我国的工程应用问题,项目主要由交通部公路科学研究所、西安公路科学研究所承担前期科研任务。广东省交通厅、北京市交通局、江苏省交通厅、四川省交通厅开展示范工程实施。到 2001 年底,各示范工程均基本建成并投入试运营。

在上述科研项目的带动以及实际工程项目需求的拉动下,一批有自主知识产权的收费系统设备、软件逐步开发出来,基本满足了国内的需求,并以此为基础形成了一个有相当规模的交通工程产业和一批有实力的高新技术企业。

"十五"期间,国家在收费领域安排了"跨省市国道主干线电子支付研究与应用"攻关专题。旨在研究跨省市国道主干线联网收费的实施条件、跨平台技术、安全体系、非现金支付、信息化增值应用等技术要点。以 658.7km 道路上不均匀分布 6 个主线收费站的京沈高速为试点依托,解决社会关注的热点问题。

"十一五"期间,国家在收费领域安排了"国家高速公路联网收费不停车收费与服务系统"攻关课题,重点攻克基于卫星定位和无线接入技术的公路收费关键技术、跨省市区域联网电子不停车收费关键技术、国家高速公路收费密钥安全和可信技术、公路事件和状态快速获取技术、国家高速公路网管理与应急处置系统建设基础技术等关键技术,形成了国家高速公路服务与管理的技术支撑体系;在京津塘高速公路进行基于卫星定位和无线接入技术的不停车收费系统试验;在京津冀地区和长三角地区进行区域联网不停车收费系统应用示范,根据技术研发和应用编制相关技术标准规范;采集和集成国家高速公路收费、运营、监测、气象服务数据,开发国家高速公路网信息服务、管理与应急处置系统,为政府应急处置提供数据平台,为向社会公众提供交通信息服务奠定了坚实的基础。

交通运输部"十二五"发展规划中明确指出,积极引导建设、推广跨省市高速公路联网收费系统和区域联网不停车收费系统(ETC),"十二五"末,实现全国高速公路 ETC 平均覆盖率60%,ETC 车道数 6000 条,ETC 用户量 500 万个。

### 3. 主流收费技术的适用性选择

从发达国家来看,收费系统中的收费方式并不是单一的,它是多种收费方式的有机组合,如纯人工现金找零付费方式、投币付费方式、信用卡付费方式、电子不停车收费方式等。

各方式互为补充,既有利于提高车道通行能力,又有利于驾驶员能方便灵活付费。国内各方面专家根据近年来的充分讨论与实践,基本形成如下主流认识,并纳入交通部《高速公路联网收费暂行技术要求》:

(1)对于封闭式的区域性联网收费系统,收费方式宜采用人工半自动收费,即"人工收费、计算机管理、闭路电视监视"模式;电子不停车收费是收费技术的发展方向,有条件的省市宜采用以人工半自动收费为主、电子不停车收费为辅的组合方式。

(2)人工半自动收费的付款方式以现金为主,积极推行预付卡(储值卡和记账卡)的一卡通业务和一卡多用,积极发展非现金支付,方便用户付费。

(3)一次性使用的通行券宜选择纸质磁性券和纸质二维条形码,重复使用的通行券宜选择非接触 IC 卡。

(4)路网环境下的电子不停车收费系统宜采用双片式电子标签,以实现电子不停车收费方式与 IC 卡半自动收费方式的兼容与互补。我国电子不停车收费系统的工作频段确定在5.8~5.9GHz 之间。

### (三)公路收费技术的几个热点问题

#### 1. 偷逃通行费

由于高速公路联网里程的逐年增加,偷逃通行费带来的利益也日益增多,故高速公路逃费现象屡禁不止;尽管高速公路主管部门出台过相关政策,但因为管理跟不上、收费系统不完善、取证周期长、执行缺乏一定的法律法规支持等原因,导致车主想出各种招数进行逃费,给通行费的征收带来一定的困难。目前,高速公路逃费问题一直是收费运营管理单位重点关注的问题,其中主要的逃费形式有:

(1)车辆行驶中途换卡。

(2)货车行驶证的大吨小标。

(3)计重收费环境下的货车跳磅等不规则通过。

(4)相同车辆套牌。

(5)假军车。

(6)假绿色通道车。

(7)人情车。

经过对出入口车辆的图像及车牌照信息的对比稽查,车辆的逃费现象有所下降,但是更加隐蔽的作弊手段不断出现。以江苏省为例:如驾驶员入口领卡,出口时谎称卡丢失,按照江苏省《高速公路管理条例》的要求,本次收费只能按实际行驶里程收费(外加通行卡卡费)。若该车辆再次进入高速公路,驾驶员在收费站入口处继续领取通行卡,到出口处上缴上次未回收的通行卡,从而达到逃费的目的。

对于高速公路逃费的问题,除了要加强高速公路反逃费的技术手段,如通过车牌全程跟踪技术、通行卡全程监控稽查技术来完善外,加强管理是治理逃费现象的关键。另外,还需从全社会诚信角度出发,建立一个良好的交通运输"有偿服务"环境,诚信缴费。

2.精确路径收费及多路径拆分

随着高速公路的建设规模和密度扩大,经济发达省份的高速公路已经形成环形路网,车辆行驶的可选择路径增多,通行费费率通常采用最短路径的计算方法,拆分多为不精确拆分。

随着投资主体的多元化,BOT项目增多,为了保护投资方的自身利益,在通行费的拆分上要求做到精确拆分,即按车辆的实际行驶路径进行收费。

目前,处理多路径的方法有最短路径法、调查取样法、全车牌照识别法、标识站法、RFID标识点法。

1)全车牌照识别法

随着图像识别技术的发展,应用车牌照识别技术进行多路径的识别,即利用车牌识别技术,自动获取经过路径标识点车辆的牌照号,在出口车道查询比对标识点车牌号,从而判断车辆的行驶路径的方法被越来越多地使用。一旦车牌路径识别系统建成并投入使用,车辆所行驶的路径也就清楚了,高速公路通行费的拆分更明确,这就更有利于提高高速公路业主单位的服务和管理水平,营造更好的通行环境。

考虑到不同收费系统的建设水平和实现的系统功能,在实施过程中,按照安装抓拍系统的位置、数量不同,可划分为以下几种车牌照识别方式:

(1)"入口+出口+路段"抓拍。

(2)"入口+路段"抓拍+出口信息。

(3)入口信息+"出口+路段"抓拍。

(4)"路段"抓拍+出口输入车牌照。

(5)入口输入车牌照+"路段"抓拍。

(6)"路段"抓拍。

2)RFID标识点法

RFID是射频识别系统的简称,是通过射频信号识别目标而获取识别结果数据,整个识别过程无需人工干预。近几年,随着RFID技术的发展,加之其具有识别距离远、数据安全、抗干扰能力强等特点,而应用于高速公路多路径识别。

车辆在入口领取基于RFID技术的复合通行卡(该卡内复合了RFID有源电子标签和非接触式IC卡两个模块),当车辆高速通过标识点时,路测系统可将标识信息写入卡中,在出口通过复合通行卡读写器,读取卡内的入口信息及标识点信息,确定行驶路径,完成多路径识别和通行费征收拆分。

RFID标识点法需要对现有的收费系统通行卡及读写器具进行升级改造。如果不考虑投资成本问题,RFID标识点法是目前解决多路径识别问题的最佳选择方案。

3.ETC收费

随着ETC不停车收费技术的不断发展,以及国民经济综合实力的不断提高,社会对高速公路收费站的通过效率提出了更高要求,这给ETC的发展带来了机遇。

目前,ETC专用车道的布局按照国标要求有两种,即岛头模式和岛中模式,同时车辆通过专用 ETC 车道的速率范围在 20～40km/h 之间。按照收费广场限速标志,广场限速小于10km/h,按照岛头模式,行车速度应小于 25km/h,在部分省市,ETC 车道的通过速率要求不一致,且与广场限速也不一致。这样,ETC 车辆通过收费广场的速度为多少属于安全速度,也是当前需考虑的一个问题,是提高速度,还是保证行车安全。

另外,当前国内大多省市实施了货车计重收费,而当前的计重设备不支持快速计量,即在现有的技术条件下,如何实现计重货车的 ETC 通行也是一个急需解决的问题。

### 4. 通行券安全

通行券以及现有 ETC 使用的 CPU 卡的安全性是保证联网收费系统安全的一个核心环节,尤其是 CPU 卡因其有电子钱包,所以不仅应保证用户钱包的安全,而且更需要对其密钥进行安全保护。

通行券的安全隐患有两种:

1)PSAM 卡的意外流失

现有的 PSAM 卡的意外流失可能会引起一定的安全隐患。因为应用系统中的 PSAM 卡和用户卡内保存的密钥通过双向认证来保障系统的高度安全,如果收费系统中使用的 PSAM 卡意外流失,利用该卡就可对系统使用的各种卡片的收费原始信息进行任意篡改。

2)逻辑加密卡算法被破解

2008 年,德国研究员亨里克·普洛茨(Henryk Plotz)和弗吉尼亚大学计算机科学在读博士卡斯滕·诺尔(Karsten Nohl)成功地破解了飞利浦半导体的 Mifare(非接触智能卡)经典芯片的安全算法。

针对高速公路所使用的逻辑加密 Mifare 卡,主要存在以下使用风险:

(1)通行卡被复制,出现"伪卡"并能正常使用。通过购买 IC 卡读卡器和 Mifare One 卡,对通行卡进行复制,即通过破解方法和器具对通行卡进行非法复制,然后进行出售等非法活动,造成通行费的流失,并使非法通行卡流入路网中。

(2)非法修改通行卡收费信息,造成通行费流失。通过专业器具对通行卡中的收费信息进行非法修改,如修改入口收费站信息,会造成通行费的流失。

(3)更改电子支付卡中的金额信息,恶意偷逃通行费或扰乱正常收费秩序。

(4)非法修改通行卡的基本信息,使通行卡无法正常使用。

### 5. 省际联网收费

长三角、京津冀地区 ETC 联网收费示范工程,提出了 ETC 的省际大联网,MTC 省际区域联网收费在京沈高速公路进行了试验,就技术而言不存在很大的问题,而省际联网后管理机构如何建设,通行费拆分管理、通行卡的调拨管理等管理问题是影响省际联网的关键。

由路网的扩大而引起的通行费偷逃问题,也是一个急需考虑的问题,故联网收费的范围是否需要如此之大也需慎重考虑。另外,省际联网收费 MTC 收费站省际收费站的建设问题,合并建站还是分体式建站都需进行考虑。

区域联网收费应更注重非现金支付的方式,防止由于通行路径增大而需要携带大量现金的不方便因素。另外,需注意以下几点:

(1)接口标准一致,收费数据传输应符合省际联网中心之间统一接口格式的要求。

(2)数据结构一致,传输到联网收费中心的数据结构应统一。

(3)统一密钥,密钥系统需要更换为交通部指定密钥。

(4)准确的拆分和严格的拆账体系,是高速公路联网收费中各个管理公司利益得以保证的重要条件。对通行费进行科学、合理、准确的拆分,包括拆分方式、方法及方案等,是联网收费的重要保证。

## (四)发展趋势分析

### 1.分时段套餐式收费

为了有效控制和调节时段性交通压力,可以通过经济手段来实现,即通过调整不同时段的通行费率标准来调节车流量,保证高速公路的畅通。

通过对路网中某个时段、某个区域的交通流情况进行分析,制定一套动态收费费率,用于调整车流在路网中的分布,达到高速公路畅通的目的。另外,也可以借鉴电信、电力、移动通信等行业实施优惠套餐的方式,向用户提供高速公路通行套餐式服务,尤其是在路网路径选择较多的情况下,使用套餐的方式,重新分配车流组成,引入高速公路路段经营的竞争机制,提高高速公路的服务水平。

按照上述理论,根据国内交通实际现状,该方法应用举例如下:

(1)每日在7:00—9:00、11:00—14:00,17:00—21:00 这三个时间段,是城市交通拥挤的时间段,可以考虑提高进入大中城市入口收费站的收费标准,而在其他时间段,可以考虑降低进入大中城市入口收费站的收费标准,这样可以有利缓解高峰上班期间因进入市区车辆增加带来的压力。

(2)在节假日期间,提高部分主线或者靠近景区收费站收费标准,可以有利缓解节假日期间大量车辆分流给高速公路带来的压力。

(3)对于一些特殊车辆,例如港口、货运车辆,在车流量不大的空闲时间段(如晚上10:00以后)内给予更多的优惠,可以解决白天大量货车排队缴费给收费站带来的压力。

### 2.新收费方式应用

随着高速公路收费技术的发展,新一代收费方式将得到发展和应用,主要有以下几种方式:

(1)自由流 ETC 收费。基于现有 ETC 收费的自由流收费,即在高速公路主线上设置ETC 天线,实现车辆 80km/h 的快速通行,同时辅助牌照识别设备,对交易不成功和未安装OBU 的车辆,通过向车辆用户邮寄账单的模式进行收费(这需要社会具有一定的诚信基础和必要的法律支持)。

(2)牌照识别收费。在车辆行驶路径中安装牌照识别设备,对车辆的行驶路径进行记录,然后进行精确路径收费,用户先使用后付费,采用邮寄账单的方式,完成催费业务。

(3)手机收费。随着移动通信的普及,高速公路管理者通过与移动通信提供商进行技术衔接,对用户车辆进入进出高速公路及行驶路径进行定位识别,从而确定行驶里程。高速公路用户可以通过车辆与手机绑定的方式由移动通信提供商代收通行费。

(4)GPS 收费。通过车载 GPS 定位信息,建立高速公路 GPS 监控平台,对车辆的行驶路径进行确认,并以此进行收费,收费方式采用后付费,该方式与车载 GPS 的普及有直接的联系。

### 3.基于开源系统的收费系统

目前,国内的收费系统大都运行于基于微软的 Windows 平台,由于其为通用操作系统,存在高资源消耗及安全漏洞、定值性弱、版本更新较快、支持期较短以及购置费用较高的缺点,已经限制了高速公路收费系统技术的发展。另外,随着国家知识产权保护意识的增强,采用开源的收费系统具有抗病毒、易恢复、安全的优点,自主知识产权的收费系统软件或嵌入式系统将得到大的发展。

在整个交通行业内将掀起以开源操作系统为平台的应用软件更替的高潮。

### 4. 国产数据库将应用于高速公路收费系统

联网收费系统业务是一个功能较单一、数据信息种类相对较简单、数据密集度高的系统,其对数据库的数据处理复杂度不是很高,但对数据信息的安全要求比较高,尤其是在实施ETC收费后,如何保证用户的资金安全已成为亟待解决的问题。而当前收费系统中采用的数据库多为国外品牌的数据库,如 ORACLE、SQL SERVER、ACCESS 等,由于受美国政府的要求,其安全级别仅达到 C2 级,故从数据库的安全性以及国家支持民族软件政策出发,按照高速公路收费系统数据库要求的特点,具有自主知识产权的国产数据库(当前国产数据库的安全级别已经达到 B1 级,且功能等方面已经完全满足高速公路收费业务需求)将进一步应用到高速公路收费系统。

### 5. 联网收费将更加注重绿色节能降耗

能源危机已经影响到各行各业,国家提出"绿色、环保、节能"号召,高速公路联网收费系统也将进一步贯彻实施,如在收费广场的节能、收费控制设备的节能以及收费广场的环保、降噪等方面将进行技术研究和革新;采用更加节能的车道控制计算机,改现有的 100W 功耗为10W;在路网标识站利用风光互补环保能源设备等。收费设备的节能,应该注重微型化、智能化,系统的功耗可控制、高度集成,以降低系统整体功耗。收费系统的软件系统应该能根据车辆通行情况,在设备空闲的情况下调节设备的使用功耗,即让设备休眠,如果有车辆进入及时唤醒设备工作。

## 四、我国高速公路联网收费进展情况

经过多年的研究、探讨和试点后发现,其他国家现有的技术体系和应用模式因存在成本高、功耗大等一系列问题,故很难适用于我国的应用环境,考虑到国内的环境和状况,在我国经济发展不平衡的条件下,我国应按照自己的标准,选择适合自己的路径来实现联网收费。国家智能交通系统工程技术研究中心研制出了"双界面 CPU 卡+两片式电子标签"的组合方式,实现了人工半自动收费方式和电子不停车收费方式相结合的联网收费方式,既在很大程度上解决了我国在联网收费方式与国内经济发展不平衡所产生的矛盾,又解决了收费站道路拥堵等问题。

我国于 1995 年开始 ETC 的应用。3 年后,原国家计委立项开展"交通工程标准化体系研究","公路不停车收费应用技术条件"的编制工作也从此开始。1995 年 10 月,交通部公路科学研究所与日本丰田汽车公司就不停车收费系统进行了中日技术交流和现场演示会,与会各省交通厅及公路管理部门的领导和专家对此项技术表示了极大兴趣。1996 年底,首都高速公路发展公司与美国 Amteeh 公司在首都机场高速路进行了不停车收费试验。到 1998 年,广东省佛山市通达高技术实业公司引进美国 TI 公司的不停车收费设备,在佛山、顺德、南海等地建立了二十余条不停车收费车道并投入使用。2000 年,交通部颁布了《高速公路联网收费暂行技术要求》,并于 2000 年 10 月 1 日起施行,在浙江、广东、重庆、四川等十多个省开始试点。

其中,浙江省高速公路于 2001 年底联网收费成功,联网总里程 600km,2002 年底超过 1000km;2002 年 7 月 1 日,经重庆市人民政府批准,重庆市高速公路的联网收费系统正式实施;到 2003 年底,我国的电子收费系统实施取得了一定进展,部分项目已进入试运行阶段,2008 年,长江三角洲地区正式试运行 ETC 系统。到 2015 年,广东省将实现全省高速公路联网收费。

**(一)案例:华东四省一市高速公路逐步实现跨区域联网收费**

1. 项目背景

上海市、江苏市、浙江省、江西省、安徽省交通主管部门积极落实国家技术标准要求和密钥认证体系并依据国家有关部门有关要求建立了长三角各省(市)推进高速公路电子不停车收费示范工程联席会议制度。

2008 年 12 月 31 日,由交通运输部实施的"国家高速公路联网不停车收费系统示范工程"长三角高速公路电子不停车收费系统正式试运行,上海和江苏交界的 3 条高速公路主线收费站实现了苏沪两地的跨区域电子不停车收费,拉开了跨省市联网收费序幕。作为长三角区域联网 ETC 的一部分,在 2009 年初,上海就已经在市域内 634km 高速公路网共设置了 109 条 ETC 车道,ETC 建设基本实现道口全覆盖(市域高速公路收费站至少设有一条 ETC 车道);到 2012 年,江苏省 250 个收费站已建设 500 条不停车收费车道。

目前,长三角城市正在以上海市为中心,打造"3h 交通圈"。随着沪宁、沪杭两大上海出省高速主干道拓宽,以及上海市与浙江省、江苏省的新高速通道也陆续开建,苏、浙、沪三地高速公路网将进一步拓展。江苏省、浙江省、安徽省、江西省、上海市四省一市高速公路网将实现 ETC 的跨区域互联互通,各省(市)高速公路实现"道口收费、统一结算"的联网模式;建立完善的运营管理体系和服务系统,实现管理全覆盖;发展电子不停车系统用户,并通过与银行的合作尽可能多地增设服务网点,实现服务全覆盖的目标,为长三角地区高速公路的用户提供更便捷的服务。

如今,江苏省的"苏通卡"、上海市的"沪通卡"、安徽省的"徽通卡"、浙江省的"浙通卡"、江西省的"赣通卡"等可在皖沪苏浙赣高速公路上使用,真正体现了 ETC 的便捷效应。

2. 运营模式

长三角联网 ETC 系统示范工程由沪、苏、浙、皖、赣四省一市负责共同参与建设。由于各省市收费运营结算中心均已建设并投入运行,因此省市间的网络拓扑结构为对等连接形式,在长三角区域内不设置联网中心,各省市结算中心以对等连接方式与其他地区结算中心相连,实现互联互通。采用这种对等的运营模式,可以充分利用现有资源,保持各省现有的运营管理方式与收费系统现状,避免大投入、大变动,保证现有高速公路联网收费的合理、平稳性过渡。

3. 总体要求

(1)统一标准、一卡通行。

实施长三角区域高速公路 ETC 联网收费后,在区域内使用按统一标准发放的电子标签或非现金支付卡的车辆,均能在区域路网内任何路段(桥)所辖收费站的 MTC 车道、ETC 车道快速通过,并能正确收取车辆通信费。

(2)四个基本维持。

①基本维持区域路网既有的联网收费体制(收费车道、收费站、收费中心及联网收费结算

中心),不撤销已设置的主线收费站。

②基本维持现有的人工收费系统和通信系统不变,升级人工车道、收费站、收费(分)中心、省(市)结算中心的软件,增加或者改造必要的硬件设备。

③基本维持车型分类标准和收费计量单位不变,但需要建立统一的车型分类表。

④基本维持现有的人工收费方式(包括收费、拆分、结算等)不变,在技术标准、收费管理制度、收费结算时间、划账时间等形成一致。

4.清算模式

(1)自主收费:跨省(市)路网内的路段收费系统按既定的方式收费和记录收费交易信息,并上传至省(市)联网收费管理(结算)中心。

(2)第一级结算:长三角省(市)联网收费管理(结算)中心将每笔经过统一核算的跨省(市)电子支付交易通行数据(包括原始交易数据、统计数据等)按既定的计算方法正确地清分给其他的省(市)联网收费管理(结算)中心,由其进行认证、核算、统计,并交换核算结果。

(3)第二级清算:在第一级清分的基础上,省(市)联网收费管理(结算)中心确认数据,并通过银行完成跨区域的资金划拨。由省(市)级联网收费管理结算中心按各自的结算办法,由银行按照省(市)级联网收费管理结算中心的划拨指令将通行费清分、划拨给相关路段业主。

高速公路 ETC 跨省市互联,最大的作用是带来了更为便利的区域通行条件,大大减少了滞纳时间,而减少的这些时间积少成多,将直接为区域经济圈带来经济效益,意义深远。而且高速公路 ETC 互联也是区域通过电子化、信息化进行互联互通的开始,未来还可以通过大量拓展应用来加速区域经济和信息一体化。

**(二)ETC 技术在广东省高速公路联网收费中的应用案例**

广东省高速公路联网收费从 1998 年开始开展前期工作,2002 年正式启动,经过两年多的努力,在 2004 年底取得突破性进展,2004 年 12 月 18 日广东省高速公路联网收费系统正式开通。广东省高速公路联网收费项目采用组合式收费技术方案,推广采用电子不停车收费(ETC)技术,大大提高了公路的通行效率。下面对广东省高速公路联网收费推广 ETC 的有关技术和营运情况进行介绍。

1.项目总体建设目标及规划

广东省高速公路联网收费项目的总体建设目标:一是分区域实现高速公路联网收费,取消区域内主线收费站,逐步实现区域合并;二是采用兼容电子不停车收费和人工半自动收费的组合式收费技术,实现粤通卡全省"一卡通行";三是推广采用电子不停车收费技术,提高公路的通行效率。

按照这一目标,广东省公路联网收费工作先在高速公路实行,再推广到普通公路电子收费。其中高速公路联网收费工作分三个阶段实施:第一阶段至 2005 年底结束,全省高速公路分 6 个区域实现联网收费,同时开通电子不停车收费与粤通卡一卡通行;第二阶段从 2006 年开始,全省的 6 个区域合并成 3 个区域,进一步扩大不停车收费的范围;第三阶段从 2010 年开始,争取用几年的时间,把全省 3 个区域合并成 1 个区域,使电子不停车收费成为全省公路收费的主流形式。

2.目前项目进展

广东省高速公路联网收费系统在 2004 年底开通营运,经过近 10 年整合,目前省内高速公路已分别整合成粤中片区、粤东、粤西、粤北4个收费片区,数据结算准确安全,业主账务拆分清晰,营运管理有序进行,用户使用ETC缴费高效、快捷。截至2012年底,广东省公路联网收费总里程4 963km,全省所有高速公路实现联网收费,开通不停车缴费(ETC)车道440条,ETC车道覆盖率为36.3%,珠三角地区覆盖率达到60%。全省累计撤销主线收费站36个,减少收费站建设72个。粤通卡保有量突破165万张,粤通卡单月车流量已突破了1500万次/月,同比增长15%以上,2011年全年突破1.7亿次,通行费结算拆分准确率连续八年达到100%。

目前,全省高速公路"一张网"联网收费正在实施,并撤销除省界站及终点站外的所有主线收费站及标识站。未来省内所有高速公路将实行三种组合收费方式,第一种方式是现金缴费,车主进出高速只需要领一次卡,交一次费;第二种方式就是适用于粤通卡的非现金缴费车主,在进入高速时领卡,下高速时则将收费卡和粤通卡一起交给收费员刷卡扣费;第三种则是针对ETC电子不停收费的驾驶员,驾驶员可通过将粤通卡插进电子标签,实现进出高速自动识别和自动扣费。

3.项目营运模式

(1)建设模式。

广东省高速公路投资主体复杂,协调难度大,为了协调各方利益,广东省制定了"统一规划、统一标准、统一发卡、统一结算"的原则,专门成立了不以营利为目的的联网收费专营公司——广东联合收费公司,以企业化运作的方式负责全省联网收费系统的具体实施工作,为全省高速公路联网收费系统运行的实施打造了统一的技术支持、营运管理与服务平台。

由广东联合收费公司负责投资建设粤通卡(非现金)结算中心、联网收费(现金)结算中心及6个区域管理点、粤通卡客户服务网点;由各个路段业主负责区域路段收费系统的建设及改造。这种建设模式分工明确,降低了整体营运成本,提高了综合效益。按照上述的建设模式,营运管理也分工清晰,各有关单位各负其责。这一模式将公路收费从封闭管理格局转化为区域协作管理的格局。彻底打破了"一路一公司"的封闭式管理模式,广东联合收费公司与各路段业主、银行之间的职责、权利、义务关系均界定清晰。通过大力推广粤通卡和ETC收费,打破了原来公路区域分割、封闭收费的格局,增加了公路收费的透明度和服务性,使公路收费从传统的管理职能转变为主动的服务功能,提高了公路系统的道路通行能力和行业管理水平,全面提升了电子信息服务在公路系统的应用水平,提高了整体运作效率。

(2)商业化的运营服务模式。

首先,在客户服务方面,广东联合收费公司建设了覆盖全省的客户服务中心,组建了专业的客户服务团队并与社会合作建设了一大批代理油站、银行代理点,在需求量大的主要收费站设立了粤通卡的快速安装点,在全省开通了96533粤通卡服务热线,与邮政合作推出了"电话订购、送卡上门"等服务,解决了粤通卡发行的瓶颈问题,为用户提供多样化、便捷的贴身服务。

其次,广东联合收费公司在服务内容上不断推陈出新,制定了全省统一服务规范,使客户在任意网点都可享受统一、规范的标准化服务,定期为广大车辆用户提供发票和清单邮寄服务,方便驾驶员报销和财务管理,使客户的发票管理更加严谨简单。此外,有针对性地为不同类型的客户提供个性化服务,如卡片的个性化印刷、充值、月结、扣款短信通知,网上转账自动充值、零余额账户解决方案等服务。

再次,在推广方面结合高速公路实际情况开展针对性专项营销,吸引现金缴纳通行费的客户使用粤通卡使用ETC通道,吸引车辆使用粤通卡走高速公路,提高业主的通行费收缴金额,提升收费站通行能力,实现广东联合收费公司、路段业主、车辆用户三赢的局面。

在品牌建设与服务宣传方面,广东联合收费公司坚持服务社会、方便群众的宗旨,以诚信服务为核心,建立统一的品牌形象,统一宣传规范,通过市场化的宣传推广策略,在品牌方面实现"高知名度、高参与度、高认知度"的目标,从产品、传播和客户的角度建立鲜明的形象和认知。在营销推广方面,以公司不营利的公益特点和实力为基础,强化品牌的公信力,提升客户对产品和服务的认同,提高品牌的认知度和美誉度。为了确保广大车辆用户办理粤通卡业务更方便、更快捷,广东联合收费公司正不断拓宽粤通卡的服务领域,利用已有粤通卡平台,从自身实际出发,以满足广大群众利益为出发点,把应用范围进一步推广到与群众出行、消费有关的公路缴费和电子支付等方面。

4.项目效益

通过撤并和减少建设主线收费站,节约了大量建设成本和道路管理营运成本。实行 ETC 自动缴费后,大大减少了人力资源投入,由此产生的直接经济效益非常明显。据交通运输部公路科学研究院测算,截至 2010 年底,通过实施 ETC 直接节约建设费用 43.2 亿元,节约运营费用 18.3 亿元,此外,全省因实施联网收费和 ETC 系统,为旅客出行节约了大量时间成本。据估算,截至 2010 年,为此节约效益约 11.9 亿元,至 2020 年节约效益约 33.6 亿元。

除了给道路投资带来了巨大经济效益,项目还大大节约了道路使用者的油耗和时间,符合节能减排的需求。广东省因实施联网收费累计为道路使用者带来巨大效益,这些效果最终体现为社会成本的显著降低,以及宏观经济效益的提高。

5.发展规划

广东省高速公路联网收费为用户提供方便快捷的不停车和停车方式非现金收费服务,同时也搭建了一个覆盖范围广泛的电子交易支持平台。下一步广东联合收费公司将坚持以科学发展观统领发展全局,发挥全省统一品牌、全省统一结算体系、遍及全省的客服及通信网络、技术领先四大优势,整合省内相关资源,构建泛珠三角区域电子支付基础体系,使公司在业务和资产规模方面将实现跨越式发展,在管理上向集团化经营发展,使公司成为国内领先的电子支付营运商,全力打造广东省"交通一卡通"。

**复习思考题**

一、填空题

1.高速公路机电系统由 ＿＿＿＿＿＿、＿＿＿＿＿＿、＿＿＿＿＿＿、＿＿＿＿＿＿、＿＿＿＿＿＿等几部分组成。

2.高速公路通信系统由 ＿＿＿＿＿＿、＿＿＿＿＿＿、＿＿＿＿＿＿、＿＿＿＿＿＿、＿＿＿＿＿＿、＿＿＿＿＿＿、＿＿＿＿＿＿等九部分组成。

二、简答题

1.高速公路通信网络技术有哪些发展趋势?

2.目前,我国高速公路有哪几种收费方式?

3.什么是 ETC 技术?简述我国 ETC 技术的发展现状。

4.简述我国高速公路联网收费的发展情况。

# 模块二　高速公路通信系统集成与维护

**【本模块学习目的】**

掌握高速公路通信系统的组成、工作原理以及通信设施的使用要求，了解通信系统在高速公路机电系统中的地位和作用。

## 项目一　认识通信系统在高速公路机电系统中的地位和作用

高速公路通信系统是高速公路建设中的重要配套项目和基础设施，它为高速公路各级部门的运营、管理以及沿线设立的收费、监控系统提供语音、数据和图像传输，是实现高速公路快速、安全、高效运行的重要保障。

目前，国内外正在兴起的智能交通运输系统（ITS）是通信、计算机、自动控制等信息技术应用于交通运输系统（ITS）的信息基础设施。

智能交通系统的出现主要是为缓和道路拥挤和堵塞、减少交通事故，而运用当代电子技术、计算机技术、信息与通信技术，以提高交通参与者（交通出行者、交通管理者）在交通系统中的主观能动性；在交通管理中运用高新技术和装置，延伸人的智慧和能力。

智能交通系统要采用先进的通信技术，信息传输在信息采集、处理、提供及应用中具有重要作用，没有先进的通信技术，就没有先进的智能交通系统。智能交通系统的通信主要包括以下 3 种通信方式：

（1）路车之间的通信（RVC）。

路车之间的通信主要是指交通控制中心与车辆之间的通信，一般可采用下列方式予以实现：

①有效地利用蜂窝网无线电话，实现行驶车辆与交通控制管理中心的通信。

②使用 FM 调频广播，发送有关道路交通信息，如交通堵塞信息、突发事故信息等。

③以红外线为媒体，进行双向通信。车辆可以向交通控制中心发送信息：行程时间、排队时间、OD 信息等；车辆内装有导行装置、红外接发器、车辆定位装置和显示器等。除获取实时信息外，还可计算最佳路径。最佳路径的计算是基于 GPS 和动态的交通信息于车载导行系统完成的，路径诱导则采用声音实现。路边红外发射装置可布置在公路交叉口和高速公路的进出口匝道等处。可利用车辆内的收费卡座，以微波接发信息，进行交通诱导。

④车辆与路侧自动收费单元之间的通信可采用专用短程通信 DSRC（Dedicated Short Range Communication）或红外线通信。

（2）车车之间的通信（IVC）。

车车之间的通信主要是利用车辆所装的传感器进行车辆识别、协调行驶中的车辆，以便在各种行驶条件下保证车辆行驶的安全和高效。这一般采用专用短程通信 DSRC。

(3)区局(域)内的通信。

区(局)域内的通信主要指高速公路的交通监控系统和收费系统的内部通信。随着通信技术的飞速发展,公路通信技术也得到了飞速的发展。多媒体技术也已开始应用于公路通信。

①子系统(SDH)所组成的通信网,是在光纤上进行同步信息传输、复用、分插和交叉连接的网络。公路通信,特别是高速公路的通信,采用 SDH 技术,可使通信网的结构得以简化。

②异步传递方式(ATM)技术。高速公路的交通监控系统和收费系统需进行数据、图像和语音的传输,运用 ATM 技术使网络结构更简单,使通信更安全、可靠,并提高了网络的灵活性。运用在 ATM 网络技术支持下的多媒体和 VOD(Video on Demand)技术,可使高速公路网的交通监控系统和收费系统联网更方便、更经济、更安全、效率更高。

本项目将从高速公路管理系统、收费系统和监控系统对通信系统的需求来说明通信系统在高速公路机电项目中的地位和作用。

## 一、高速公路管理系统对通信系统的要求

高速公路的管理体制是多层模式。一般来说,可划分为四级行政、业务管理机构,即高速公路管理局、高速公路管理处、高速公路管理所及高速公路收费站,这些管理部门沿线分布在不同的地域,如图 2-1 所示,为了正常地进行交通运输管理、行政管理、路政管理、工程养护管理、服务区管理等各种业务,必须建立一个覆盖各级管理部门的现代通信系统(网),提供如下一些主要的通信要求的业务:

(1)提供各级管理部门之间及其内部的电话、电传通信。

(2)提供各级管理部门之间及其内部的计算机网络通信,从而实现办公自动化。

(3)提供各级管理部门通过电信公网与外界的电话、电传通信。

(4)提供内部有关管理部门的视频通信,从而可组织不同规模的电视会议。

(5)提供高速公路有关管理部门与外界的数据通信,以实现充分利用互联网(Internet)的资源,提高管理水平。

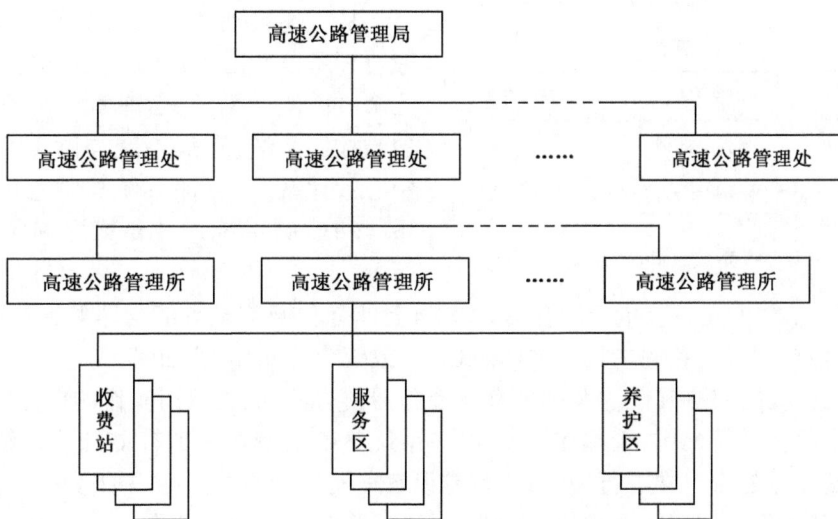

图 2-1  高速公路的管理体制

## 二、收费系统对通信系统的需求

自动收费系统的基本原理,是使安装在车辆上的车载装置(车上单元)通过无线通信与安装在收费口上的天线进行信息交换,根据车载装置中保存的与收费相关的数据,即时计算并征收通行费用。费用一般不用现金方式,而使用电子记账式系统(如 IC 卡)或银行账户式收费。

自动收费系统用户的缴费方式有两种,一是预先支付,另一种是事后支付。在具体实现上,两种缴费方式都有集中式和非集中式两种管理方法。在集中式的管理方法中,预先支付方式的预付款余额或事后支付方式的记账结算情况都保存在系统的专门中心计算机中,用户只拥有一个起索引作用的编号(这个编号一般就是用户的账号)。在非集中式的方法中,预付款余额或账号记账结算情况都保存在用户单元上。

自动收费系统的基本运行过程是:用户前往收费管理部门,申请安装车上单元,预缴通行费或设立事后付费账户,相应信息被存入车上单元中,然后该车辆便可以上路行驶。进入收费站时,车辆以规定限速通过电子收费车道。识别子系统识别出该车辆所属的类型,报告控制单元。通信子系统通过天线与车上单元进行通信,完成收费操作。收费的具体步骤包括根据车型按照收费规则确定收费额,核对余额、账号信息、选择相应操作等。如果一切无误(余额充足或账号有效),则正常结束收费操作(改写余额或记账)。否则,控制单元将启动强制子系统,拦下不正常缴费的车辆或记录其车牌号码等,以便进行事后追缴。收费操作通常由路侧收费装置中的控制单元负责,在一定条件下也可以由车上单元完成。

每次收费操作完成后,收费的相关信息都将递交给收费站计算机,收费站中心计算机对其按不同类别进行分类处理。正常收费信息可以积累汇兑,产生相应的收入报告;事后付款方式的收费数据则将定时(或立即)传送给中央处理系统,以便生成转账清单向金融机构请求支付;违规车辆的信息将立即传送到中央处理系统,以确保统一及时处理。在自动收费系统中,金融机构也是重要的参与者,它负责提供金融服务,包括管理各类账户,处理转账、清账事务等,还可参与车上单元的发行。同时,它要向系统定期提供不良信用账号的"黑名单"以及结算报告等信息。

从上述自动收费的收费原理和收费的一般过程可以看出,自动收费系统主要包括以下几个方面的技术要素:车载单元系统、路侧收费与控制系统、车载系统与路侧系统间通信、中心管理系统、路侧系统与中心的通信、账户系统和监测系统。各要素之间关系如图 2-2 所示。

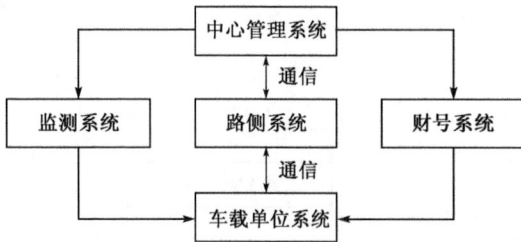

图 2-2 自动收费系统构成要素及关系

图 2-2 中,车载单元系统指安装在运动车辆上带有车辆信息且能与路侧系统间实现通信的装置,一般包括车载机和用户标记卡(如 IC 卡)或仅有标记卡;路侧系统主要指与车载单元通信的带辅助天线的路侧阅读器及本地操作控制器,它是完成收费与操作的核心部件;中心管理系统对整个收费进行操作、管理和监视;账户系统负责收费业务的存储和账户结算;监测系统则判断收费操作是否正常进行,并对违章或无效车辆进行图像捕捉或拍摄记录,为后续处理提供依据;车载单元与路侧间实现的是无线通信,而路侧系统与管理中心间的通信一般是有线通信。

自动收费系统要解决的最关键问题是车种自动识别(AVI, Automatic Vehicle Idenfication),即解决与收费有关的车种划分问题,如区别交费与免费车种,交费车种又分为不同种类,然后分别实施不同的收费。为了实现车种识别,流行的做法是赋予车辆一组有特定含义的编码,这个编码记录在一个标记卡中,在与路侧系统的通信中,该编码记录将被系统识别,从而对其完成收费操作。因此,围绕车辆识别这一问题,衍生出自动收费系统的两大核心技术:车种自动识别标记卡技术和车辆与路侧通信(VRC,Vehicle to Roadside Communication)技术。

### (一)车种自动识别标记卡技术

车种自动识别标记卡一般固定于车辆的前风窗玻璃上,它基于以下两种不同技术:

1.反向散射卡(Backscatter Card)

反向散射卡受到路侧天线发出的某一无线频率脉冲的辐射时,标记卡将反射出信号;路侧阅读器接收到信号并解码,即可以得到标记卡内记录的信息。它分为被动式、主动式、半被动式三种。

(1)被动式:卡内没有电源,只能靠路侧阅读器发射的无线脉冲激发反射应答信号。这种卡作用距离近,但精度较高。

(2)主动式:卡内带有锂电池,能同时接收和发送信号,它的作用距离较大,且可适用于车速较高的收费,但精度较低;

(3)半被动式:兼有主动式和被动式二者的优点,接收无线脉冲后卡内将调制出一定信号,由路侧阅读器接收;其信号存储和调制需能源供给。

2.表面声波卡(SAW,Surface Acoustical Wave Card)

表面声波标记卡基于无绳电话,其内藏锂晶体芯片,芯片包含5~6位固定数字编码,在受到某个无线频率激发时,带有编码的声波就会从芯片的锂晶体表面产生,被路侧阅读器接到后解码,将获得卡内信息。

表面声波标记卡是被动式的,其作用距离很小,数据不可改写,传输速度有限,且容易受建筑物反射的干扰,因而受到一定的限制。

### (二)车辆与路侧通信技术

在全自动电子收费系统中,实现车载机与路侧阅读器之间的无线通信,是系统功能实现的另一关键技术。目前,常用的两种模式是:无线电射频和红外光线通信。

1.无线电射频(RF)

这一技术目前使用最广泛,但围绕采用哪一频段作为ETC的标准,争论很大,焦点主要集中在以下三个频段上:

(1)902~928MHz:北美国家最早的ETC和ETTM(Electronic Toll and Traffic Management)系统采用的都是这一频段(其中915MHz使用较多),但这一频段十分拥挤,使用已经受到限制。

(2)2.45GHz:目前美国智能运输系统协会倾向于将其作为ETC的美国标准;亚洲多数新的ETC系统和欧洲一些老的ETC系统也正在使用这一频段。但考虑到2.45GHz也是一个拥挤的频段,加上对这一频段微波的使用对人的安全性也存有争议,因此欧洲正逐步将波段移至5.8GHz上。

(3)5.8GHz:这一频段具有很宽的频段范围,因此用于ETC和ITS的规划很有吸引力,现已成为非官方的 ETC 和 ETTM 的欧洲和日本标准。美国的公司不愿意移到这个频段上，原因之一是技术上的差别：5.8GHz 通信所需器件要采用镓砷化合物芯片，欧洲是这一技术的领先者；而美国现在使用的都是硅芯片，要改用镓砷化合物芯片，需要花费大量财力和时间重组生产线。

### 2. 红外光线通信

红外光是一种应用广泛的通信方式，但目前在自动收费系统中采用的是 850nm 波长的红外光通信，关于它的应用也存在两种不同的争议：其中，北美国家已经放弃使用这一技术，原因是它易受到建筑物阻挡和反射的干扰，而在欧洲和部分亚洲国家，这一技术却成功试验和得到应用，如奥地利 1993 年进行了其 EFKON 系统的红外线测试；马来西亚在其 800km 高速公路的封闭式收费中采用的红外线通信系统，1998 年 7 月已正式投入使用。与微波通信技术相比，红外技术的确存在不少优点：

(1)其通信的稳定度好，不易受多雨及雷电的影响，对于空中存在的大量液体、气体灰尘分子，红外光均可以穿透，反观微波通信则易受恶劣气候影响，同时因为车辆均是金属外壳，微波会受到因其反射而产生的干扰，因而其准确率也相对较低。1994—1995 年，德国独立公正公司(TUV)在德国 A555 公路(波恩—科隆)上对两种自动收费系统进行了严格测试，结果红外技术的准确度达到 99.9%，微波 5.8GHz 系统的准确度则限于 78.6%～99.1% 之间。

(2)红外线信号采用同时平行发射，信号间不会相互干扰，尤其在不同车道重叠时可进一步互相加强，而微波信号在不同车道间有互相干扰现象，须采用循环方式发射，每一车道还要分配不同频率，技术实现较为复杂。

(3)在信号的接收和调解方式上，红外线采用直接调解，而微波系统则采用高频调解方式，不但车载单元和收费站设备更为复杂，成本增高，而且其载波频率的使用还需申请取得许可。

目前，国内的高速公路收费系统大多数采用半自动收费方式，未来将逐步过渡到全自动收费、不停车收费的方式。为此，要求高速公路的通信系统能将收费数据信息、图像信息、指令信息在相关的收费站、收费中心、收费总中心、清分中心等之间实时准确传输。而且，要能按照需要，使收费数据跨过收费中心，直接传输到清分中心进行"拆账"处理。

此外，根据有关要求，通信系统能将收费站的闭路电视监视系统(CCTV)的图像信号上传到收费分中心或收费中心、收费总中心。因此，收费系统要求通信系统提供统一的通信网络平台及各种通信接口，以实现收费系统内部和外部的数据、图像传输。

## 三、监控系统对通信系统的需求

监控中心通过信息采集系统将高速公路上的各种信息收集起来，经监控中心的计算机系统分析处理，根据实际情况形成适当的控制方案，最后通过信息提供系统传达给道路使用者，以实现高速、安全、舒适的目的。同时，也使各道路管理部门对其所辖区域内的道路交通有一个全面的了解，从而增强道路运行等方面的反应能力。

高速公路监控系统是完全依赖于通信系统的电子工程系统。为了监视和控制高速公路的道路情况、交通运输情况，一方面要从设置在高速公路沿线的外场信息采集设备，将所采集的交通流量、车流速度、道路状况、气象检测、紧急报警等交通信息传输到监控分中心或监控中心。另一方面，监控中心要向设置在高速公路沿线的信息发布设备传输可变限速标志、可变情报、车道控制等信息。隧道监控系统还要求通信系统能实时、可靠地传输照明、通风、消防灭火等控制信息。

因此,监控信息隐含了大量的计算机数据、指令、业务和报警、图像和地图等信息;信息类型多、信息流量大、实时性强。通信系统必须为监控系统提供一个统一的通信平台和多种接口,才能满足实时、可靠地传输数据、语音、图像等监控信息的需求。

### 四、通信系统的管理与应用模型

下面以高速公路交通流单车诱导系统为例来说明通信系统的管理与应用模型。

交通流单车诱导系统中的交通信息、DGPS信息的发布采用广播电台调频副载波信息发布方式。

这是一种单向信息传输方式,常用于交通流信息和差分GPS校正信息的发布,是一种相当经济的信息发布方法,其原理简述如下。

调频广播副载波传送服务信息的系统,是一种利用现行立体声基带信号的空闲频带,在不影响正常的调频广播的条件下发射服务数据,供附近的用户接收交通信息和修正自身的GRS位置的系统。调频基带的频谱如图2-3所示。

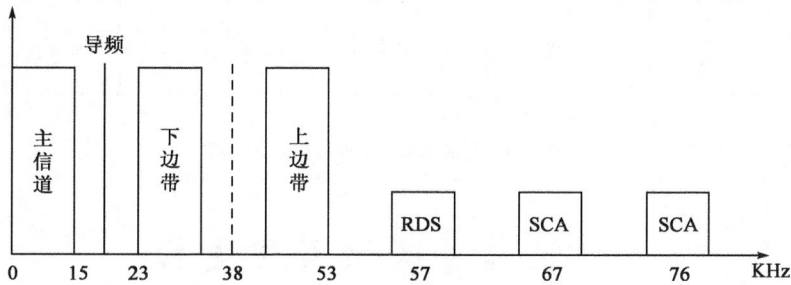

图 2-3　调频基带频谱

通常,调频广播包括立体声广播,只占用了调频基带53kHz以下的频带,53kHz以上可用于传输其他信息。迄今为止,在我国以57kHz为副载波的广播数据系统(RDS),以及副载波为67kHz、76kHz、92kHz的辅助通信业务信道(SCA),除了少数地区开展少量的无线寻呼和股票信息业务外,大部分地区尚未被开发利用。

#### 1.系统发射部分结构

系统的发射部分主要包括信息服务站、DGPS基准站、RDS编码器和调频广播发射机等。DGPS基准站由一台高精度的GPS接收机与计算机组成。GPS接收机跟踪接收全部可视卫星信号,经计算机数据处理后,产生RTCM104格式的DGPS修正信号。信息服务站将通过Internet传送来的交通信息处理后与DGPS修正信号一同送入RDS编码器进行编码,与立体声广播的复合信号一起加到广播电台调频发射机,经调频、功率放大以后由广播电台发射天线发射出去,如图2-4所示。

#### 2.系统接收装置结构

系统的接收装置主要包括系统专用接收机和用户GPS接收机(图2-5)。系统专用接收机接收调频广播电台发射的FM信号,经鉴频滤波得到调制的交通信息和DGPS修正信号,通过解调器及解码器恢复成可读的交通信息和RTCM104格式的DGPS修正信号供用户使用。

该接收装置是诱导系统车载单元的信息部分。车载单元上通信采用GSM短信息通信方式,传递实时的车辆位置信息、请求信息等。

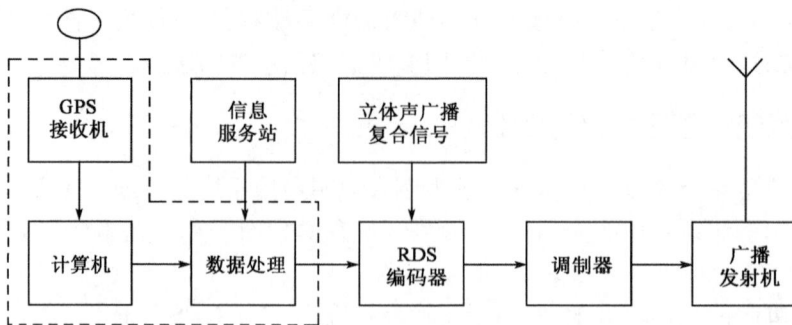

图 2-4　调频副载波系统发射部分结构

图 2-5　调频副载波系统接收装置结构

# 项目二　认识通信技术

自从有了人类的活动,就产生了通信,因为在人类的活动过程中要相互远距离传递信息,也就是将带有信息的信号,通过某种系统由发送者传送给接收者,这种信息的传输过程就是信息。

## 一、通信传输系统

如图 2-6 所示,通信系统由发射机、接收机和信道三个部分组成。在发射端,首先把待发的消息转换为信号,再通过发射机将信号送入信道。信道指的是信号传输的通道,在有线电话系统中信道就是导线电缆,在无线通信系统中信道就是大气空间。在接收端,把接收到的信号进行放大处理,最后转换为消息,所以,一个通信系统的工作过程,主要是包括消息与信号的转换、信号的处理和信号的传输等过程。

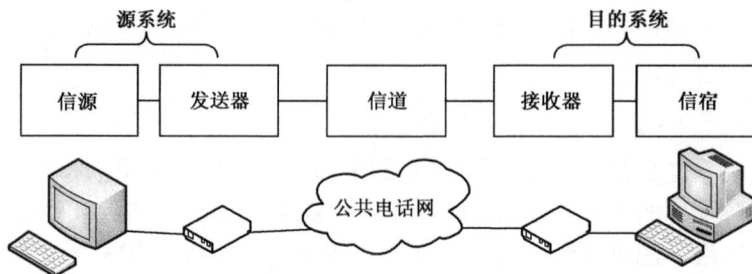

图 2-6　通信系统模型

### (一)编码技术

语音、图像、数据等都是携带信息的主要载体,其中语音和图像属模拟信号范畴。由于数字信号传输的可靠性、抗干扰性和保密性均优于模拟信号,而且具有便于实现多种业务的综合、便于使用计算机进行数字信号处理和控制等优越性,将语音和图像信号通过编码以实现数字化是必然趋势。

编码技术的核心就是研究压缩编码的算法,用尽可能低的数码率获得尽可能好的语音和图像质量。

语音和图像信号都包含大量的冗余,信号的有些部分不包含信息,有些可以根据其他部分估计出来,具有一定的相关性。压缩编码的方法大体上有以下 3 类:

(1)概率匹配编码:根据编码对象出现的概率,分别给予不同长度的代码,以保证总的代码最短。

(2)变换编码:将信号从一种信号空间变换到另一种更有利于压缩编码的信号空间,然后进行编码。变换编码又可以分为两类:一类是预测变换,利用信号的相关性,预测将来的信号,对预测的误差(余量、残差)进行编码。另一类是函数变换,利用信号在不同函数空间分布的不同,选择合适的函数变换后进行编码。在有些文献中,只将函数变换编码称为变换编码,而将前者称为预测编码。

(3)识别编码:分解文字、语音、图形和图像的基本特征,与汇集这些基本特征的样本集对照识别,选择失真最小的样本编码传送。

编码过程中涉及一个很重要的东西,就是编码所采用的标准。以下从语音和图像两个方面来分别介绍各自的编码标准。

#### 1.语音编码标准

语音编码标准集中反映了语音编码技术发展水平。标准的制定是根据应用背景和当时的技术水平,对编码质量、速率、延时以及算法复杂程度等多种因素综合权衡而做出的最优选择。根据不同的应用,主要的语音编码标准有 3 类:

(1)长途通信网语音编码标准。长途通信网对编码算法的要求是高质量和低延时。由CCITT 国际电报电话咨询委员会)负责制定全球长途通信标准,1993 年 ITT 改组为 ITU-T (国际电信联盟下属的电信标准化部门)。

多媒体通信中,不仅要传输语音信号,而且同时要传输图像信号。在保持语音和图像质量的前提下,尽量压缩语音和图像信号的传输带宽,降低它们的传输速率是多媒体通信的一项关键技术。为此,ITU-C 在 1995 年分别对语音和图像制定了编码标准,G.723.1 就是其中的双速率语音编码标准,分别为 5.3kb/s 和 6.3kb/s。

(2)数字蜂窝系统的语音编码标准。数字蜂窝电话目前尚无统一的国际标准。由于系统的可用带宽有限,编码速率不能太高,从而对语音质量及延时的要求略宽。相关标准由一些地区性组织制定。欧洲电信标准协会(ETSI)负责制定欧洲数字蜂窝标准,于 1998 年通过 GSM 标准。北美电信工业协会(TIA)负责制定北美数字蜂窝标准,1989 年公布了 IS-54 标准。其语言编码采用 Motorola 公司的 8kbit 矢量和激励线性预测(VSELP)方案。TIA 于 1993 年通过了码分多址(CDMA)数字蜂窝电话标准,即 IS-96 标准。日本的无线通信系统研究发展中心(RCR)也提出了相应的标准。

(3)保密电话语音编码标准。窄带保密电话应用于带宽受限信道,如短波信道、有线模拟话路、中小功率卫星信道等。只有美国公布了所有保密电话的标准。FS-1015 是美国联邦标准 2.4kb/s LPC 声码器,该标准由美国国防部(DoD)制定。为了提高保密通信网的语音质量,美国国防部于 1989 年通过了 FS-1016 标准(采用 4.8kb/s CELP)。

除了上面提到的标准外,其他国家与组织也提出了一些标准算法。国际海事卫星组织(INMARSAT)于 1990 年为全球通信卫星从海面到陆地的进行通信制定了语音编码标准。

2. 图像编码标准

目前,图像压缩主要是从空间冗余和时间冗余上考虑的,随着计算机的计算速度和计算技术的提高,今后还将从空间冗余、知识冗余、纹理统计冗余和视频冗余等方面对图像进行压缩,从而提高压缩率并提高接收端恢复图像的质量。

在图像通信中主要用的是变换编码,包括采用帧内和帧间预测变换,去除空间和时间上的相关性。

(国际标准化协会 ISO,International Standardization Organization)和 ITU-T 组织了一批专家,制定了一系列有关图像通信方面的建议和标准,如 CCITT 的 H·261 建议、CCITT 和 ISO 的 JPEG 标准、MPEG 标准等。

(1)H·261 建议。H·261 建议是一个视频图像压缩编码的国际标准。由于各个领域对利用综合数字网(ISDN,Inegrated-Services Digital Network)提供电视服务的需求不断增加,CCITT 第 XV 小组于 1984 年组建了一个关于可视电视编码的特别小组,其目标是建立一个传输率为 $m \times 3.84kb/s(m=1,2,\cdots,5)$ 的视频编码标准。在研究过程中,又增加了对传输率为 $n \times 64kb/s(n=1,2,\cdots,30)$ 的视频编码标准的研究。

CCITT 在 1990 年 7 月通过了 H·261 建议,即"$p \times 64kb/s$ 视听业务的视频编码解码器",它具有覆盖整个 ISDN 基群通道的功能。这个标准的应用目标是可视电话和会议电视。一般说来,当 $p=1,2$ 时,适用于面对面可视电话业务;当 $p$ 再增加时,可用于会议电视。

(2)H·263 建议。ITU-T 的 H·263 建议最开始是作为研究 MPEG-4 而提出的一种甚低码率编码方法,现已经成为一种独立的压缩编码方法,传输码率低于 64kb/s。

H·263 建议适用于在低比特率条件下对运动图像进行压缩编码,它支持 sub-QCIF、CIF、4CIF 和 16CIF 等 5 种图像格式,其压缩编码算法的基本结构与 H·261 标准提出的全像素精度和循环滤波器不同,H·263 也使用变长编码技术对将要传输的符号编码。

(3)JPEG 静止图像压缩编码的国际标准。JPEG(Joint Photographic Experts Group)是联合图片专家小组的英文缩写,其中"联合"的含义是指由 ISO 和 CCITT 联合组成的一个专家小组。JPEG 成立于 1986 年底,该小组多年来一直致力于静止图像的标准化工作,主要开发研制连续色调、多级灰度、彩色或静止图像的数字压缩编码,并于 1991 年 3 月提出 10918 号标准"连续静止图像的数字压缩编码",该方法又称为 JPEG 算法。JPEG 算法是一个使用范围非常广泛的通用标准,不仅适用于静止图像的压缩,而且电视图像序列的帧内图像压缩编码也常采用 JPEG 标准。因此,JPEG 标准是有关静止图像通信的一个非常重要的标准。

(4)MPEG 标准。MPEG(Moving Picture Experts Group)是 ISO 组织下属的运动图像专家小组的英文缩写,成立于 1988 年,该小组主要研究多媒体计算机系统中运动图像压缩编码技术的标准。1991 年 11 月,该小组提出用于数字存储媒介的比特率约为 1.5Mb/s 的运动图像及其伴音的压缩编码方案,作为 ISO/IEC 11172 号建议,于 1992 年正式通过,通常称为

MPEG 标准,后命名为 MPEG-1 标准。此后,在汉城❶会议( ISO/IEC/JTCI/SC2/WG11)上正式通过了 ISO/IEC 的 13813 号建议,并命名为 MPEG-2 标准。为了更具有权威性,ISO 把 MPEG-2 标准提交给 ITU 纳入 ITU 的 H 系列标准,作为 ITU/ H·262 建议。MPEG 标准包括 MPEG 视频、MPEG 音频和 MPEG 系统三大部分。

### (二)传输技术

#### 1.基本传输技术

各类终端机和编码器输出的数字信号,或者是模拟信号经 A/D 变换后产生的数字信号,不论是二元码还是多元码,往往包含很低的频率分量,甚至有直流分量,这类信号称为基带信号。在其他场合,基带信号也泛指最高频率与最低频率之比远大于 1 的信号。从传输信道的频率特性来看,有的信道,如大多数有线信道是低通型的,这种信道便于基带信号的传输。基带信号通过信道的直接传输称为基带传输。有一些通道,如各种无线信道,其特性呈现带通型。基带信号通过这种信道传输称为基带传输。有一些信道,如各种无线信道,其特性呈现带通型。基带信号通过这种信道传输时必须先通正弦载波调制,变成高频带通信号。这种传输方式成为载波传输。基带传输系统的模型如图 2-7 所示。

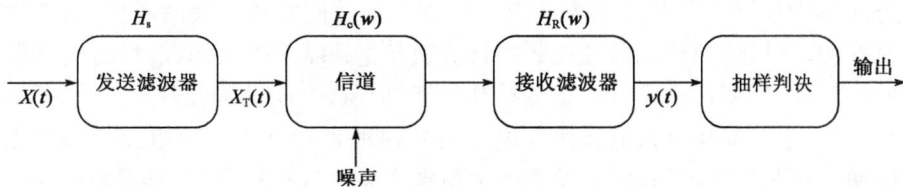

图 2-7  基带传输系统的模型

原始基带信号是低通型的,只适用于低通信道,如在市话电组及同轴电缆上传输。但是对于带通信道,如无线及卫星信道,直接传输基带信号是不可能的,必须用基带信号对载波波形的某些参数进行控制,使这些参数随基带信号的变化而变化,形成频带信号,即调制。在接收端把频带信号还原成基带信号的反变换过程称为解调。通常将数字调制和数字解调统称为数字调制。

数字调制的实现方法有两种。一是把数字信号当作模拟信号的特例,采用模拟调制的方法;二是利用数字信号具有离散值的特点键控载波实现调制,这种方法也称为键控法。

#### 2.扩频传输技术

扩频通信在 20 世纪 40 年代就提出来了,是指发送端将待传送数据用扩频码调制实现频谱扩展,再进行传输的通信方式。接收端采用同样的扩频码进行相关处理及解调,恢复原始数据信号。显然,这种通信方式与常见的窄带宽通信方式相反。它是扩展频谱后进行宽带通信,再经过相关处理恢复成窄带信号解调出数据。扩频通信具有扩频编码调制和信号相关处理两大特点。

## 二、程控交换系统

### (一)数字交换技术的发展

1876 年,美国波士顿大学的生理学教授、29 岁的发明家贝尔(1847—1922 年)发明了世界

---

❶韩国首都,2005 年后其中文名称改称首尔。

上第一部电话机,开创了人类利用电信号进行话音通信的新纪元。话音通信网络是电信网络的基础,它奠定了网络的基本概念(如交换、传输、接入和网络分级等)。通信网络是当今信息社会的重要支柱。以电信号为媒介的通信网络产生只有百余年的历史,但已经改变并将进一步改变人类生活,同时促进了许多行业的发展和新兴产业的出现。随着通信技术、电子技术、计算机技术、数字技术和网络技术的发展,交换技术也由最初的人工交换、步进制交换、纵横制交换向数字时分交换、分组交换、快速分组交换(包括 ATM 信元交换)的方向发展。通信网络提供的业务也由以语音为主,附带传输数据的传统电信网络发展成一个以数据传输为基础,附带传送话音的网络。当今的通信网络正向着数字化、宽带化、综合化、个人化、智能化、网络化和全球化方向发展。

### 1. 电路交换

电路交换技术目前仍广泛用于公用电话网和窄带综合业务数字网(NISDN)。在这种交换方式中,通信连接期间,通话双方始终占用一条电路,并按照时分复用(TDM)的原理将信息从一方传递到另一方。通常,人们把这种技术也叫做同步传递方式 STM(Synchronous Transfer Mode)。

### 2. 分组交换

20 世纪 60 年代,当计算机和终端的互联作为一种通信方式出现的时候,最初使用的是现在的电路交换网,利用调制解调器完成数字计算机信息和电话网模拟信号之间的转换。由于电话网络的普遍性,即使目前仍有大量的计算机和终端通过电话网互联或接入,但数据业务具有很大的突发性,电路交换对数据通信来说不是一种理想的方式。分组交换的特点是资源仅仅在真正传递信息时才被占用,而电路交换的资源在整个连接期间(包括静默时)始终被占用,因此二者对资源利用率的高低区别十分明显。数据业务的突发性使分组交换技术获得了巨大成功,目前仍在大多数国家应用。在分组交换网中,用户信息被封装在分组(包)中,分组还包含一些用于网络中路由选择、差错纠正、流量控制等功能的附加信息。

### 3. 快速分组交换——异步传递方式

快速分组交换是一个概念,这个概念包括几种不同的方式,所有方式都有一个共同的特征,就是具有最小网络功能的分组交换。所谓最小网络功能,是指通过定义一个短而长度固定的分组(如 ATM 的 53Byte),简化网络内部节点对时间透明性和语义透明性的要求。不同的快速分组交换方式由不同的组织提出,使用不同的名称,其中最著名的是异步时分复用(Asynchronous Time Division,ATM),这是 CNET 最初使用的正式名称,后来在欧洲使用。快速分组交换(Fast Packet Switching)是在美国较深入研究的技术。

### (二)ATM 技术简介

如今通信网络中的一种业务网络完全不适用于其他业务的传递,这种业务专门化的一个严重后果是众多世界范围内的多个独立网络并存,重复建设造成大量的人力物力浪费,资源不能共享、利用率低。人们开始寻求一种单一的、通用的通信网络,以适应现在和将来各种不同类型的业务的传输、复用、交换和接入(统称为传递)要求。向单一通信网络迈进的第一步(尽管是有限的)是引入窄带综合业务数字网 NISDN。随着技术的发展和系统概念的进步,建造未来宽带通信网络的设想成为可能。1986 年,国际电联正式提出宽带综合业务数字网络(B-ISDN)的概念,以区别窄带综合业务数字网。经过研究、分析电路交换和分组交换技术之后,认为快速分组交换是唯一可行的技术。国际电联于1988年正式把这种技术命名为异步传递模式,并推荐其作为未来宽带网络的信息传递模式。

ITU-T 在 I·113 建议中定义:ATM 是一种传递模式,在这种模式中,信息被分装成信元(Cell)。由于一个通信过程的各信元不需要严格按照规律出现,因此这种传递模式是异步的。"传递模式"是指电信网络采用的复用、交换和传输技术,即信息从一点"传递"到另一点的传递方式。信元是 ATM 特有的分组单元,语音、数据、视频等各种不同类型的数字信息均可被分割成长度一定的数据块(信元)。任何业务的信息自发送前都必须经过分割、封装成统一格式的信元,在接收端完成相反的操作以恢复业务数据原来的形式。通信过程中业务信息信元的再现,取决于业务信息要求的比特率或信息瞬间的比特率。

ATM 作为 ITU-T 建议的 B-BDN 的传递方式,具有以下技术特点:

(1)ATM 是一种统计时分复用技术。它将一条物理通道划分为多个具有不同传输特性的虚电路提供给用户,实现网络资源的按需分配。

(2)ATM 利用硬件实现固定长度分组的快速交换,具有延时性好的特点,能够满足多媒体数据传输的要求。

(3)ATM 是支持多种业务的传递平台,并提供服务质量保证。ATM 通过定义不同的性能的要求。AAL(ATM 适配层)来满足不同业务对传输性能的要求。

(4)ATM 是面向连接的传输技术,在传输用户数据之前必须端到端的虚连接。所有数据,包括用户数据、信令和网管数据永久虚连接(PVC)通过网管功能建立,但交换虚连接(SVC)必须通过信令过程建立。

目前,ATM 成功运用在广域网,电信运营公司多采用 ATM 技术作为承载多业务的宽带传输平台。

### 三、接入网技术

基本的通信硬件包括了点到点的位串传送机制。但是,使用硬件来进行通信就像用二进制位 1 和 0 来编程一样笨拙不便。为方便程序员,联网计算机使用了复杂的软件,为应用程序提供方便的高层接口。这种软件自动处理大部分低层通信细节和问题,使应用程序间通信变得很容易。因此,大多数应用程序依靠网络软件通信,并不直接与网络硬件打交道。

通信涉及的所有部分都必须认同一套用于信息交换的规则(例如使用的语言和信息发送规则)。外交官们把这种认同称为协议(Protocol)。这一术语也可用于计算机通信:规定消息的格式以及每条消息所需的适当动作的一套规则称之为网络协议(Network Protocol)或计算机通信协议(Computer Communication Protocol)。实现这些规则的软件称为协议软件(Protocol Software)。单个网络协议可以是简单的(例如传送文本文件时使用 ASCⅡ码的协定),也可以是复杂的(例如用复杂数学函数加密数据的协定)。概述如下:规定计算机信息交换中消息的格式和含义的协定称为通信协议。使用网络的应用程序并不直接同网络硬件打交道,而是与按给定规则进行通信的协议软件打交道。

网络协议是计算机网络的核心问题,是计算机网络的不可缺少的组成部分。有的计算机网络是相当复杂的。为了设计这样复杂的计算机网络,人们提出了将"网络"分层的方法。分层可将庞大而复杂的问题,转化为若干较小的局部问题,而这些较小的局部问题就比较容易研究和处理。随着网络的分层,将通信协议也分为层间协议,计算机网络的各层和层间协议的集合被称为网络体系结构。从 20 世纪 70 年代起,世界许多计算机公司都纷纷推出自己的网络体系结构,如 IBM 公司的 SNA(System Network Architecture),Digital 的 DNA(Digital Network Architecture)等。有了网络结构,满足统一体系结构的计算机系统能够很容易地互联在一起。但是,一个公司的计算机却很难与另一公司的计算机相互通信。然而,为了更加充分地发挥计算机网络的作用,就应当使不同厂家生产的计算机能够相互通信。十分明显,这就是要制定一个国际范围的标准。

**(一)ISO 与 OSI 参考模型**

为了建立一个国际范围的网络体系结构,国际标准化组织 ISO(International Standards Organization)在 1978 年为开放系统互联成立了一个专门分委员会,并于 1980 年 12 月发表了第一个草拟的开放系统互联参考模型的协议书,在 1983 年基本参数模型被正式批准为国际标准,即"OSI/RM"。在开放系统互联的术语中,"开放"是指按 OSI 标准建立的系统可以和世界上任意一个也按 OSI 标准建立起来的系统相互进行通信。

OSI 标准制定过程中,采用的是前面提到的分层体系结构。问题的处理采用自上而下逐步求精的方法。

OSI 模型对人们研究网络起了重要的指导作用。OSI 的分层思想使得复杂的网络系统变的层次分明,结构清晰,使整个网络的设计变成了对各层及层间接口的设计,因此容易设计和实现。

OSI 开放系统模型包括七个层次,即物理层、数据链路居、网络层、传输层、会话层、表示层和应用层。开放系统互联结构如图 2-8 所示。

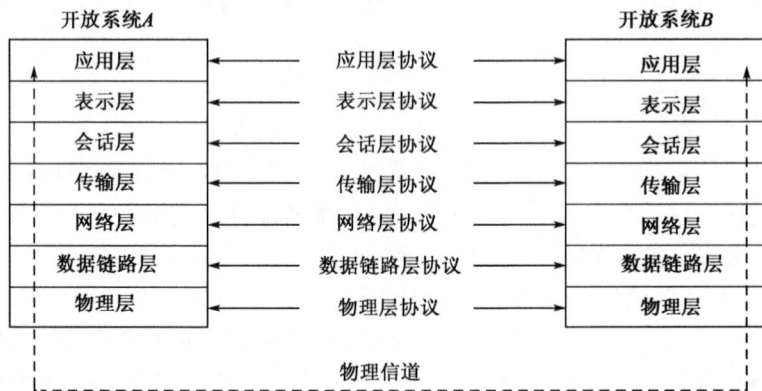

图 2-8  开放系统互联结构

这七层中的每一层都有一个特殊的网络功能。例如最高层(应用层)是使用者所运行的应用程序(例如 Windows 应用程序等),而最底层物理层负责资料 Bit 的传输。每层的工作情况与它的上一层和下一层有关。所以在最顶层即应用层时(应用程序),只需下达命令就可以让计算机与远方的计算机通信,而不必考虑究竟在较低层次到底发生了什么事。下面让我们看看这七层各自负责哪些工作。

1. 物理层(Physical layer)

物理层是 OSI 的最底层,该层为通信提供物理链路,实现比特流(bit)的透明传输。物理层定义了传输媒体以及接口硬件的机械、电气、功能和规程等各种特性,以便建立、维护和拆除物理链接。它定义了信号线的作用、电压的大小和宽度以及它们之间的关系。

## 2. 数据链路层（Data Link Layer）

该层用于提供相邻网络中结点间透明、可靠的信息传输，数据传输的单位是帧。透明表示它对要传送的资料内容和格式不做限制，可靠表示在该层进行的是无差错传输，无差错不是指传输中不出差错，而是指在数据链路层必须提供对数据传输中的差错进行有效的检测和控制。

## 3. 网络层（Network Layer）

该层提供源站到目标站的信息传输服务，负责有一个站到另一个站的路径选择。数据链路层协议解决的是两个相邻结点之间的通信问题。而在两个主机之间的通信，它们之间的通路可能包括多段链路，因此也就复杂得多。为了向传输层提供整个网络上任意两个结点之间数据传输通路，网络层需要解决包括建立、维护以及结束两个站点之间的联系和由此而引起的路径选择、流量控制、阻塞和死锁等问题。

## 4. 传输层（Transport Layer）

该层用于为不同系统内的会话实体（用户进程）建立端—端的连接，执行端—端的差错、顺序和流量控制，数据传输的基本单位是报文。传输层将源主机与目标主机直接以点对点方式连接起来，把源主机接收来的报文正确地传送到目的主机。因此，这一层的协议也叫做主机—主机（端—端）协议。传输层只能存在于主机中，传输层以上的各层就不再负责信息传输的问题。正因为如此，传输层就成为计算机网络体系结构中最为关键的一层，可以说传输层是资源子网与通信子网的接口层。

## 5. 会话层（Session Layer）

会话层也可称为会晤层或对话层，该层主要用于对不同开放系统中的两个进程间互相通信的过程进行管理和协调。

该层虽然不参与具体的数据传输，但它却对数据传输进行管理。在两个互相通信的应用进程之间，建立、组织和协调其交互。例如，确定双方是双工工作（两方可以同时发送和接收），还是半双工工作（双方交替发送和接收）。允许暂时中断会话，并能从断点开始建立新的连接。

## 6. 表示层（Presentation Layer）

该层向应用进程提供资料表示，将不同系统的不同表示方法转换成标准形式，使采用不同表示方法的各开放系统之间能互相通信。该层还负责将资料转换成使用者可以看得懂的、有意义的内容。可能的操作包括：字符的转换、各类数据转换或者数据的压缩与恢复等。

## 7. 应用层（Application Layer）

应用层是 OSI 的最高层，也是用户访问网络的接口层，是直接面向用户的。在 OSI 环境下，为用户提供各种网络服务。例如，电子邮件、文件传输、远程登陆等。

这一层包含了若干个独立的、用户通用的服务协议模块，其主要目的是为用户提供一个窗口，用户通过这个窗口互相交换信息。应用层的内容完全取决于用户，各用户可以自己决定要完成什么功能和使用什么协议，该层包括的网络应用程序有的由生产网络的公司提供，有的是用户自己开发的。然而，某些应用由于使用非常广泛，为了避免每个公司都去单独研究自己的应用程序，人们为一些常用的功能制订了标准（称之为协议）。同时，应用层还为所有应用程序提供了一些基本模块，这一层涉及的主要问题有：分布数据库、分布计算技术、网络操作系统和分布操作系统、远程文件传输、电子邮件、远程登陆以及终端电话等。

在 OSI 的七个层次中，应用层是最复杂的，所包含的应用层协议也最多，有的还正在研究和开发之中。相信随着计算机网络的进一步发展，网络所能提供的服务也将越来越多。

### (二)TCP/IP 协议

TCP/IP 体系常简称为 TCP/IP。TCP/IP 并非国际标准，但它在计算机网络体系结构中占有非常重要的地位。这是因为 OSI 体系结构虽然从理论上将比较完整，是国际公认的标准，但它还远远没有商品化，真正市场上流行的网络很少有完全符合 OSI 各层协议的。而由于 Internet 所采用的网络协议中，最著名的就是传输层的 TCP 协议和网络层的 IP 协议，因此，常用 TCP/IP 表示 Internet 所使用的体系结构。随着 Internet 的流行与普及，支持 TCP/IP 的网络产品越来越多地流入市场，因此，人们也称"TCP/IP"为实际的工业标准。TCP/IP 与 OSI 存在着较大差别，图 2-9 示出了两者的结构对比。

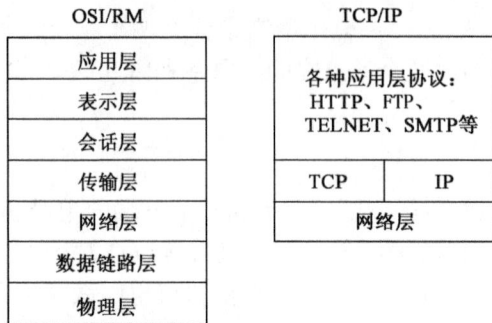

图 2-9　TCP/IP 与 OSI 结构对比

TCP/IP 体系结构在设计时就考虑到要与具体的数据传输无关，所以没有定义数据链路层和物理层这两层，也就是说 TCP/IP 对于 OSI 所定义的最低两层是开放的，当系统具体互联时，只要互联的系统支持 TCP/IP，则系统使用的物理传输媒体就可以将同时支持 TCP/IP 的系统连接起来。这样不仅增加了网络互联的灵活性，而且扩大了网络互联的范围。

TCP/IP 只有三层，最高层对应 OSI 的上三层，在这一层包含了很多为用户服务的协议，主要有 TELNET(远程登陆协议)、HTTP(超文本传输协议)、FTP(文件传输协议)、SMTP(简单邮件传输协议)。

第二层包含两个协议，即 TCP 和 UDP，它们对应于 OSI 的传输层，该层的实体是主机，即主机到主机的协议。TCP(传输控制协议)是面向连接的协议，资料传送单位是报文(报文是一段完整的信息，比如一段文本、一幅图像等)。UDP(称为用户资料报协议)是无连接协议，资料传送单位是分组(分组是一具有固定长度的信息单位)，虽然它提供的是无连接的传输服务，这种服务是不可靠的，但由于它的协议开销少，因此还是在很多场合得到应用。

第三层是 IP 协议层，其最主要的协议就是无连接的互联网协议(称为网络互联协议)，资料传送单位是资料报送即分组。它对应于 OSI 的网络层，该层用于网络的互联，配合使用的还有"互联控制报文协议"IMP(Internet Control Message Protocol)位于 IP 协议之上，IP 为其提供服务。"地址转换协议"ARP( Address Resolution Protocol)和"反向地址转换协议"RARP(Reverse Address Resolution Protocol)，它们位于 IP 之下，IP 需要它们提供的服务，主要用来完成互联网寻址工作。

除了在体系结构的层次上不同外，TIP/IP 和 OSI 在网络性能、网络管理以及处理手段等方面都有许多不同。

### (三)IPX 与 SPX

IPX 与 SPX 与 TCP/IP 不同，IPX 与 SPX 是专门为局域网而研制的。而 TCP/IP 是为广域网研制的。IPX/SPX 是 Novell Netware 体系结构中最重要的协议，它与 OSI 的层次对比如图 2-10 所示。

"互联网分组交换协议"IPX（Internetwork Packet Exchange），是在 Netware 环境下的无连接通信协议，其传输的基本单位是分组，IPX 是局域网 NetWare 体系结构中的关键部分，是工作站和文件服务器相互通信的协议，是高层协议 SPX 和 NetBIOS 的基础，也是专用服等器在网上存在方式的表示。值得注意的是，对于广域网通信来说，IPX 不是一个好的通信协议，对于广域网通信还应使用 TCP/IP。

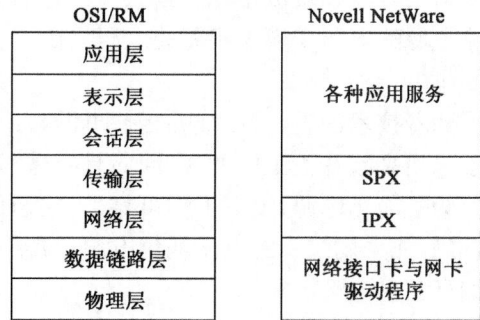

| OSI/RM | Novell NetWare |
| --- | --- |
| 应用层 | 各种应用服务 |
| 表示层 | |
| 会话层 | |
| 传输层 | SPX |
| 网络层 | IPX |
| 数据链路层 | 网络接口卡与网卡驱动程序 |
| 物理层 | |

图 2-10  OSI/RM 与 Novell Netware 层次对比

"顺序分组交换协议"SPX（Sequence Packet Exchange Protocol），它是一个面向连接的通信协议，提供一个保证传输成功的服务。为通信的双方建立连接，保证分组的传输，进行流量控制和差错检测及恢复。

### 四、通信电源

通信设备是一类供电负荷，要求不间断连续供电。而高速公路的通信站大部分由农用电网供电，电压不够稳定，而且经常停电，因此要求采用不停电的供电系统。

#### (一)交流供电系统

交流供电系统主要包括变电站提供的交流市电、柴油发电机供给的自备交流电源，以及由整流器、蓄电池和逆变器组成的交流不停电电源。低压交流配电应能接入一路市电和一路发电机。在外线停电时，应能人工（或自动）转换到发电机侧；外线恢复供电后，应能自动转换到外线侧。低压交流配电屏应具有两组电源不能同时供电的互锁功能，它可以将交流电分别送到整流器和其他用电设备。另外，可以监测交流电压和电流的变化，当市电中断或电压发生大的变化时，能够自动发出告警信号。

为了确保系统电源不间断、无瞬变，可以采用静止型交流不停电电源。此电源系统主要包括蓄电池、整流器、逆变器和静态开关等。市电正常时，市电经整流和逆变后，给系统设备提供交流电源，此时，蓄电池处于并联浮充状态。当市电中断时，蓄电池通过逆变器给系统设备提供交流电源。逆变器和市电转换由交流静态开关完成。

交流电源的技术条件为：

三相交流电源　　380V＋38V

单相交流电源　　220V＋22V

　　　　　　　　220V−33V

频率变化范围　　50～2.5Hz

一般情况下，系统设备用电应与其他普通照明用电分开，单独布缆，自成回路。这样可以确保系统设备的可靠供电，不会因其他供电回路的故障而影响系统设备供电。

#### (二)直流供电系统

通信系统的设备一般需要直流电源供电，直流供电系统主要由整流器、蓄电池、直流变换器和直流配电屏等部分组成。整流器的交流电源由交流配电屏引入,整流器输出通过直流配电屏与蓄电池和负载相连。当系统设备需要多种不同数值电压时,可以用直流变换器将基础直流电源的电压变换为所需的电压。由于直流供电系统中设置了蓄电池组,因此可以保证不间断供电。

随着技术的进步,传统的相探电源系统逐渐被模块化的开关电源系统所取代。开关电源由于采用高频开关工作方式,因而具有体积小、质量轻、效率高的显著优点。

为了简化电源、提高工作可靠性,在通信设备选型时,应尽量减少所需直流电源电压的品种,最好能采用统一的直流基础电源。现将统一采用正极接地的48V直流电源的技术要求分列如下:

(1)直流配电盘应适应两组蓄电池浮充供电方式,输出直流分路数应满足通信站的实际需要。蓄电池通常选用铅酸密封锡维护电池,以减少维护工作量。

(2)整流器的主要技术指标应满足下列要求:

①整流设备的类型:全浮充方式,具有自动稳压、负荷分担功能,$(n+1)$并联冗余溢流型。

②工作状态连续。

③交流输入为三相四线制,额定电压为三相380V+38V或单相220V+22V、220V-33V,频率为50Hz。

④整流器。

a. 输出电压:应能满足蓄电池初充电的要求,即为63.6V。

b. 额定电源:根据各通信站蓄电池容量而定。

c. 最大保护电流:≤额定电流的130%。

d. 效率:>85%。

e. 整流器应安装直流电压表和电流表。

其中,最大保护电流是在额定输入运行且电池电压加装到50V时的值。

⑤负荷直流输出。

a. 额定输出电压:48V。

b. 输出电压允许值:43~53V。

c. 额定电流:根据各通信站直流耗电量而定。

d. 杂音电压:<2mV杂有计衡重杂音。

e. 脉动电压:<200mV($P-P$值)。

f. 输出电压的性能在电池端连接与终端相同的电阻负载时测量。

⑥输出电压的精度+1%。

⑦在放电电路的压降<0.3V(标称运行)。

⑧功率因素 $\cos\varphi>0.8$。

⑨应提供断相保护、电流限制、过电流和过电压保护,并绘出可见、可闻的告警信号。

⑩室内运行条件。环境温度:5~40℃。相对湿度:<85%。在没有空调的情况下,能自然冷却并连续工作。

### (三)接地系统

为了保护各系统设备与人身安全,电源室及通信机房都必须有良好的接地装置。

接地系统分为合设接地系统和分设接地系统。

### 1. 合设接地系统

把机房的工作接地、保护接地和防雷接地合并设在一个接地系统上,形成一个合设接地系统。由于合设接地系统利用楼房钢筋躯体作为合设地线的接地极,所以它的接地电阻很小,一般均应小于1Ω。在高速公路通信系统中,在省局及管理处等有条件的地方可以采用合设接地系统。

### 2. 分设接地系统

即按照传统的做法把工作接地、保护接地和防雷接地分开,此时要求保护接地电阻和防雷接地电阻不大于10Ω。工作接地电阻不大于4Ω。在必要时可以允许把工作接地和保护接地合设。此时,合设的接地电阻不大于4Ω;工作接地、保护接地的地线安装应根据相关国标要求进行。注意防雷接地的接地体和工作接地、保护接地的接地体之间的距离应大于20m,在高速公路通信系统的一般通信站中,建议采用分设接地方式。

# 项目三  认识计算机网络技术

## 一、电信管理网 TMN

通信网现代化的三大标志分别是自动化、数字化和网络管理。网络管理是现代通信网不可缺少的组成部分。为适应电信技术的飞速发展,也为了满足不断增加的电信新业务的需要,CCITT 提出了建立对电信网进行统一、一体化管理的电信管理网 TMN(Telecommunications Management Network)的建议。

电信管理网是用来收集、传输、处理和存储有关电信网维护、运营和管理信息的一个综合管理系统,是未来电信主管部门管理电信网的支柱。电信管理网把网络负荷管理、设备故障监控等各个独立的有关系统综合到一块,将各种网络管理功能用一个公用的管理网来实现。

电信管理网 TMN 是一个具有体系结构的数据网,既有数据采集系统,又包括这些数据的处理系统;可以提供一系列的管理功能,并在各种类型的网络运营控制系统之间提供传输渠道及控制接口;还能使运营系统与电信网的各部分之间也通过标准的接口协议实现通信。

电信管理网的结构及它与电信网、电信网运营控制系统之间的关系如图 2-11 所示。

图 2-11 中虚线框内的就是电信管理网,它由一个数据通信网、电信网设备的一部分、电信网运营控制系统和网络管理工作站组成。电信管理网与它所管理的电信网是紧密耦合的,但在概念上又是一个分离的网络,它在若干点与电信网相接。另外,TMN 有可能利用电信网的一部分来实现它的通信能力。

电信管理网中的电信设备部分是电信网状态数据的收集和网管指令执行设施,如交换机的网管接口(可按本地管理终端,也可作为电信管理网接口)、传输设备的监控设施等,它们负责从电信网的设备中收集相应设备的网管信息,或执行网管中心的指令对交换系统或传输设备的状态和参数进行控制。有的是电信网设备的一部分,有的是在电信网设备外部附加的。

电信网运营控制系统可以有一个或多个,每一个运营控制系统通常都是一组计算机,负责处理电信网的网管数据,发送对电信网设备的控制指令。它是电信网及其电信管理网的"大脑"。电信网的操作人员通过运营控制系统对电信网进行管理和控制,所以运营控制系统一般都具有良好的人机接口,包括网络信息的显示输出、控制指令和参数的输入。

数据通信网则负责在运营系统之间、运营系统与电信网之间传递信息,是一个可靠的专用数据网,并且具有多层次的体系结构。

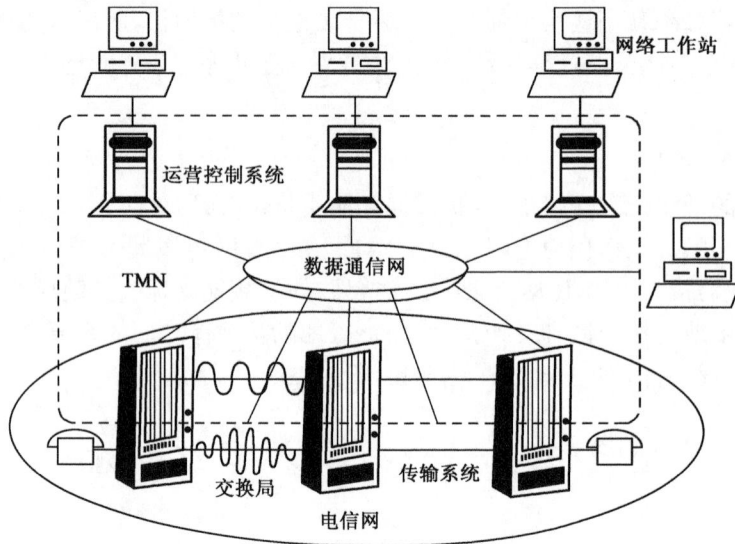

图 2-11 电信管理网 TMN 的组成

网络管理工作站则可以认为是网络运营控制的本地或远程操作终端。电信网的操作人员只要在这些工作站上操作就能实现对电信网的管理。网管"操作终端"通过电信管理网与各个运营系统相连。

可以利用电信网进行管理的各种通信网和设备有:

(1)公共交换网和专用网,包括 ISDN。

(2)传输终端(复用器、交叉连接设备、通路变频设备等)。

(3)数字和模拟传输系统(电缆、光纤、无线通道、卫星链路等)。

(4)故障恢复系统。

(5)数字和模拟交换网。

(6)电路交换网和分组交换网。

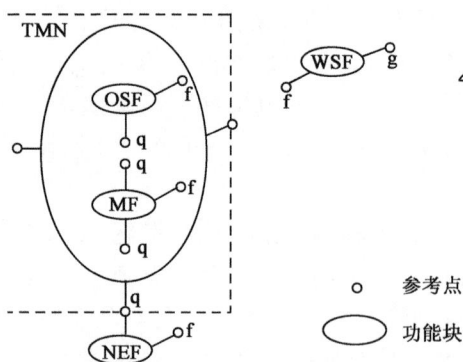

图 2-12 TMN 的功能体系结构

(7)信令终端和系统(包括数据转接点和实时数据库)。

(8)PRX 和用户终端。

(9)ISDN 用户终端。

(10)相关的附属系统(测试、电源、空调、告警等设施)。

TMN 在功能上提供收集、传送和处理电信网管理信息的手段和方法。电信管理网在功能上由运营系统功能(OSE)、信息传送功能(MF)和数据通信功能(DCF)三个功能模块组成,如图 2-12 所示。

这三种功能模块的适当组合提供了完成 TMN 应用功能的能力。此外,TMN 还必须连接到各个待管理的网络单元功能(NEF)模块和网络管理工作站功能(WSF)模块上。

鉴于目前 TMN 国际标准的细则并不十分明确,仅在 SDH 设备的网络管理方面提出了标准信息模型和 Q3 接口协议栈,而且需要一定的时间来完善,因此 TMN 只能根据新技术的发展及标准的不断完善逐步引入。

## 二、通信网的网管功能

在 ISO 网络管理标准中,将开放系统的系统管理功能划分为五个功能域,这五个功能域分别完成不同的网络管理功能。

### 1. 故障管理

故障管理(Fault Management)是指对电信网及各种电信设备不正常的运行状况或安装环境的异常进行检测、隔离和校正的一组功能,包括电话告警监视、故障定位、隔离故障点并进行校正修复及测试等。

### 2. 配置管理

配置管理(Configuration Management)功能主要是组织网络运行所需的物理配置、资源和数据,实施对网络单元的控制、识别和数据交换,主要包括供给、状态和控制及安装功能。对网络单元的配置、数据库管理、服务的投入和撤离、网元的状态和控制等进行管理。

### 3. 计费管理

计费管理(Accounting Management)是度量电信网中各种业务的使用情况并按预定的收费标准确定使用资费的一组功能。

### 4. 性能管理

性能管理(Performance Management)是评定和提供网络、网络单元及各种电信设备的状态、性能和效能,并提出评价报告的一些功能。其中,包括性能监视、性能控制和性能分析。

### 5. 安全管理

安全管理(Security Management)为电信网提供周密的安排和安全保护,保证未经授权人员不得对接入网络中的系统进行配置、调整、存取数据等操作。其中,主要包括接入安全和用户权限的管理、安全审查及告警处理等功能。

# 项目四  集成紧急电话系统

高速公路紧急电话系统由安装在公路两侧的紧急电话亭(分机)和在高速公路管理中心配置的紧急电话中心控制台(总机)两部分组成。它是一种专用电话系统,不进入公用电话网。实践表明,紧急电话系统是保证高速公路安全、畅通的最有效的手段之一。

## 一、系统功能

高速公路紧急电话系统的主要用途是为高速公路的使用者提供救助。当汽车在高速公路上行驶时途中发生了故障,或者由于发生了交通事故引起道路阻塞时,使用者(一般为驾驶员)均可在紧急电话亭向高速公路管理中心发出呼叫、提出请求,有关部门根据所报告的情况迅速进行处理。由此可见,该系统应做到使用户能及时与高速公路管理中心取得联系,而管理中心则要立即确定呼叫者所在的位置以便迅速处理。为此,该系统应具有以下功能:

（1）使用方便、接续迅速。

为便于使用者能及时找到紧急电话亭，在系统设计时，应考虑在高速公路路侧相隔一定距离安装紧急电话亭，该距离一般为1～2km较为合适。此外，为避免由于人员穿越高速公路而发生二次事故，紧急电话亭应在公路两侧成对配置。

由于使用者并非专业人员，而且使用时均属紧急情况请求救助，所以应操作简单。

（2）单向呼叫、双向通话。

紧急电话的作用决定了它仅是用户从紧急电话亭向中心控制台单向发出呼叫，在中心控制台摘机后可双向通话，所以，它是一种多点对一点的报警通信系统。

（3）呼叫显示、中心控制。

一旦用户在紧急电话亭发出呼叫，中心控制台应立即自动显示该紧急电话亭的分机号，确认呼叫者所在的地理位置。为了便于管理，应由中心控制台负责建立通信链路并控制拆线。

（4）免提通话、话音清晰。

紧急电话亭位于高速公路路侧，环境噪声较大。为提高设备可靠性和使用方便，应采用免提通话方式。为保证通话质量，应保证从分机到总机的传输衰减小于20dB。

（5）遇忙等待、顺序通话。

中心控制台对所有的分机用户应是非闭塞的，所有发出呼叫的分机号码在中心控制台上均应有显示。除正在通话的分机外，其余分机按发出呼叫的时间先后排队等待。

（6）呼叫记录、显示打印。

中心控制台应具有呼叫处理能力，可将所有事件记录在文件上，包括呼叫日期、时间、主呼叫分机号、呼叫内容及处理结果等，可随时进行通话录音，可显示打印有关记录内容。

（7）运行可靠、易于管理。

该系统工作正常与否和道路安全、畅通关系甚大，所以要求系统必须长期可靠运行。特别是紧急电话亭安装在野外，工作环境恶劣，要求能全天候工作。为了便于维护，及时排除故障，要求中心控制台应能对紧急电话亭进行远距离自动检测。

## 二、系统构成

紧急电话系统由紧急电话控制台、传输线路（传输媒质）和紧急电话分机三个部分组成。根据传输媒质不同可分为有线紧急电话系统和无线紧急电话系统。

### （一）有线紧急电话系统

有线紧急电话系统构成如图2-13所示。由于高速公路通信系统通常均敷设通信管道且具有工作稳定可靠，不易受外界干扰等优点，但传输线路造价较高。

1. 紧急电话控制台

紧急电话控制台由控制主机和外围设备（包括计算机、显示器、打印机、电话机、录音机、连接器及供电设备等）组成。控制主机的主要职能是汇接传输线路；提供各种通信接口（包括对地图板的串行智能通信接口、外设端口和电话机端口等）；管理控制所属的紧急电话分机的呼叫业务和系统诊断等。

2. 传输线路

有线紧急电话系统的传输线路一般可选用聚烯烃绝缘填充型市话电缆HY-AT型。这种电缆在缆芯中和屏蔽层内用石油膏填充,以防止水分侵入。在−30～ 60℃的环境条件下,电缆的机械和电气性能保持不变。当需要采用直埋敷设方式时可采用有机械保护层的铠装 HYAT 3 型电缆。当传输距离较长时,为减少传输损耗,可采用聚烯烃绝缘填充型低频对称电缆。

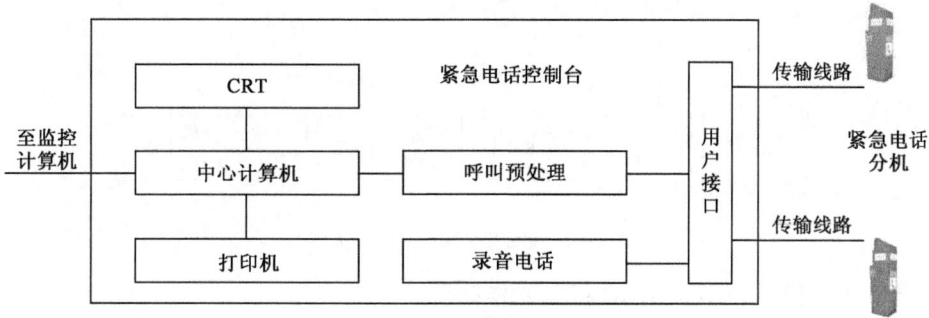

图 2-13 有线紧急电话系统构成

3.紧急电话分机

设置在道路沿线两侧(护栏外侧)的紧急电话分机是呼救者共用的通信设备,为避免使用者穿越道路而造成二次事故,在高等级公路上应成对布设于两侧。设置间距视交通量大小而定,可以每 1km 或 2km 设置一对。紧急电话机箱上应有醒目的标志,每台紧急电话机均要求有独立的编号。路侧紧急电话机可采用箱体式或箱柱式,在箱体上部迎车方向和面向车行道方向应设表示紧急电话的定向反光标志,标志的图案和尺寸参照国家标准《道路交通标志和标线 第 2 部分:道路交通标志》(GB 5768.2—2009),箱体为橘黄色。隧道内的紧急电话分机可采用箱式结构,安装方式可为壁挂式,安装在隧道的侧壁上,紧急电话分机及其上方应有紧急电话照明标志。隧道内紧急电话分机布设置间距一般可在 200m 左右。

紧急电话分机的供电一般有以下几种方式:

(1)由紧急电话控制台进行直流电压远距离供电。

(2)各分机配备蓄电池,平时由紧急电话控制台对分机蓄电池进行直流电压浮充,分机工作时由蓄电池供电。

(3)各分机配备太阳能蓄电池独立供电。

(4)各分机配备蓄电池独立供电,定期更换充电。

第一种方式电路简单,维护方便,但分机电压受线路制约,传输距离有限且不易稳定。第二种方式对传输线路要求较第一种方式要低,电路较复杂但维护工作量较小。第三种方式造价较高且设备易损坏。第四种方式对传输线路无要求,电路简单,但维护工作量较大。具体选用何种供电方式视设备要求而定。

**(二)无线紧急电话系统**

无线紧急电话系统是以无线电波作为传输媒质。一般在监控中心设置无线基地站和控制主机,在道路沿线两侧设置无线电台(收发信机)作为无线紧急电话分机,无线紧急电话系统构成如图 2-14 所示。无线信道可选用 VHF 和 UHF 频段(160MHz、450MHz、800MHz、900MHz)。无线紧急电话分机电源可采用 220V 交流供电、太阳能供电或自备蓄电池等。无线紧急电话系统的特点是无需传输电缆,节省电缆投资,但需增加通信铁塔投资。组网设计时要注意无线电波干扰。

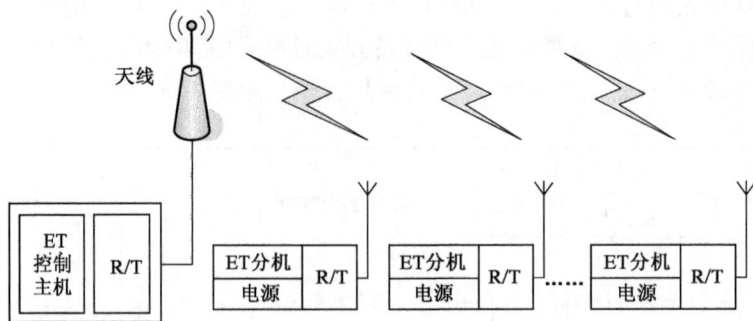

图 2-14　无线紧急电话系统构成图

紧急电话系统操作应做到指示清楚,操作简单。

1.分机操作过程

分机操作过程十分简单,一般采用麦克风和扬声器方式,按"通话键"→通话→完毕。

2.控制台主机操作过程

主机操作过程如下:主机开机→接通各外围设备→计算机开机→置入日期、时钟和值班员姓名→振铃和闪灯告警→摘机(拿起电话机手柄)→通话→挂机(电话机手柄复位)→人工置入本次呼叫内容(由管理所设置,如车辆故障、撞车、车辆起火、伤人或死亡、撞护栏等)→完毕。

在呼叫和通话过程中,计算机自动进行记录和统计,包括每次呼叫分机编号、呼叫日期和呼叫时间(时、分、秒)、值班员姓名、呼叫内容和分类统计记录等。录音机进行自动录音。人工操作计算机可打印各种分类统计记录和查询日、月统计记录。

# 项目五　认识无线通信

所谓移动通信是指移动体与固定体或另一移动体之间的信息交换,因此它必须采用无线方式。在高速公路的运营管理中,无论是养护管理、路政管理还是交通管理,都离不开移动通信,所以建立高速公路专用的移动通信系统是十分必要的。

在我国已建成的高速公路上已建立了一些专用移动通信系统。但是无论是简单的单信道一呼百应系统及改进的选呼系统,还是后来发展的多信道自动拨号系统,都属于传统的专用移动通信系统。其特点是信道"专有",即用户在通话过程中,双方使用的频率是固定的。因此用户一旦选择了某一信道,那么它只能在这一信道上工作,直到通信结束。如果这一信道被占用,无法选择其他空闲信道,就会出现阻塞。所以,其最大的缺点是:频率利用率低,有些信道出现阻塞,从而降低通信质量。为此,交通运输部有关文件明确规定以 800MHz 集群系统作为交通专用移动通信网的主要通信方式之一。因此主要介绍集群移动通信系统。

## 一、集群移动通信系统的组成

### (一)集群的概念

"集群"是专用业务移动通信系统高层次发展的形式,是针对传统的专用移动通信系统的缺点而产生的。"集群"是英文 Trunking 或 Trunded 的意思。Trunking 的含义是系统具有的全部可用信道可为系统全体用户服务,具有自动选择信道的功能,它是共享资源、共享信道设备和改善服务的多用途、高效能的无线调度系统。具体地说,是指有限信道在中心控制台的控制下,自动地、动态地、最优地指配给系统内全部用户使用。其中的关键是中心控制台按动态信道指配的方式将系统内信道分配给要通话的用户通信。

### (二)组网方式

集群移动通信系统的组网方式大致可分为 4 类:

(1)单区、单点、单中心网络。

(2)单区、多点、单中心网络。

(3)多区、多中心网络。

(4)多区、多层次、多中心网络。

这里所谓的"中心"是指具有控制、交换功能并能和有线电话网联结的移动通信中心,所谓"点"是指具有无线电信号收发功能的基地站。中心、基地站和用户终端结合在一起,再加上连接它们的有线和无线信道,就组成了一个移动通信网。

根据高速公路的实际情况,一个路段往往需采用单区、多点、单中心网络(图 2-15),全省高等级公路集群移动通信网则需采用多区、多中心网络(图 2-16),后者实际上是前者进行组合联网。所以,这里重点介绍一下单区、多点、单中心网络。以一个高速公路路段为无线服务区,设一个控制中心和若干个基站,每个基站所覆盖的服务区域应为沿公路带状。整个服务区为沿公路链状区。控制中心一般设在该路段管理处,往往和该路段通信分中心在同一地点,控制中心可通过用户线或中继线与 PABX 连接。在沿路隧道等路段或地形复杂地区可以在基站区内增设 800Hz 直放中继站,以减少通信盲区,从而延伸基站的通信范围。

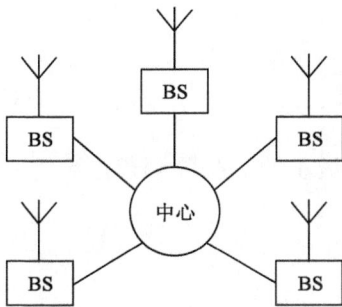

图 2-15　单区、多点、单中心网络

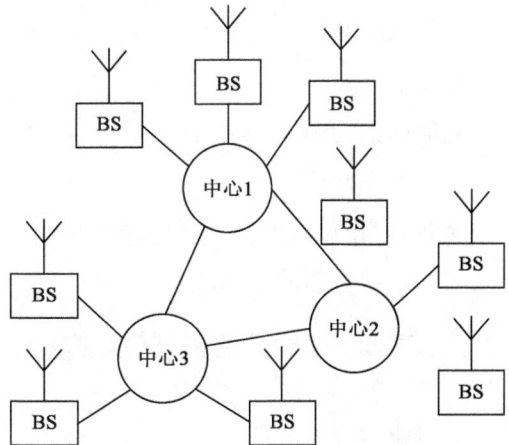

图 2-16　多区、多中心网络

### (三)设备组成

#### 1.移动台

移动台包括车载台、便携台和手持台,由收发信机、控制单元、天馈线(或双工器)和电源组成。

## 2.调度台

调度台包括有线和无线调度台两种。无线调度台由收发信机、控制单元、天馈线(或双工器)、电源和操作台组成。有线调度台除操作台外,还包括与控制中心的接口设备。

## 3.基站

基站由转发器、天馈线系统和电源等设备组成。天馈线系统包括接收天线、发射天线、馈线和天线共用器。天线共用器包括发信合路器和接收多路分路器。

## 4.控制中心

控制中心包括系统控制器、系统管理终端和电源等设备。它由无线接口电路、交换矩阵、集群控制逻辑电路、有线接口电路、监控系统、电源和微机组成。

## 5.区域控制中心

区域控制中心的设备主要是多区控制器。

## (四)频率配置

### 1.工作频段

800MHz频段;806~821MHz(移动台发、基站收);851~866MHz。

### 2.频道间隔

相邻频道间隔为25kHz标称频率的最后三位有效数字为12.5、37.5、62.5、87.5(单位为kHz)。

### 3.双工收发间隔

双工收发间隔为45MHz。

### 4.发射标识

发射标识为16K0F3E。

### 5.频道分配

按照CC IR901报告,集群系统的频率配置采用互调最小的等间隔频道配置,主要减少区域之间和区域内部的互调产物。

# 二、集群移动通信的主要性能指标

## (一)业务种类

业务种类以通话为主,也可传输数据信息。

## (二)每个基站区内的容量

(1)频道数为5~20。

(2)对于集群调度系统,每频道至少有70个移动台。对于连接用户交换机或市话端局的集群系统。根据话务量和网络的实际运行情况,每频道的移动台数应适当减少。

## (三)话音传输质量指标

**1.无线调度网内的话音传输质量指标**

(1)调度网内的话音传输质量以音频带内的信噪比[(信号+噪声)/噪声]来表示。

(2)移动用户与有线调度台通话时,在调度网中的音频带内信噪比大于或等于 20dB(标准测试音测试)。

**2.接入市话网的话音传输质量指标**

(1)话音传输质量以音频带内的信噪比来表示。

(2)移动用户与市话用户通话时,移动用户到控制中心音频输出端的音频带内信噪比大于或等于 20dB(标准音测试)

## (四)排队标准

等待时间超过 15s 的概率应小于 0.3。

## (五)调度网内的传输衰耗

移动用户与控制中心音频输出端之间的传输衰耗应小于或等于 4.5dB,移动用户与市话端局之间的传输应小于或等于 7dB。

## (六)覆盖区边缘的无线可通率

(1)对于市区、近郊区及高密度用户地区,调度网覆盖区边缘的无线可通率要求不低于 90%。

(2)对于低密度用户地区,调度网覆盖区边缘的无线可通率可根据当地实际情况设计,但最低不得小于 50%。高速公路专用集群移动通信网一般应要求沿公路带状区域的无线可通率不低于 90%。

## (七)同频道干扰保护比

接收机射频输入端同频道干扰保护比应大于或等于 8dB。

## 三、集群移动通信系统的基本功能

## (一)使用功能

**1.基本业务**

进行话音通信,传输数据信息、状态信息和传真。

**2.呼叫方向**

主台(调度台)到用户组(群)、用户台到主台、用户台到用户组(群)、PABX 或 PSTN 市话有线用户到移动用户或相反,实现有/无线互联。

**3.呼叫类型**

个别呼叫(单呼)、组(群)呼、全呼(通播)、电话呼叫。呼叫有优先等级,紧急呼叫为最高优先级,可根据系统内用户情况分成若干级。

## (二)系统入网功能

### 1. 主要功能

入网时间短,任意用户按下 PTT(Push to Talk)后 0.5s 即可接入话音信道、呼叫申请自动拨、繁忙排队/回叫、紧急呼叫化先、限时通信。

### 2. 可选功能

新用户优先、动态重组、位置登记及漫游功能、连续性更新指令、系统寻找和锁定。

## (三)系统维护管理功能

### 1. 主要功能

监视系统通信忙闲状态、基站无人值守、自动检测系统和设备的故障,并显示、计费、发射机故障自动关闭、接收机遇干扰自动关闭、系统自检和其他功能。

### 2. 可选功能

通话记录和计费、发射机故障自动关闭、接收机遇干扰自动关闭、系统自检和其他功能。

# 四、信令及控制频道方式

## (一)无线信令

无线信令是基站与移动台之间为建立呼叫而传送的各种信令。无线信令采用数字信令,所占用的射频带宽不得超过正常通话时的标称带宽。

## (二)控制中心与基站之间的信令

控制中心与基站之间信令的传输速率采用 1200b/s、2400b/s、3600b/s、4800b/s。

## (三)控制中心与区域控制中心之间的信令

控制中心与区域控制中心之间的数据传输速率可采用 2400b/s、4800b/s 或 9600b/s。

## (四)集群系统与用户交换机或市话网之间的信令

### 1. 以中继线方式接入用户交换机或市话网的信令方式

(1)局间直流线路信令。用直流极性标志的不同,代表不同的信令含义。主要用在纵横制电话局之间、纵横制局与步进制局之间、纵横制市话局与自动长话局和人工长话局之间、纵横制话局与特种业务台之间。在市话网的音频电缆上,局间线路信令一般采用直流信令。因为它结构简单、比较经济、维护方便。但如果局间距离超过直流信令传送的界限时,就不能使用。

(2)局间带内单频脉冲线路信令。采用频分或时分复用中继传输时,线路信令应符合《电话自动交换网带内单频脉冲线路信号方式》(GB 3376—1982)的相关规定。

(3)局间数字型线路信令。采用 PCM 数字中继传输时,线路信令应符合《电话自动交换网局间中继数字型线路信号方式》(GB 3971.2—1983)的相关规定。

（4）局间多频记发器的信令。多频记发器信令应符合《电话自动交换网多频记发器信号方式》（GB 3377—1982）的规定。

2.以用户线接入用户交换机或市话网的信令方式

（1）用户信令方式。直流拨号脉冲信号、多频信号应符合《电话自动交换网用户信号方式》（GB 3378—1982）的相关规定。

（2）铃流和信号音。铃流和信号音符合《电话自动交换网铃流和信号音》（GB 3380—1982）的相关规定。

**（五）控制频道配置方式**

800MHz 集群通信系统的控制频道配置方式分为专用频道方式和随路信令方式两种，两者均采用数字信令。

1.专用控制频道方式

专用控制频道方式是设一个控制频道（信令频道）专用于传送信令，其余频道为话音频道；故又称为集中式控制信道方式。控制频道可由控制中心定时轮流更换。在频道数少的情况下，当话音频道全忙时，控制频道可作为话音频道使用，只要某一话音频道出现空闲，此空闲话音频道作为新的控制频道。

2.随路信令方式

基站中每个频道都完成信令传输、接续和通话，故又称为分布式控制方式。

在分布控制方式的集群系统中每个基地台（转发器）都配有智能控制器，负责信道控制方式和信号的转发。一般采用亚音频随路信令，这种方式的优点是接续时间短，信令简单，设备可靠性高，扩展容量简单，向上兼容，但功能较少，适用于中小规模系统。

由于高速公路集群移动通信系统一般均属于中小规模系统，所以宜采用分布控制方式，采用低速数字信令即所谓 LTR（Logic Trunked Radio）信令。

# 项目六 敷设通信管道及光缆

目前，国内通信干线的光（电）缆一般采用直埋方式，即直接将铠装光（电）缆埋进缆沟内。但从 20 世纪 80 年代后期起，世界各国纷纷采用管道化的方法来对光（电）缆实行有效的保护，至今已十分普及。由于沿高速公路建设通信管道具有路由简单、不需再征用土地、施工方便等优点，所以在路面建设的同时铺设通信管道是发展的趋势。

## 一、光（电）缆管道化的优点

1.管道可对光（电）缆进行有效的机械和化学保护

光（电）缆安置在管道中，可避免因挤压、冲撞、地震等引起的对线缆的机械破坏，也可保护线缆免受土地中的酸、强碱、盐、碳氢化合物等化学品的侵蚀。

2.管道可保护光（电）缆免受生物的破坏

光（电）缆安置在管道中，可使其免遭啮齿动物，如鼠的破坏，同样也可免遭白蚁啃食。

3. 可避免重复施工,有利于通信网扩容、升级

## 二、位置和埋深

通信管道一般沿高速公路中央分隔带埋设,在条件不允许时可沿公路边坡或排水沟外侧埋设。通信管道的建设应和路面工程同步实施,管道最小埋深(管顶到地面)一般为 80cm。考虑到今后扩容及其他部门的需要,管群容量一般选 4~8 孔。

## 三、管材选择

以往通信管道的管材常用混凝土管和 PVC 管,但混凝土管耐冲击性及防水性差,且运输施工均比较麻烦。PVC 管虽然质量轻,防水性及防腐性好,但耐冲击性和耐热性差。因此,这两类管材逐渐被新型管材所取代。近年来开始被采用的是高密度聚乙烯双壁波纹管(HDPE管)及 HDPE 硅管。

### 1. 高密度聚乙烯双壁波纹管(HDPE 管)

这种管道具有环刚度高,抗冲击性强,耐气候性好,使用寿命长(可达 50~60 年),接头密封良好,施工方便快捷等优点。

国外某公司生产的高密度聚乙烯双壁波纹管(HDPE 管)的产品规格为外径 110mm、内径94mm、管长 6mm、波纹高度 7mm、波纹厚度 6mm。

### 2. HDPE 硅管

具有与 HDPE 管相同的物理和力学性能。它是用固定的、永久的润滑剂同步挤压进高密度聚乙烯管内壁,均匀地分布于整个管道内壁,摩擦系数小,而且摩擦性保持不变,使用寿命长,稳定性在 50 年以上。弯曲半径至少可达管道外径的 10 倍。管长每根 1.5~1.2km 或更长。

由于 HDPE 硅管从设计、选材到制作都充分考虑到强度问题,所以采用 HDPE 硅管时不需要在外面套大管就可以达到各种保护性能指标。

美国某公司采用 SILICORETM 硅胶制造的硅芯管,产品规格有:40/33mm、40/35mm、32/26mm、32/27mm 等。

## 四、孔径与缆径的关系

孔径与缆径的关系一般应满足 $d/D \leqslant 0.8$,$d$ 为电缆直径,$D$ 为管孔直径。

在通信管道敷设光缆时,由于光缆外径较小,为了提高管孔利用率,可在管孔内布设 3~4根硬质 PVC 子管或半硬质 PE 子管,子管的壁厚为 3mm。子管内径一般应为光缆外径的1.2~1.5 倍,子管的等效总外径不应大于管孔内径的 85%。当采用 PVC 子管或采用 HDPE硅管时,$D$ 即为 PVC 子管或 HDPE 硅管的内径。

## 五、人孔与手孔

为了满足线缆施工及维护的需要,在通信管道路由上需要建筑人孔或手孔。

### 1. 间距

在直线管道路由上,混凝土管道段长(人、手孔间距)一般为 120~150m,采用 PVC 管道或HDPE 管道管道段长也不超过 200m,当采用 HDPE 硅管时可以大量减少人孔(或手孔)数,间距可达 2km 以上。此外在线缆过桥、拐弯等处一般也需建设人孔。

2. 大小

大小根据管群容量来确定。在管群容量为1～3孔的管道路由或直埋电缆路由上可采用手孔。在管群容量为4－12孔的管道路由上可采用小型人孔。

3. 人孔的建筑方式

人孔的建筑方式应根据地下水位的高低、冰冻层的深度和土壤的稳定程度来确定。在高速公路上一般可采用砖砌人孔，人孔一般均应做混凝土基础，并具有良好的防水性能。

### 六、管道敷缆的施工方法

1. 牵引法

牵引法是目前常用的施工方法，即先将牵引绳索穿过管道，然后把牵引绳的一端与线缆固定，采用人工或牵引绳的另一端使线缆穿过管道。采用这种方法，由于管道内壁摩擦系数较大，从而使穿缆距离短、速度慢，而且容易造成线缆的机械拉伸破坏。

2. 气吹法

由气吹法产生的高速压缩气流使线缆悬浮在管道内前进，前进的推力从管道内沿着整个光缆的长度均匀分布。因此，光缆不会受到机械损伤，也不会因管道的弯曲而造成穿缆的困难，并且没有地形的限制，这样大大提高了穿缆的长度和速度。一次性吹送至少可达2km，5～7人平均日穿缆可达10km以上。同时允许仅在光（电）缆接头处设置人孔，即人孔间隔可达2km以上。

由以上比较可知，使用HDEP硅管并采用气吹法进行施工，不仅可提高施工进度，而且可降低工程造价，因此这种方法值得推广。

### 七、直埋敷设的有关问题

在条件不允许建筑通信管道时，也可采用直埋方式敷设光（电）缆。此时，应注意以下几个问题：

1. 埋设深度

埋设深度一般不小于1.2m，应尽量埋设在冻土层下面。

2. 线缆选型

线缆选型一般应采用钢带铠装或钢丝铠装。

3. 线缆应采取防外界损伤的保护措施

(1)直埋线缆的上下一般要求铺设10cm厚的细土或细砂，上面再覆盖红砖、混凝土板或电缆保护。

(2)电缆通过桥梁和涵洞时，应根据桥梁和涵洞的建筑结构、使用材料、跨度大小采取相应的保护措施。

(3)直埋线缆接头处应挖接头坑，并采用线缆接头盒保护接头。

# 项目七　维护高速公路通信系统

在电子收费系统的工作过程中，安装在车辆上的车上单元与收费站上的对应收费设备之间必须交换一定的数据和信息，才能完成自动收费操作。完成这二者之间的信息交换，是通信系统的主要功能。作为站上设备（路边系统）与车上单元之间联系的媒介与纽带，通信子系统的性能好坏，直接影响到整套系统优势发挥乃至正常进行。因此，通信系统是电子收费系统实现过程的基础。

由于电子收费系统的一大特征是不停车收费，因此站上设备与车上单元的通信只能通过无线通信的形式加以实现。对无线通信系统来说，最基本的组成部分就是发射单元和接收单元。在电子收费系统中，通信的双方是站上设备和车上单元，它们各有一套通信装置。由于电子收费过程中的通信是双向的，既有站上设备发送给车上单元的信息，也有车上单元发送给站上设备的信息。因此，无论是站上设备一方，还是车上单元一方，都同时具有发送信息和接收信息的功能。在具体设备上，负责发射和接收的部分可以集成在一起，某些元器件还可以共用（天线等），构成一个同时具有接收和发射功能的通信模块。

在信号接收、发射模块中，处于最末端的是天线。信号收发电路与它紧密相连，该电路负责对收到的或将待发出的信号进行放大、滤波等处理，以使其质量符合要求。天线和收发电路中的信号通常是模拟信号，在频段等方面都有特定的要求。而电子收费系统最终处理的都是数字信号，它用两个固定电平来表示二进制的"0"和"1"。在这两种不同信号之间，必须进行相互转换，这项功能就由调制解调电路负责，它紧跟在收发电路之后。

在通信子系统传递的数据里，包含了用户的财务信息（银行账号等），还可能包含用户的个人身份等。为了防止这些信息被人窃取以用于非法用途，有必要对数据进行保护。数据保护的通常方法是对数据进行加密处理。加密通常针对数字信号，相应的加密算法一般固化成特定的集成电路以方便使用。除加密以外，为了保证通信的准确有效，还必须按照预先制订的通信协议对待传输的（数字）信号进行一定的规范化处理，这一工作也可由专门的集成电路来完成。加密集成电路和协议处理集成电路也是通信子系统的组成部分。

通信子系统的组成，应该包括收费站设备的通信部分和车上单元的通信部分。其中，车上单元的通信部分，已在车上单元的结构框图中体现出来，并在单元的介绍中进行了说明。收费站设备中的通信部分，在原理结构上与车上单元基本相同，但采用的设备不同，功能更强，实际结构更复杂。在下面的介绍中，通信子系统主要指收费站设备中的通信部分。车上单元中的通信部分一般归入车上单元模块，就像电子收费系统原理所示的一样。

在无线通信中，采用的信号载体是电磁波。电磁波是一个涵盖范围很广的概念，从频率几赫兹以下的超长波，到频率高达 $10^{18}$ Hz 以上、穿透能力极强的 γ 射线，都属于电磁波。电池波中相当大的一部分都可以用于无线通信。

在这样的频率范围中，只能选择其中一段用于电子收费系统。选择哪个频率段用于通信，是一个需要周密考虑的问题。除了通信频率以外，通信的方式（主动或者被动）、信号调制方式、通信协议等通信要素，也必须经过全面考虑后慎重选择。这关系到一套电子收费系统的性能和效果，更会对一定范围内（地区、国家甚至全世界）的电子收费系统的标准化和兼容化产生影响。

电子收费系统中，收费站设备与车上单元之间的通信，是一种专用短程通信（Dedicated Short Range Communication），简称为 DSRC。电子收费系统的标准化，最主要的就是 DSRC 的标准化。目前，国际上几大标准化组织都开展了制定 DSRC 标准的工作。以美国 ASTM/IEEE，日本的 ISO/TC 204 和欧洲 CEN/TC 278 标准体系为代表。

几种方案所选择的通信频率，集中在 91MHz 和 5.8GHz 两个值上，其中又以 5.8GHz 为主。这两个频率的电磁波，都属于微波，波长在 1mm～1m 之间。选择微波作为站上设备与车上单元之间的通信载波,是有科学依据的。

首先,在所有可用于无线通信的电磁波频率资源中,长波、中波、短波等波段已经基本被广播电视、民用通信等应用领域占用完毕,只有微波(超高额以上)及其以上的频率段相对宽余,有提供电子收费专用频带的能力。其次,也是更为重要的一个原因,是站—车通信的自身特点。站上设备与车上单元的通信,通信距离不长(最多几十米),通信区域相对固定(对车上单元来说,是收费站车道上的某一段),通信时间较短(因为车辆快速驶过通信区域)。适合此种通信要求的,主要是微波,因为其特点就是靠空间波直线传播,一般仅在视距范围内能接收到。此外,红外线也是一种可能的选择,但用红外线作通信的载波,通信距离过短,而且容易受阳光等外界因素干扰。所以,微波是首选的通信波段。

此外,在微波波段中,之所以主要选择5.8GHz作为载波频率,特别是我国智能运输系统技术领域的短程通信(其中包括ETC系统)也选择这一频段,同样是有所考虑的。这些考虑。包括以下几点。

(1)我国通信系统标准体系靠欧洲标准体系(CEN),无线电频率资源的分配大致相同,其中:

①800～900MHz,主要用于移动通信系统。

②2.45GHz,主要用于医疗设备和家用微波器具。

③5.8GHz,主要用于卫星通信、军事和工业、医疗设备科研以及扩频通信等。

(2)5.8GHz频段背景噪声小,而且解决该频段的干扰和微干扰问题要比解决915MHz、2.45GHz容易。

(3)5.8GHz频段的设备供应商较多,有利于我国ETC系统的设备引进,有利于降低系统成本。

(4)有利于未来在此频段内开展智能运输系统的其他各项服务。

通信的工作方式,一般可以分为主动和被动两种,这是针对通信双方使用的载波的产生方式来区分的。在通信模块中,按照双方都包含有相应的载波发生电路(振荡器等),可以各自独立地产生通信用的特定频率微波,那么这种通信是主动式的。如果通信的某一方不能自主地产生载波,而必须利用对方发送的特定的未调载波(没有加载信息的"空白"载波),在上面叠加自己的信号后返回给对方,那么这种通信是被动式的。在DSRC中,主动、被动工作方式都可以使用。当采用被动方式时,被动工作的一方是车上单元。相比之下,主动工作方式的通信距离更长,可以实现全双工通信(双向的通信同时进行),因此数据传输驱(单位时间内能够传输的数据量)更高。但被动工作方式的通信装置(主要指车上单元)成本低,寿命较长,而且大多数情况与主动方式的装置一样有效。因此在电子收费系统中,两者均有应用。

调制解调在通信中的作用,前面已经讲过。至于具体使用的调制方式,主要有ASK与PSK两种。ASK,即幅度键控调制技术,是最常用的一类信号调制技术,它的大致原理是利用载波的振幅变化来表达信号源中的数据内容。这与调幅广播(中波)的原理很相似。幅度键控的特点是实现较为简单,因此比较常用。在幅度键控中,又包含单边带调制、正交双边带调幅等多种具体的方式。PSK调制,是相位键控调制技术的缩写。相位是正弦波的三个参量之一,PSK调制技术,就是使正弦载波的相位受信号源数据信号的控制。PSK调制方式有绝对调相与相对调相两大类,具体又可分为4PSK、8PSK等几种,是调制中可取的相位的个数。8PSK由于传输可靠,实现经济,因此在微波调制方式中颇受重视。除此之外,可以选用的调制方式还有最小额移键控(MSK)调制、频率键控(FSK)调制等。

在专用短程通信(DSRC)的技术中,还有一条很重要的,就是通信协议。所谓通信协议,通俗地讲,可以看做一种语法规则,通信的双方只有遵守相同的规则,才能达到相互理解。当然,通信协议的实际内容,要比上面这种解释更为复杂。在电子收费系统中,尤其是在用一套大型通信设备覆盖全部车道的系统中,多车同时通过时的通信是一个需要解决的重要问题。这一问题的解决办法有几种方法,一种是将原有通信频带再组分为若干子带,子带作为独立的信道,这就是所谓的频分多路复用。更常用的方法是采用分组通信的相关协议,使一条信道能够为多个用户共同使用。共同使用的方法是每个用户将待传输的数据按一定的规则分成若干个组,一个用户一次仅传输一个分组,以缩短其连续占用信道的时间,保证其他用户也能及时进行通信。

分组通信类的协议包括时分多址(TDMA)、高级链路控制(HDLC)规程、ALOHA 等多种。其中,时分多址协议将站上通信设备及主机的处理时间周期性分割,每个周期(称为帧)又按时间分为若干时隙,把这些时隙分配给各车道。HDLC 规程在通信链路上规定了一个主站(通常是站上通信子系统)和若干个次站(车上单元),主站负责通信过程初启、数据传送的组织和链路差错恢复等控制,次站只负责执行由主站指示的操作。ALOHA 协议主要针对车上单元,由各单元决定数据分组的发送时机,单元间采用竞争方式占用信道,当单元的一次信息传输失败时(可能的原因是多个单元同时发送而冲突),它随机等待一段时间,然后再发。

无论通信信道的质量有多好,数据在传输过程中都难免出现差错。如何进行差错检测,然后采取相应的措施,以减小或消除错误数据的影响,是通信系统必须考虑的一个问题。差错检测的通常手段,是采用抗干扰编码,它在数据码元的基础上加上一些冗余码元,这些码元与原来的数据之间存在着一定的关系,将这两种码元一起送往信道传输。接收方收到以后,检查两种码元之间的对应关系是否仍然成立。如果关系不再成立,则表明数据在传输过程中出现了错误。有的抗干扰编码在检出错误的基础上,还能指出错误发生的具体位置,因而能进行自动纠正。常用的抗干扰(检错)编码有奇偶校验码、循环冗余校验码(CRC)等。其中,尤以 CRC 编码最为常用。此外,还有一些方法可以降低错误发生的机会,例如将原有数据中的 1 位二进制数字("0"或"1")扩展至用 4 位来表示,这样,四位全部出错的可能性要比一位小得多,这种方法可以称为"子比特"法。当然,此方法比较适合于数据量不大的时候。至于错误检出后的措施,通常是由接收方发送特定的信息(指令)给发送方,要求重新发送生错的那一组数据,直至接收正确为止。对于整个路—车通信系统来说,数据传输差错率应达到 $10^{-6}$ 以下,才能满足可靠性的要求。

通信子系统中传递的数据内容涉及用户的财务、身份等信息,因此需要采取一定的保密措施。保密的具体方法主要是数据加密,这在前面车上单元一节中已有介绍。除此之外,还有必要对通信的双方进行身份验证,以防止伪造的车上单元蒙混过关,或是私制的非法读写装置(站上设备等)窃取车上单元内的信息。身份验证是双向的,即站上设备对车上单元进行验证的同时,车上单元也对站上设备进行验证。验证的方法是厂家在制造设备时给每一套装置分配一个用专门方法生成的有特殊规律的唯一的识别号码(ID),永久地固定在存储装置内。每当通信开始时,双方交换各自的识别号码,然后分别用专门的方法进行检验,以确定对方的合法性。

由于在工作方式、调制方法和通信协议等方面可以有多种选择,所以路—车通信子系统(DSRC)的性能参数值并不固定,其大致情况如下:

传输速率：0.25～1.5Mb/s。

天线增益：16dB(其中一种可能值)。

发射功率：最小可达 10MW 以下，最大 300MW(站上天线)。

通信区域：3～5m(宽度可以认为与车道相等)。

在上述参数中，通信区域的长短是需要细致考虑的。如果区域偏短，那么车辆通过它的时间就短，可进行通信的时间也短，通信可能无法完成。如果区域偏长，那么当车流量大、前后车辆间距小时，可能会有两辆车同时处于通信区域内，这会造成通信的混乱。

在通信子系统中，天线是一个重要的组成部分。它的选择与安装有多种情况，最简单的一种天线是信号灯式天线，它在外观上与普通的单个交通信号灯相似，一般安装在路边的灯杆上。信号灯式天线的照射范围较大，使用时比较容易发生通信冲突(多车同时处于通信区内时)，因此车辆通过的限速较低。但是它价格低廉，较适合于安装在单车道道路(如匝道)上。另一种无线形式是矩形平板式，当架设在车道上方时，它投下的通信区域近似于矩形，能较均匀地覆盖整个车道宽度。因此，它多用于多道式的收费站(岛式或门架式)，每个车道上安装一套。在通信子系统中，除主天线外，还可以设置一些附属的天线，以完善系统的功能。例如，为了使车上单元在收到指令、数据后能有充分的处理时间，可以在收费站上沿车道设置前后两套天线，两者间留有足够距离。前一天线只负责向车上单元发送指令和数据，后一天线负责接收车上单元的反馈，以检查处理的结果。此外，还可以在收费站外车辆进入的方向上设置一套唤醒天线，它负责将车上单元从睡眠(节电)状态唤醒，为通信做好准备。

在通信子系统的工作过程中，交换的信息包括下面内容：使用者的有关信息一车上单元识别号(ID)、预付款余额或事后付款账号号码、车型信息等；收费的有关信息，主要是收费金额、时间、地点等，在封闭式收费公路中，还应包括入口收费站的信息，以便计费；操作情况信息，成功、失败、卡无效等。

至于数据通信与处理的具体过程与情况，因系统的不同而存在着差别。一般来说，当车辆进入无线通信区域后，首先是通信的双方进行验证和同步，以使接收与发送的步调一致。车上单元向站上系统发送使用者的信息。接着，对账号型车上单元来说，主要由站上系统完成记账等操作，之后向单元返回相关信息和结果，车上单元确认；对余额型车上单元来说，通常是站上系统将收费信息发送给车上单元，由收费单元进行扣费处理后将操作结果返回站上系统确认。

**复习思考题**

一、填空题

1.智能交通系统的通信主要包括以下＿＿＿＿＿＿、＿＿＿＿＿＿和＿＿＿＿＿＿三种通信方式。

2.编码技术的核心就是＿＿＿＿＿＿，用尽可能低的＿＿＿＿＿＿获得尽可能好的语音和图像质量。

3.快速分组交换是一个概念，这个概念包括几种不同的方式，所有方式都有一个共同的特征，就是＿＿＿＿＿＿。

4.在所有可用于无线通信的电磁波频率资源中，＿＿＿＿＿＿、＿＿＿＿＿＿、＿＿＿＿＿＿等波段已经基本被广播电视、民用通信等应用领域占用完毕，只有＿＿＿＿＿＿(超高频以上)及其以上的频率段相对宽余，有提供电子收费专用频带的能力。

二、简答题

1. 高速公路通信系统是如何实现有效管理的？

2. 电信管理网 TMN 由哪些部分组成？

3. 收费系统对高速公路通信系统有什么要求？

4. 在高速公路上如何布置通信管道？

# 模块三　高速公路收费系统集成与维护

**【本模块学习目的】**

了解高速公路收费系统的分类,收费系统的总体框架;熟练掌握目前适合我国国情又被大多数高速公路所采用的半自动收费系统、收费系统中所涉及的几项关键技术;掌握高速公路联网收费的基本概念以及所面临的问题。

高速公路建成交付使用后,对行驶于其上的车辆收取通行费,用以偿还建路贷款,补偿建路所耗巨额资金,维持道路养护管理费用的支出,是当今世界大多数国家发展高速公路的通行做法,也是我国各地自行摸索并得到国家明确认可的行为。基于我国高速公路建设任务重、资金短缺的矛盾十分突出的基本国情,征收车辆通行费,修建收费公路,将成为今后我国高速公路建设和发展的主旋律。

高速公路收费必须考虑高速公路交通运输的特点,以充分发挥其效益,最大限度地吸引交通。公路收费不同于一般的财务问题,它既要求严谨,防止贪污作弊,又要有时间观念,收费手续应尽可能简便,否则会造成道路使用者较大的缴费延误成本,必然影响高速公路快速、安全、舒适等特性的发挥。因此,在公路收费系统的设计中,在考虑道路类型、交通量分布、社会环境和投资状况的基础上,综合分析道路收费系统的投资效益,合理选择收费方案,即收费制式、收费方式和收费标准,是决定收费系统设计合理的关键。

## 项目一　认识收费系统的分类

### 一、概述

收费系统作为高速公路管理运营的一个子系统,应由收费政策(包括是否收费、为何收费和向谁收费)、经济理论(包括收费依据和收费标准)、管理机制(包括收费机构和收费方式)和收费技术(收费手段)四个部分构成,这四个部分相互联系、相互制约,共同组成一个系统。

#### (一)征收车辆通行费的意义

大规模建设高速公路是发达国家交通运输发展的一般规律。20 世纪 80 年代后,随着我国经济的持续高速增长和公路运输需求的剧增,我国也开始进入高速成路快速发展的阶段。然而,高速公路是一项耗资巨大且建设周期较长的公共工程,不论是发展中国家还是发达国家,都面临着建设和养护本国高速公路系统资金缺乏的难题,单凭政府全部承担其费用越来越困难。

车辆通行费的征收以及收费制度的逐步完善,给高速公路发展注入了生机和活力,具有十分重要的意义。首先,征收车辆通行费,为高速公路建设开辟了新的资金渠道,同时可以吸引私人企业和个人参与高速公路建设投资,解决公路建设长期依靠政府财政、发展缓慢的弊端。其次,征收车辆通行费后,高速公路的养护与管理资金可以直接从新征收的车辆通行费中提取,减少了许多中间环节,从而有利于提高公路养护水平,推进公路养护管理由事业型向企业化过渡。另外,征收车辆通行费,可以逐步树立市场观念,实行高速公路企业化管理。

### (二)收费对象

高速公路的收费管理具有很强的政策性,它体现在两个方面:一是高速公路的营运管理者必须在国家允许的范围内,按照标准征收车辆通行费;二是使用高速公路的用户必须履行缴纳通行费的义务,即一切在高速公路上行驶的车辆必须按章交费,任何车辆逃费、冲卡等均属违法行为。同时,国家明文规定以下车辆可以享受免费待遇:

(1)高速公路营运管理必需的路政车、求援车、维修车等内部管理使用的车辆,但必须配备必要的标牌和标志。

(2)正在执行紧急任务,并设置有专用设备或专门标志的消防车、救护车、公安司法部门的警车等。

(3)挂军队牌照的车辆。由中央军委和国务院共同发布命令,自1997年8月1日起,挂军队或武警牌照的车辆可以免费使用高速公路。

(4)根据地方政府法律性文件可以享受免费待遇的特许车辆。

### (三)收费系统的主要目的

收费系统的主要目的是在保证车辆通行的前提下,如何最大限度地减少通行费的流失,所以任何技术的采用都基于如下的几点考虑。

(1)技术的应用应对防止通行费的流失起到关键作用。

(2)技术的应用应不给管理带来了不必要的麻烦。

(3)当某一技术的误差不尽如人意时,应有有效的管理手段进行修正。

(4)一项技术的采用是预防通行费的流失,还是当通行费流失后查找其流失的原因,同等条件下,尽量采用防止通行费流失的技术手段。

因此,收费系统的建设应该着眼于防止通行费流失,简化管理程序,方便驾乘人员,提高通行能力,在合理的投资范围内最大限度地保证业主的利益。

### (四)收费系统的分类

高速公路收费系统是具体进行高速公路收费操作的系统。由于收费系统涉及资金的回笼,因此每条高速公路都建有收费系统。收费系统是指从车辆进入收费车道开始到实现收费,车辆交纳通行费直到费款安全进入储存点以及能提供各种收费过程相关信息的设备和人员的集合体。它主要包括收费出入口的收费站场、车道控制设备、车道外场设备、计算机终端及收费站的计算机系统、管理某区段道路上各收费站的分中心计算机系统和管理整个路段或区域内各分中心的中心收费计算机系统。

收费系统按收费方式可分为人工收费、半自动收费和自动收费三种。目前,全国高速公路收费系统发展水平不均,半自动收费系统应用最广泛,已成为主流;少数省(市)已经开展不停车自动收费的设计和建设试点;有相当一部分的高速公路仍处于人工收费状况。高速公路网已初具规模,但由于"一路一公司"的管理体制,影响了交通畅通,并且不利于向自动收费过渡。因此,许多省(市、区)已经开始计划和实施联网收费系统。

## 二、收费制式

### (一)收费制式的基本形式

收费制式是道路收费系统的基本体制,收费制式决定了道路收费系统的建设规模、建设位置、收费流程。对某一条高速公路来讲,收费系统通常采用以下几种收费制式:全线均等收费制(简称均一式)、按路段收费制(简称开放式)、按实际行驶里程收费制(简称封闭式)。也有些公路部门根据其道路情况采用两种或两种以上制式的混合型,如开放式与均一式混合。

#### 1.均一式

均一式是最简单的一种收费制式。收费站一般设置在高速公路的各个匝道入(出)口和主线两端入(出)口,如图3-1所示。道路使用者不论行驶里程多少,仅需经过一个收费站缴费就可以在高速公路内自由行驶,不再受阻拦。均一制的收费标准仅根据车型一个因素确定,与行驶里程无关,而且各个收费站都采取统一的收费标准。

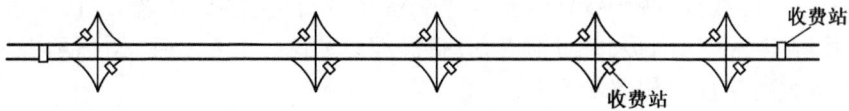

图 3-1  均一式收费示意图

#### 2.开放式

开放式收费系统的收费站建在高速公路的主线上,一般每隔 40～60km 设置一个收费站,各个匝道出入口不再设收费站,这样车辆可以自由进出,不受控制,高速公路对外呈"开放"状态,如图3-2所示。每个收费站的收费标准和均一式一样仅根据车型不同而变化,但各收费站的标准则因控制距离不等而有所区别。车辆经过收费站时需停车缴费,长途车辆因经过每个收费站而需要多次缴费。

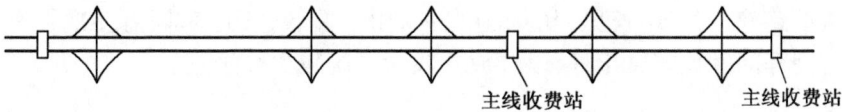

图 3-2  开放式收费示意图

#### 3.封闭式

封闭式收费系统的收费站建在高速公路的所有出入口处,高速公路对外界呈"封闭"状态。其中,建在主线的收费站称为主线起点(或终点)收费站,建在互通立交出入口处的收费站称为互通立交匝道收费站,如图3-3所示。

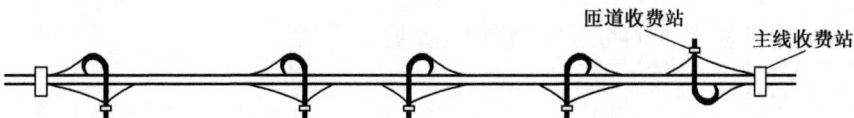

图 3-3  封闭式收费示意图

车辆驶入该系统时,首先通过入口收费站,驾驶员从人工收费亭或收费岛上自动票卡发放机领取一张通行券(记录车辆进入高速公路的地址和时间等信息的凭证),通行券上记有车辆的驶入日期、时间和地点、车辆类别、行驶方向以及其他有关信息的编码,然后驾驶员可自由使用这条道路,直到驶出其任意一个出口。在驶出收费道路之前,车辆必须经过出口收费站,届时收费亭的收费员根据通行券的信息、车辆类别和行驶里程计算出(自动或人工)应付通行费的数额,向驾驶员收取通行费。

**(二)各种收费制式的特点及适用范围**

1. 均一式

均一式收费手续简便,效率很高,所需收费车道总数多,收费人员多,收费设备简单、数量多,营运费高,但车辆行驶高速公路只需一次性缴费,车辆缴费延误最小。

均一式比较适合于城市高速公路、环城高速公路和短途城市间高速公路,其道路交通特点是总里程较短,互通式立交多且密,车辆行驶里程短,车辆之间的行驶里程相差不大,而且交通量很大。此外,收费站和互通立交的规模和形式又受到用地的限制,因而需要很高的处理效率,这些特点和要求均一式能比较好地适应。例如,日本东京的首都高速公路是由东京出发的多条放射状道路和环线构成的道路网,互通立交密集分布,交通十分繁忙,它采用均一式收费系统,收费站设在互通立交的入口匝道上,收费标准只分两挡。由于手续简便,效率很高,虽然交通量很大,但收费站规模却都不很大。

2. 开放式

开放式收费系统收费手续简便,效率很高,所需收费车道数少,运营费用最低,但需长途车多次缴费。此外,由于开放式收费站间距不一定相等,车辆只要通过收费站,不论行驶进程长短均交相同的费用;而有的车辆上了收费公路只要不经过收费站就可不必交费,有违"使用者付费"的原则。此种收费系统对行驶距离越长者越公平,对短途行驶者则可能低收(免收),也可能多收(超过以里程计费应缴费用),因此,不完全符合"以量计价"(依行驶里程计费)的公平性。

一般认为开放式系统适用于里程较短或互通立交稀少的高速公路以及收费桥梁、隧道和非封闭的收费道路等,对于中长里程的高速公路,由于漏收、长途车辆需多次停车缴费以及不能兼顾交通管理等问题比较突出,所以开放式收费系统较少被采用。

3. 封闭式

封闭式收费系统的最大优点在于收费合理,无漏收多收现象。但封闭式需采用通行券验券收费,手续复杂、效率低,而且封闭式收费设备复杂、造价高、管理维护费用高,收费站建设规模大,所需收费车道数多,所需收费人员也最多。

封闭式收费系统一般适用于道路里程较长、互通立交较多以及车辆的行驶里程差距较大的封闭式道路。目前我国所建的高速公路大部分是城市间的高速公路,因而大都选择封闭式收费系统。

以上几种收费收费制式的特点比较结果,参见表3-1。

## 三、收费方式

收费方式是指收取过路费中的一系列操作过程,涉及车型的分类、通行券、通行费的计算、付款方式和停车/不停车收费等因素。每种因素又有不同形式,不同的形式组合成不同的收费方式,但它们之间存在着关联和制约作用,选择收费方式就是选择不同形式要素之间的合理组合。

三种收费制式的比较

表 3-1

| 制式<br>项目 | 均一式 | 开放式 | 封闭式 |
|---|---|---|---|
| 收费效益 | 高 | 高 | 低 |
| 运营费用 | 高 | 低 | 最高 |
| 建造成本 | 高 | 低 | 最高 |
| 管理难度 | 难 | 容易 | 最难 |
| 使用者付费 | 完全 | 不完全 | 完全 |
| 收费合理 | 最不合理 | 不合理 | 合理 |
| 对主线交通影响 | 入口甚微、出口严重 | 严重 | 甚微 |
| 兼顾交通管理 | 较好 | 无 | 好 |
| 安全性 | 好 | 差 | 较好 |

### (一)通行券

道路收费通行券是对车辆通行时收费的一种凭证,交费者持有它可完成缴费手续并据此作为报销用;而收费者可以计算收费金额,同时据此统计交通流量、流向及车辆类型。在封闭式收费系统中,需要根据车辆类型和行驶里程来收取通行费,因此,通行券作为车辆通行信息的传递媒介,记录着车辆进入高速公路的地址和时间等信息。

通行券种类较多,一般按信息记录载体分为纸质通行券(印刷票、打印票、条形码)、磁性通行券(磁票、磁卡)、IC 卡通行卡(接触式、非接触式)、车载电子标签和汽车牌照等,它们都有各自的优缺点和适用范围。

#### 1.纸质通行券

纸质通行券为一次性使用的通行券,简称纸券,又分为印刷通行券和打印通行券两种。

印刷通行券常用于高速公路开通初期及人工收费方式。根据用途,券面上印有高速公路名称、入口收费站与站的编号、车辆类型和通行券编号等必需信息,入口发放时,由人工在印刷通行券上盖上当班收费员号码、当班时间,以防止作弊;在出口站驾驶员交回通行券,收费员根据通行券的信息套用收费标准或将通行券的信息输入计算机里进行自动计价,并收取通行费。但这种通行券记录信息有限,许多随机信息(进入时间、收费员号码或车型)全靠人工难于记录,如必须由收费员完成,不仅工作烦琐,而且会大大增加操作时间,降低收费效率。另外,这种通行券上的随机信息记录全由人工完成,难于对道路的使用者和收费员进行监督,漏洞很多,给管理带来极大困难。

打印通行券是指在收费入口将一些随机信息(例如日期、时间、收费员号码、车型、入口站号、入口车道编码)打印在事先印刷好固定信息的通行券上。在出口车道,收费员将通行券上主要信息输入收费终端,终端自动计价并显示费额,同时也将这些处理信息存入收费员终端和收费站计算机内。由于实现了计算机记录、统计,使收费管理水平有所提高,但是打印信息仍然有限,且易涂改和伪造,入口/出口信息全靠人工键入,易出错,效率低,不能充分发挥计算机的作用。

条形码通行券属于打印通行券,它可以方便地实现数据的自动输入,减少了数据录入时间和差错率,提高了工作效率。国内部分高速公路收费系统已采用条形码通行券,后文将对其作详细介绍。

采用纸质通行券方式,从通行券印刷、发放与回收过程的管理,到现金与通行券的当班结算,都必须有一整套的管理制度和一支强有力的稽查管理队伍,必要时还需配备一些仪器设备进行监督,如车辆计数器、闭路电视监视和密闭式票箱等。

由于纸券制作简单,成本低,收费处理简便,不需专用设备读/写信息,收费设备投资很少,运行成本低,因此在高速公路开通初期或较正规收费系统来不及设置以前,也不失为一种临时措施。但从发展角度来看,今后高速公路将进行联网收费,以及使用储值卡和要求各路段拆、分账时,却很难操作。

### 2. 磁性通行券

磁性通行券分为塑料的(磁卡)和纸质的(磁票)两种。它是在入口处将车型等信息隐秘地记录在通行券上,出口时完全由计算机来完成,因此可防止收费种种弊端。

#### (1)磁票

磁票是一种纸质磁性记录式通行券。磁票背面有一磁条,上面均匀涂敷薄薄的一层硬磁性材料,记录需要的各种信息。通过专用读卡机与计算机或计算机网络相连,可将磁票上的数据向计算机输入,磁票也可记录由计算机输出的数据。它为人们提供了一种对数据快速准确地进行存取的介质,是国内外目前广泛使用的一种通行券。磁票的几何尺寸为 85.6mm× 53.9mm,厚度为 0.178mm,磁票的外形如图 3-4 所示。

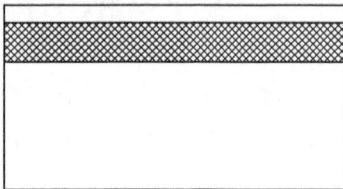

图 3-4  磁票的外形示意图

磁票上的信息需要专用的读卡/编码机操作,它是收费系统的通用设备,其读/写方式磁票的基本特征和规格都必须满足有关标准。磁条的物理位置和尺寸是读卡机正确读写磁条信息的技术指标。预成型折叠式封装的纸质磁卡以顶边与右边为基准定位边;以条形滚筒封装的纸质通行券需要有定位标记,一般有定位孔或缺口等,定位标记的尺寸按照生产厂家的生产标准。磁票在读卡机内通常是卡式折叠或卷筒式安放,出票前切割成型。

当磁票用于通行券时,磁票上可根据实际需要预先印刷营运公司名称、收费站编号、车型分类标准、收费目的、收费标准、广告等一些不可变更的信息。在入口时,读卡机和打印机相结合(两者做在一起)在磁条上写入日期、时间、入口广场编号、操作车道、收费员编号、车型和若干管理信息,并在磁票上打印车型、站号、月、日、时、分等必要可视信息;车辆驶离高速公路时,读卡机读出记录在磁条上的信息,计算机按车型和行驶里程计算费额并在磁票上打印出口广场编号、日期、时间、车型、币种、路费额等。此外,经当地财政管理部门审核批准,在磁票上打印了车辆使用收费公路信息以及通行费额的磁票,可以作为正式发票使用,这样可免除另外打印发票的过程,缩短了收费操作的时间。

由于在磁票上打印了使用信息,不可再次使用,故磁票属于一次性通行券。使用磁票的主要优点是磁票成本低,一次性投资低,不需回收,信息读写容易、准确,操作简单,使用方便,不易伪造,有利于防止人为作弊,人工界面少,大部分操作为设备或计算机处理,管理效率高。尤其是有部分信息打印在磁票表面,收费设备出现故障时,收费员可根据票面可视信息继续操作,对异常情况的处理非常方便。但是,磁票只能一次性使用,只适用于现金交易,无法作为储值卡使用。

(2)磁卡

在塑料等卡基上涂布或粘贴条状磁面存储媒体用以记录数字数据的卡片称为磁卡。通过专用终端设备与计算机相连,可将磁卡上的数据向计算机输入,磁卡也可记录由计算机输出的数据,磁卡作为收费系统的通行卡可以重复使用。

目前,世界上应用最广的磁卡标准尺寸是:长 85.47～85.72mm,宽 53.92～54.02mm,厚 0.68～0.80mm。卡基多用塑料制成,卡片上方有宽约 5mm 的磁条供记录数据用。在磁卡磁条区以外的部分,可根据需要和用途印上有关的文字和图形,其中有的字符可兼有光学识别作用,以增加验证磁条信息读写的可靠性。图 3-5 给出了磁卡的外形。

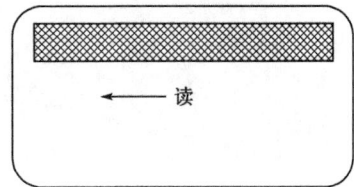

图 3-5　磁卡的外形示意图

磁卡上的磁条有三个磁道,磁道状态如表 3-2 所示。对用户来说,第一、二磁道只可读,不能重写,主要用于标志。在卡的生命周期内,这两个磁道的信息一直保持不变。第三磁道可读可写,用于记录随时要变更的内容,记录最大字符数为 107 个。磁道的使用方式按照信息的读写要求,可使用 1 条、2 条或 3 条磁道。磁卡以顶边与右边为定位边,磁条中心线与卡片上侧基准边缘线之间须严格保持平行,以保证读写数据的可靠性。

磁　道　状　态　　　　　　　　　　　　　　表 3-2

| 磁　　道 | 读写状态 | 位　密　度 | 字　符　数 |
|---|---|---|---|
| ISO1 | 只读 | 210 | 79 |
| ISO2 | 只读 | 75 | 40 |
| ISO3 | 读写 | 210 | 107 |

厂家生产的原始磁卡(俗称白卡)必须由管理中心的中央编码机按照规定编制信息格式,并为每张磁卡编上全线唯一的、只读不可改写的磁卡编号。由于高速公路磁卡需反复使用多次,需配备各种类型磁卡,以满足不同的收费方式。

塑质磁卡的质地结实,磁条可读写数千次,故磁卡适用于需要反复使用的收费方式。通行卡每次使用后收回重复使用。其余各类磁卡由用户持有,可反复使用数年。因此,磁卡通行卡的一次性投资成本高,运行成本低,相对不易伪造,管理效率高,但增加了管理工作量(因卡需收回),需跟踪通行卡的流动情况。此外,由于磁卡的所有信息都被编写在磁条上,平时无可视性,通行卡易被人为破坏,收费系统需要为用户配备打印机。当出现设备故障、磁卡损坏、电源停电时,必须有一套切实可行的应急措施来处理异常事件的发生。

磁性类通行券其本身还有些不足之处,如塑料磁卡经过重复使用后易使磁卡和磁头污染或磨损,导致读数不准,甚至无法取得数据,同时它易受磁的干扰,导致其记录信息变化或消失。而纸质磁性券是一次性使用,虽可避免塑料磁卡的不足,但也有运营成本高(每张需 0.06～0.15 元)以及对磁头及传动机构系统维护费用高的缺点。

3. IC 卡通行卡

IC 卡即集成电路卡(Integrated Circuit Card),又称智能卡,它是一种随半导体技术的发展应运而生的,具有微处理器和大容量存储器等的集成电路芯片,嵌装于塑料等基片上制成的卡片。分为接触式的和非接触式的两种。

(1)接触式IC卡

接触式IC卡的外形与普通磁卡做成的信用卡十分相似,只是略厚一些,具体为:(85.47~85.72)mm × (53.92~54.03)mm,厚(0.76 ± 0.08)mm (ISO7816标准)。卡上可以印有彩色相片、图案及说明性文字等信息,对安全性要求较高的接触式IC卡,在其表面上印有个人签名、全息图像及类似纸币上的回纹等安全标识信息。在接触式IC卡的左上角封装有接触式IC卡芯片,其上覆盖有6个或8个触点以便和外部设备进行通信,如图3-6所示。

图3-6 接触式IC卡外形图

接触式IC卡由于采用了先进的半导体技术和信息安全技术,相对于其他种类的卡具有以下特点:

①存储容量大:其内部有ROM、RAM、EEPROM等存储器,存储容量可以从几个字节到几兆字节。

②体积小、质量小、抗干扰能力强,便于携带,易于使用。

③安全性高:接触式IC卡从硬件和软件等几个方面实施其安全策略,可以控制卡内不同区域的存取特性。存储器本身具有安全密码,如试图非法对之进行数据存取则卡片自毁,即不可进行读写。

④对网络要求不高:接触式IC卡的安全可靠性使其在应用中对计算机网络的实时性、敏感性要求降低,有利于在网络质量不高的环境中应用。

与磁卡相比,接触式IC卡在安全性、存储容量、一卡多用和非网络环境应用等方面均显示出明显的优势,但也存在以下问题:

①由于接触式IC卡的集成芯片8个触点暴露在外,易于玷污,产生接触不良,在使用过程中造成不便。

②由于接触式IC卡为接触读写,当粗暴插卡、非卡物插入和尘污严重时,易使读写器损坏或发生读写错误。在干燥气候环境中,外露芯片管脚在插卡中也有可能由于静电烧毁,造成卡的报废。

③接触式IC卡在读写时,卡与卡座的配合是有方向性的,并且为了保证良好的接触,卡座狭小,不适于运动中执卡人使用(如公共汽车验票、高速公路收费等)。

(2)非接触式IC卡

非接触式IC卡又称射频卡,它成功地将射频RF识别技术和IC卡技术结合起来,解决了无线传输能量(卡中无电池)与无线读写(卡与读写器免接触)这一难题,是电子器件领域的一大突破。非接触式IC卡的读写操作只需将卡片放在读写器附近一定的距离之内(10cm内)就能实现数据交换,无需任何接触,使用非常方便。

①组成和结构。

非接触式IC卡的电气部分只由一个天线和ASIC组成。卡片的天线只有几组绕线的线圈,很适于封装到卡片中,如图3-7所示。将天线和ASIC集成在一起,然后封装到尺寸为85.6mm×54mm×0.8mm(长×宽×厚)的PVC塑料基片中,无外露部分。

片中的ASIC由一个高速(106kb/s)的RF接口、一个

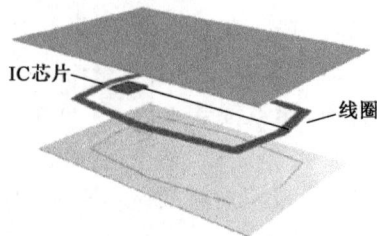

图3-7 非接触式IC卡外形图

控制单元和一定容量的 EEPROM 组成,见图 3-8。RF 接口的主要功能是用射频和读写器进行通信联系和相互验证;控制单元的主要功能是控制运算和读写;EEPROM 用于存放经常变更的数据。

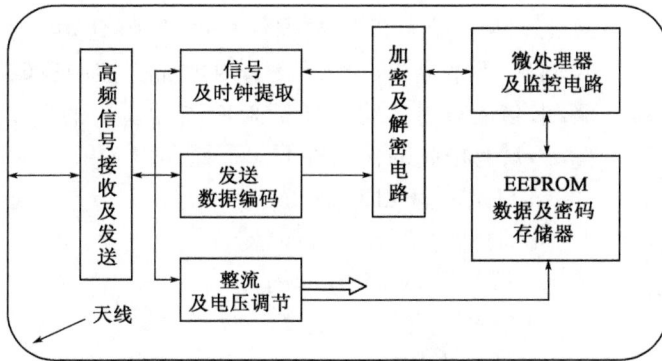

图 3-8 非接触式 IC 卡内部结构示意图

②非接触式 IC 卡的读写原理。

非接触式 IC 卡的读写是依靠专用的读写器来完成的。读写器工作时,不断向外发出一组固定频率的电磁波(13.6MHz),当有卡靠近时(卡片内有一个 LC 串联谐振电路,其频率与读写器的发射频率相同),在电磁波的激励下,LC 谐振电路产生共振,从而使电容充电有了电荷;在电容另一端,接有一个单向导电的电子泵,将电容内的电荷送到另一个电容内存储,当电容器充电达到 2V 时,此电容就可作为电源为卡片上的其他电路提供工作电压,将卡内数据发射出去或接收读写器发出的数据并保存。

非接触式 IC 卡与读写器的通信过程如下:

a. 复位应答(Answer to Request)。非接触 IC 卡的通信协议和通信波特率是定义好的,当有卡片进入读写器的操作范围时,读写器以特定的协议与它通信,从而确定该卡是否为 M1 射频卡,即验证卡片的卡型。

b. 防冲突机制(Anticollision Loop)。当有多张卡进入读写器操作范围时,防冲突机制会从其中选择一张进行操作,未选中的则处于空闲模式等待下一次选卡,该过程会返回被选卡的序列号。

c. 选择卡片(Select Tag)。选择被选中的卡的序列号,并同时返回卡的容量代码。

d. 三次互相确认(3 Pass Authentication)。选定要处理的卡片之后,读写器就确定要访问的扇区号,并对该扇区密码进行密码校验,在三次相互认证之后就可以通过加密流进行通信(在选择另一扇区时,则必须进行另一扇区密码校验)。

e. 对数据块的操作。

读(Read):读一个块;

写(Write):写一个块;

加(Increment):对数值块进行加值;

减(Decrement):对数值块进行减值;

存储(Restore):将块中的内容存到数据寄存器中;

传输(Transfer):将数据寄存器中的内容写入块中;

中止(Halt):将卡置于暂停工作状态;

图 3-9 为非接触式 IC 卡与读写器通信过程示意图。

③性能指标。

目前我国引进的射频 IC 卡主要有 PHILIPS 公司的 Mifare 和 ATMEL 公司的 Temic 卡。Mifare 卡容量为 8kb,数据保存期为 10 年,可改写 10 万次,读无限次,卡中不带电源,自带天线,内含加密控制逻辑电路和通信逻辑电路,卡与读写器之间的通信采用国际通用的 DES 和 RES 保密交叉算法,具有极高的保密性能。下面列出 Mifare 卡的主要性能指标:

图 3-9 非接触卡与读写器
的通信过程示意图

a. 工作频率:13.56HMz。

b. 通信速率:106kb/s。

c. 读写距离:150mm 内。

d. 识别一张卡:8ms。

e. 读一个块:2.5ms。

f. 写一个块+读控制:12ms。

g. 典型交易过程:100ms。

④非接触式 IC 卡的优点。

非接触式 IC 卡与磁卡及接触式 IC 卡相比较,具有以下优点:

a. 可靠性高。非接触式 IC 卡与读写器之间无机械接触,避免了由于接触读写而产生的各种故障。此外,非接触式卡表面无裸露的芯片,无须担心芯片脱落、静电击穿、弯曲损坏等问题,既便于卡片的印刷,又提高了卡片的使用可靠性。

b. 操作方便。由于非接触通信,读写器在 15cm 范围内就可以对卡片操作,所以不必插拔卡,非常方便用户使用。非接触式卡使用时没有方向性,卡片可以任意方向掠过读写器表面,即可完成操作,这大大提高了每次使用的速度。

c. 防冲突。非接触式卡中有快速防冲突机制,能防止卡片之间出现数据干扰,因此,读写器可以"同时"处理多张非接触式 IC 卡。这提高了应用的并行性,无形中提高了系统的工作效率。

d. 适合多种用途。非接触式卡的存储结构特点使它一卡多用,能应用于不同的系统,用户可根据不同的应用设定不同的密码和访问条件。

e. 加密性能好。非接触式卡的序列号是唯一的,制造厂家在产品出厂前已将此序列号固化,不可再更改。非接触式卡与读写器之间采用双向验证机制,即读写器验证 IC 卡的合法性,同时 IC 卡也验证读写器的合法性。非接触式卡在处理前要与读写器进行三次相互认证,而且在通信过程中所有的数据都加密。此外,卡中各个扇区都有自己的操作密码的访问条件。

非接触式 IC 卡同磁卡一样,在道路收费系统中可用于通行卡、预付卡、系统卡和记账卡等,但也同磁卡一样,须有一套完善的 IC 卡管理系统,跟踪通行卡流动的情况。由于目前非接触式 IC 卡成本较高(目前为 15 元/张左右),使用 IC 卡后,其卡流失问题往往使管理者倍感头疼。而以往在使用纸券或其他低值通行券时,因其成本较低,通行券的流失情况常常不会引起管理者的足够重视。因此一个较为完善的 IC 卡收费系统关键在于对在系统中流动的通行券 IC 卡的严格管理,这也是回收式通行券收费系统的难点所在。

综上所述,IC 卡属于电子元件产品,其存储容量大,可重复使用约 10 万次,效率快、精度高、安全保密性强,体积小、易携带,具有防磁、防水、防污、防静电多种功能,但其设备需要一定投入,虽然其本身卡的成本较高,但因使用次数多还是合算的。其中,接触式 IC 卡的读写设备易污染和磨损,故维修费高;非接触式 IC 卡可避免机械接触和磨损,且操作简便、防尘性能好,目前国外已广泛应用于高速公路收费,国内也在陆续推广,可以说非接触式 IC 卡是一种有发展潜力的通行券。

4.条形码通行券

条形码是由条形码符号及相应的字符组成的标记,是一种光电扫描识读设备自动识读并实现信息自动输入计算机的图形标识符。直观地讲,条码是一组按一定编码规则排列的条、空符号组成的图案,当条形码阅读器从条形码上划过时,根据光的反射原理和光电转换原理,条和空的宽度就被译码器译出,从而轮换为计算机可读的数据,实现数据的快速自动录入。由于条形码所包含的信息可以一次性解码读出,这一特点使它能够提供准确及时的信息来支持相应的管理系统。应用条码技术能大大提高准确性和工作效率,节省开支并改进业务操作。

迄今为止,条码是国内外应用最广泛、最经济实用的一种自动识别技术。常见的多为一维条码,如商品条码。一维条码虽然具有可靠性高、实现了实时快速数据采集和标准统一等显著特点,但其信息容量较小,一般只有几十个字节,其信息仅仅记录了某个物品的编号,至于此编号代表的内容却需要查询数据库才能确定,因此,其应用具有局限性。

为了适应应用的需求,二维条码应运而生。常见的二维条码有 PDF417 码、Code49 码、Data Matrix 码、MaxiCode 码、QR 码等。二维条码信息容量大,信息密度高,编码能力强,可以对文字、照片、指纹、掌纹、声音、签名等信息进行编码,并且它容易印制,成本低廉,纠错能力强,译码可靠性高。

利用二维条码自动识别技术,完全可以实现车辆信息的编码记录和自动扫描识读,因此,二维条形码可以用作通行券,完成高速公路收费的全过程。具体方案为:入口时,在通行券上打印入口站名称、车型、驶入日期、时间、收费员代号等明文信息,同时将信息进行编码、加密,用二维条码记录票面的全部信息,交付驾驶员作为凭证;出口时,驾驶员将通行券交给收费员,由条码识读仪识读条码信息,自动计算票价,并将信息加以显示,同时打印出通行费收据。

使用一次性纸质条形码通行券取代管理复杂、价格昂贵的 IC 卡,降低了系统投资和运营成本,提高了工作效率和管理水平。其主要特点如下:

(1)自动化程度高:二维条码可以实现自动打印、自动识读,整个过程由计算机进行实时控制。

(2)数据安全性强:二维条码存储量大(可达 1kb),可实现信息冗余存储,可以进行九级纠错编码以及加密功能,使信息的安全性(防伪,防破坏)得到很好的保证。

(3)可靠性高:由于可携带两种形式的信息,在无法完成自动识别时,可通过人工识读明文信息完成收费。

(4)适应性强:可适应分段建设时有系统路段和无系统路段的混合性收费。

(5)管理简单:由于通行券一次性使用后即作废,所以没有重复性使用通行卡的跟踪管理问题,系统比较简单,对软硬件要求低。

二维条码通行券与非接触式 IC 卡相比,其主要不足是条码通行券相对比 IC 卡容易损坏,打印、识别设备使用寿命不如射频设备使用寿命长,不如射频设备可靠性高等。但是因一次性投入及运营成本相对较低,因此,其用于高速公路车辆通行券也具有一定的竞争力。

5.电子标签

电子标签是一种安装在车辆上的无线通信设备,可允许车辆在高速行驶状态下与路旁的读写设备进行双向通信。它装有微处理器芯片和接收发天线,在高速行驶中(可达 250km/h)与相距 8~15m 远的读写器进行微波或红外线通信。它以读/写方式验证电子标签的有效性,可写入或读出电子标签中的数据,可同时处理多张电子标签。现设计有只读型、读/写型和带有 IC 卡接口的读/写型三种不同形式。

电子标签具有身份证明、通行券或兼用代替现金付账等功能,其体积很小,如同一张标签贴在汽车前风窗玻璃上,用于开放式或封闭式不停车收费。当用户在设有不停车收费系统的公路上行驶时,无须停车,可高速通过收费站,收费系统设备自动完成通行费征收,极大地提高了收费站的通行能力,减少了污染,节约了能源,避免了收费贪污等问题。有关电子标签的内容将在后面不停车收费系统详细介绍。

6. 车辆牌照

车辆牌照是交通部门颁发的统一车牌,一车一牌,具有唯一性,因而识别出车辆牌照号并传到收费中心,收费中心根据各收费站出入口记录的车辆牌照号进行比较,即可确定出车辆行驶的距离,根据交警车辆户口管理中心或收费中心计算机(已进行了登记的车辆)可查出车辆的类型和车主,进一步确定出该车的通行费,给车主寄账单要求车主来收费公路公司缴费或从车主的银行账号划账或预交金中划账等方式得到通行费,故车辆牌照可用作通行券,支持后付款方式。

车辆牌照的获取是依靠车牌自动识别技术通过摄像机等设备,在非人工参与下,由计算机系统自动获得的。有关车牌自动识别系统将在后面详细介绍。

### (二)通行费付款方式

支付通行费是影响收费车道通过能力的一种重要因素,同时也是决定收费系统结构和功能的一种重要影响因素。目前支付通行费的付款方式有:现金、预付款、银行转账、后付款等多种方式。

1. 现金

现金支付路费是最常用的一种支付手段。当车辆经过收费站时需要将车停在收费亭前,将现金交给收费员,收费员找零并给收据或发票。收费员下班后需进行当班结算,由财务人员核查现金与收费过程记录数据是否一致。收费道路营运部门(或银行派押款车)每天需将现款押解至银行结账。整个资金流动均为现金。

现金支付方式的特点是操作简单,收费车道配备的设备少,建设周期短;对临时使用的用户,如长途运输的外省车辆缴费方便。从实际情况来看,将来即便是高度自动化收费系统普遍使用后,现金支付仍会占有一定的比例。

现金支付的最大缺点是需各收费亭备足大量零钱以提供交易所需,付现找零延长了服务时间,降低了车道通行能力,它是引起收费站车辆排队、交通拥挤的主要因素。大量的小数额现金给清点、核查带来繁杂的工作,为此还需配备大量的人员。现金交易容易造成费额人为流失,给资金管理带来困难。

2. 预付卡

预付卡在使用之前,用户需在收费公路公司支付一定数量的金额,公司管理部门发给用户一张含有该值的预付卡(一般卡为非接触式 IC 卡或电子标签),可挂失但无利息。持有者的车辆经过收费站不必缴量,只需从预付卡中扣除路费。该付款方式的优点是收费部门在卡卖出时就可得到资金,也就能使用那部分资金,而且大大缩短了付款时间,提高了收费车道的通过能力；更为突出的是完全可以省去收纳现金的操作，可减少人为贪污作弊的可能性；大量的现金交易放在后台，免除了汇总、结账、押钞以及零散资金的积压，提高了管理效率。

预付卡付费可以脱线进行，不必为核算占用的通信线路，付款交易无需任何外部审核就可以进行。唯一需要检验的是卡是否有效和是否有足够的金额进行交易，而这两个检验过程都可由读卡机本身完成，减少了交易时间。

从用户角度来看，预付卡方式能方便用户付费，节约了付款时间，免除了带现金的麻烦，提高了资金使用的安全性，但需预交资金（占用资金），需花时间去办理有关手续。所以，在采用预付卡方式的收费公司，用户必须能快速方便地交纳预付金、办理有关手续以及查账，应能给这些用户的通行费打折，尽量减少或避免他们在收费站的延误，最好能一票或一卡在多个收费道路公司使用。目前我国已经有了较多的城市收费道路，预付卡将是我国收费道路中长期用户的一种主要的付款方式。

3. 银行转账

用户在高速公路公司指定的银行建立专用账号，存储一定金额的预付款，经资格审核后申请储值卡。车辆通过收费区域，收费系统自动读取储值卡上的车辆信息，上传至收费管理中心，经确认后发送用户账单给银行，由银行账号将路费从用户专用账户扣除，统一转账至收费公司账户下。现金交易只出现在用户向银行申请购买储值卡的环节上，资金流动的整个过程基本上是电子数据处理，尤其是收费现场无现金交易界面，避免了路费在流动过程中的各种漏洞。

借助银行参与道路收费处理过程，一方面可充分利用银行现有的电子处理系统和业务服务网点，减轻了收费管理中心大批数据处理的负荷和售卡点的建设，减少了收费系统的基础设施投资；另一方面，高速公路公司可将征收的路费纳入公共事业服务网，通过银行实现一个账号多种服务，扩大用户范围。银行还可允许少量善意透支，方便用户资金周转，同样也减轻了高速公路管理公司因用户逃费、滞纳所承担的财务风险。这种支付方式非常适用于半自动、全自动收费系统。它具有较强的监督功能和财务审计界面，对用户、银行、高速公路管理公司，以及政府主管部门四方面都有较强的透明度。

4. 后付款

收费公路公司对长期或定期用户可采用一种先使用记账后付款的优惠方式，如对长途汽车公司、公共汽车公司和其他一些信誉良好的长期用户等可使用此种方式，这样会吸引交通量，而且增加了收费收入。用户与高速公路管理公司签订先使用后付款的长期协议，领取记账卡。计费方式可按固定线路收取固定费额，也可根据实际里程征收路费。

用户持有记账卡，在收费站收费处将记账卡交收费员验证或收费设备直接自动验证，由收费设备或人工将车辆行驶信息记录在记账卡上和收费站的计算机内，用户定期（一般为每月）到收费公路公司按记账卡记录的信息，或根据收费管理中心数据库结算总通行费。

后付款方式对高速公路和营运单位双方都有利：高速公路免除了收费车道现场直接货币交易，减少了收费服务时间，提高了收费车道的通过率，同时保证了一批稳定的用户；营运单位免去了驾驶员随身携带现金，凭发票财务结算的繁杂手续；驾驶员持记账卡可以使用高速公路的快速通道，缩短了行车时间；在经营上，后付款实际上是一种优惠办法，方便了用户的资金周转。采用此方式在收费系统设计中，收费设备和收费管理中心要充分考虑到应具有灵活方便的操作功能和数据统计功能，在管理上也要采取相应的针对性措施。

### 5.免费

免费可视为一种不缴费的特殊付款方式。在免费车辆处理中有两种形式：无卡免费和有卡免费。

高速公路管理公司对国家及地方性法律文件规定的免费车辆，发放免费证件，如特许卡。免费车经过收费站时，驾驶员应交验免费证件并按收费操作处理。无卡的免费车辆，如军车、警车等必须停车验明国家颁发的有关证件。只有对执行紧急任务并配有特殊装置的医疗救护、消防、救援等车辆，以及特别车队可以不停车使用快速车道。无卡免费车的放行必须经过收费站监控人员的确认，并记录在案（录像或图像数字化后存入计算机内），以备核查。

### 6.冲卡

冲卡是一种逃避交费，强行通过收费车道的违法行为。冲卡是客观存在的行驶车辆，其路费征收需要事后通过执法部门发出罚款单，车主到指定的银行交纳罚金处理。

造成冲卡的原因有：驾驶员强行通过；收费员有意放行；收费设备功能缺陷。对此，应采取有效的措施，力求减少对高速公路经营的经济损失。

冲卡车与免费车辆同是无路费收入车辆，但免费车存在完整的收费处理过程；而冲卡车是不完整的、被强制中断的处理过程。两者都应作为收费系统的特殊管理项目专门处理。

### (三)车型分类

车型分类是收费的重要依据。收费公路对车辆加以分类，按类型收取不同的通行费，以保证通行费征收的相对合理性（车类间公平性）。因此，任何一条公路在收费前，对车型分类进行研究是必需的。同时，不同的车型分类方法对收费系统所需的硬件、软件要求也不同。

#### 1.车型分类的理由

车型分类的主要依据是不同车辆行驶对收费道路路面的破坏程度、对收费公路通行能力的影响程度以及车辆行驶收费公路所能获得的效益情况。

(1)车辆对道路路面的影响。轴载质量、车辆总质量、轴距、轮胎都是影响道路路面寿命的主要因素。不同类型的车辆对道路路面的破坏程度是不同的。轴载质量越大的车辆对路面和下部结构破坏越严重，所需公路养护费用也越高；同一车型，总质量越大，其对路面的破坏程度就越大；在载货汽车总质量、轴载质量、轴数、轮胎等条件不变的情况下，轴距越短，对路面的破坏越严重；另外，轮胎与路面的接触压力和接触面积，直接影响着公路路面的寿命，单位面积接触压力越大，对路面的破坏程度就越大。例如，一般小型客车（轿车）的轴载小于1 000kg，车轮荷载不足500kg，接触地面平均压力为0.3MPa；而特大型货车的轴载可达9～10t，车轮平均压力为0.8～0.9MPa。因此，对道路路面破坏严重的重型车收取高额通行费是合理的。

(2)车辆对道路通行能力的影响。不同类型的车辆，在道路上占有的空间大小和行驶速度不同，对道路通行能力的影响也就不一样。大车比小客车体积大，因而比小客车占用更多的空间。另外，大车行驶能力（加速、减速和保持速度的能力）一般要低于小客车，这些不同的行驶性能会导致混合交通流中形成间隙，特别是长距离上坡路段，交通流中会出现非常大的间隙。而且大车一旦出事，大多是重大事故，这种事故不仅损失严重，而且处理事故所需时间也长，一般为处理小型车事故所需时间的2～3倍。因此，从车型对交通的影响来看，根据车辆外形大小进行分类，对大车多收费是合理的。

(3)不同车辆类型的运营效益。车辆使用收费道路的效益体现在运营成本节约、时间节约和事故减少三个方面。不同的车型,使用收费道路的运输经济收入不同,大货车和大客车的收入明显要高于小车。从利益分配的角度来看,大车也应付出更多的通行费才是合理的。

**2.车型分类的原则**

(1)公平合理性。车辆分类的主要目标是保证通行费征收的公平合理以及吸引交通量。理论上讲,征收的通行费应反映出不同车辆对道路的使用和破坏情况,也要考虑收费道路的车型构成比例、车辆分类检测手段、车辆对道路的占有情况及车辆的运营效益。

(2)简单明确性。在尽可能按公平合理的原则进行车辆分类的同时,还要考虑到车型判别的简明性(适用于人工判别或机器自动判别或不停车收费的机器自动判别),以保证处理速度和判断准确性,从而保证系统的高效和杜绝错收、漏收。

**3.车型分类参数**

车辆分类是依据不同类型的车辆对路面的破坏程度、车辆对道路通行能力的影响和车辆运营效率等方面来分的,因而可按反映这些因素的直接或间接的车辆特征来分类,从不同的目的出发可以按不同的特征参数来分类。

(1)按车辆外形几何尺寸与形状分类:以车长、车高、车宽等几何形状参数与几何形状来区分小、中、大型车辆。

(2)按车辆的机械物理参数分类:以轴数、轴距、轮数、轮胎大小等参数来区分不同车型。

(3)按车辆质量分类:以车轴及其轴载质量来区分实际质量不同的车型。

(4)按车辆运营效益特征分类:以货车的吨位数、客车的座位数来区分车辆的车型。

(5)按车辆标志数据分类:例如,以车辆牌照颜色、号码区分军、警免费车与普通收费车辆及特定牌照的预缴费车辆。

**4.车型分类标准**

(1)根据货车额定载质量和客车座位数划分车型。目前,我国绝大多数收费系统是以货车额定载质量和客车座位数来进行车辆分类的,见表3-3。这种分类方法人工判别较为简单,适用于人工收费系统以及无车辆自动分类装置的半自动收费系统。这种按额定载质量或客车座位数分类也有一些不合理的成分,例如,空车与满载车对路面破坏程度显然不一样;座位数并不能准确反映车辆的大小及对路面的破坏程度,如某些客车本属于中型客车,但为了载客需要,内部的车座设定却较多。

国内典型收费车辆分类标准

表3-3

| 车辆类型 | 车辆名称 | 车辆判别参数 | |
|---|---|---|---|
| | | 额定载质量 $m(t)$ | 座位数 $N$ |
| 1 | 小型货车 | $m \leqslant 2.5$ | |
| | 小型客车 | | $N \leqslant 19$ |
| 2 | 中型货车 | $2.5 < m \leqslant 7$ | |
| | 中型客车 | | $20 < N \leqslant 39$ |
| 3 | 大型货车 | $7 < m \leqslant 14$ | |
| | 大型客车 | | $N \leqslant 40$ |
| 4 | 大型货车 | $14 < m \leqslant 39$ | |
| 5 | 特大型货车 | $m \leqslant 40$ | |

（2）根据车辆本身的几何参数划分车型。目前国外的自动车型分类设备基本上都是根据车辆本身的几何参数设计的，如车长、车宽、车高、轮距、轮数、轴数、轴距、车身侧视或俯视投影尺寸等。表 3-4 是其中的一种。严格地说，用这些参数进行车辆分类不尽合理，但它易于采用设备自动判别类型，有较好的可行性，故目前在自动化程度较高的收费系统中广为采用。

国外某公路收费车辆分类标准 表 3-4

| 分类标准<br>车辆类型 | 判 断 参 数 | |
| :---: | :---: | :---: |
| | 轴数（个） | 前轮处高（m） |
| 1 | ≤2 | ≤1.3 |
| 2 | ≥3 | ≤1.3 |
| 3 | ≤2 | >1.3 |
| 4 | ≥3 | >1.3 |
| 5 | 摩托车 | |

### （四）收费方式

随着科技的进步，收费技术和收费设施的不断发展，收费方式多种多样。一般来说，根据收费员参与收费过程的多少，收费方式可分为人工收费、半自动收费和全自动收费方式；从用户（驾驶员）的角度来分，可分为停车和不停车收费方式。

1. 人工收费方式

人工收费方式指收费过程全部由人工完成的方式，即人工判别车型，人工套用收费标准，人工收钱、找零、给发票，或人工收取次数票。该方式需要有较多的收费人员参与单调烦琐的程序，采用人监督人的方式。

一般来讲，在开放式（或均一式）收费系统中，人工收费方式的过程是：车辆进入收费站入口时，收费员目测判断车辆类型后，按规定的费率确定应收的金额，驾驶员将应缴的费用交给收费员，在收费员完成找零后，发给驾驶员一张印好的收据，上面记载着时间、地点、收费金额等信息，以便以后查询，然后放行。

在封闭式收费系统中，入口处由收费员判别车型，发放印有入口信息的通行券（在发放前已事先印刷好），在出口处，驾驶员将通行券交给收费员，收费员再次判断车型，根据所行驶的里程和费率收取通行费，给发票，然后放行。在封闭式中，因为采取了入口发券，出口收费，入、出口票据核对的方式，因而利用一些管理措施可防止收费中的少数原始的作弊现象。

人工收费方式的特点是：除基本的土建费以外，它不需要任何收费设施，也无任何管理设备，投资较少，造价低，可迅速建成实施收费，在处理异常情况时，有很大的灵活性，但也容易产生误差和作弊行为。由于收费全过程为人工处理，不仅大大增加了收费人员的编制和工作量，而且增加了车辆在收费车道上的延误，影响了交通畅通。另外，在车辆行驶里程计算和车型分类上难免会出现差错，造成争吵和漏收，也很难防止作弊现象的发生。这不但给收费管理工作带来很大麻烦，而且也会造成收费收入的巨大损失。因此，如何防止漏收、闯口和作弊贪污现象的发生，已成为人工收费管理工作一大突出难题。

对于开通初期交通量不大的高速公路，通过对收费人员加强教育和规范财务制度，采用人工收费方式作为过渡时期的收费方式是可行的，但随着收费人员的业务日益熟悉，人工收费方式的漏洞就很容易被利用。强化监督管理往往会对收费人员造成人格的伤害，所以在收费公路开通后,应尽快采取其他措施取代人工收费方式。

2.半自动收费方式

半自动收费方式是指收费过程由机器和人共同完成的收费方式,它通过使用计算机、电子收费设备、交通控制和显示设施代替部分人工收费方式操作的一部分工作。这种方式的特点是使用一些设备代替人工操作,降低了收费员的劳动强度,将人工审计核算、人工财务统计报表转变为计算机数据管理,极大地减轻了收费管理人员的劳动强度,使收费公路的收费管理系统化和科学化;通行费流失会有所减少,漏洞会得到一定程度的控制,但投资要大一些,造价要高一些。目前我国的收费站绝大部分使用此种收费方式。

我国普遍采用的半自动收费方式为人工判别车型、人工收费、计算机统计、车辆检测器计数(车辆数)、自动栏杆、电视监控。在收费站监控室,监控员可以监视收费人员的工作和车辆通行情况,并进行录像。录像机可以采用24h连续工作方式或由监控人员根据需要采用人工控制方式。其中,电视监控部分主要用于防止收费员在车型、免费车辆上作弊及驾驶员冲卡不缴费的情形发生。

封闭式半自动收费系统采用入口发放通行券(卡),出口收费找零出据的方式,其入口和出口收费业务流程如图3-10所示。对于自动栏杆的开启,必须是当收费员正确完成收费流程后,收费车道控制机才能控制自动栏杆放行。而与栏杆配套设置在车道上的车辆检测器(设在栏杆所处位置)检测车辆通过后,自动栏杆复位,并将记数脉冲记入车道控制机内。若收费员不按正常流程操作,自动栏杆无法升起放行,这样可以防止收费员不收费和不读卡的现象。对于强行冲卡和免费车辆,车道摄像机自动抓拍车辆牌照,用于事后追缴路费、罚款和稽查的依据。

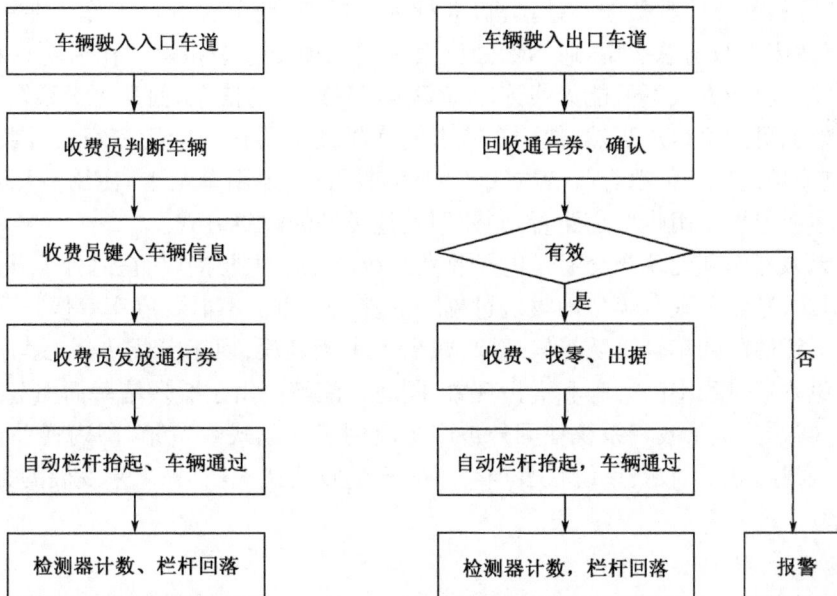

图3-10 封闭式收费流程图

由于采用了计算机和电视监控等自动化辅助收费和管理设备,这种方式与人工收费系统相比在观念上产生了一个飞跃,在实际上也产生了较好的效果。对于收费员的舞弊行为和驾驶员的冲卡行为,自动化设备的采用,至少在初期可以产生相当大的威慑作用,收费额会有相当大的增加。同时,由于计算机记录了每辆车的数据,因此可自动统计交通流数据,其统计数据的可靠性比人工统计有很大的提高。

但是,这种方式需人工判别车型,实施电视监控(图像监视)仍需要监控员不间断地注视监视屏才能发挥作用。一旦威慑心理消失,收费员舞弊的可能性仍然存在。因此,杜绝舞弊的基础是建立在监控员一丝不苟的工作态度上。但事实上,要求监视者连续几个小时监视屏幕,而且还要兼顾几个或十几个以上屏幕而不发生疏忽,仅就人的生理特性而言也是不成立的。同时,希望通过审查24h录像来发现漏洞也是很困难的,检查效果较差。

为了能从根本上解决这种收费方式的缺陷,可采用自动车型分类(AVC)设备代替或监督人工判别车型。当人工判型与AVC设备判型不一致时,收费监视系统自动记录下收费车辆并报警,监控室监控员可进行实时或事后处理。对免费车辆或冲卡车辆以及其他异常情况,也可自动录像。这样,任何可能的舞弊与冲卡行为都有完整的记录,且录像带的长度不会很长,审查录像带的工作效率高、有针对性。有关自动车型分类(AVC)系统,将在后续详细介绍。

3. 全自动收费方式

全自动收费是指收取通行费的全过程均由收费系统自动完成,操作人员无需直接介入,只需对设备进行管理监督及处理特别事件。全自动收费方式一般指不停车收费方式,也称电子收费方式(Electronic Toll Collection,ETC),它利用电子、计算机与通信技术,完成收费、统计和监控工作,使驾驶员不需停车就可以缴纳通行费。

全自动不停车收费方式可分为单向式不停车收费方式和双向式不停车收费方式两类。单向式不停车收费方式的基本原理是:在车上安装一个车载电子标签(车载卡,只读),当车辆通过收费站时,车载卡发射出信号,收费站接收装置读取车载卡中的信息并进行记录,然后将每一收费站点的资料回传给收费中心计算机,进行资料更新、登记等统计工作。在一段时期内,打印出每辆车使用次数与总费用,通知驾驶员缴费或从预交金中扣除。作为对这种方式的改进,双向式不停车收费方式不但能无线读出车载卡(可读写)的信息,而且可无线写入信息到车载卡中,使管理上更为可行。当然,使用车载卡的优越性主要在长期用户身上,因此更为可行的收费方式应该是建立一种混合收费方式,对于长期用户,采用车载卡,使用专用不停车收费车道,对过路客或很少使用收费道路者,则使用其他类型的收费方式。

不停车、无人操作和无现金交易是电子收费系统的三个主要特点,它适合于开放式和封闭式两种收费制式,避免了现有半自动收费过程中的弊端。由于不需要停车等候,当交通量较大时,不会产生收费站前的车辆排队等候现象,减少了车辆延误;由于无需人工参与和无现金交易,可完全避免收费过程中的舞弊和贪污现象,同时也能解决由于交通堵塞而引起的能源消耗和环境污染等问题。电子收费系统在国外被广泛应用于开放式收费站,国内目前部分省市的高速公路已有实施。电子收费系统代表当今最先进的收费技术,也是未来发展的方向,有着广阔的发展前景。

4. 三种收费方式的比较

各种收费方式都有自己的特点和应用范围,下面从其缴费等候延误、征费率、投资成本、作业成本和实施难度五个方面进行比较。

(1)缴费等候延误。缴费等候延误是车辆进站减速、排队等候、缴费和驶离收费车道达到允许最高车速所需时间之和。其中,办理缴费的时间主要由设备处理时间、人工操作设备时间和缴付通行费时间三个部分组成,因而在同样的付款方式下,人工收费方式造成的驾驶员等候延误比半自动收费方式要大。如果采用非接触 IC 卡为通行券或采用刷卡付费,减少收费找零,则可在极短的时间内完成交易,大大减少了办理收费的时间,因而此种收费方式的缴费延误比人工方式减少许多。不停车收费方式可允许车辆以某一速度(可无需减速)通过收费站,因此不会产生等候延误。

(2)征费率。收费系统的主要目标是将应该征收的费额全部收回。事实上,由于存在差错和费额的人为流失,征收率很难达到 100%。差错表现为设备执行错误和人为的操作差错;人介入收费过程会使某些环节存在作弊的可能性。一般而言,可靠度高、精度高的设备的出错率比人工操作要低。收费系统防作弊的功能应为:第一,减少或删除收费过程的人工操作过程;第二,将影响收费金额的操作全部记录在案,以备事后检查;第三,采用非现金付款方式或减少采用现金付款的车辆数。

半自动收费方式可部分满足第一和第三个要求,可全部满足第二个要求,因此征费率比人工方式高出许多。不停车收费方式完全无人参与,不采用现金付款方式,设备出错率低,因此征费率最高。

(3)投资成本。投资成本是指收费站必要设施与管理设施的设置成本。人工收费除基本的土建费用外,不需任何机器设备,因此投资最低;半自动收费方式除需人工收费方式的土建之外,还需投资机器设备,因此投资成本高;而不停车收费方式,尽管收费设备单价很高,但因收费效率很高,所需设备数量和收费站占地面积比半自动收费方式所需要少,因而可能投资成本并不一定很高。

(4)作业成本。作业成本是指收费系统每年必须支付给收费人员与管理人员的各种开支(如工资、福利、培训、住房等)以及收费业务与收费设施维护所需费用等。人工收费方式作业成本主要为人事费用,而此种成本可能会因采用一些机器设备代替部分人工收费,因收费人员数量降低,可望减少。但半自动收费方式需增加设备维护费和材料消耗开支等,特别是像使用磁票为通行券的现金付款方式这类收费方式,其作业成本可能比人工收费方式高出许多。不停车收费方式可做到几乎无人直接参与,而所采用的设备都是无接触读写设备和测量设备,可靠性和精度都很高,其作业成本主要为设备维修费用,应该可维持低作业成本水平。

(5)实施难度。人工收费方式的缴费程序对收费员或驾驶员均简单明了,若发生异常情况,例如缴费额不足、违章车辆(冲卡)或钱币真伪辨别等,收费员可迅速反应,因此实施难度最低。半自动收费方式在缴费过程中需驾驶员了解整个程序并完全配合,收费员必须按规定程序进行工作,如发生设备故障,通行券损坏时较难即时处理。全自动收费方式在实施初期会发生部分车辆未装车载电子标签而驶入电子收费车道的问题,给收费管理带来较多困难,因此,初期实施难度较大。

# 项目二　分析收费系统框架与需求

## 一、收费系统总体框架

### (一)收费系统的目标

由于人工收费方式存在少收、漏收、闯口(或闯关、冲关)等现象,不利于高速公路的营运管理,现在的各条高速公路的营运者都在考虑采用更为有效的计算机收费系统。一般来说,高速公路计算机收费系统的主要目标是：

(1)根据车型和行驶里程进行收费,尽量做到收费公平合理。

(2)最大限度地杜绝少收、漏收和营私舞弊行为,保证高速公路的营运取得最大的经济效益和社会效益。

(3)减少出入口的收费手续,提高收费的工作效率,尽量降低由于收费过程引起的交通延误码,提高高速公路的通行能力。

(4)与交通监测系统配合,提供交通流量数据,帮助实现线路堵塞情况下的匝道控制与调节。

(5)对收费金额、票据、车型等信息统计完整、准确,并能帮助进行财务分析和预测,实现智能化的财务管理。

(6)能保证与监控系统、通信系统的一致性,实现高速公路的现代化营运管理。

(7)为智能运输系统的实现留有一定的接口。

### (二)收费系统的功能

基于上述目标,收费系统应具有以下功能:

(1)实行计算机管理,尽量减少人为的干预,保证车型判别、费额计算准确;在人工判别车型时,有辅助手段对判型结果进行监督。

(2)出入口车道的栏杆与车辆检测器配合,准确统计通过车辆的数目,并有效防止冲关现象的发生。

(3)具备对讲监听和图像监控功能,实现对收费过程的实时监控。

(4)各种原始数据采集准确、完备,并能迅速向上传输,数据的安全性、可靠性高,原始数据不因意外断电等事故造成损失。

(5)系统能自动巡检设备运行状态是否正常,能准确、及时地给出故障信息和故障排除信息。

(6)对紧急车、免费车、冲关车等特殊车辆,应能迅速作出反应和准确处理,并自动保留车牌档案,应设置监控计算机以实现这些功能。

(7)系统必须是全天候的、实时的,例如收费车道应在任何有车辆通过时正常使用。

(8)具有一定的报警功能,如遇抢劫时的远程报警,遇车冲关或进出口收费员判型不一致时报警等。

### (三)收费系统的基本构成

高速公路收费系统是一个分层次管理的系统。根据我国高速公路管理的具体情况,收费系统管理一般划分为三级。

第一级:各收费站进出口车道的收费管理。这一级主要是由收费员在各车道进行车辆的进出口收费操作,驾驶员用现金或电子货币交费。一次操作结束后,将处理的数据实时地存入网络服务器。这一级还可以控制或启用本车道的安全灯、交通信号灯、自动栏杆及报警系统。

第二级:独立的收费站数据处理。能实时监控该站各车道车辆出入情况,打印各种统计报表,核对金额,并负责当天的销票处理,同时也定时向上级管理处发送当天的有关数据。各收费站是相对独立的,收费站之间并无频繁的数据交换,因此,可以在每个收费站建立一个独立的局域网络系统。

第三级:收费中心的数据处理。负责全线各站(或所属区域内各收费站)的统一管理,定时接收各收费站发送来的数据,并进行统计,打印各类统计报表。

在收费站数量多且地理位置分散时,往往需要设几个分中心进行管理,几个分中心之上再设总中心进行总的协调工作。如收费站不是太多,或地理上不太分散,则可以采取一个总中心的结构。

1. 封闭式收费系统的基本构成

通常,一条封闭式高速公路在其沿线各站都设有入口,由每个收费站的管理人员管理本站各出入口的日常事务,然后设几个收费分中心或一个收费总中心将全线收费站统一起来,进行营运、财务、人事等方面的综合管理。把各个出入口、收费站和收费中心、分中心的计算机有机结合起来,便于高速公路的营运管理,是收费系统的根本目的。为了达到这种分级管理的方式,典型的封闭式计算机收费系统常用如图 3-11 所示的分布式多级管理结构,它具有实用、清晰、高效的特点。

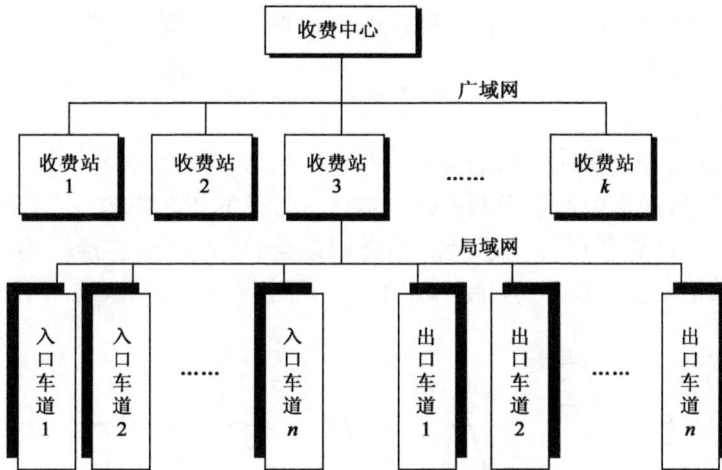

图 3-11 封闭式收费系统结构图

整个收费系统主要由收费中心管理系统、收费站管理系统、收费车道系统三部分构成。以上我们虽然分了三部分来对整个收费系统作介绍,但实际上三者是一个有机的整体。收费中心对整个收费系统进行控制;收费站汇总收费车道数据并在收费中心和收费车道之间实现数据传递;收费车道按照收费中心的要求对过往车辆实施正确的收费,并上传收费数据和交通量数据。

2. 开放式收费系统的基本构成

开放式计算机收费系统只在入口进行一次性车型判别和费额征收,相对于封闭式系统来说,这种收费方式无论从技术上来说还是从管理上来说都是相当简单的。开放式计算机收费系统设计的重点是各个收费站,对于车道与收费站之间的低速通信网或局域网的功能可以有严格的要求,而对于各个收费站之间,通常不考虑计算机网络的互联。

开放式计算机收费系统主要采用"车道—收费站"的二级结构,收费站可采用局域网技术将各台计算机连接起来,也可以采用 RS422 通信技术来连接计算机。在站道二级结构中,开放式收费系统的收费站综合了封闭式收费系统中站级、中心/分中心级的功能,硬件方面仍要求高性能的计算机、监控设备和网络管理设备等,尤其对图像监控的要求更加严格。

## 二、收费计算机网络系统

### (一)计算机网络概述

#### 1.计算机网络的概念及功能

将地理位置不同,并且具有独立功能的多个计算机系统通过通信设备和线路连接起来,以功能完善的网络软件实现网络中资源共享的系统称为计算机网络系统,简称计算机网络。其中,资源共享是指在网络中的各计算机用户均能享受网络内部其他各计算机系统中的全部或部分资源。

计算机网络经历了一个从简单到复杂,从低级到高级的发展过程,这个过程可分为四个阶段:具有通信功能的单机系统、具有通信功能的多机系统、计算机通信网络和计算机网络。今天的计算机网络具有通信功能和资源共享功能,并因其高数据传输率、低误码率而被广泛应用于各个领域。计算机网络具有以下几方面的功能:数据传输功能;资源共享功能;集中管理功能;综合信息服务功能等。

#### 2.计算机网络的分类

(1)按拓扑结构划分。将通信网抽象为一个几何图形,常称为网络拓扑。计算机网络的拓扑结构,主要是计算机网络中通信子网的拓扑结构。常见的拓扑结构有:星形结构、树形结构、总线形结构、环形结构、点到点部分连接的不规则结构、点到点全连接结构,如图3-12所示。不同的拓扑结构其信道访问技术、性能、设备的开销等各不相同,分别适用于不同的场合。

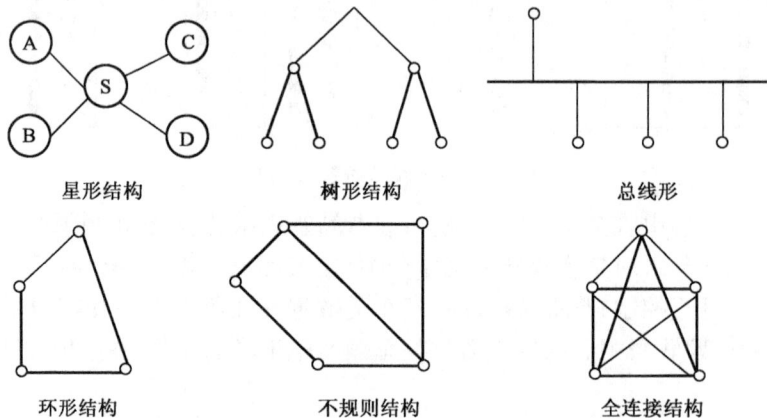

图3-12　计算机网络拓扑结构图

(2)按通信介质划分。根据通信介质可分为有线网和无线网。有线网指采用同轴电缆、双绞线、光纤等物理介质来传输数据的网络;无线网指采用卫星、微波等无线形式来传输数据的网络。

(3)按网络的作用范围划分。按分布距离的长短划分网络能够反映网络的技术本质,根据计算机的分布距离,由近及远,可将计算机网络分为局域网(LAN)、城域网(MAN)和广域网(WAN)。局域网的范围通常为几米到几十千米;城域网的范围介于广域网和局域网之间;广域网的范围一般为几十到几千千米。

### 3.计算机网络体系结构

(1)网络体系结构。为了完成计算机间的通信合作,把各个计算机互联的功能划分成定义明确的层次,规定了同层次进程通信的协议和相邻层之间的接口服务。所谓网络体系结构就是计算机网络各层次及其协议的集合。

网络协议是为了进行计算机网络中的数据交换而建立的规则、标准或约定的集合。协议总是指某一层协议,准确地说,它是对同等实体之间的通信制定的有关通信规则约定的集合。网络协议的三个要素是语义、语法、定时。

层次结构的好处在于使每一层实现一种相对独立的功能,便于交流、理解和标准化。层次结构的要点如下:除了在物理媒体上进行的是实通信之外,其余各对等实体间进行的都是虚通信;对等层的虚通信必须遵循该层的协议;$n$ 层的虚通信是通过 $n/n-1$ 层间接口处 $n-1$ 层提供的服务以及 $n-1$ 层的通信(通常也是虚通信)来实现的。层次结构一般以垂直分层模型来表示,如图 3-13 所示。

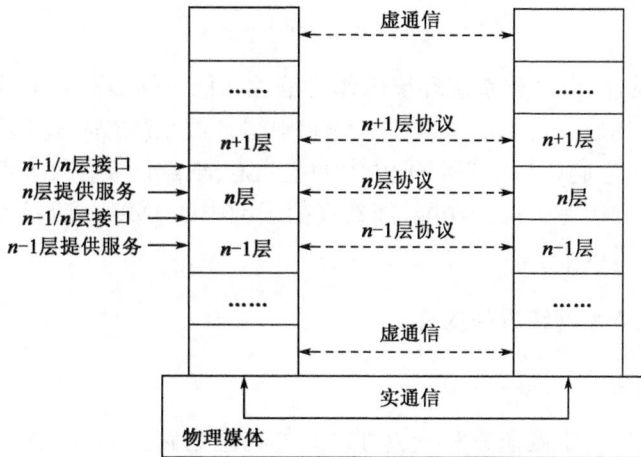

图 3-13　计算机网络的层次模型

图 3-13 中所示的一般分层结构中,$n$ 层是 $n-1$ 层的用户,又是 $n+1$ 层的服务提供者。$n+1$ 层虽然只直接使用了 $n$ 层提供的服务,实际上它通过 $n$ 层还间接地使用了 $n-1$ 层以及以下所有各层的服务。

(2)计算机网络参考模型。由于不同厂家推出的网络体系结构有各自不同的分层,使网络产品很难互联,为此,国际标准化组织(ISO)提出了一个标准化开放式计算机网络层次结构模型,即开放系统互联(Open System Interconnection,OSI)基本参考模型,又称 ISO/OSI 参考模型。"开放"即能使任何两个遵守参考模型和有关标准的系统进行互联。

OSI 包括了体系结构、服务定义和协议规范三级抽象。OSI 的体系结构定义了一个七层模型,用以进行进程间的通信,并作为一个框架来协调各层标准的制定;OSI 的服务定义描述了各层所提供的服务,以及层与层之间的抽象接口和交互用的服务原语;OSI 各层的协议规范,精确地定义了应当发送何种控制信息及何种过程来解释该控制信息。需要强调的是,OSI参考模型并非具体实现的描述,它只是一个为制定标准机而提供的概念性框架。在 OSI 中,只有各种协议是可以实现的,网络中的设备只有与 OSI 和有关协议相一致时才能互联。

如图 3-14 所示,OSI 七层模型从下到上分别为物理层(Physical Layer,PH)、数据链路层

(Data Link Layer,DL)、网络层(Network Layer,N)、运输层(Transport Layer,T)、会话层(Session Layer,S)、表示层(Presentation Layer,P)和应用层(Application Layer,A)。

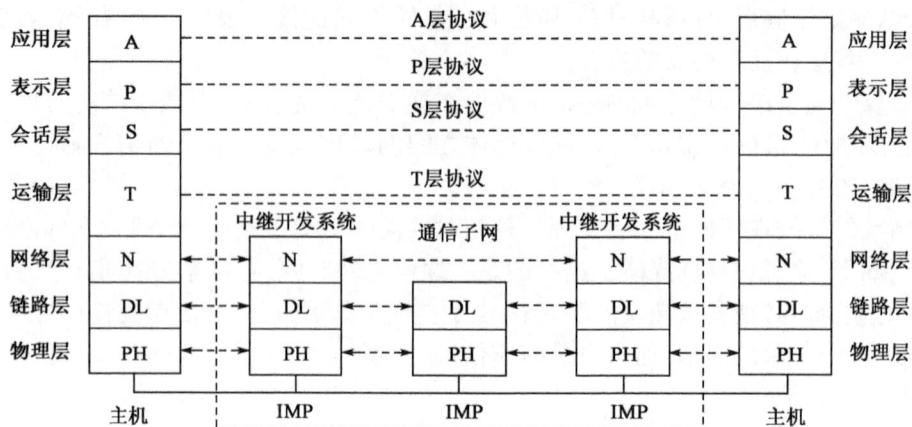

图 3-14  ISO/OSI 参考模型

从图 3-14 中可见,整个开放系统环境由作为信源和信宿的端开放系统及若干中继开放系统通过物理媒体连接构成。这里的端开放系统和中继开放系统,都是国际标准 OSI7498 中使用的术语。通俗地说,它们相当于资源子网中的主机和通信子网中的节点机(IMP)。只有在主机中才可能需要包含所有七层的功能,而在通信子网中的 IMP 一般只需要最低三层甚至只要最低两层的功能就可以了。

**(二)网络传输媒体及网络设备简介**

1. 网络传输媒体

传输媒体是通信网络中发送方和接收方之间的物理通路,传输媒体的选择极大地影响着通信的质量,下面介绍几种常用的网络传输媒体。

(1)双绞线(TP)。双绞线由螺旋状扭在一起的两根绝缘导线组成。双绞线抗干扰性较强,可用于模拟或数字传输。双绞线一般分为非屏蔽双绞线(UTP)和屏蔽双绞线(STP)两种。

计算机网络中最常用的是 3 类和 5 类非屏蔽双绞线。对于局域网(10BASE-T 和 100BASE-T 总线),3 类双绞线传输速率可达 10Mb/s,5 类双绞线传输速率可达 10～100Mb/s,但与距离有关。

(2)同轴电缆。同轴电缆由绕同一轴线的两个导体所组成,具有较高的抗干扰能力,其抗干扰能力优于双绞线,同轴电缆具有较宽的可用频带,被广泛用于局域网中。

同轴电缆可分为基带同轴电缆和宽带同轴电缆。基带同轴电缆仅用于数字传输,阻抗为 $50\Omega$,数据传输速率最高可达 10Mb/s。宽带同轴电缆可用于模拟信号和数字信号传输,阻抗为 $75\Omega$,带宽可达 400MHz,运行长度可达 100km。

(3)光纤。光纤由能传导光波的石英玻璃纤维外加保护层构成。光纤具有宽带、数据传输率高、抗干扰能力强、传输距离远等优点,已被广泛用于通信系统。按使用波长区的不同分为单模光纤和多模光纤通信方式。

传输媒体的选择取决于以下诸因素:网络拓扑的结构、实际需要的通信容量、可靠性要求、能承受的价格范围。

## 2.网络设备

(1)网卡。网卡又称网络适配卡,是计算机互联的重要设备。网卡与网络程序(网络操作系统)配合操作,控制网络上信息的发送与接收。网卡按速度分为 10M 和 10M/100M 自适应,按总线类型分为 ISA、PCI 和 EISA 网卡,分别用于不同的总线结构。一般在服务器上使用 PCI 或 EISA 总线的智能型网卡,工作站上可用 PCI 或 ISA 总线的普通网卡。

(2)网络集线器(HUB)。HUB 实质上是一个多口的中继器,它工作在 OSI 参考模型的最底层物理层。基于普通集线器的网络仍然属于共享介质的局域网络。一个 HUB 通常有 8 个以上的连接端口,每个端口相对独立,即一个端口的故障不会影响其他端口的状态。

(3)交换机。交换机实质上是一个具有流量控制能力的多口网桥,它工作在 OSI 参考模型的链路层,主要功能是解决共享介质网络的网段微化,即碰撞域的分割问题。交换机的每个端口都提供专用的带宽,它把每个端口所连接的网站分割为独立的 LAN,每个 LAN 成为一个独立的冲突域。交换机还是一种存储转发设备,通过直通方式、无碎片直通方式、存储转发方式来发送信息。

(4)网络互联设备。

网桥:工作在数据链路层,在两个局域网段之间存储、转发数据链路帧。它把两个物理网络连接成一个逻辑网络。网桥能实现不同类型的 LAN 互联,利用网桥可以实现大范围局域网的互联,利用网桥可以隔离错误帧,网桥可使各个 LAN 段内部信息包不会广播到另一个 LAN 段,可进一步提高网络的安全性。

路由器:工作在网络层,它集网关、桥接、交换技术于一体,其最突出的特性是能将不同协议的网络视为子网而互联,更能跨越 WAN 将远程 LAN 互联成大网。它与网桥的根本区别是:它是面向协议的设备,能够识别网络层地址,而网桥只能识别链路层地址或称 MAC 地址。故路由器的功能为:在网络间截获发送到远地网络段的网络层数据报文并转发,为不同网络之间的用户提供最佳的通信路径、子网隔离、抑制广播风暴、生成和维护路由表,可进行数据包格式转换,实现不同协议。

网关:是网络层以上的互联设备的总称,通常由软件来实现,在网络层或以上实现不同体系的网络互联。

网络互联设备的选择:对网络互联设备的选择要视设备的具体特点与网络的性能而定。如中继器、集线器主要用于扩展网络的距离,但受 MAC 定时特性的限制。网桥用于连接两个相同体系的网络。用路由器连接的网络仍保持各自的网络地址。网关用于连接不同体系结构的网络。各种网络互联设备的应用层次及作用见表 3-5。

**网 络 互 联 设 备**                                    表 3-5

| OSI 层次 | 互联设备 | 作　用 | 寻址功能 |
|---|---|---|---|
| 物理层 | 中继器、集线器 | 在电缆段间复制比特,放大电信号,扩展网络长度 | 无地址 |
| 数据链路层 | 网桥、交换机 | 在 LAN 之间对存储转发数据链路帧 | MAC 地址 |
| 网络层 | 路由器 | 在异型网络间存储转发分组 | 网络地址 |
| 传输层及以上 | 网关 | 第四层及第四层以上实现不同网络体系间互连接口 | |

### (三)局域网概述

#### 1.局域网的特点

局域网技术是当前计算机网络技术领域中一个非常重要的分支,其特点为:范围有限,用户个数有限,仅用于办公室、工厂、学校等内部网络;高传输速率和低误码率;传输介质较多,既可用通信线路(如电话线),又可用专门的线路(如同轴电缆、光纤、双绞线等)。局域网侧重共享信息的处理,广域网侧重共享位置准确无误及传输的安全性。决定局域网特征的主要技术有:连接各种设备的拓扑结构、数据传输形式、介质访问控制方法。

#### 2.局域网标准 IEEE 802

IEEE 802 标准是美国电气电子工程师协会(Instigate of Electrical and Electronic Engineer,IEEE)为局域网制定的一系列标准。它遵循 ISO/OSI 参考模型的原则,解决最低两层(物理层和数据链路层)的功能及与网络层的接口服务、网际互联有关的高层功能,但把数据链路层分为逻辑链路控制 LLC 子层、介质访问控制 MAC 子层,使数据链路功能中与硬件有关的部分和硬件无关的部分分开,降低研制互联不同类型物理传输接口数据设备的费用。

#### 3.局域网介绍

(1)以太网。

以太网是最早的局域网,也是目前最常见、最具有代表性的局域网。它的核心思想是使用共享的公共传输信道。传统的以太网有:粗缆以太网 10BASE-5、细缆以太网 10BASE-2、双绞线以太网 10BASE-T。它们的传输速率都为 10Mb/s,采用的是争用型媒体访问控制协议,在轻载的情况下具有较高的网络传输效率。

交换式以太网以常规以太网络为基础,为每个节点提供了专用的以太网连接,在网段上确保 10Mb/s 的传输性能。其优点是可以保留现有以太网的基础设施,以太网交换机具有各类广泛的应用。

快速 100BASE-T 以太网是将 10Mb/s 以太网经过改进后在 100Mb/s 下运行的一种快速以太网,因此也是一种共享介质技术。千兆以太网允许以 1000Mb/s 的速度进行半双工和全双工操作,使用 10BASE-T 和 100BASE-T 技术。快速以太网给工作站和服务器带来的好处是增大了吞吐量,可以安全的增加网络上的负载。

(2)光纤分布式数据接口(FDDI)。

光纤由于其优越的特性,在数据通信中得到了越来越广泛的应用。用光纤作为网络介质的 LAN 技术主要是光纤分布式数据接口(FDDI)。FDDI 是一种高性能的光纤令牌环 LAN,运行速度为 100Mb/s。使用多模光纤,站间距离可达 2km;而使用单模光纤可使站间距离超过 20km。

FDDI 可以按与任何 802 局域网同样的方式使用,并且由于它的高带宽,还可以作为网络的主干,并对铜线介质局域网进行互联。

(3)宽带网与光纤网

宽带网常采用总线或树形拓扑结构。因使用模拟信号,传输距离可达数十千米,比一般基带网仅仅传输几千米的范围大。由于宽带网有多个信道,容易支持数据、语音、图形和图像信号同时在电缆上传送,满足办公自动化的需要,因而宽带网将成为局域网发展与研究的主要方向之一。

由于光纤传输数据的频带宽,使得光纤在网络的应用上有了很大的发展,并成功地应用于远程通信和电话系统。光纤局域网的结构有光纤环网、无源线性总线光纤网、无源星耦合光纤网和有源星耦合光纤网。

### (四)封闭式收费系统计算机网络结构

封闭式收费系统能严格按车型和行车里程收费,控制少收、漏收情况,便于高速公路的运营管理,还能兼顾出入口的交通管理。封闭式收费系统的特点就是需要通行券作为收费凭证,记录车辆的类型、入口站名和入口的其他信息,便于在出口时确定应收金额。借助通行券上的信息,还可以获得多种交通信息,如各出入口的分时交通量,各立交交通量的分配,各路段交通量及平均车速等,同时还能对收费人员的工作量、差错率和工作效率等实行跟踪管理与考核。

基于封闭式收费系统的这些特点,其计算机网络应能将高速公路沿线的各个收费站统一起来管理,而且各个收费站也能统一管理本站的各个收费车道。封闭式收费系统的计算机网络结构主要是采用简明、清晰的树状多级结构,如图3-15所示。

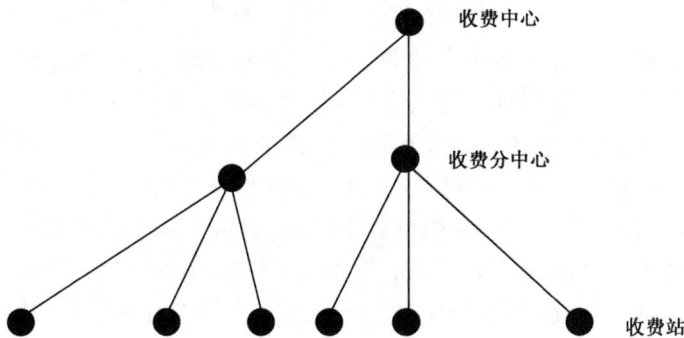

图3-15 封闭式收费系统计算机网络拓扑图

1.收费系统局域网的组网方式

通常,收费站的各个车道与收费站距离不超过1km,可以将车道计算机和站级计算机用局域网方式进行连接。收费站计算机网络拓扑结构一般可采用星形结构。为了实现资源共享及动态数据的有效管理,监控室配置一台10M/100M交换式集线器,采用100Base-T局域网的形式,通过5类或超5类双绞线将集线器与收费站服务器、收费管理计算机及其各车道控制机相连,形成收费站计算机以太网,打印机则通过打印服务器连接到网络上,以实现打印机共享。这种网络遵循IEEE802系列标准,采用TCP/IP协议,具有便于安装和维护、可靠性高、通信速率快、技术成熟、便于扩展等特点。

当监控室与距其最远的收费车道的距离(布线长度)大于100m时,在广场靠近监控室一侧的收费亭设置一个集线器,通过集线器级联方式构造网络。当收费站集线器与广场集线器之间的实际距离大于是100m时,可以敷设多模光纤以连接广场集线器与收费站集线器;如果收费广场距收费站控制室距离较远(大于2km),则可以使用单模光纤。典型的收费站计算机网络结构如图3-16所示。

2.收费系统广域网的组网方式

高速公路的收费站往往分布在沿线几百公里的范围内,为了实现统一管理,必须将各个收费站的局域网有效地连接起来,便于运营管理。因此,广域网在收费系统中是必不可少的。

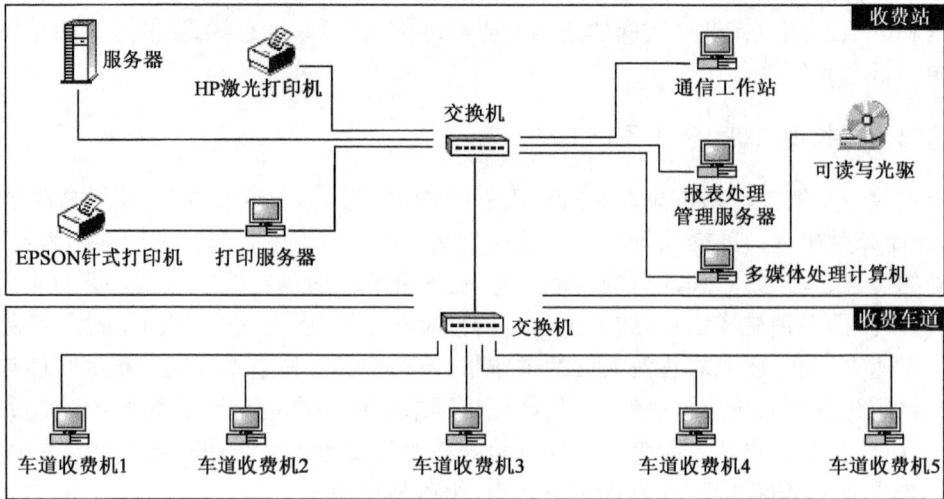

图 3-16  收费站局域网结构图

首先要解决广域网的传输介质选择问题。这时电缆实际上已不能满足组网的要求,需要采用光缆作为传输介质。光缆所具有的高数据率、宽频带以及良好的抗干扰性使之成为最佳选择。在采用光纤后,仍有构造网络专线和采用标准通信线路等方式。一般在设计中,应尽量考虑利用标准通信线路复用设备,在网络上即采用路由器广域网方案。在通信系统提供的信道不能满足要求时,或在光纤有富余或铺设成本低的情形(距离不太远),可以单独占用一对光纤作为网络线路。对该专线的设计则可以有多种方式,其速率为 10～1000M 或更高,一般采用光纤收发器即可。图 3-17 是以路由器为主干的高速公路收费系统广域网的结构图。

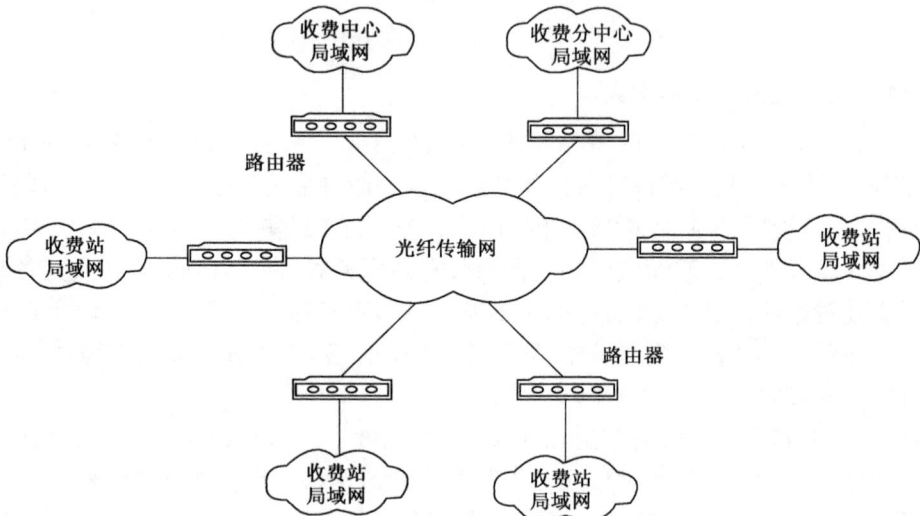

图 3-17  收费系统广域网结构图

## (五)开放式收费系统计算机网络结构

开放式收费系统与封闭式收费系统从技术上讲是一致的。严格来讲,开放式收费系统的计算机网络只是封闭式收费系统网络的一部分。如果封闭式收费系统是一个由若干个局域网组成的广域网,则开放式收费系统网络只是一个局域网。

由于开放式收费系统站点单一、管理直接,主要采用"车道—收费站"的二级结构,收费站可以采用局域网技术将各台计算机连接起来,如图 3-16 所示,也可以采用 RS422 或 RS485 串行通信技术来连接,如图 3-18 所示。

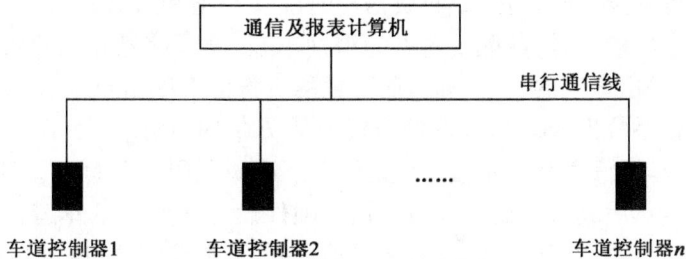

图 3-18　简单的开放式收费系统网络

# 项目三　集成半自动收费系统

高速公路收费系统经历了人工收费方式、半自动收费方式和全自动收费方式三个阶段。随着高速公路建设速度的加快和收费新技术的发展,特别是在全国高速公路路网形成并实现联网收费时,全自动收费将占有一定的比例。在未来几年,我国的高速公路收费模式仍将是以半自动现金收费为主,辅以全自动不停车收费,本项目将详细介绍我国目前使用最多的半自动收费系统。

高速公路收费系统由收费车道设备(入口和出口)、收费站设备、收费分中心设备和收费中心设备组成(对于较短的路段可以不设收费分中心)。这四级设备都以计算机为核心。收费站计算机和所属各车道的车道控制机组成局域网,收费分中心和收费中心的计算机分别组成各自的局域网。这些局域网实现互联成广域网,所以整个收费系统也是一个计算机网络系统。

## 一、收费车道设备简介

收费车道是收费系统的基础设施单元,它可完成征收路费和采集实时数据两大功能。根据收费方式、收费功能的不同,收费车道设备的配置和功能有很大差别。本项目主要介绍半自动收费系统车道设备的选型及要求。

### (一)收费车道系统的功能

收费车道的主要功能包括:
(1)按车道操作流程正确工作,并将收费处理数据实时上传收费站计算机系统。
(2)接收收费站下传的系统运行参数(同步时钟、费率表、黑名单和系统设置参数等)。
(3)对车道设备的管理与控制,具有设备状态自检功能。
(4)可保存一个时间段的收费数据,可降级使用,但不丢失数据。
(5)通信中断时,具有后备独立工作能力。
(6)为车辆提供控制信息等。
(7)将各种违章报警信号实时传送到收费站控制室。

### (二)收费车道设备简介

由于高速公路收费制式的不同,收费车道设备的配置和功能有很大的差别。开放式收费按车型一次性收费,不需要通行券,车道设备配置重点放在识别车型和准确收费上,并且每个收费车道的设备配置完全一样;封闭式收费需同时确认车型和行驶里程,因而要增加读、写通行券数据和控制信息的能力,设备配置重点为识别车型、读写信息和准确收费。同时,在封闭式收费系统中,由于进出车道的流程不同,所配置的设备也不尽相同。

典型封闭式收费系统出入口车道设备布置图如图 3-19 所示。入口车道负责对进入本站的车辆判别车型,将车辆信息和本站信息(包括车型、入口代码、车道代码、日期时间、收费员工号等)写入通行券中,然后放行车辆。入口车道的硬件设备主要包括车道控制计算机、收费终端、收费专用键盘、通行券读写机、自动栏杆、手动栏杆、车辆检测器、信号灯、对讲设备、声光报警器等。出口车道主要是检验车辆携带的通行券,校核车型并根据它们计算、收取通行费,打印收费票据,放行车辆。因此,出口车道在硬件上除具备与入口车道相同的设施外,还需配备费额显示器、收费票据打印机。

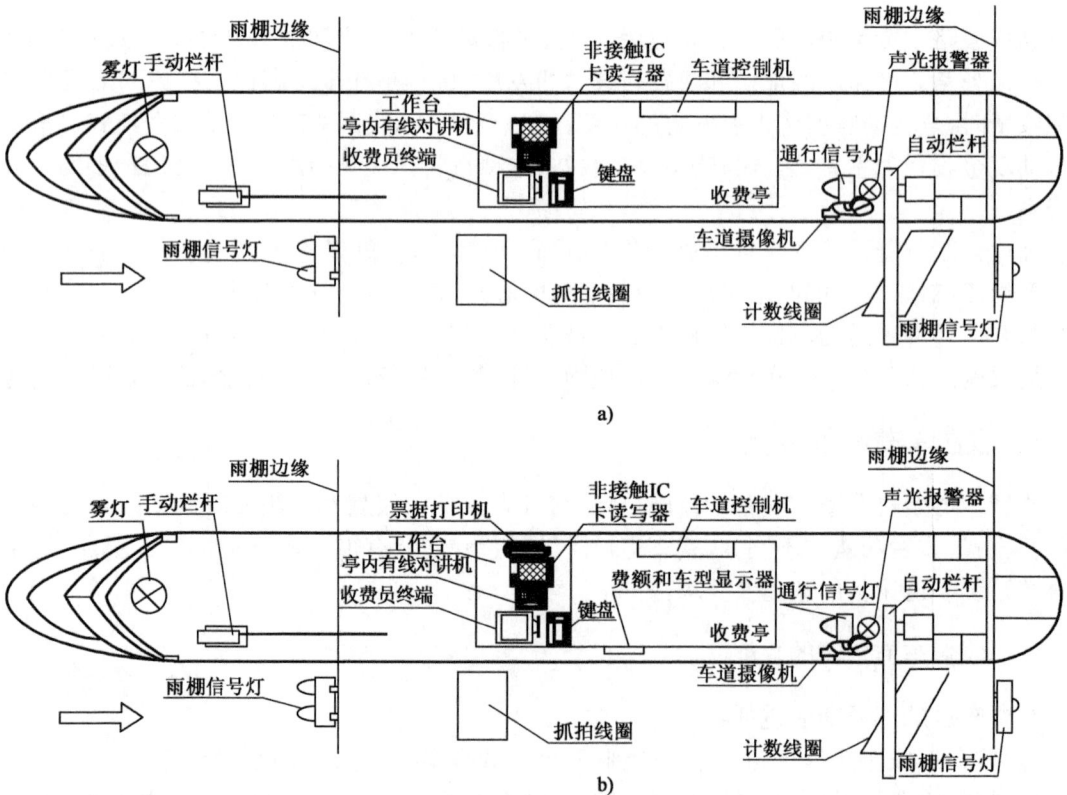

图 3-19  封闭式收费系统车道设备布局图
a)入口车道;b)出口车道

收费车道大部分外围设备都与车道控制计算机相连接,受车道控制计算机的控制,车道控制计算机主要通过串口和 I/O 口来实现对这些设备的通信和控制。封闭式收费系统收费车道设备配置及功能见表 3-6。

| 车 道 设 备 名 称 | 入 口 车 道 | 出 口 车 道 | 设 备 功 能 |
|---|---|---|---|
| 车道控制计算机 | 有 | 有 | 控制收费过程,实时采集数据 |
| 收费显示器 | 有 | 有 | 对操作员显示收费过程信息 |
| 收费键盘 | 有 | 有 | 收费员操作工具 |
| 非接触式 IC 卡读写器 | 有 | 有 | 对通行券进行数据读写 |
| 票据打印机 | 无 | 有 | 给用户开出通行费凭证 |
| 费额显示器 | 无 | 有 | 对用户显示应交通行费数额 |
| 顶棚信号灯 | 有 | 有 | 显示收费车道工作或关闭 |
| 声光报警器 | 有 | 有 | 异常情况报警 |
| 自动栏杆 | 有 | 有 | 以开、闭控制车辆停、离 |
| 亭内有线对讲机 | 有 | 有 | 与监控员交流收费信息 |
| 车辆通过检测器 | 有 | 有 | 感知车辆通过控制栏杆起落 |

1. 车道控制机

车道控制机是整个车道收费系统的核心,负责控制所有车道设备的运行、各项收费业务操作的管理以及与收费站计算机的通信和数据交换。它由一台功能很强的工业控制机和各种接口电路组成,控制所有的车道设备,并和站计算机组成局域网。每台车道控制机仅负责本条车道所有设备的运行,通过一块数字式输入/输出板控制车道设备,并能够自动检测各设备的运行状态。

车道控制机需要配备各种接口扩展板,至少要有 16 路数字量 I/O 板,并具有光电隔离保护,以减少雷电及高能浪涌的冲击。此外,还包括与收费站计算机的通信接口、控制外场设备的接口以及键盘、显示器、打印机接口等。通常,我们把工业控制计算机、外围通信控制电路板、接口板、电源等设备安装在特制的设备机箱内,并把这些设备统称为车道控制机,如图3-20所示。

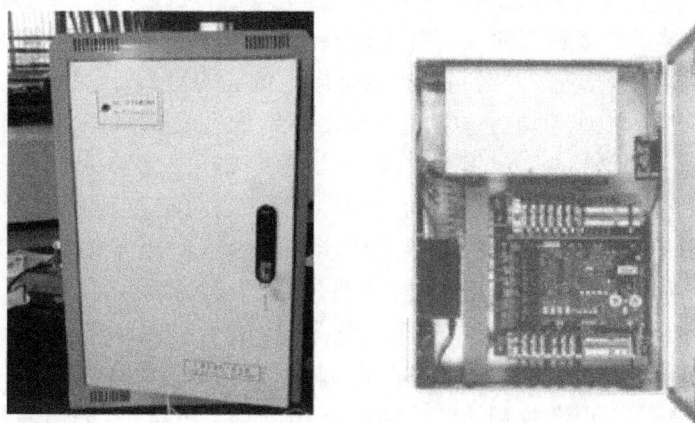

图 3-20　车道控制机

车道控制机整机由安装了车道软件的高可靠性的工业奔腾计算机(工控机)为主控中心,在收费过程中对各种类型的外设进行监测和控制,并将收费的各种数据以及各种设备的故障和修复情况等信息存储于工控机内,随时通过传输网络向收费站监控中心发送,并接收监控中心的各种指令。具有以下的功能:

(1)收集车道内车辆检测器的信息。

(2)控制车道的执行设备(费额显示器、票据打印机、电动栏杆、VDM)。

(3)完成收费数据的统计、整理、存储,并上传到收费站计算机。

(4)将免费、违章车辆的报警信号实时送到收费站监控室。

(5)通过外接的收费员终端(键盘、显示器),以人机对话的方式完成收费全过程。

(6)接收收费站计算机下发的时钟信息、费率信息和各种命令,向收费站计算机传送收费车道的各种信息。

(7)当通信线路故障或收费站计算机故障时,车道控制机应能独立正常工作,且当故障排除后可将数据传送到收费站计算机。

(8)具有设备状态自检功能。

### 2.收费员显示终端

显示终端用于显示收费员在收费过程中所需的信息或提示收费员进行下一步操作。收费员操作界面为 Windows 图形显示界面,整个显示界面可分为五个显示区域:

(1)工作状态显示区。以字符方式显示当前的日期和时间、车道状态(打开/关闭)、车道号、收费员身份码等信息。

(2)设备状态显示区。以图形方式显示各车道设备的工作状态,如自动栏杆状态、天棚灯状态、通行信号灯状态等。

(3)收费业务处理显示区。显示收费员所选择的车型、应缴金额、收费业务处理状态等信息。

(4)设备维护显示区。在维护模式下显示相应的菜单及有关维护操作信息。

(5)帮助显示区。给予收费员操作提示。

### 3.收费员专用键盘

收费键盘是一种专用键盘,它通过标准接口与车道控制机连接。收费键盘是由单独的、可拆卸的组件构成。键盘的接触寿命在正常工作条件下,可达到 1000 万次操作。键盘本身具有逻辑锁定功能,可以防止错误数据或同时有两个以上键码的输入,因而键盘上的各种键不会因为重复使用而出现错误登记信息。如果收费员按键操作顺序发生错误,车道控制机可发出提示或警告,收费员只有按规定正确操作,才能完成收费过程登记,否则操作无效。键盘的键钮按功能可分为车型分类键、特殊功能键、数字键以及备用键,如图 3-21 所示。

图 3-21　收费员专用键盘

(1)车型分类键:用于键入车型类别,在车型增加时,可增加有效的车型键。

(2)特殊功能键:用于正常收费的各种辅助操作,如上、下班,天棚信号灯启、闭,栏杆的强制开、闭等动作的完成。

(3)数字键:用于键入数字式数据,包括收费员工号、密码及金额等。

(4)备用键:在系统增加收费功能时,可定义有效的按键。

键盘的主要技术指标包括使用寿命、防水及防尘性能、键的合理排列以及平均无故障工作时间等。不同系统的键盘外形、键的种类和数量会有差别。键盘应可以适应较恶劣的操作环境。

### 4. 非接触式 IC 卡读写设备

非接触式 IC 卡读写机设置在收费操作台上,主要用于读写收费过程的相关数据信息。非接触式 IC 卡读写设备分为读卡机和天线两部分,IC 卡与天线之间的读写距离为 0～100mm,如图 3-22 所示。该设备在运行状态下,能够自动检测到天线操作范围内的非接触 IC 卡,并且立即上报 PC 机,同时完成 PC 机下发的读、写卡的操作命令,广泛应用于公路收费系统。

非接触式 IC 卡读写器的主要技术指标包括读写速度、载波频率、读写距离以及通信接口等。

图 3-22　非接触式 IC 卡
读写器

### 5. 费额显示器

费额显示器是向驾驶员显示征费过程信息的设备,它通常被安装在出口收费亭侧窗后部,用来显示车型、应缴金额和剩余金额,如图 3-23 所示。它也是驾驶员对收费员操作过程的监视手段,若收费员出现差错、作弊等异常情况,驾驶员可据此向管理部门投诉。

费额显示器内部由一单片微处理器控制,通过 RS-422 接口与车道控制机相连,接收车道控制机的命令,显示数据与数据库收费数据保持一致。显示信息要保留一定的时间,直到车辆离开收费亭和自动栏杆。

图 3-23　费额显示器

费额显示器的主要指标包括:视距、视角、亮度、防尘、防雨、防晒等性能。

### 6. 票据打印机

出口车道配备票据打印机,用打印票据代替定额票据。票据打印机放置在收费亭的操作台上,收费员收取通行费后,启动打印机打印票据。通行费票据上有两种信息,即预印刷的确定信息和现场打印信息。预印刷的确定信息包括业主名称、高速公路名称、收费监制单位名称和收据顺序号等;现场打印信息包括日期、时间、收费员工号、收费站名称、车型代码以及收费金额等。

### 7. 自动栏杆

自动栏杆是道路收费(包括人工收费和半自动收费)所必需的一项车道设施。它被安装在收费岛的尾部,受车道控制机控制而自动起落,用以防止各类违章车辆非法通行。自动栏杆主要由电动机、栏杆臂和反光柱等组成。栏杆臂一般采用高强度玻璃钢杆体,表面有红白相间的高强度反光材料,如图 3-24 所示。

自动栏杆可与车道交通信号灯及车辆检测器组合在一起,由车道控制机控制其起落,为了保证在异常情况发生时(停电、栏杆本身故障、机电设备失灵等),仍能进行正常的收费操作,栏杆应能进行手动控制。同时要求停电时,栏杆具有自动升起的功能。

自动栏杆的主要技术指标包括:起/落杆时间、杆长以及平均无故障工作时间等。

图 3-24　自动栏杆

8.车辆检测器

车辆检测器是收费车道必不可少的检测设备。它是收费车道中通过车辆的计数装置,且具有一定的相对独立性,在车辆驶离车道时控制栏杆落下并对通行车辆计数,主要用于统计各收费道口的交通流量。

图 3-25　车辆检测器
控制单元

车辆检测器由环形线圈和控制单元组成,如图 3-25 所示。控制单元除处理检测信息外,应与车道控制机有接口,将检测到的车辆信息送给车道控制计算机,用于统计交通流量,并控制通行信号灯和自动栏杆的工作状态。

线圈式车辆检测器的工作原理是利用铁磁性物体的电磁感应原理来探测车辆。检测器的前端感应部分是一个特殊加工而成的检测线圈,检测线圈埋设于路面下 30~40mm,并与路面保持平行。线圈通过馈线与检测器相连接,线圈受到检测器的激励下处于谐振状态。如果有车辆通过线圈敏感范围,与线圈发生电磁感应作用,引起线圈谐振特性参数的变化,检测器信号调理电路将此变化量处理后,交与微处理器进行信号采集,微处理器根据采集信号变化规律进行处理运算,即可以得到行驶速度、车辆类型(大型、中型、小型)、道路占有率和车流计数等交通参量。

收费车道的车辆检测器根据控制功能的不同有入口检测、出口检测、存在性检测等,其工作原理同前述,但技术性能要求不完全相同。入口检测是当车辆进入收费车道,检测环产生一个状态信号给车道控制器,以便驱动其他设备开始工作。出口检测是当车辆离开收费车道时,检测环发出一个状态信号给控制器,表明该处理过程结束,车道将进入下一个循环状态。存在性检测是检测和记录离开收费亭的车辆数。

车辆检测器的主要技术指标包括检测精度、频率范围以及灵敏度等。车辆检测器应可以检测二轮以上的各种车辆。拖挂车通过时应判为一辆,当两辆车相距很近通过检测器时,应判为两辆车。各车道的检测器不互相干扰,金属物体在两车道之间的收费岛上移动时,应不影响检测器的性能和精度。

9.声光报警器

声光报警器用于非正常收费情况的报警。在高速公路收费系统中,脚踏报警开关可与声光报警器相连,声光报警器又可与矩阵和硬盘录像机相连,当有某路报警信号输入时,声光报警器对应的开关量输出,开关量输出信号接到矩阵就能够相应的切换此路的摄像机,进行录像。

10. 内部对讲机

收费亭内对讲机为监控楼的监控员与收费员联系的辅助设备。当有异常情况发生时,如车型判断不一致、设备出现故障、车辆违章冲卡以及各种紧急情况时,配合车型显示器、实时监控管理计算机,监控员可直接向收费员了解情况,发布语音命令或车道控制命令,对收现场进行实时监控。

对讲机由屏蔽双绞线连接成独立通信子系统,具有点对点、点对多点两种运行模式,监控员可以与某一个或所有的收费员对话,其运行模式由监控员在控制台上切换;收费员使用一个按键向监控员汇报现场情况,接受监控员的指令。对讲机要求具有声音调节功能,便于根据不同的环境调节音量。

11. 顶棚信号灯

顶棚信号灯安装在收费岛顶棚(雨棚)每条车道的入端上方,指示车道的使用状态,方便车辆选择通行车道,提高通行效率。

顶棚信号灯由红色和绿色的一组信号灯组成,用于指示车道的开放和关闭,如图3-26所示。红色"×"表示该车道关闭,停止收费操作;绿色"↓"表示该车道开放,驾驶员可以驶入交费。顶棚信号灯为24h全天候工作,要求信号亮度高,标识符简洁清晰,可视距离达100m以上。在可视条件较差的情况下,如阳光直射、黄昏、雾天、暴雨时,信号标识仍清晰可见。

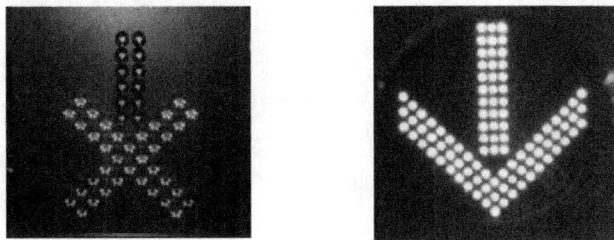

图 3-26　顶棚信号灯

**(三)收费车道系统软件**

车道系统是整个系统的基础和主要数据源。收费车道系统要求稳定、可靠、连续运行、控制准确且响应速度快,因此,必须在软件设计采取较为严格的可靠性控制方法,保证车道控制软件不依赖于网络以及外场设备的可靠性和稳定性,同时,应该满足界面友好、操作简便以及高度数据安全性。

系统具体目标是:确保准确可靠地收费,保证收费原始数据的安全性、一致性、完整性,提高效率,防止漏洞;系统形成整体,保证车辆快速通过,对特殊事件进行有效管理和统计,并有相应措施保证;避免延误,分车型,分里程,分路段正确收费,对账;所有的收费登记必须完整,准确,上报及时,满足收费和交通管理要求。

车道软件的主要功能是完成入口发卡或出口收费业务,收费车道设备完成一次正常的车辆处理业务后,由此而产生的车型、车种、入口时间、入口站名、通行卡号、车道号、收费员工号等信息将存储在车道控制器内,并实时上传给收费站计算机和收费中心计算机。如网络故障不能上传数据,车道控制器可连续存储40d的数据,等到网络连通后,系统自动将数据上传收费站计算机和收费中心计算机。

入口车道收费管理完成入口车道收费的过程管理。收费员根据车辆信息,输入有关数据,车道计算机控制相应的外场设备,将有关信息记录,收费原始信息送收费站和结算中心,并能完成特殊事件处理。主要包括以下特殊事件:

(1)免费车辆处理。

(2)紧急车辆处理。

(3)车队处理。

(4)补票(或 IC 卡)处理。

(5)差错处理。

(6)车道开启状态时冲卡处理。

(7)车道关闭状态时冲卡处理。

出口车道收费管理,完成出口车道收费的过程管理,出口车道收费软件主界面如图 3-27 所示。收费员根据通行卡上的信息进行操作,车道计算机自动计费,收费员收款。车道计算机控制相应的外场设备,打印收费票据,将收费原始信息送收费站和结算中心,并能完成特殊事件的处理。特殊事件主要包括以下事件:

(1)紧急车辆处理。

(2)车辆信息不一致处理。

(3)无款处理。

(4)代金 IC 卡现金不足处理。

(5)坏卡处理。

(6)U 形转弯处理。

(7)车道开启状态时冲卡处理。

(8)车道关闭状态时冲卡处理。

(9)打错票处理。

(10)拖车处理。

(11)车队处理。

(12)无券(无卡)处理。

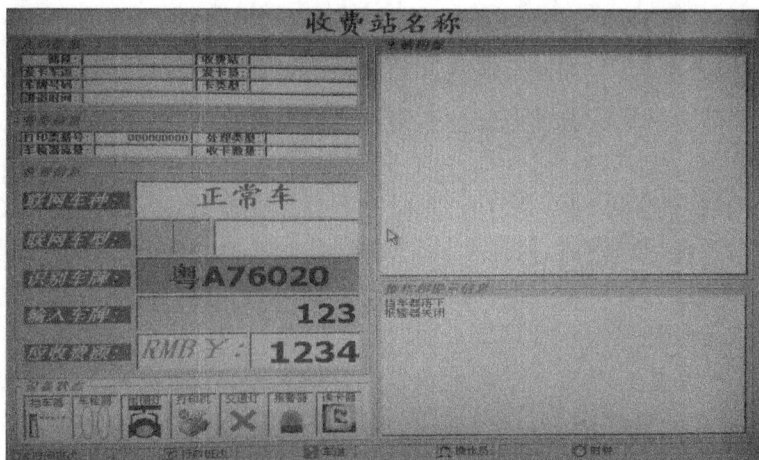

图 3-27　出口车道收费软件主界面

## 二、收费站、中心、分中心设备及软件简介

### (一)收费站设备及软件简介

#### 1.收费站的功能

(1)汇总、分类、统计、存储入出口车道的收费和交通量数据。

(2)显示并打印报表。

(3)监视出口车道的收费过程,生成含有车辆外形、可辨认的车牌和收费数据的综合图像并记录。

(4)与收费中心通信,包括向收费中心传送收费业务数据(收入、交通、管理)以及接收收费中下传的系统运行参数(费率表、同步时钟、系统设置参数等)。

(5)票证(收据、定额票)管理与非接触式IC卡的管理,包括对非接触式IC卡的站内调配和非接触式IC卡流失的管理。

(6)提供车道设备工作电源。

(7)可与车道收费员对讲通话,对收费进行指挥。

#### 2.收费站设备配置

(1)网络服务器。

收费站服务器是收费站所有计算机中配置最高的,它不但要存储收费站所有的收费数据、交通量数据、班次管理数据和图像,还负责收费站局域网的网络管理,因此要求专用的服务器。为了安装网络操作系统,收费站服务器内存应足够大;考虑到图像和数据应分开存储,且收费站级至少应存放一个月的数据,服务器最好配有高容量的硬盘和可读写光盘机,用于定期数据备份和人工数据上传。

收费站服务器的主要功能有:实时接收车道的数据和图像等原始收费数据并在数据库中归类保存,数据定期自动备份,记录设备运行情况、故障报警等情况;接收中心数据,发布(转发收费中心)系统指令、时钟、收费费率、口令等。

(2)收费管理计算机。

收费管理计算机的选用主要考虑完成各种数据处理、查询、统计和报表打印功能所要求的响应时间,包括对图像数据进行进一步统计查询所需性能的要求,最好选取速度较快的CPU和大存储空间的内存。

收费管理计算机的主要功能有:从服务器数据库中提取数据,并由此统计交通量数据报表,统计业务收入报表,统计收费站工作人员班次管理报表,统计IC卡使用情况,并按要求打印报表等。

(3)图像处理计算机。

收费站要完成对车道数据和图像的管理,通常需要配备图像处理计算机。图像处理计算机在存储空间的配置方面,应考虑图像存储占用大量的存储空间这一特点,在接收车道控制计算机发来的图像捕获请求时,通常以串口为主接口,以网络为辅助接口,在检测到报警信息时,还要实时打印相关信息并存储,所以应注意预留所需接口。图像处理计算机应具有较高的分辨率,最好选用大屏幕的显示器。

(4)收费站其他设备。

收费站设备配置还包括：网络设备(远程通信路由器、集线器等)、图像记录设备、综合控制台、内部对讲主机等。这些设备在选型时要充分考虑性能价格比和兼容性。

3.收费站软件

收费站计算机系统应用软件是收费管理的核心,按功能要分为五大模块。

(1)通信模块。

数据通信模块主要完成收费站和车道控制机以及收费分中心之间的数据通信。从功能上讲,主要完成收费站收费数据定时或实时的传输,接收分中心下达的指令,传至各收费车道,并将收费站和管理分中心所有的计算机的时间统一为管理中心服务器的时间。

(2)系统监控模块。

系统监控模块完成各车道收费过程和设备运行状态的实时监控管理。实时显示收费站各出口车道和入口车道的运行状态(打开、关闭、故障、维修)、流量和收费情况。对于每一条车道,显示内容包括:收费员工号、雨棚信号灯的状态、收费员判定的车型、车辆检测器工作状态、收费站计算机与车道控制器通信状态等。

(3)收费管理模块。

收费管理模块完成对收费数据的录入、统计、查询及参数设置和报表打印功能。录入,即对需要进行人工调整及输入的数据表格,实现数据的人工录入,操作应简单、直观,对操作应有相应的提示,数据一经确认后不允许随意修改。统计,即要求对交通流量和通行费收入报表进行统计计算,所有统计的实际计算时间不应过长,应提高统计速度。查询,即能够根据给定的检索条件(车道、班次、收费员、车型等的任意组合)对任意给定时间范围内的数据进行查询。查询结果可进行筛选、汇总、排序等操作,如有需要,应能和图像文件链接。

(4)财务管理模块。

财务管理模块完成每日收费款的财务统计和报表,提供与收费站级管理尤其是与财务管理有关的各种报表,主要有入、出口当班表,各种日报表、月报表、年报表等。其次是 IC 卡的管理,包括卡的调动、卡的发放及回收。

(5)图像处理模块。

图像处理模块完成图像处理、合成、记录和检索,其主要功能是审计、稽查数据库中的特殊事件及相应图像。

## (二)收费分中心设备

1.收费分中心功能

(1)汇总、分类、统计、存储各收费站的收费和交通量数据。

(2)显示并打印报表。

(3)与收费中心和收费站通信。

(4)非现金支付卡和各类身份卡的发放和管理。

2.设备配置

收费分中心主要设备有收费分中心计算机、网络服务器、远程通信路由器、调制解调器、打印机、UPS 以及用于各类身份卡(收费员、维修人员、值班员、站长等)和非现金支付卡(记账卡、预付款卡)的制作和管理的 IC 卡编码机。

### (三)收费中心设备及软件

**1.收费中心的功能**

收费中心计算机系统安装在收费中心的管理大楼内,其主要功能如下:

(1)收集和处理各收费站计算机系统上传的数据。

(2)统计、查询各类报表并打印输出。

(3)建立全线统一时钟,统一车型分类参数和收费参数表、收费系统人员码表等,并通过收费站计算机系统将有关运行参数下传到收费车道。

(4)IC卡编码管理(包括通行卡、公务卡、身份卡)和通行卡的调度。

(5)数据库的管理和数据备份。

(6)全线预付账户及预付卡的管理。

(7)对车道工作情况实时监视,处理入、出口车道发生的特殊事件(如车型或车种不符、废票请求等)。

(8)收费系统的网络管理等。

**2.设备配置**

收费中心的主要硬件设备有网络服务器、远程通信路由器、网络管理工作站、监视工作站、财务工作站、POS工作站(预付卡管理)、IC卡管理工作站、UPS管理计算机、打印机、IC卡读写器等。

收费中心的设备选型要注意满足以下要求:网络服务器应具有高可靠性和高存储能力,支持自动重新引导、磁盘支持热插拔、具有热插拔冗余电源、热插拔冗余风扇,以保证数据的可靠性;系统具有双机热备份系统、高性能数据备份系统和重要部件的冗余设计,以保证整个系统长时期不间断的运行。

**3.收费中心软件**

收费中心软件的操作界面为Windows风格,界面友好,操作简便。收费中心软件包括财务管理软件、收费监视软件、网络管理软件、POS机管理软件、IC卡管理软件及报表软件等。

(1)财务管理软件。

收费中心财务管理软件主要功能是提供与中心级管理尤其是与财务管理有关的各种报表,主要是各种收费站级报表的汇总,如日报表、月报表、年报表等,其次是IC卡的管理及全线收费站级财务软件运行参数的管理。

(2)收费监视软件。

收费中心监视软件的功能主要是监视和查询。系统根据中心服务器的数据,统计出整个收费系统的交通量数据并显示出来;显示全线各站和车道的通信状况及车道的运行情况;对车道发生的特殊事件进行处理,并显示报警信息;实时查询IC卡所在的位置。

收费中心监视软件主要构成模块及其功能如下:

①交通量监视模块:监视工作站定期从服务器提取各站上传的收费信息和车辆通过信息进行加工处理,统计出中心交通量信息,并显示出来。

②通信状态监视模块:监视工作站定期和各站服务器进行实时通信,以便确定通信线路是否正常,并显示出来。

③收费业务监视模块:监视工作站定期从服务器提取各站上传的收费信息和车辆通过信息进行加工处理,统计出当前收费信息,并显示出来。收费员可通过系统实时的查询全线各站

各车道的收费业务情况。

④IC卡查询模块：当需要查询IC卡信息时，只需输入要查询的IC卡的卡号，系统将检查所有已登录的IC卡，并显示出该卡的信息。

⑤参数设置模块：通过参数设置，可以显示指定车道的报警。

⑥实时报警模块：通过实时通信模块获取车道报警信息，将其实时显示出来，并处理车道发生的特殊事件。

（3）网络管理软件。

收费中心网络管理软件的主要功能包括对整个收费系统的参数表进行管理以及实施系统所需要的辅助功能。网络管理程序负责维护收费系统所需要的各种系统参数表（如通行费费率表、旅程时间表、授权员工表等）以及对系统参数表数据的增加、修改和删除，收费中心网络管理软件主界面如图3-28所示。

图3-28 收费中心网络管理软件主界面

网络管理系统所维护的系统参数表被保存在位于收费中心的服务器上的数据库中，由收费站服务器接收，在各收费站和车道使用。系统的辅助功能主要包括运行参数的拷出和收费数据的备份、恢复及整理。

（4）POS机管理软件。

收费中心POS机管理软件的主要功能是管理预付卡，包括预付卡的发售与充值、预付卡的挂失和更换、预付卡的查询和各种报表、黑名单的维护及一些系统维护功能（如备份和恢复黑名单、备份和恢复预付卡明细表、清空数据库等）。

（5）IC卡管理软件。

收费中心IC卡管理软件的主要功能是对所有IC卡编码、存档、登记，然后发放非接触IC卡通行卡、IC身份卡、IC公务卡和IC月票卡以及对非接触IC卡黑名单进行管理。用于生成、更新、注销卡箱和IC卡记录；查询每个卡箱、IC卡的当前和历史使用状况；生成关于IC卡管理的各种报表。

# 项目四  认识收费系统中的重要技术

## 一、自动车型分类系统

自动车型分类（Automatic Vehicle Classification）系统就是利用收费系统的硬件和处理程序来确定车辆的构型，以便按正确的收费费率实施收费的系统。它由测量车辆物理特征的各种车道传感器和利用这些装置输出的信息把车辆分成确定类型的 AVC 处理机组成。车道传感器记录车辆的物理特征,处理机汇集各种传感器装置的输入信息并根据这些信息对车辆进行分类,将确定了车型的车辆信息发送到车辆事务处理系统,将被确定的车型和车辆收费事务联系起来。AVC 的处理逻辑必须与车辆事务处理系统紧密联系在一起,以确保按车型实施正确收费。

在半自动收费系统中,AVC 系统用于对收费人员确定的车辆构型进行检验。在电子收费系统中,AVC 系统用于计算费款总额或对预先在车载标识卡上设置的车型进行检验。

## (一)车型分类要素

车辆的类型可根据车辆的物理特征、乘员数、车辆的用途或这三个要素的联合进行判断。举一个例子,具有双轴且在第二轴上装备单组轮胎的汽车可归类为轿车,而具有双轴且在第二轴上装备并装双胎的汽车可归类为卡车。对于人类来说,区分这种区别是简单的,但对于自动车型分类系统来说却相当复杂。另外,影响车辆类型判断的因素还包括车辆的高度和总重等因素。因此,自动车型分类系统必须测定车辆高度、轴数、是否装备并装双胎以及车重等来对车辆进行辨别并正确归类,而且自动车型分类系统还必须有确定的、可供比较的分类标准(即建立与具体车型一一对应的分类标准)。对于自动车型分类来说,车辆分类的决定因素包括:

(1)车辆的轴和/或轮胎数。
(2)车辆的尺寸(如高度、长度、轴距、第一轴上面的车体高度)。
(3)车重。

## (二)前分类系统和后分类系统

在车辆到达收费站以前就完成车型分类的 AVC 系统称作前分类系统(Pre-Classification),而在车辆通过收费站后才能完成车型分类的称作后分类系统(Post-Classification)。前分类系统能够使收费系统计算通过车辆的正确费率,并通告给手工收费人员。后分类系统用于核实所通过车辆是否按照车型实施了正确收费(对于人工收费),或为 ETC 交易实际计算正确的费率。前车型分类系统有一个缺点,即收费站的前面必须有足够的空间安装 AVC 装置,以便使系统能够辨别所通过的最大车辆,但是,一般收费设施通常不具备这一空间。

## (三)自动车型分类设备

### 1. 车辆分离器

车辆分离器是自动车型分类系统中的一个重要设备,其主要作用就是将通过的每一辆车分离开,正确的区分正常车辆和带拖车的车辆,给车型自动分类系统提供准确的信息,确保分类精度。

车辆分离器由红外线发射器组和红外线接收器组组成,发射和接收一一对应,分别垂直地竖立在收费车道两旁,如图 3-29 所示。它发射出几十束平行的红外线光栅(光栅间隔不大于38mm)凡是相连接的车辆(如拖车),其连接物(直径大于 40mm)都会遮挡部分光束(距地 500～1100mm 范围内 ),从而发出整车信号。为防止相互干扰,红外线发射源应采用几组发射频率并错位使用,以提高检测精度。

## 2. 轴距与轴数检测器

轴距检测可通过红外线或踏板式检测器来测定,但这种轴距的检测不是真正的测出轴距的实际尺寸,而是检测轴距属于哪个范围,轴距划分的范围由车型分类标准来确定。

如图 3-30 所示,$W_1$ 和 $W_2$ 为两个压力检测器,埋设间距为 $L$。当车沿行车方向行驶时,由车辆分离器给出一辆车的信息,车辆通过轴距检测区域时,压力传感器检测到车轮压力,通过计算便可知道车辆的轴距范围。当车辆分离器初始化后,$W_1$ 第一次检测到压力,而 $W_2$ 还没有检测到压力时,表示车辆还没有完全进入检测区;当 $W_2$ 第一次检测到压力,而 $W_1$ 还没有再次检测到压力时,表示车辆轴距大于 $L$,如果此时 $W_1$ 已检测到第二次压力,表示车辆轴距小于 $L$。在分离器给出一个车辆信息期间,$W_1$ 和 $W_2$ 检测到的压力次数应该相同,这样可以检测出车辆的轴数。根据检测出的轴距范围和轴数以及车身高等参数,基本上可以确定车辆的类型。

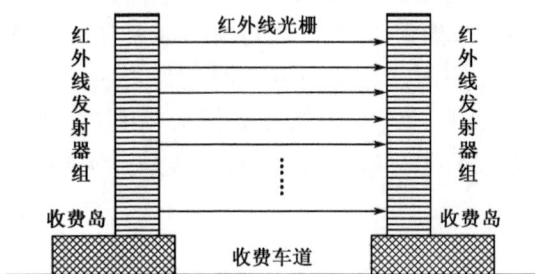

图 3-29 车辆分离器检测原理图

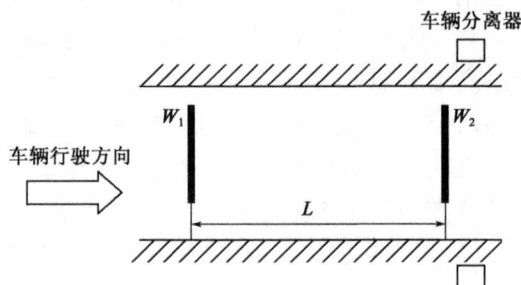

图 3-30 轴距与轴数检测器原理示意图

## 3. 车辆高度检测器

在收费车道两旁一定高度 $H$ 处,安装一对红外线发射和接收装置,可作为车身高度检测器。安装高度由所给的车型分类标准来确定。当车辆经过收费车道时,如果车高超过 $H$,红外线就会被遮挡,传感器有信号输出,经过计算机检测,即可判断出此车辆是否高于 $H$。同理也可测出车辆底盘高度是否大于某个值。

如果在轴数检测器位置安装车高检测器,即可检测出车辆前轴车身高度范围。此高度是否超过 1.3m,常作为判别小汽车和其他类型车辆的重要参数。

## 4. 双轮检测

不同车型的载重量还表现在后轴的不同轮数上。双轮检测设备是用来车轴的一端安装的是双轮还是单轮,以间接地判断载荷不同的车辆。其传感器大都采用电容或压电式踏板传感器。当车辆经过检测区时,若是单轮,则双轮检测踏板传感器输出的变化值只有一次,若是双轮,输出的信号变化两次。

由于双轮的轮间距小,车辆在收费车道行驶时的横向位置又有较大的随机性,故双轮检测精度仍是车型判别中的一个难题。

## 5. 车辆外型检测器

传感器对车辆外形作俯视投影检测,以其平面几何尺寸为基础,配合其他检测数据可对车辆类别做出综合判定,在车辆类型比较多,特征参数较为复杂时,是一种十分有效的方法。

车辆外形检测器通过对扫描图形的处理,可判断多种车型。外形检测器有顶投、侧投、激光、红外等多种式样,应视检测需要而定。由于按间接参数的分类法并不是依据个别参数值(几何尺寸、轴数、轮数)决定车型类别,而是根据这些参数值的组合范围,单个参数检测值应集中起来,经过综合并与标准对比才能对所测车辆进行分类。因此,当车流量很大,车型较为复杂时,为了迅速做出准确判断,常同时配备外形、车高、轴载和环形线圈等检测器,并配置一台带有专用智能图形识别软件的高性能图形处理计算机,组成车型自动判别系统。如果车型不很多,则车道控制计算机可以兼任车型分类计算机的工作。

### (四)检测传感器的选择

红外线检测属非接触测量,其装置的优点是响应和恢复时间短,性能稳定,价格便宜,红外线方向性好,不绕射,具有一定的穿透能力和不可视性。缺点在于受外界影响较大,雾、雨、雪、灰尘、漂物和行人都会对它产生影响。可以选用作用距离远远大于收费车道宽度的红外线传感来减少其受外界影响的程度。

踏板式车辆检测器的传感器用特殊橡胶混合物制成,其特点是抗磨、抗腐蚀、抗老化以及防水,它便于安装和更换,可方便的布置成多段踏板式来提高测量精度和可靠性。但此种检测器响应和恢复时间长,并且容易损坏。

激光检测不受天气、光线、车间距等因素影响,即使车速达到 250km/h,也有很高的测量精度,它是自动车型分类系统中很有发展前途的检测方式,目前已在自动车型分类系统中得到应用,特别是在不停车收费系统中得到广泛应用,但此种传感器价格较贵。

以上测量方法中使用的传感器,常常受到车辆的破坏和人为的破坏,需要一个高水平的保养措施,需要定期清除灰尘、泥浆和雪迹。

### (五)全 AVC 系统

通常系统集成制造商必须联合使用上面所述的各种传感器装置并将它们集成到收费系统中。不过,也有一些 AVC 制造商设计了全 AVC 系统(Full AVC System),应用单板计算机与各种传感器接口,利用传感器的输入信息判断通过车辆的车型。然后,将这些分型信息传送给收费系统,以减轻收费系统车辆分型的负担。

## 二、全自动收/发卡机的作用

### (一)全自动收/发卡机简介

全自动发卡机是停车全自动收费系统的主要设备,是封闭式收费系统实现入口无人值守的必备设备,它由驱动装置、控制装置及非接触 IC 卡读写装置组成。全自动发卡机是一种机电一体化的独立设备,通过 RS232/422/485 等串行通行接口与主计算机连接。发卡机设有两个按钮,对应于一高一低两个取卡口,分别服务于大型车辆和小型车辆。

在国外,封闭式收费系统早已采用了全自动磁卡发行机,但在我国,由于环境污染的原因,磁券发行机的无故障运行时间短,磁卡机无法正常运转,因此,近几年新建的高速公路大多数都直接选用了非接触 IC 卡作为通行卡,随之产生了非接触 IC 卡全自动发卡机。

全自动发卡机的使用彻底避免了收费员与卡接触产生的多发卡、错发卡等差错和舞弊行为,有效地提高了车辆通行率、降低了差错率及顾客投诉率,提高了服务质量。全自动发卡机可彻底取代已建成的收费系统中已有的磁卡机、磁票机等发卡设备,完全与车道控制机兼容。

自动收卡机是与全自动发卡机配套使用的、用于封闭式高速公路出口的设备，一般不独立使用。它的结构与全自动发卡机基本相同，其工作状态有两种：一种是驾驶员将IC卡递给收费员，然后由收费员将IC卡插入收卡机插卡口，由自动收卡机自动实现IC卡的读写、收集功能；另一种是驾驶员直接将IC卡投入自动收卡机中，由收卡机自动完成IC卡的读写与收集，收费员无需与IC卡接触，可最大限度地堵塞收费漏洞、防止IC卡流失。

### (二)全自动收/发卡机的作用

全自动发卡机与全自动收卡机是全自动计费、人工找零收费模式及停车全自动收费的必配设备，其也可在半自动收费系统中使用。全自动发卡机、全自动收卡机运用在普通收费系统中，一是具有明显的防舞弊作用，二是可减轻劳动强度，提高效率，简述如下：

(1)入口发卡员不与驾驶员接触，驾驶员停车停在全自动发卡机前，而不是发卡员所在的收费亭前，驾驶员与发卡员不会发生直接冲突，也不会有服务态度不好的问题。

(2)入口发卡员劳动强度明显减小，发卡员只需操作键盘，无需劳动强度最大的发卡动作。

(3)彻底杜绝了发卡员利用系统误差多发卡的可能，系统产生误差或受干扰是随机的，而发卡员远离全自动发卡机，干扰或误差产生时，无法及时按钮取卡。

(4)发卡员模拟过车多发卡的可能性几乎没有了，发卡机在收费亭里时，发卡员模拟过车和多发卡之间可以有时间差，特别是许多收费系统，一辆车没走就可给另一辆车发卡，这样发卡员获得卡，即使看录像都很难发现，而有了自动发卡机后，发卡员若想模拟过车，不管用什么办法模拟，必须有人实时在全自动发卡机前按钮取卡，若此人为驾驶员，系统就会发现一辆车两个交易；若此人为班长或其他内部人，按钮取卡则一目了然。因为除了票证员更换卡箱和维修人员在故障情况下维修机器外，其他人不能接近发卡机。

(5)简化了交接班手续，由于收费员、发卡员根本不和发卡机/收卡机接触，也就不需要有关IC卡的交接。IC卡一直在系统或票证员的管理之下。发卡员上、下班，除了运行记录外没有什么需要交接的。收费员也只需将钱交给银行，无需交接IC卡。

(6)IC卡在第一次初始化进入卡箱后，无需再清点，卡箱内的所有卡片一直在系统的监控之下或票证员的管理之下。两站之间调卡也无需清点每一张卡片，只需以卡箱为单位调拨。需要指出的是，不少人认为卡箱越大越好，其实这是错误的，卡箱容量在300～400之间是比较合适的。再大就会造成大量的卡沉淀，而带来资金的浪费，少数流量特别大的车道可采用双机备份的办法。实现无缝隙换卡箱运行方式。在我国高速公路网中，大量的收费车道日流量在2000车次之内，每天换卡箱只有几次，每次只需几十秒，根本不影响车辆通行。

### 三、车牌自动识别系统

车牌自动识别系统是一种以汽车牌照为特定对象通过图像抓拍上传工控机通过车牌识别器处理后自动识别车牌的计算机视觉系统。简单地说，它使计算机能像人一样认识汽车牌照，而不仅仅是把图像存在计算机内。汽车牌照自动识别技术是计算机模式识别技术在智能交通领域的典型应用，它作为交通信息采集的前端设备，已在国内外智能交通领域开始使用，并显示了广阔的市场前景。

### (一)增加车牌自动识别系统的意义

(1)防止车辆换卡：保证通行车辆与通行IC卡一一对应，防止车辆在中途换卡逃费。

(2)防止通行 IC 卡流失:通过牌照识别,自动记录所有通行车辆的精确流向,对位收回的通行卡,可依据领卡车辆的牌照号码进行追查和处罚。

(3)防止车辆倒卡:通过牌照识别,自动记录所有通行车辆的进出情况。从而发现倒卡车辆(倒卡车辆所持通行卡的入口记录与该车辆在系统中的最新入口记录不一致)。

(4)对免费车辆的管理:建立免费车辆牌照数据库,只有数据库内的车辆才可以免费通行,否则收费员无法自行开启栏杆。杜绝"人情车"和借免费车舞弊等情况。免费车辆包括军车、警车、公务车以及其他特殊车辆。

(5)实现不同车辆区别收费:自动识别当地车、外地车以及月票或年票车辆。可以有效防止月票、年票的超期使用。

(6)黑名单车辆的稽查:建立车辆黑名单数据库,由牌照识别系统自动比对,进行有效管理。黑名单车辆包括公安通缉车辆、有冲卡记录的车辆、欠缴规费的车辆、未交回通行卡的车辆等。

(7)实现不停车收费(ETC)功能通过牌照自动识别,自动记录所有通行车辆的数据,对免费车辆(如军车,警车、公务车、月票/年票车辆等)实行不停车自动收费放行。

(8)对通行车辆进行有效管理统计:通过牌照自动识别使得系统对车辆的管理可以精确到每一部具体的车辆,从而使我们的系统管理水平发生革命性的飞跃。例如:可以精确地具体查询某一部车辆在某一个时间段内的通行情况。

(9)可以取代车道摄像机:通过牌照自动识别系统可以对车道进行实时监控图像,供监控录像和现场监视,同时提供图像的抓拍和上传以及字符叠加等辅助功能。

(10)车型辅助分类:由于车牌和车辆分类具有相对应的关系。利用这一点可以对通行车辆进行预分类,并与收费员输入车型进行比对,可以起到辅助核查的功能。

**(二)车牌自动识别系统的构成及其工作流程**

1. 系统构成

车牌自动识别系统主要由触发单元、抓拍单元、处理单元三部分组成,如图 3-31 所示。

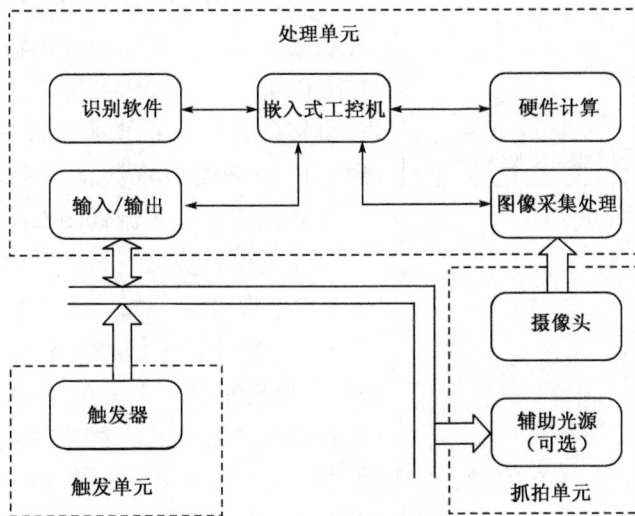

图 3-31　车牌自动识别系统构成图

（1）触发单元：触发单元为线圈检测器，用于车辆进入收费车道特定位置时，触发辅助光源和启动图像捕捉。检测线圈一般埋置于收费窗口下的车道中央。

（2）抓拍单元：由一个摄像头和辅助照明设备两部分组成。一般是经调试好后作为一个整体放置于距触发单元4～6m的收费安全岛上，面向收费车道。摄像头用于获得一幅高质量的图像，是提高牌照自动识别率的关键。辅助照明设备可采用瞬间发光的频闪光源，功耗低，可以适应各种环境，黑暗、强光照射、雨雪天等都不会影响识别率。

（3）处理单元：主要用于图像抓拍和图像处理并将处理结果上传。处理单元为嵌入式工控机，具有较高的可靠性和适应恶劣环境的能力。字符和牌照底色识别软件采用C语言和汇编语言开发，保证和提高了系统的高速性、可靠性，且节约了资源。

2. 工作流程

汽车牌照识别系统工作流程主要分车辆检测、图像抓拍、牌照识别、数据传输四个步骤。

（1）车辆检测：当车辆通过埋在车道上的传感线圈时，车辆检测器向处理单元发出有车辆通过信号。

（2）图像抓拍：处理单元接收到车辆通过信号，启动抓拍单元的辅助光源，发出一束宽度为0.1ms的脉冲闪光，同时采集牌照摄像头送出的图像信号。

（3）牌照识别：抓拍单元抓拍到图像后，处理单元通过对图像中的牌照进行定位、字符边缘提取、字符粗切分、字符细切分、字符特征提取、字符识别、牌照底色识别等处理，完成对车辆牌照的自动识别过程，以上过程需0.1～0.6s。

（4）数据传输：处理单元把识别出的汽车牌照信息及图像传输给上端设备。

在入口收费站当车辆经过检测线圈时，处理单元启动抓拍单元抓拍通过车辆的正面图像，并对牌照号码进行识别，然后将识别结果传给道控机，道控机将含有车牌照的信息写入通行卡中。识别器还上传一路模拟视频信号到车道字符叠加器及CCTV系统。工作流程图如图3-32所示。

在出口收费站当车辆经过检测线圈时，处理单元启动抓拍单元抓拍通过车辆的正面图像，并对牌照号码进行识别，然后将识别结果传给车道控制机，车道控制机将卡上信息都传给识别器，识别器进行牌照比对。若比对结果若牌照号相同，车道控制机按卡收费，并放行（权限在收费员）；若比对结果牌照号异常，站处理机将发出声光警告，提醒管理员依据牌照自动识别器提供的异常状况种类进行相应的操作，并下发命令到车道控制机执行。工作流程图如图3-33所示。

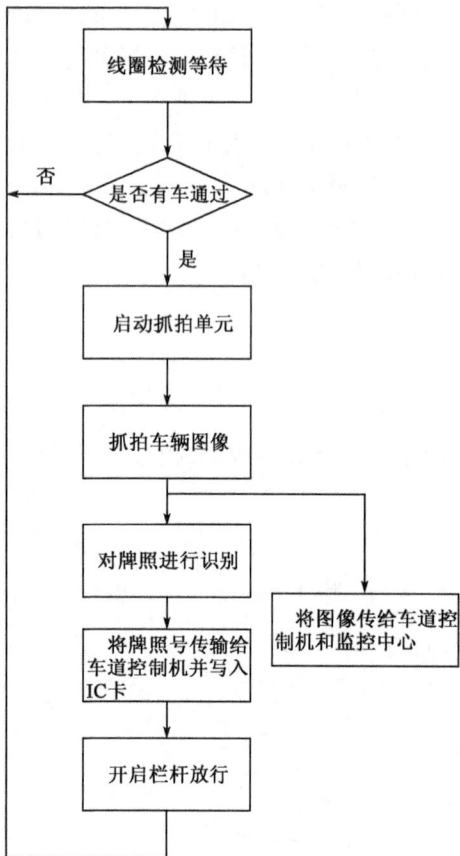

图3-32　入口流程图

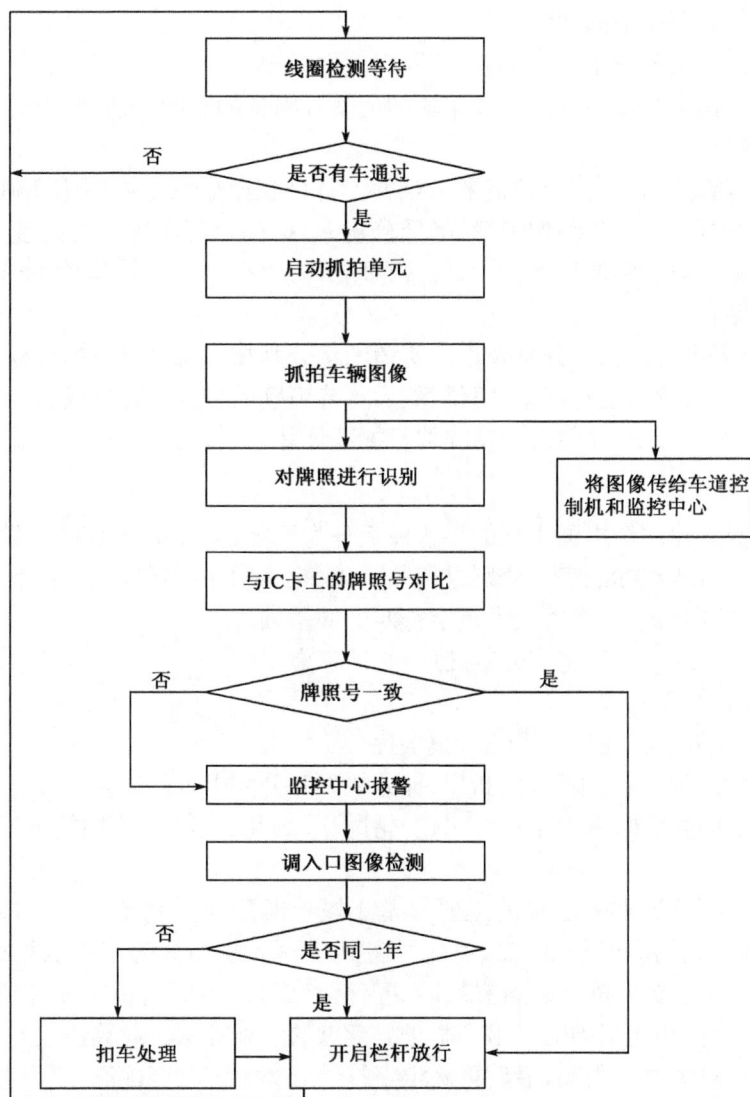

图 3-33　出口流程图

## (三)车牌自动识别技术简析

车牌自动识别的过程包括对一幅已知车辆数字图像进行预处理、车牌定位、二值转换、车牌分类、车牌分割、字符识别及结果优化。其中,车牌定位和字符识别是车牌自动识别技术的核心。

### 1.车牌定位

我们知道车牌定位对车牌识别系统来说至关重要,在车辆图像中往往存在许多类似车牌的区域,如养路费牌、广告牌、车灯区等都容易干扰车牌的定位。车牌识别的第一步是将车牌的位置提取出来,具体步骤是将汽车图片文件输入计算机后,计算机将车牌部分从整幅图像中抽取出来,实现车牌定位。车牌定位中存在的问题:

(1)各类机动车型号不一,且同一种类型车上车牌的位置也不尽相同。

(2)含有丰富的自然背景及车身背景信息,同时易受照明条件(白天、黑夜)、天气条件(阴、雨、雾、雪)及运动失真和模糊的影响。

(3)由于在野外环境下使用,车牌会有不同程度的磨损、污迹干扰,变形。

(4)由于拍摄时镜头与拍照的角度及车辆的运动等因素的影响,使牌照中的字符可能出现较严重的模糊、歪斜。

这些问题给车辆定位和字符识别带来了难度。直接在原始图像中搜索车牌是很困难的,所以需要进行一系列预处理,如图像平滑、降低分辨率、提高目标车牌的对比度、范围调整、倾斜修正等。此外,由于原始图像尺寸较大,直接存储所需内存空间大,如能找准车牌位置,并准确分割,可减少存储容量。

车牌定位主要采用的是图像分割技术。所谓图像分割技术就是要根据目标与背景的先验知识,对图像中的目标、背景进行标记、定位,然后将待识别的目标从背景或其他伪目标中分离出来。只有有效地完成分割,才能进一步提取目标特征并识别目标。

2. 字符识别

(1)准字符模板的建立。中国车牌的字符模板分为汉字、英文字母和数字模板。可以采用统计方法构造标准字符,对标准字符分别进行归一化、轮廓化和特征抽取。标准模板就是从中抽取特征得到的特征向量。标准模板库是字符匹配的基础。

(2)字符图像预处理。在字符列分割之后,必须考虑:

①字符可能存在倾斜角度。

②字符图像中可能含有随机的黑色区域干扰。

③字符图像中可能出现笔画融合、断裂、部分缺失和分割引入的误差。

字符图像预处理包括:图像大小的归一化、轮廓化、细化、微特征结构的提取(标准参照标准字符模板库)。

(3)字符识别。字符识别方法目前主要有基于模板匹配算法和基于人工神经网络算法。基于模板匹配算法首先把待识别字符二值化并将其尺寸大小缩放为字符数据库中模板的大小,然后与所有的模板进行匹配,最后选最佳匹配作为结果。由于这种匹配算法稳定性较差、时间花费也较大,因此,在此基础上提出了基于关键点的匹配算法。此算法先对待识别字符进行关键点提取,然后对关键点去噪,最后再确定字符的分类。这种匹配算法只利用了字符的关键点进行匹配,因此提高了识别速度又具有较高的识别率。

基于人工神经网络的算法主要有两种:一种是先对待识别字符进行特征提取,然后用所获得的特征来训练神经网络分类器;另一种方法是直接把待处理图像输入网络,由网络自动实现特征提取直至识别出结果。前一种方法识别结果与特征提取有关,而特征提取比较耗时,因此特征提取是关键。

**(四)车牌照自动识别系统存在的问题**

(1)识别率有待提高。一些高速公路管理单位在安装了车牌识别系统后感觉不尽如意,认为每车道识别软硬件花费得几万元,还存在拒识、误识等现象,同时造成因为车牌照辨别不清与驾乘人员产生各种纠纷,这样花的钱就得不偿失了,这势必要求设备厂商进一步改进车牌识别系统,提高车牌识别率。

(2)整个路网识别系统应统一设备、统一软件,避免出现识别算法不一,造成在路网内出入口车牌识别不一致,再需人工进行判别,无形中增加了收费员的工作量。

(3)对于现有新型车牌和特殊车牌(军车、临时车牌照),只能依靠收费员输入车牌号码,但系统仍需考虑怎样避免收费员在操作过程的作弊行为。

（4）随着车辆的增加，车牌照必将会有新的变革，要求车牌识别厂商提供有力的售后服务保障，仅需简单的软件升级即可应对新的变革。

综上所述，目前车牌照自动识别系统虽有一些不足，但新产品尚有潜力可挖，可实现更高的识别率以及开发更完善的管理功能。随着我国各省及全国高速公路联网收费的普及性，车牌照自动识别系统将逐步成为高速公路收费发展的必然趋势。

### 四、自动称重系统

自动称重系统是对智能运输系统的一次加强，它改善了人和货的运行方式，使其更为安全、有效。在称重站使用动态称重系统可为执法机构提供有效的资源使用，这种检测方式比人工方法更快捷、更有效。动态称重系统可将执法工作集中于"棘手的"运输者，允许正常载重的车辆忽略称重站的检测，只让少量预检为超重的货车进入称重区；在执法的同时降低了称重站的磨损，提高了称重站的工作能力，通过降低进出高速公路称重区的车辆数，达到了改善道路安全的目的。

应用于公路超限运输管理的称重产品有多种，如超限运输预选系统、移动式汽车称重仪、固定式称重系统。超限运输预选系统适用于安装在高速公路主线或重要入口处作为超载车辆自动筛选；移动式汽车称重仪则适用于路政执法人员随机上路抽查超重车辆。固定式称重系统可独立安装在收费车道上与收费系统兼容实现计重收费。

#### （一）自动称重系统的构成

自动称重系统由一套称重传感器、一台电子测量仪器和配套的软件以及外部控制设备构成，如图 3-34 所示。每车道布置两块传感器，每台仪器可测量 1～4 个车道。该系统通过测量行驶中车辆轮胎的受力情况，检测特定时间、特定车辆的出现，并计算相应车辆速度、加速度、轴距、车型、轮重、轴重、轴组重和整车质量，根据用户要求，还可直接将数据传送到监控中心的计算机。常用的外部设备包括声光报警器和称重信息显示牌等，用于实现自动化的超限检测和处理。

称重传感器采用弯板式传感器，其坚固的一体结构能够承受车辆的长期碾压冲击，车辆制动和突然加/减速不会对传感器造成损坏，如图 3-35 所示。车辆分离器和环形检测器用于在车辆没有连续通过时可靠地分离车辆。为了保证车辆被准确分离，两种检测器同时使用。

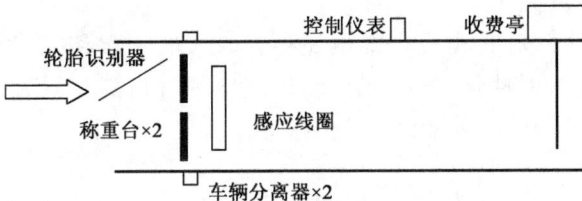

图 3-34　自动称重系统构成示意图

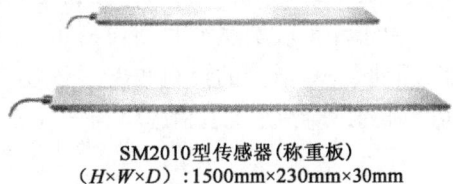

SM2010型传感器(称重板)
（$H \times W \times D$）：1500mm×230mm×30mm

图 3-35　称重板

#### （二）自动称重系统的应用范围

自动称重系统的应用范围有：自动化交通调查、轴载调查（可移动）、路面负荷分析与监控、限重执法以及实现计重收费。计重收费方式的操作流程如下：

当车辆驶入高速公路入口站时,通过预埋的电子称重仪器将车辆总质量反映出来,通过以太网上传车道控制机,显示车辆总质量,通过 IC 卡芯片连同其他有关信息(如入口站名、车道、时间、车牌号等)一起记录下来,由发卡员交给驾乘人员,完成整个发卡过程。

当车辆到达出口站时,驾乘人员将 IC 卡交给收费人员进行刷卡,并通过联网信息和计算机内已设定收费软件(即根据换算的每吨公里价格进行核算车辆的收费价格)确定收费价格,收取车辆通行费。

### (三)自动称重系统的运行模式

自动称重系统可以有多种运行模式:

模式一:高速称重系统与红外检测器和环线圈检测器结合使用以达到分隔车辆的目的,如图 3-36 所示。其优点是允许车辆以小于 50km/h 车速自由进入车道;缺点是当车辆通过传感器时因车辆制动和加/减速过大会造成误差。

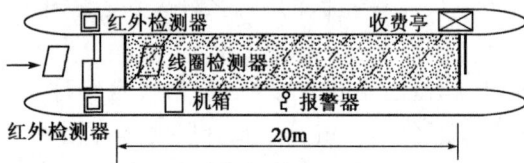

图 3-36　自动称重系统运行模式示意图

模式二:在收费车道入口处设置红绿信号灯,控制车辆依次进入收费车道,收费车道作为称重缓冲区。红绿灯由环检测线圈自动控制。高速称重系统不再使用红外检测器和环线圈检测器分隔车辆。其优点是收费缓冲区使车辆可以较平稳地一次通过传感器,避免了车辆制动和加/减速造成的误差;用红绿灯对车辆实行硬分隔,效果比红外检测器更好。

模式三:采用低速称重系统与红外检测器和环线圈检测器结合使用。其运行模式与模式一相同,红外检测器和环线圈检测器主要用于分隔车辆。其优点是称重精度较高($\pm 3\%$),缺点是需要限制车速(15km/h),安装工程量大且车速快或加/减速过大时误差较大。

### (四)自动称重系统的选择

由于车辆通过收费站的实际情况可能比较复杂,如尾随通过和且停且走等。因此,计重收费系统应能适应 0～30km/h 的车速、动静态称重转换和精确分离判别每一辆通过的机动车辆。

确保系统正常运行的几个关键环节是:速度适应范围宽,且保证较高的精度;称重平台体积尽可能小(以减少对路面的破坏),安装及维护简便、质量稳定;轮胎识别器性能稳定,维护极少或不需维护;车辆分离器性能稳定,分离精度高。

由于计重收费系统目前没有统一的技术规范,其实现方案也还存在较大的探索和完善空间,因此,一套成功的计重收费系统还应具备扩展性强、升级或更新换代容易等特点。只有针对性强、技术路线合理和选材与设计较为先进的产品才能满足上述要求。

# 项目五　集成不停车收费系统

当交通量达到一定水平,人工收费或半自动收费方式会越来越不适应交通发展的需要。如果高速公路上收费站分布过密,则道路网的道路通行能力就不能充分发挥,收费站也因车辆排队交费成为道路的一个个瓶颈。扩大收费站规模、增加收费车道以缩短排队长度,也只是权宜之计,况且还会带来征地与土建方面的诸多问题。在这种情况下,采用不用现金支付通行费,而利用先进的电子手段,使车辆不需要停车就可以缴纳通行费的电子收费系统就成为高速公路发展的迫切需要。

在20世纪80年代,西方工业发达国家的不停车收费技术获得重大突破,20世纪90年代初陆续引入我国,并在我国经济和交通发达地区如广东、北京已有使用。实践证明,电子不停车收费系统适用于开放式和封闭式两种收费制式,它将为高速公路收费管理开创一个崭新的局面。

## 一、不停车收费系统概述

### 1. 不停车收费系统的定义与特点

不停车收费系统(又称电子收费系统,Electronic Toll Collection System,ETC)是以现代通信技术、电子技术、自动控制技术、计算机和网络技术等高新技术为主导,实现车辆不停车自动收费的智能交通子系统。该系统通过路侧天线与车载电子标签之间的专用短程通信,在不需要驾驶员停车和其他收费人员采取任何操作的情况下,自动完成收费处理全过程。

不停车收费系统优势明显,它将彻底改变半自动收费的窘迫现状,其特点主要表现在以下几个方面:

(1)减少交通拥堵,提高道路通行能力。采用电子收费技术将大大提高收费路口的通行能力,减缓收费站的瓶颈作用。调查数据表明,使用无障碍专用车道的高速ETC系统,其通行能力为人工收费车道通行能力的5~7倍。

(2)减少交通污染,保护环境。车辆对环境造成的污染主要是在车辆加速和减速的过程中所排放的尾气,而在传统的收费方式下,车辆必须在收费口经过减速、停车和加速来完成路费支付的过程。应用电子收费系统,车辆无需速度的变化,以固定车速通过收费口就可以实现路费的支付,从而减少交通污染,有效地保护大气环境。

(3)提高收费工作效率,促进道路收费规范化发展。ETC系统采用电子货币支付方式,避免了收费工作人员与驾驶员的直接接触过程,极大地提高了道路收费的工作效率,可杜绝人为费额流失,有利于道路收费的规范化。

(4)具有交通数据采集功能。当车辆通过收费口时,电子收费系统在电子支付的过程中自动进行车辆信息及车辆出行信息的数据采集,这些数据将一方面为公安部门提供车辆监控信息,另一方面为城市规划、交通管理者提供准确的车辆出行OD数据及路口和路段交通流数据。

### 2. 系统构成

ETC系统主要由ETC收费车道、收费站管理系统、ETC管理中心、专业银行及传输网络组成。根据分工的不同,系统又可分为前台和后台两大部分。前台以车道控制系统为核心,完成对过往车辆车型的判别,收费信息的采集与处理,并实时传送给收费站管理子系统。后台由收费站管理系统、ETC管理中心和专业银行组成。ETC管理中心是ETC系统的最高管理层,既要进行收费信息与数据的处理和交换,又行使必要的管理职能,它包括各公路的收费专营公司、结算中心和客户服务中心。后台根据收到的数据文件在公路收费专营公司和用户之间进行交易和财务结算。配有多台功能强大计算机的数据传输网络完成系统中各种数据、图像的采集、处理和分发,将各单元组成一个系统。ETC系统类型有多种,设备配置略有不同,但从功能上都可按上述划分,其组成见图3-37。

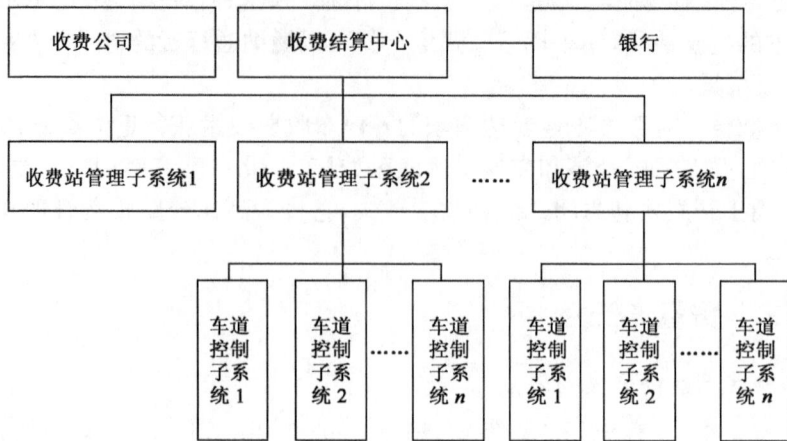

图 3-37 电子收费系统组成框图

3. 系统类型

电子收费技术在发展过程中,出现过多种类型的收费系统,根据车辆通过收费车道的速度、收费车道结构和通行券类型,目前形成的各种系统可归纳为收费站电子收费和自由流电子收费两种类型,其工作过程和车道设备配置均有差异,如图 3-38 和图 3-39 所示。

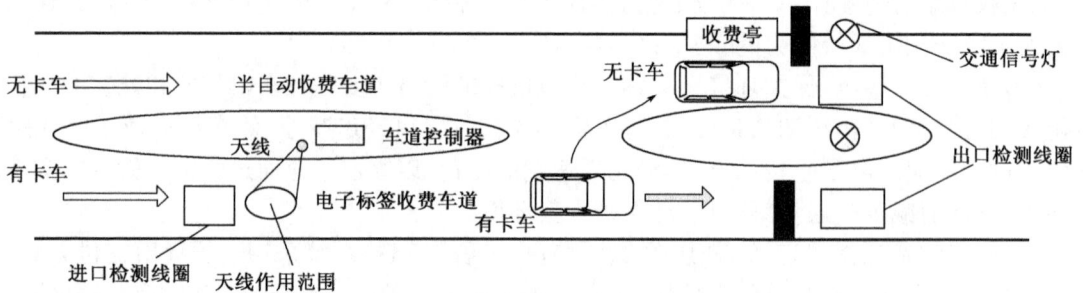

图 3-38 收费站电子收费系统

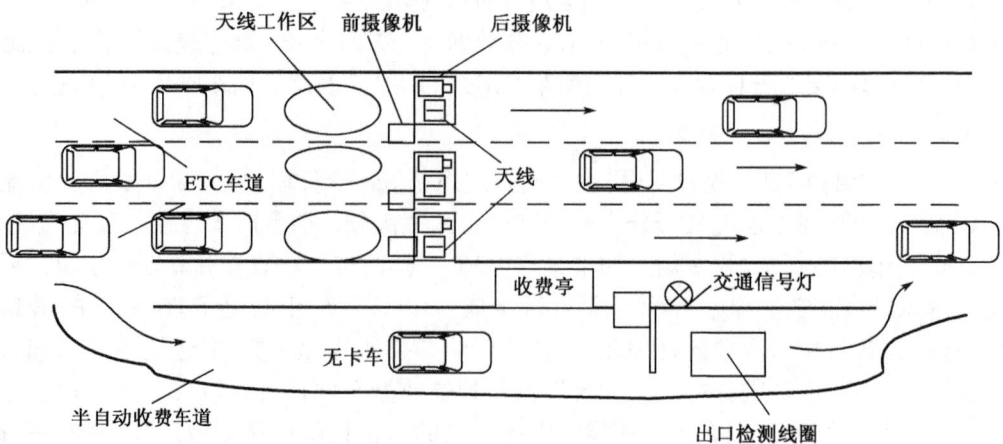

图 3-39 自由流电子收费系统

(1)收费站电子收费系统。电子收费用户较少时,收费站一般采用混合收费方式,既要有电子收费车道,也必须保留原半自动收费车道。电子收费应用初期,混合式收费不可避免,其主要特征为:

①在原有的收费车道(有收费岛)基础上改造而成,与半自动收费车道并列在收费广场。

②车辆通过收费车道的车速成较低,常为30～50km/h,通过率可达600～1000辆/h。

③车道出口端设立自动栏杆,以防无卡车通过。

④为引导无卡用户进入普通收费车道按章收费,收费岛另辟一条通向收费亭的车道。

从图3-38可以看出,收费车道入口端上方有电子收费车道的标志和信号灯。由于车辆密度不大,天线并不连续工作,无车辆通过时,天线处于休眠状态。在天辐射区外的车道,埋设一环形线圈。当车辆进入线圈检测区,线圈发出电信号,唤醒天线进入工作状态。此时,自动栏杆关闭,交通信号灯为红色。车辆进入通信区,在载波作用下,电子标签被唤醒,响应天线的询问,将客户身份与车型代码上传给车道天线,由天线转送给车道控制机进行审核。如为有效卡,控制机指令栏杆打开,交通信号灯变绿,如要进一步交换信息,读写数据,可以继续通信,直到收费过程结束;如为无效卡,车道控制机审核时会立即发现,指令栏杆继续关闭,并发出声光报警,现场所工作人员将引导车辆从旁路进入半自动收费车道,办理各项收费手续,控制机将情况记录存档。

(2)自由流电子收费系统。当电子收费用户在全体用户中已成为大多数时,宜采用自由流式电子收费。国外现在趋向于取消收费岛,在收费广场设置一个横跨车道上空的龙门架,架上安装电子收费设备,实施电子收费。设备配置如图3-39所示,它的主要特征为:

①无收费岛、亭之类设施。

②进入收费区域时不需减速,车辆继续高速行驶。

③需要建立一套高精度逃费取证处理系统,现场捕捉车辆信息作为冲卡逃费的证据,以便事后依法处理。目前大多采用高速、高分辨率摄像机对车辆牌照进行抓拍。

④在收费区域附近,需建造一条与主道平行的普通收费车道,以便无卡车辆通行。

⑤车道天线控制器能操纵多部天线并行工作,与多部车辆的电子标签同时通信。

自由流电子收费系统具有很多优点,例如车速高,无行车延误,车道通行能力接近2000辆/h。但设备投资大,技术上实施难度也较大,特别是在高速运行时如何防止和扼制冲卡逃车辆是该系统的关键技术。

**4.不停车收费系统业务流程**

不同的电子收费系统的收费业务过程基本相同,现以封闭式为例,说明电子收费系统的工作过程。当车辆进入收费车道进口天线的发射区,处于休眠的电子标签受到微波激励而苏醒,开始工作;电子标签响应天线的请示求,以微波方式发出电子标签标识和车型代码;天线接收并确认电子标签有效后,以微波发出入口车道代码和时间信号,写入电子标签的存储器内。当车辆驶入收费车道出口天线发射范围,经过唤醒、相互认证有效性等过程,天线读出车型代码以及入代码和时间,传送给车道控制机;车道控制机对信息核实确认后,计算出此次通行费额,存储或指令天线将费额写入标识卡。与此同时,车道控制器存储原始数据并编辑成数据文件,定时传送给收费站并转送收费结算中心。

如果持无效标识卡或无卡车辆,在收费车道上高速冲卡而过,天线在确认无效性的同时,启动快速自动栏杆,关闭收费车道,当场将冲卡车辆拦截。在无专用收费车道的自由流收费时,可启动逃费抓拍摄像机,将逃费冲卡车辆的车头及牌照号码摄录下来,随同出口代码和冲卡时间一并传给车道控制机记录在案,事后依法处理。

银行收到汇总好的各路段收费公司的收费数据,从各个用户的账号中,扣除通行费和算出余额,拨入相应的公司账号。与此同时,银行核对各用户账户剩余金额是否低于预定的临界阈值,如低于,应及时通知用户补交,并将此名单(灰名单)下发给全体收费站。如灰名单用户不补交金额,继续通行,导致剩余金额低于危险门限值,则应将其划归为无效电子标签,编入黑名单,并通知各收费站,拒绝无效电子标签在高速公路电子收费车道通行。

收费结算中心应常设用户服务机构,向客户出售标识卡、补收金额和接待客户查询。显然,后台必须有一套金融运行规则和强大的计算机网络及数据库支持,才能实现事后收费。

5. 不停车收费系统的关键技术

为了使 ETC 能够高效、可靠完成收费过程,达到最大的车辆通过率并且让顾客能够接受,它必须包括三个关键的子系统:

(1)自动车辆识别系统(Automatic Vehicle Identification,AVI)。

(2)自动车型分类系统(Automatic Vehicle Classification,AVC)。

(3)逃费抓拍系统(Video Enforcement Systems,VES)。

自动车辆识别系统(AVI)使用装备在车上的射频装置向收费口处的收费装置传送识别信息,如 ID 号码,车型、车主等,以辨别车辆是否可以通过不停车收费车道。自动车型分类系统(AVC)利用装在车道内和车道周围的各种传感器装置来测定车辆的类型,以便按照车型构成实现正确收费。逃费抓拍系统(VES)用来抓拍使用不停车收费车道但未装备有效标识卡的汽车牌照图像,用于确定逃费车主并通知其应交费用或处罚办法。有关自动车型分类系统本章已做了详细介绍,下面简述自动车辆识别系统和逃费抓拍系统。

## 二、自动车辆识别系统(AVI)

自动车辆识别是实现不停车自动收费的核心技术。所谓自动车辆识别是指当车辆通过某一特定地点(如收费站)时,不需驾驶员和收费人员采取任何措施,就能精确、快速地识别出车辆身份的一种技术。其识别车辆的过程如下:当车辆通过收费站收发信机时,车载收发信机被触发,发射出能唯一表明通过车辆身份的代码信息(如车牌号码、车型类别、车辆颜色、车牌颜色、银行账号、单位名称及用户姓名等),收费站收发信机接收信号后,经处理传输到计算机系统,进行数据管理及存档,以备查询。

1. AVI 系统组成

目前世界上各国厂商所生产的 AVI 产品种类很多,且彼此之间多难以兼容,每一家产品皆有其特色,但在系统的基本构架方面都是将系统分为了三个功能部分:

(1)车载单元(On Board Unit ,OBU 也称为车载电子标签)。

车载单元既是车辆的身份标签,又是车辆的电子钱包,一般由车载机和 IC 卡两部分组成,其中,IC 卡中已经记录了该车的物理信息,比如车辆类型、颜色、车牌号码等,还存储了用户账号、余额等与货币有关的信息。

(2)路侧控制单元(Road Side Unit,RSU)。

路旁单元主要指车道通信设备——路旁天线。其参数主要有:频率、发射功率、通信接口等等,路旁天线能够覆盖的通信区域为 3~30m。通过路旁单元与车载单元的信息交互,实现自动电子收费。

（3）数据处理单元。

数据处理单元接收 RSU 送出的有关数据，和计算机数据库里的使用者资料对比，对车辆身份进行验证并实施有关计算和控制的操作。

2. 电子标签简介

电子标签是一种安装在车辆上的无线通信设备，可允许车辆在高速行驶状态下电子标签与路旁的读写设备进行双向通信，其结构、工作原理和功能与非接触式 IC 卡非常相似，主要差别在于通信距离。它装有微处理器芯片和接收与发射天线，在高速行驶中（可达 250km/h）与相距 8～15m 远的读写器进行微波或红外线通信，比非接触式 IC 卡的工作频率、通信速率高出很多。读写器通过天线向电子标签发射信号激活电子标签开始进行通信，电子标签反馈回与具体车辆对应的独一无二的 ID 号码，用于 ETC 收费系统对车辆进行身份识别。电子标签可分为只读型、读/写型电子标签和带 IC 卡接口的读/写型等三种不同形式。

（1）只读型电子标签。

只读型电子标签置于车内，用于和车道内的读写天线进行通信，验证车辆和车主的识别信息。其外形为单片式，成本低，读写天线只能读出存储的客户身份代码 ID 和车型代码，不能写入任何数据。读写器在车辆驶过收费站时，只要读出用户的身份，就完成了信息的无线传输，而扣除通行费、计算余额、通知客户补交金额等工作都由后台完成。这种卡的透明度低，一般适用于开放式收费。

（2）读/写型电子标签。

其置于车内，用于和车道内的读写天线进行通信联系，验证车辆、车主以及账户余额的识别信息。读/写型电子标签所存储的信息包括不可更改部分（如车辆和顾客数据）和可更改的部分（如账户余额信息）。在入口车道，读写天线将高速公路、入口地址、行驶方向代码和进入时间等写入可读写区；在出口车道，读写天线读出刚写入的数据，并将计算的本次通行费额写入电子标签，由于此种电子标签内有一个微信息处理器，用于维护账户余额信息并根据使用情况随时进行修改，故通行费可由卡自行扣除并算出余额。整个交易过程的数据可以全部显示，具有很好的透明度，适用于封闭式收费。

（3）带 IC 卡接口的读/写型电子标签。

带 IC 卡接口的读/写型电子标签能分成两块：IC 卡和电子标签，故又成为两片式电子标签，如图 3-40 所示。它与读/写型电子标签不同的是，多一片可插拔的作为扩展存储器使用的 IC 卡，IC 卡插在电子标签里面，其中电子标签主要作为车辆识别卡和通信中继器使用，在电子标签中只记录车牌号、车型或车辆的物理参数，为车道系统提供车辆识别信息；而账号、金额方面的信息则储存在 IC 卡内，电子标签与 IC 卡之间可以进行数据交换。ETC 车道

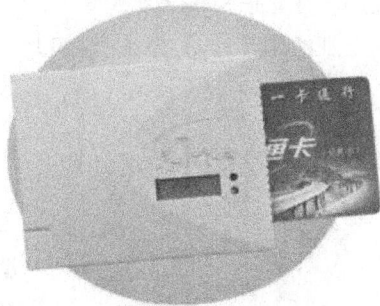

图 3-40　两片式电子标签

天线可以借助车载电子标签远距离快速读取 IC 卡中的数据信息，从而实现免停车通过收费站并完成收费交易，其构成框图见图 3-41。

此类电子标签一般还带有液晶显示屏，可显示通行费和存款余额等信息，是目前功能最全最先进的电子标签，其优点为：

①可选择对驾驶员或车辆收费。在我国，很多情况下车辆的车主和驾驶员并不是同一个

人,由于 IC 卡的便携性,因而收费系统可选择对驾驶员或车辆收费。

②安全性高。两片系统的 IC 卡中存有余额和其他重要数据,可随身携带,以防卡被盗用。

③可增加对用户的服务。IC 卡作为不停车收费系统的一部分,其功能相当于一个便携式数据库,可对其进行增值,IC 卡里面可记录金额及其他信息,既可用于预付款方式,也能用于后付款方式。

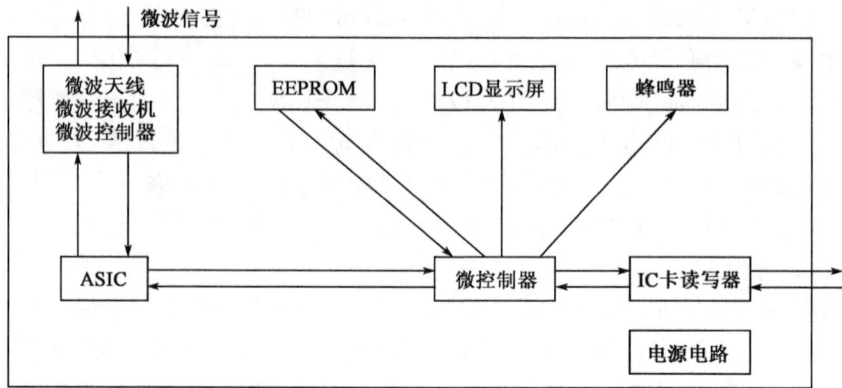

图 3-41 两片式电子标签结构框图

④具有一卡多用的特征。由于 IC 卡具有存储容量大、安全性好等特征,IC 卡可以是 ETC 专用卡,也可以是银行发行的信用卡或电子钱包,这样就扩大了卡的使用范围。

电子标签具有身份证明、通行券或兼用代替现金付账等功能,其体积小、质量轻,如同一张标签帖在汽车前风窗玻璃上,用于开放式或封闭式不停车收费。当用户在设有不停车收费系统的公路上行驶时,可不停车高速通过收费站,收费系统设备自动完成通行费征收,极大的提高了收费站的通行能力,减少了污染,节约了能源,避免了收费贪污等问题。

电子标签所支持的电子收费系统(不停车收费系统)在国外的一些大城市和环城高速公路应用较多,尤其是行政区域比较独立的城市,如香港、新加坡等。我国部分短途高速公路实施或正在实施电子收费系统,如北京机场高速公路。随着成本的降低,相信会有越来越多的道路收费系统选用电子标签作为通行券。

3. 电子标签读写设备

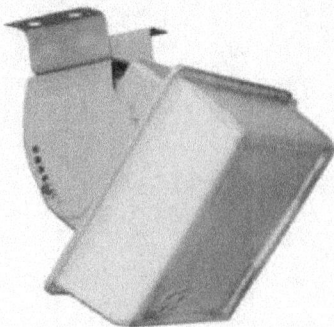

图 3-42 车道收发天线

电子标签读写设备由车道天线和天线控制器等功能模块组成,车道天线是一个微波收发模块,负责调制/解调信号数据,如图 3-42 所示。天线控制器是控制发射和接收数据以及处理收发信息的模块。电子标签读写设备以无线通信的方式,与经过微波通信区域的电子标签进行数据交换,采集和更新标签中的收费信息。

目前,采用较多的是一条车道安装一台天线,天线和车载电子标签间是点对点通信,其特点是:通信对象、方向一定(指定车道的车辆),距离近(5~10m);车载卡通过有效通信区域的距离约为 4m,在高车速条件下,可供通信的时间很短(80~400ms);通信数据帧不长,但交换次数多;各车道通信应相互无干扰。由此决定天线应具有:方向性强,能耗低,传输速率高,波瓣尺寸符合要求,抗干扰能力强等功能。

天线控制器可插装 1~3 块控制板,这些板通过双端子寄存器、I/F 板和车道控制计算机总线相连接,每块板通过 I/F 和 RS485 接口与天线相连接。它将控制机的通信指令通过天线传送给车载标签,又经天线接收车载标签的回答信号并转送给计算机。控制板还有一块通信处理单元,按照 DSRC 规定的通信协议执行操作,保证天线与卡之间的通信顺利进行。

在电子标签读写设备中,关键技术在于 DSRC 专用短程通信。2000 年,国家交通部出台的《高速公路联网收费的暂行技术要求》,对于采用 5.8GHz 微波频段作为 ETC 试点应用做出了明确规定。因此,电子标签读写设备必须符合国际主流标准和国家新出台的技术规范。

4. 电子标签与车道天线的专用短程通信协议

电子标签与天线是电子收费系统的车载设备和路侧设备。在两者交换数据的过程中必然涉及到如何将信息编辑成易于辨识的数据,数据分割包装成多大的、什么形式的块(数据帧),以什么样的方式和速率传送,传输的器件和线路应有哪些要求等。

电子收费系统短距微波通信具有传输距离短,通信方向相对固定,数据内容简单,重复性强等特点,但天线→电子标签(下行)与电子标签→天线(上行)的通信要求又各有其特色。要保证电子标签和天线和通信在全球范围内相容,必须有一整套相关的技术标准。

为了发挥 ITS 的功能,实现 ITS 对车辆的智能化、实时、动态管理,国际上专门开发了适用于 ITS 领域道路与车辆之间的通信协议,即专用短程通信协议(Dedicated Short Range Communication,DSRC)。

针对固定于车道或路侧的路侧单元与装载于移动车辆上的电子标签的通信接口的规范,DSRC 协议的主要特征包括:

(1)主从式架构,以路侧单元为主,电子标签为从,也就是说路侧单元拥有通信的主控权、路侧单元可以主动下传数据,而电子标签必须听从路侧单元的指挥才传资料。

(2)半双工通信方式,即传送和接收资料不以同时进行。

(3)异步分时多重接取,即路侧单元与多个电子标签以分时多重接取方式通信,但彼此无须事先建立通信窗口的同步关系。

DSRC 是 ITS 的基础,是一种无线通信系统,它通过信息的双向传输将车辆和道路有机地连接起来。目前,美国、欧洲、日本均建立了自己的 DSRC 标准,但是国际标准化组织目前尚未制订出完整的 DSRC 国际标准,但资料表明,基于 5.8GHz 的 DSRC 国际统一标准将成为必然。DSRC 标准可以分为三个层次:物理层、数据链路层和应用层。

物理层(Physical Layer):规定了机械、电气、功能和过程的参数,以激活、保持和释放通信系统之间的物理连接。如:通信区的几何要求;电子标签在车上的安装位置和被激活的角度范围,激活进程和激活时间;载波频率、辐射功率和极化方向;信号调制方式、数据编码方式和码传输速率;数据帧格式、帧头、帧尾和纠错方式等。其中,载波频率是一个很关键的参数,它是造成世界上 DSRC 系统差别的主要原因。目前,主要有北美 5.8GHz 系统和 900MHz 系统,欧洲 5.8GHz 系统,日本 5.8GHz 系统。

数据链路层(Data Link Layer):制订了媒介访问和逻辑链路控制方法,定义了进入共享物理媒介、寻址和出错控制的操作。

应用层(Application Layer):提供了一些 DSRC 应用的基础性工具。应用层中的过程可以直接使用这些工具,例如:通信初始化过程、数据传输和擦去操作等等。另外,应用层还提供了支持同时多请求的功能。

在常用的产品中,电子标签与天线通信技术要求见表 3-7。

**车道天线与电子标签的通信参数**  表 3-7

| 名 称 | 规 范 | 备 注 |
|---|---|---|
| 载波中心频率 | 5.7975Hz　5.8025Hz<br>5.8075Hz　5.8125Hz | 4 个频道带宽 20MHz |
| 传输速度 | 上行链路:500kb/s<br>下行链路:250kb/s | |
| 调制方法 | 上行:2 级调幅 AM<br>下行:AM/次载波 PSK | 次载波频率 2MHz |
| 编码方式 | 上行:NRZI<br>下行:FMO | |
| 链路控制规程 | 高级数据链路控制 HDLC | |
| 差错校验 | 循环冗余码 CRD(16 位) | 生成式:$x^{16}+x^{12}+x^5+1$ |
| 误码率 | 小于 $10^{-6}$ | |
| 电子标签唤醒方式 | 载波 | |
| 电子标签电流消耗 | 工作:35mA;休眠:15$\mu$A | |
| 天线极化 | 左圆极化 | |
| 天线辐射功 | 小于等于 33dMm | |

### 5. AVI 系统类型

在实际运行的 AVI 系统中,按系统工作频率可分为三种,即 915MHz、2.45GHz 和 5.8GHz。从已建成的电子收费系统看,915MHz 系统主要用于北美地区,5.8GHz 系统主要用于欧洲和亚洲以及大洋洲地区,2.45GHz 系统主要用于实验,实际使用很少。我国无线电委员会推荐使用 5.8GHz 系统。5.8GHz 系统已成为国际电信联盟(ITU)划分给专用短程通信(DSRC)的专用频段。

AVI 系统按通信方式又可分为主动式和被动式。在主动式系统中,电子标签本身具有电源,当车道天线向电子标签发送询问信号后,电子标签利用自身的电池能量发射载波及数据给车道天线,发回信号功率较大,通信距离也较长,可达 30m。在被动式系统中,由车道天线发射电磁信号,电子标签被电磁波激活进入通信状态,上行载波来源于频率偏移后的下行载波,发射的能量来自于存储的电磁波。被动式电子标签可以是有源的,也可以是无源的。被动式电子标签的电源是供存储数据和处理数据用的,其工作距离较近。主动式和被动式的性能比较见表 3-8。

**主动式和被动式的性能比较**  表 3-8

| 类 别 | 主 动 式 | 被 动 式 |
|---|---|---|
| 通信距离 | 约 30m | 约 8m |
| 可同时通信的车辆数 | 最大 8 辆 | 原则上 1 辆 |
| 信息量(车速为 60km/h) | 539kb | 46kb |

按系统的读写方式可分为只读型 AVI 系统和读写型 AVI 系统。只读型 AVI 系统采用只读型电子标签,标签的内容只能被读出,不可被修改或写入,只读型系统大多在早期应用于

120

桥梁、隧道的开放式收费系统;读写型 AVI 系统采用读写型电子标签,标签的内容既可被车道天线读出,也可由车道天线写入或修改,读写型系统大多应用于封闭式收费环境。

AVI 系统按有无 IC 卡又可分为单片式系统和两片式系统。不带 IC 卡的电子标签一般又称"单片式",带 IC 卡接口并在使用时需插入 IC 卡的又称"两片式"。单片式比较简单,价格低。两片式价格较高,适应性强,系统功能可以非常容易地扩展,是未来的发展方向。但两片式涉及的技术规范较多,需考虑的问题也较多。如果系统方案设计较好,并遵从有关技术标准,单片式系统可以比较容易地过渡到两片式系统。

根据技术的发展趋势和国内应用情况,以及国家委员会关于 ETC 试验频点的批示,建议选择 5.8GHz 频段、全双工被动式通信方式、可读写的"单片式"或"两片式"电子标签的 AVI 系统构成不停车收费系统的车道系统。

### 三、逃费抓拍系统(VES)

逃费抓拍系统是指利用收费系统的各种硬件和处理程序对未付或未按正确费率付费的通过车辆抓拍车辆信息的系统。它用于抓拍没有装备有效 ETC 电子标签但使用 ETC 车道的通过车辆的车牌图像。这些图像用于事后查阅该车车牌照号码、车型、隶属省、市、地区及单位,以便对注册车主进行搜寻和处理,大多数部门征收的逃费车辆补收费用要比正常费用高得多,以示惩罚和用于补偿处理逃费事件的费用,同时也对阻止逃费现象发生起到威慑作用。对于拒绝付费的车主,收费部门将其转交给当地司法系统来解决。

1.逃费抓拍系统的相关技术

(1)拍照取像技术。

最早的逃费抓拍系统采用照相机拍下逃费车辆的照片。这种方法由于需要人工从照片中提取车牌照信息所带来的巨大劳动强度而很快被淘汰。该方法的另一些问题,如照相机的触发、图像与车道的伴随关系,日期和时间以及图像的储存等使这种方法难于被人接受。

(2)视频磁带摄像技术。

视频磁带摄像装置是随后采用的对通过车辆实施抓拍的装置。拍摄的录像带可在事后重新播放,以对图像进行再考察并摘录出车牌照信息。使用这一技术的摄像系统在录像带上增加了车道号码、日期/时间信息,由于记录了图像编号和录像带位置信息间的对应关系,使图像检索和定位都变得易于实现。另外,在摄像过程中采用高倍速录像带进行录制以提高图像储存量和更有效的进行图像后处理。不过,这种方法仍需要对录像带进行手工操作,其劳动强度也很大,这种方法目前还有应用。

(3)数字摄像技术。

最近建成的逃费抓拍系统大多是采用数字图像抓拍储存技术的视频系统。数字系统的特点是能够将图像数字化,自动储存以及远程传送。此外,数字系统与车牌识别技术联用能够提高其使用价值。车牌识别技术使 VES 能够自动确定图像中车牌的位置,读出车牌号码并将其储存起来。这样就避免了逃费处理过程中的人工干预,大大减少了劳动强度和不停车电子收费系统的运行费用。但由于车牌识别的某些限制因素,使其尚未普遍用于逃费抓拍系统。

(4)车牌识别技术。

逃费抓拍系统的最主要目标是抓拍到高质量的图像,用于摘录车牌照数据,包括车牌照号码 、车型、隶属省、市、地区及单位等。利用这些信息,就可以通过车辆隶属省区的车牌号数据库找到逃费车主。目前,大多数系统依赖人工查阅图像的办法获得车牌号码和隶属省区,人工方法的劳动强度大,而且在读取图像或提取关键信息时有出错的可能。现在,光学字符识别(Optical Character Recognition,OCR)技术已经达到了一定的水平,一些制造商已提出并开始实施建造自动车牌识别技术和光字符识别技术相结合的系统,从图像中获得车牌号码及相关信息。

2.逃费抓拍系统的工作过程

(1)触发。车道内传感器(通常与自动车型分类系统组件使用相同的传感器)检测到有车到达抓拍位置,并向抓拍装置发出信号启动抓拍装置。

(2)图像获得。摄像机抓拍一个车辆的模拟图像并将图像传给数字转换处理装置。大多数抓拍系统都将摄像机对准车辆后面的车牌照区域进行抓拍,也有一些系统还同时抓拍车辆前端车牌照区域。

(3)图像识别。抓拍的一个或多个通过 ETC 车道的车辆图像临时存储在接口板存储器的缓冲区中。如果车道控制器辨别该车辆是逃费车辆,则车牌号码、收费站及车道编号、日期、时间、逃费车辆车型及摄像机编码等信息都将随图像资料一起被存储。

(4)图像储存。图像可以存在车道控制器中或传送给收费广场系统。如果系统有独立的图像抓拍系统,每个抓拍系统可覆盖多个车道,则逃费抓拍系统可连接到存储图像的独立图像文件服务器上。

(5)图像处理。图像处理通常由与顾客服务中心相连的查阅系统来处理。图像资料通过光盘、磁带或网络传输给查阅系统。

(6)图像删除。对于正常缴费车辆的图像资料,通常都立即被删除,而逃费车辆的图像资料将一直保存在收费站的图像文件服务器中,并传送至客户服务中心,直到通知逃费车主缴费,并完成行政作业上或司法上的处理后,才将图像资料删除。

## 四、ETC 各系统功能简介

1.车道系统功能

(1)入口车道。

①控制信号灯、显示牌引导 ETC 用户驶入正确的 ETC 收费车道。

②车辆检测器启动。

③唤醒 AVI 系统,向电子标签写入入口车道信息。

④放行合法 ETC 用户,分流非法进入车辆。

⑤生成入口车道过车信息上传给收费站管理系统。

(2)出口车道。

①控制信号灯、显示牌引导 ETC 用户驶入正确的 ETC 收费车道。

②车辆检测器启动。

③唤醒 AVI 系统,读取电子标签中的用户信息和入口车道信息。

④唤醒 AVC 系统进入工作状态,进行自动车型辨别,并进行车型核对。

⑤对合法 ETC 用户,进行收费记录,给放行指示。

⑥对非法 ETC 用户,进行车牌抓拍,生成违章记录,便于事后处理。

⑦向用户显示有关收费状态信息。

⑧将收费记录信息上传给收费站管理系统。

2.收费站管理系统

收费站管理系统包括计算机系统、监控系统和通信系统。计算机系统由收费数据处理机、图像处理机、网络服务器和车道计算机组成计算机网络;监控系统由收费车道摄像机、图像处理单元(图像记录和显示)组成;通信系统可采用光纤通信、DDN专线或普通电话线路。

收费站管理系统主要功能为:

(1)建立收费、交通流的原始数据和图像信息。

(2)实时采集入口车道的过车信息。

(3)实时采集出口车道的收费交易记录,实时采集违章图像并暂存。

(4)接收公司传来的系统黑名单,并下传给车道控制计算机。

(5)统计、存储、分析收费及交通流量有关数据。

(6)完成车道系统与管理中心有关收费信息的交换。

(7)处理和上传违章车辆的图像,接收和下达黑、黄名单。

3.管理中心

管理中心是ETC系统的最高管理层,既要进行收费信息与数据的处理和交换,又行使必要的管理职能。它包括专营公司、结算中心和顾客服务中心。

(1)专营公司。

专营公司建立中央管理子系统,负责采集所有收费站管理系统所汇集的车道收费数据信息。专营公司的中央管理系统将对ETC收费数据和人工收费数据进行整理和汇总,整理完毕的ETC收费数据清单将被转发给结算中心请求支付。中央管理子系统功能为:

①分时采集收费站暂存收费数据。

②整理ETC收费数据,对车道控制系统无法处理的违章记录做处理。

③向结算中心上传ETC收费数据清单,请求支付。

④对收费数据进行各种方式的汇总、打印,统计出各种数据指示。

⑤接收结算中心下传的系统黑名单,并下传给收费站管理系统。

(2)结算中心。

结算中心掌握全系统的收费数据信息,负责重要的资金结算工作。一般不负责与ETC用户直接打交道的工作。结算中心关于资金的管理和划转委托银行来进行。另外,根据账户资金有效、无效的车载电子标签清单,下传给专营公司中央管理子系统。具体功能为:

①为ETC用户建立和维护资金账户。

②生成ETC系统黑名单、黄名单,将其下传给各专营公司中央管理系统。

③接收各专营公司中央管理系统上传的收费数据。

④根据收费数据,更新各ETC用户账号资金。

⑤根据收费数据,向各专营公司划拨通行费。

(3)顾客服务中心。

顾客服务中心的主要功能为:

①办理ETC用户申办电子标签的手续。

②向ETC用户发放电子标签,对标签进行初始化操作。

③向ETC用户提供消费明细账查询、资金补充、打印服务等。

④接受ETC用户挂失、注销等业务请求。

### 4.专业银行

银行的主要功能是：

①接收管理中心上传的收费数据。

②处理业主和用户的账务。

③办理业主与用户的开户和消户事宜。

④产生违章车辆的黑、黄名单。

⑤发售电子标签。

## 五、国内高速公路 ETC 应用需求

随着高速公路联网的发展，目前国内高速公路普遍采用的传统的人工参与的半自动收费方式不足以应付和解决联网收费产生的严重舞弊倾向，同时由于系统放行能力有限，不能满足日益提高的高速公路车道实际通行能力的需要，因此须寻求一种更为先进的技术手段和管理措施来满足联网收费运营管理的需求，解决交通瓶颈问题，而采用 ETC 电子收费技术恰恰是解决问题的首选。

目前，国外和我国试点的 ETC 系统普遍采用单片式 ETC 技术，由于与我国主流的 IC 卡收费完全独立、互不兼容，因此，建立的 ETC 系统必须自身构成一个完整的封闭式系统，即在路网内所有的入口和出口，即使是大多数交通量小，车道数量少的收费站，都必须设置一条以上的专用 ETC 收费车道，这将造成 ETC 系统规模庞大、一次性投资高、建设周期长、风险大、车道资源消耗大、利用率差，而且由于缺乏足够的备份 ETC 收费车道，整个系统的可靠性无法得到保障。

因此，单片式 ETC 技术并不适合国内高速公路联网新形势的要求，在我国联网收费的大背景下成功推行 ETC 收费，必须考虑 ETC 收费系统与已有的 IC 卡收费系统之间的有机结合，选择一种兼容 ETC 收费和 IC 卡收费的组合式收费技术。有鉴于此，2000 年 6 月，国家智能交通系统工程技术研究中心在第四届亚太区 ITS 年会上创造性地提出了组合式收费技术方案。组合式收费技术方案设计充分考虑了 ETC 电子收费方式和 IC 卡半自动收费方式（MTC）的适用条件，将两项技术通过"双片式 ETC 电子标签＋双界面 IC 卡"的模式进行有机结合（MTC＋ETC），在全国路网内以最经济、最有效的手段实现准确收费、避免交通拥堵、提高服务质量等综合目标。

### 1.组合式收费技术简介

（1）双界面 IC 卡技术简介。

一般来说，嵌有一个集成电路芯片的卡片被称为 IC 卡，其中，芯片内带有 CPU 和操作系统（COS）的为智能卡（Smart Card），双界面卡是属于智能卡的一种，被称为双界面卡的原因是它有两个操作界面，对芯片的访问及可以通过接触方式的触点，也可以通过相隔一定距离，一般在 10cm 内，以射频方式来访问芯片。卡片上只有一个芯片，两个接口，通过接触界面和非接触界面都可以执行相同的操作。两个界面分别遵循两个不同的标准，接触界面符合 ISO/IEC 7816；非接触符合 ISO/IEC 14443。

（2）应用模式的描述和分析

采用双界面 IC 卡作为双片式电子标签的扩展数据存储介质。双片式 ETC 电子标签和双界面 IC 卡同时存储包括车主、车型、车辆物理参数等固定信息，双界面 IC 卡存储账号、余额、

交易记录、入出口编号等信息,双界面 IC 卡内存储的信息能以接触式和非接触式两种方式进行读写访问。具体操作模式为:

①ETC 收费专用车道同时设置 ETC 车道天线控制器和车道 IC 卡专用收费非接触机具,由一台车道工控机进行控制,实现对正常 ETC 车辆、误入普通车辆通行费收取,以及车道通行控制功能。

②在交通量大、易产生交通流瓶颈的收费站,按需设置 1 条以上的 ETC 收费专用车道,允许驾驶员将双界面 IC 卡插入双片式 ETC 电子标签,免停车通过收费站,通行费被自动扣取,并大幅度提高收费口通行能力。

③在一般收费站,仅设置 IC 卡收费车道,允许驾驶员从双片式 ETC 电子标签中拨出双界面 IC 卡以非接触操作的方式刷卡扣款,短暂停车后通过收费站。

该方案具备如下特点:

①该方案集中了 IC 卡收费系统和 ETC 收费系统的优点,两者互为补充,提高道路使用效率,具有支付手段丰富、交费快捷、通行能力强等特点。

②IC 卡系统作为 ETC 系统的备份支付系统,使得系统可靠性大大提高,不必再准备手持式 ETC 读写器进行应急操作。尤其是在 ETC 系统出现故障时,ETC 车道的备用 IC 卡支付系统将启动运行,解决 ETC 车辆的通行问题。

③由于采用高安全性的 CPU 卡作为存储介质并采用规范的双向认证技术,保证为联网收费系统开展预付卡业务提供了安全、可靠的解决途径。

④该方案为解决中心城市的环城公路网、及区域经济圈内城间公路网的交通瓶颈提供了有效手段;ETC 车道可以视实际需求进行逐步扩展,资金投入及系统规模富有弹性、易于试点和推广,运营风险大大降低。

2. 组合式收费技术案例

京珠南高速公路组合式 ETC 收费示范工程(详见模块一)。

## 六、我国 ETC 的现状及发展趋势

ETC 是国际上正在努力开发并推广的一种用于公路、大桥和隧道的电子自动收费系统。ETC 技术在国外已有较长的发展历史,美国、欧洲等许多国家和地区的电子收费系统已经局部联网并逐步形成规模效益。我国以 IC 卡、磁卡为介质,采用人工收费方式为主的公路联网收费方式无疑也受到这一潮流的影响。

不停车收费技术特别适于在高速公路或交通繁忙的桥隧环境下采用。在传统采用车道隔离措施下的不停车收费系统通常称为单车道不停车收费系统,在无车道隔离情况下的自由交通流下的不停车收费系统通常称为自由流不停车收费系统。实施不停车收费,可以允许车辆高速通过,故可大大提高公路的通行能力;公路收费走向电子化,可降低收费管理的成本,有利于提高车辆的营运效益;同时也可以大大降低收费口的噪声水平和废气排放。由于通行能力得到大幅度的提高,所以,可以缩小收费站的规模,节约基建费用和管理费用。另外,不停车收费系统对于城市来说,就不仅仅是一项先进的收费技术,它还是一种通过经济杠杆进行交通流调节的切实有效的交通管理手段。对于交通繁忙的大桥、隧道,不停车收费系统可以避免月票制度和人工收费的众多弱点,有效提高这些市政设施的资金回收能力。

1. ETC 在我国的发展

在中国,1995 年,国家技术监督局正式批准交通部承担 ISO/TC 204 国内归口工作,秘书

处设在交通部公路科学研究所。1996年,交通部成立了中国交通工程设施(公路)标委会。1998年,国家计委立项委托交通部公路科学研究所开展"交通工程标准化体系研究",并要求尽快制定本领域急需的20多项国家标准,其中就包括"公路不停车收费应用技术条件"的编制工作。

1996年10月,交通部公路科学研究所与日本丰田汽车公司就不停车收费系统进行了中日技术交流和现场演示会,与会各省交通厅及公路管理部门的领导和专家对此项技术表示了极大兴趣。1996年年底,首都高速公路发展公司与美国Amtech公司在首都机场高速路进行了不停车收费试验。到1998年,广东省佛山市通达高技术实业公司引进美国TI公司的不停车收费设备,在佛山、顺德、南海等地建立了20余条不停车收费车道并投入使用,但是该系统工作在915MHz的频段,而该频段在中国已经分配给移动通信使用,并且与中国将采用的5.8GHz标准不符。

为规范和促进不停车收费在国内的应用,交通部于1998年组织交通部公路科学研究所等有关单位开展网络环境下不停车收费系统的研究,对有关接口规范和技术指标给出了指导性意见,并在1999年组织北京市、广东省、江苏省、四川省的交通厅开展示范工程建设。同时,也计划在更多的省、市开展推广工作,以充分发挥网络不停车收费系统的优势。

但是总的来说,国内公路ETC工作仍处于试验和探索阶段,个别路段正在进行试点,大范围和大规模的推广ETC,特别是联网运行,条件仍不具备。其主要原因是:

(1)交通量的需求不迫切。

(2)道路使用者的需求不迫切。

(3)现有的收费设施,尤其是收费广场和收费车道不能满足或适应ETC的需要。

(4)系统造价比较高,关键设备需要引进等。

基于上述理由,各地区、各路段必须根据本地的具体情况,特别是道路使用者的需求,作好规划,逐步实施,切忌人云亦云,一哄而上。在现有的收费广场上设置ETC专用车道,形成MIC和ETC相结合的混合式收费模式不失为是一种比较适合我国国情的做法。

2. ETC的发展趋势

目前,国内正在加速建设"五纵七横"国道主干线高速公路,一个贯穿全国主要大中城市的高速公路网络将初步形成。在高速公路建设快速发展的同时,我国高速公路收费系统也有了很大的发展。10多年来,高速公路收费系统已经由全面引进阶段逐步过渡到自主开发与引进相结合的阶段。主要体现在按区域联网收费、按线路联网收费、采用高新科学技术提高收费管理手段三个方面。随着社会、经济的快速发展,特别是跨省市国道主干线高速公路网络的逐步形成,社会对收费系统的技术要求将会越来越高,自动化程度较高的收费技术必然逐步取代传统的人工作业方式,ETC技术会在适宜的路段里得到采用,但要形成网络尚需较长过程。

从目前的情况来看,我国人工收费技术发展成熟,相当长时间内业仍占主导地位。但非现金支付方式将受到欢迎,尤其是在采用非接触IC卡做通行券的路网中,它能很好地避免现金交易的弊端。方便道路使用者的技术进步总是会受到社会普遍欢迎的,尤其在初期,我国宜发展中国ITS体系框架描述的路桥隧道停车自动收费业务,并不一定全上不停车的高速ETC收费业务。

国内已有部分运营了五六年的高速公路,其交通量已经达到相当水平,部分收费站的通行能力确实不能满足高峰交通的需要,面临扩建收费站和改建ETC车道的选择。在这个时候,实施ETC收费显然要优于进行土建扩展。

我国鼓励围绕大城市发展卫星城市和大型居住区,这时城间往返交通流量会很大,且交通流密度很高,同时要求的道路服务水平也高,实施停车自动收费业务和不停车的高速 ETC 收费业务的需求将是客观存在的。

能够兼容 IC 卡收费和 ETC 电子收费的两片式电子标签及其组合式电子收费技术方案将成为公路网自动化收费技术发展的探索和关注焦点。在以 IC 卡收费为基础的系统中开展 ETC 电子付费较为容易,仅需在交通拥堵的收费站或有特别需求的收费站安装 ETC 车道系统就可以,没有必要让 ETC 系统自身单独构成一个封闭式网络。涉及的主要工作是车道改造任务,有一定的工作量,但不存在重复投资或浪费的问题。

当前,我国已有单位在开展 ETC 核心产品的研发工作,个别单位已有小批量样机可供试验。"十五"期间,国内此领域的研究将会得到加强,这已体现在科技部发布的促进智能交通领域产品开发的"十五"攻关计划中,国产 ETC 核心设备将形成批量生产能力,产品价格将下降,ETC 车道投资将接近人们的心理预期。

从更长期的角度看,ETC 技术除了服务于电子收费外,很有潜力扩展到加油、停车、门禁、出人控制等领域。在国际社会未来的发展中,区域范围内的互换性、多车道自由流技术、带智能卡的双片式电子标签将是研究和发展的热点。

国际社会收费技术的发展日新月异,更先进的基于全球卫星导航系统和移动通信网(GNSS/CN)的虚拟电子收费技术应用接口标准 PrENV ISO17575 编制已展开深入工作。尽可能利用可共享的信息技术提高生产效率、降低生产成本仍然是国际社会追求的目标。

虽然我国高速公路本身已经局部联网,但一些不适宜的机电系统和收费技术已经制约了高速公路服务水平的提高。研究高速公路合理、有效、低成本收费的有效手段和相关技术,对于降低高速公路运营成本、提高服务水平、解决高速公路融资者、运营管理者、道路使用者、社会公众等诸多方面矛盾将具有重要意义。但要使在智能交通系统领域中具有重要地位的 ETC 技术能充分发挥其作用和优势,还需要对技术难点进行攻关、对社会环境进行培育。

电子不停车收费系统的标准制定需要花费很大的精力并经历一定的时间过程。不过,"十五"期间,国家将加强 ITS 领域标准及检测技术的研究,其中就包括 ETC 领域的工作,尽可能满足产品生产、工程实施等的需要。

# 项目六　集成联网收费系统

随着高速公路建设事业的快速发展,高速公路的路网规模越来越大,路网内的投资主体(业主)也越来越多,因此,如何确保高速公路的安全、舒适、通畅、充分发挥高速公路的经济效益和社会效益,体现高速公路的服务意识,提升高速公路的形象是高速公路主管部门面临的新问题,如何切实有效地解决这个新问题也是公路主管部门近几年来一直致力研究的工作之一,由此高速公路联网收费的概念也就应运而生。

高速公路联网收费的主要目的是为了解决高速公路网中,各收费单位因独立进行收费而各自设置封闭的收费设施,造成高速公路网中有众多不合理主线收费站等问题,以提高高速公路使用效率、服务质量和减少环境污染。我国各省市高速公路发展初期,基本是采用各路独立收费的方式,近年来随着高速公路的逐渐联网,为解决各路独立收费带来的弊端,如多次停车、重复建设收费站等,联网收费成为各省市高速公路收费的发展方向。

## 一、联网收费概述

### 1. 联网收费的概念

高速公路联网收费,简单地讲,就是在某一区域的高速公路路网内,主线不设收费站,只在匝道设收费站,道路使用者只需在入口领卡(停一次车),出口交费(停一次车),就可以到达路网内的任一目的地。目前,我国的高速公路联网收费尚处于省域联网,各省在省市的道路交界处设立主线收费站,省内路网中主线不设站,只在匝道的出入口设立收费站,形成全封闭式路网,车辆在入口领卡,出口验卡收费。

在联网收费条件下,收取的通行费也不再是单一道路的通行费,而是路网内车辆所经过的所有道路通行费的总和,各收费机构所收通行费由参与联网收费的各高速公路业主共同拥有,需把通行费合理、准确的拆分结算到参与联网收费的各高速公路业主,确保高速公路路网中各个业主单位的利益。联网收费的内容就是解决如何根据不同路段的车辆行驶信息有效地征收全程路费以及如何合理地将路费划分到相关的高速公路业主单位。

然而,要实现高速公路的联网收费,却又是一项涉及机电工程、信息技术、管理工程等领域的十分复杂和庞大的系统工程,在撤销主线收费站后,如何根据入口、出口信息,将由出口路段征收到的全程路费,合理地化分到不同行政体制、不同财务核算方式、不同收费模式、不同系统结构、甚至不同车型分类标准的若干个相关的独立的高速公路经营公司,是我国高速公路向道路网发展过程中面临的一个迫切问题。

### 2. 联网收费系统的构成

我国的高速公路联网收费一般采用封闭式收费制式,实行"统收统分"收费管理方式。省域联网收费系统一般由结算中心、路段收费中心和收费站三级构成,如图 3-43 所示。其中,路网结算中心是系统的核心,它定期将清分结果通知各高速公路业主的收费管理中心。

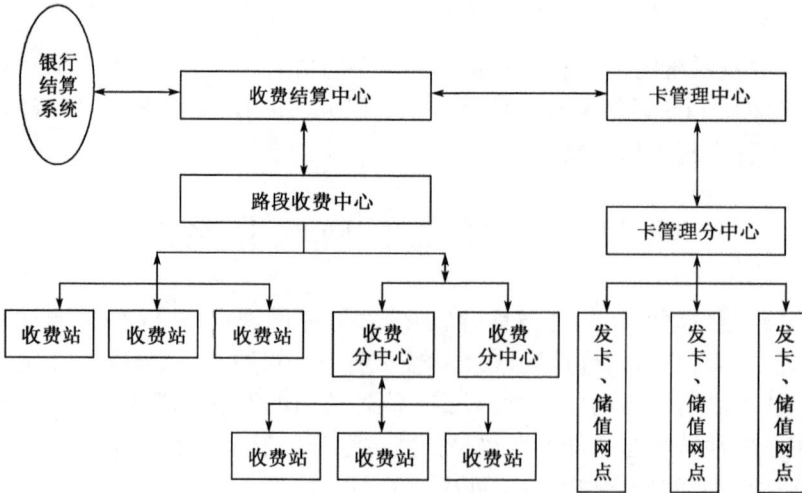

图 3-43　联网收费系统框图

车辆进入高速公路后,收费车道根据不同的用户进行路费结算,并将出入口收费信息同时上传收费站服务器和清算中心服务器。收费站软件汇总车道计算机上传的收费原始数据,进行财务结算、收费统计、票据管理、IC 卡管理和系统维护,同时上传结算数据到结算中心和将统计数据上传业主收费中心以及下传基础数据到车道计算机。业主收费中心汇总收费站上传的统计收据,进行业主收费中心的收费统计、票据管理、IC卡管理和系统维护,同时管理并发布操作员数据到收费站。清算中心汇总业主收费中心上传的统计收据,并进行收费数据的清算管理、票据管理、IC卡管理、Web查询、系统维护和银行接口,同时管理并发布基础数据到业主中心和收费站。

## 二、联网收费技术的要求

### 1.基础工作的要求

由于各省高速公路的建设时期、设备、投资者等不同,导致各路段的收费系统的技术标准不统一。要实现省内封闭式联网收费,要求如下:

(1)统一车辆分类标准、规范收费费率。

要实现高速公路的联网收费,必须统一车辆的分类标准,车辆只要在高速公路路网内行驶,车型的判别都将保持一致,通行费的收取也将保持一致。

由于各高速公路项目的单位造价、还贷年限不同,在统一的车型分类标准的前提下,允许不同的高速公路项目有不同的收费费率,但通行费费率必须由公路主管部门统一上报,由物价部门统一核准并由省政府统一批复,省高速公路联网收费结算中心按照省政府批复的通行费收费标准及时地对联网收费结算系统中的费率表进行调整,从而确保通行费拆分的准确性。

(2)统一付款方式。

联网收费需要做到付款方式统一,通行券统一。目前收费系统采用的通行券多种多样,为防止舞弊、漏收、少收等异常情况发生,在联网收费中建议采用非接触式IC卡进行付款。非接触式IC卡可靠性高、操作方便、快捷、防冲突、加密性好。

(3)统一信息格式。

收费信息格式的统一,是联网收费能否实现的基本前提。非接触式IC卡的编号、收费中心、收费站、收费车道的编号、非接触式IC卡的数据记录格式和通信系统的传输格式必须统一。

(4)完善硬件设备及软件。

由于各省高速公路的建设者,管理者不同,建设时期和设备也不一样。要实现联网收费必须统一非接触式IC卡的读写设备,硬件的指标必须统一;收费软件中必须加入IC卡管理模块等。

(5)制订统一的制度。

对于车型不符、无现金、无卡车、回头车、公务车、军车、紧急车、车队、违章车等特殊车的处理执行统一的规章制度,以方便管理。

(6)主线收费站的统一设置。

由于我国高速公路的发展起步比较晚,加上资金来源不同,形成各路段公司根据自己的利益建立收费站。要实现高速公路封闭式联网收费,原来建立的主线收费站、过密收费站都必须拆除。

### 2.功能性要求

在功能性要求中主要明确收费方式、通行券(卡)的类型、车型分类和判别方法、付款方式、结算方式、收费处理方式、软件功能设置等。主要由以下几部分组成:

(1)高速公路联网收费管理模式。

（2）收费管理标准业务流程，应包括收费业务全过程所有环节的所有岗位。

（3）根据收费管理标准业务流程，明确车道、收费站、收费中心、收费结算中心软件功能设置的要求。

（4）强制性的报表格式、生成方法和报送程序。

（5）路径识别方法。

（6）联网收费结算中心的功能和清分规则。

**3. 技术性要求**

在技术性要求中主要规定全网的 IP 地址分配、通行券（卡）的编码格式、数据存储格式和编码规则、数据传输格式和协议等。主要由以下几部分组成：

（1）车道、收费站、收费中心、收费结算中心系统构成和功能设置。

（2）网内计算机 IP 地址分配方案。

（3）联网收费编码规则。

（4）联网收费数据存储格式。

（5）车道、收费站、收费中心、收费结算中心之间数据传输格式和方法。

（6）通行券（卡）读写设备技术标准。

（7）强制性安全措施。

**4. 系统安全性的要求**

全省联网收费涉及收费系统网络的人员可能多达数千人，每天网络内收取的通行费可能达千万元之巨，如何保证系统安全可靠工作，是必须引起各方注意的重要问题。

（1）建立严密的管理制度。对各类人员的操作要求标准化、规范化，不允许的操作应坚决禁止。例如有的收费站曾将系统中的计算机用作办公自动化，有些工作人员利用计算机上网、玩游戏等，上述现象一经发现必须严肃处理。

（2）联网收费系统内各种人员的职权应严格区分和界定。例如收费员应只有操作的权利，一般维修人员只能对非核心设备故障进行修复，不应当具有进入数据库操作的权利。严格界定权限是确保系统可靠、数据安全的重要措施。

（3）联网收费系统应设置专门的网络安全管理设备。一个省的高速公路联网收费计算机网络内涉及的计算机达数千台，必须按照国家有关计算机网络安全的相关规定设置必要的计算机网络安全设备，才能确保系统安全。

（4）联网收费应对设备的工作状态进行检测以确保系统可靠工作。联网收费系统应建立完善的网络和设备状态的检测网络，在联网收费中心不仅可以对收费车道智能设备的状态进行监视，还可以对系统中的计算机的工作状态进行监视。

## 三、收费结算中心简介

收费结算中心是联网收费系统中的最上层，也是最重要的一层。结算中心要公正、准确地进行收费交易数据、通行费等的采集、结算及账务分割，要将通行费的拆分结果数据下传给每个收费中心，或者要对分中心的拆分和结算结果进行校核审定，要与指定的结算银行进行账目信息的交换与结算。收费结算中心的建设与定位对整个高速公路联网收费系统的建设起着决定性作用。

**1. 收费结算中心功能**

收费结算中心的基本功能有：

(1)确定收费系统运行参数,并下传给各分中心、收费站。包括费率表、车型分类、黑名单、同步时钟等系统参数。

(2)接收收费站上传的收费交换原始数据和通行费拆分数据。

(3)接收收费分中心上传的收费交易统计数据及管理数据。

(4)按规定的原则进行通行费的拆分与结算,并下传拆分结算的结果,或者对分中心提交的拆分与结算进行校核、审定。

(5)与指定结算银行进行账目信息的交换和结算。

(6)对通行券收费票证等进行管理。

(7)具有收费数据、交通量及各种管理报表的统计与打印。

(8)具有查询功能。值班员或分中心管理人员可随时查洵当天或历史数据,并按要求进行显示和打印。

(9)系统具有自动数据备份功能,一旦系统受到破坏或停止运行时,可以尽快地恢复系统运行。

(10)系统具有自诊断功能。能自动测试中心系统的工作状况,包括与各收费分中心、收费站的通道的连接状况,并且在检测到异常时自动显示和打印诊断报告。

(11)安全功能:系统能对不同层次和职责的使用及管理人员,分别设置不同的访问操作使用权限,设置不同的操作口令和密码,防止越权存取和修改,保障数据的完整性,并对值班员的操作进行存储、记录、打印。与指定银行的数据交换或有通过公用电信网与中心进行数据通信的要有安全技术防范措施,保证数据的安全。

(12)提供内部系统及上级管理部门有关信息,实现信息共享,但与办公管理系统要有安全隔离措施。

随着高速公路联网收费系统的进一步改进,收费结算中心的扩展功能还有:

(1)预付卡管理:预付卡黑名单的管理;与预付卡发行银行进行数据交换;预付卡收费金额的账务分割等。

(2)电子不停车收费(ETC)管理:电子标签黑名单的管理;与电子标签发行银行进行数据交换;电子不停车收费金额的账务分割;客户服务(销售、安装、维修管理、资料查询)。

2.收费结算中心系统构成

收费结算中心的系统构成应根据高速公路网络规模的大小、交通量大小以及所采用的收费技术(半自动人工收费、预付卡或电子收费)来决定,并应根据收费业务处理量,做好分期实施计划。

收费结算中心局域网一般采用千兆以太网技术组网,所有服务器采用快速以太网接口接入中心交换机,所有客户机采用快速以太网接口接入楼层交换机,中心交换机与楼层交换机、主干路由器之间采用千兆以太网相连。采用开放式的网络构架,可根据功能需求和收费处理业务量的增加方便的升级与扩展。该系统由小型机主服务器、通信服务器、访问服务器、主交换机、工作站、路由器、打印机、磁带库和UPS电源等组成。

联网收费系统中若使用非接触IC卡通行券,需增加IC卡发卡中心的计算机系统,该系统是由交换机、服务器、通信计算机、管理计算机、IC卡初始化和发卡设备、打印机、数据备份设备等组成。若使用预付卡付款方式,需增加与预付卡发卡银行的数据交换接口和预付卡管理计算机。联网收费系统若采用电子不停车收费方式,需增加电子标签发行中心计算机系统、客户服务中心、图像抓拍处理系统、打印设备、图像备份设备等。

系统的规模要以近期(一般按开通后 5 年)为主,并结合远期的发展,应具有良好的开放性和可扩展性。网络设计应注意以下几点:

(1)目前结算中心局域网宜采用千兆以太网,服务器宜采用企业级小型机组成双机冗余系统,或者由多台服务器组成的集群系统,操作系统宜采用 UNIX 或 Windows2000 Server。

(2)本地网络系统的设计宜结合监控系统并考虑本地办公自动化的需求,为办公自动化等管理应用提供网络支持。通常结算中心是和监控、通信中心同址,甚至是在一个楼的相邻楼层,当该处又有一些上级管理部门时,则收费结算中心核心交换机宜为办公管理的需求留有接口。

(3)应根据不同的业务划分子网。例如办公自动化子网应该与收费网络,监控网络隔离,结算中心的结算业务宜与通行券、票证业务用虚拟局域网分开,监控的数据宜和视频应用以 VLAN 分离等,这样可以提高安全性,并减少子网间不必要的信息交换。

(4)结算中心网络要高可用性,其网络宜进行冗余设计,尽量避免单点设备故障影响系统的正常运行。

(5)结算中心与各路收费分中心组成收费网络的逻辑拓扑结构应采用有备用通道的星形结构,或者是不完全的网状结构,或者是采用两个环的自愈保护结构,才能保证收费网络的可靠性。

3.收费结算中心的软件平台

(1)操作系统。

收费结算中心系统含有通行费拆分和结算功能,对计算机网络安全性和可靠性的要求要大于单一的收费系统。根据联网收费的应用需求,结算中心数据库小型机操作系统宜采用 UNIX,其他服务器操作系统一般宜选用 Windows 2000 Advenced Sever;各工作站一般宜选用 Windows 2000 Professional。

(2)数据库系统。

服务器数据库一般应满足以下要求:支持分布式处理,支持客户/服务器体系结构;支持高性能的并发控制和联机事务处理;支持主要网际互联协议(如 TCP/IP、APPC 等)和局域网协议(如 TCP/IP、SPX/IPX);支持 SQL 标准;支持可变元的二进制存取及提供相应的多媒体开发工具;具有安全性、灾难恢复和事务完整性考虑;具有良好的可移植性和可扩展性;支持大量的第三方产品,能满足不断发展中的各类业务需求;至少支持 PowerBuilder、Delphi、Microsoft Visual C++等开发工具;具备完善的 Internet 开发工具。为此,数据库系统宜选用 Oracle、SQL Server 2000 等。

(3)网络管理软件。

网络管理范围为收费结算中心计算机网络,包括网络设备、计算机、UPS 电源、通信传输和访问控制等。网络维护功能包括网络监控、测试、报警、供电、故障处理与修复。日常管理功能包括通过收集通信量及设备利用率等方面数据,经分析后作出相应控制,优化网络运作和提高资源利用率。为此,网管软件宜选用 Openview、NetManager 等。

(4)开发工具。

应用软件开发工具为面向对象(OOP-Orient Object Programming)的集成工具,宜选用 Microsoft 公司的 Visual C++、Visual Basic,Inprise 公司的 Delphi、C++Builder,Sybase 公司的 PowerBuilder 等。

132

#### 四、联网收费的通行费结算模式

在联网收费下,由于各收费机构所收取的通行费由参与联网的各高速公路业主共同拥有,因此,联网收费后首先必须解决的问题就是通行费的拆分结算问题。通行费拆分结算是否公正、准确、高效,成为衡量联网收费成败的关键。

1.通行费的计算

在采用封闭式联网收费制式时,车辆通行费的计算依据是车辆的行驶路径以及各路段针对不同类别车辆确定的收费标准。我们可以根据标识站法、最短路径法等路径识别算法以及入口/出口信息确定车辆的行驶路径,来确定车辆在高速公路网中行驶时依次经历的各个路段和行车里程,为出口收费车道计算通行费应收金额和结算中心拆分原始收费记录提供依据。

(1)路径识别。

高速公路路网的逐渐形成导致高速公路纵横交错,四通八达,给公路运输提供了非常多的路径选择,有利于分散交通量,缓解交通压力,但同时也给交通管理带来很多困难,其中最突出的是路径判断问题。因为联网收费出口收费的基础是车辆行驶路径、车型和费率,如果车辆行驶路径不能唯一确定,通行费就不能确定,拆账的接收对象路公司也不能确定,拆账就不能进行。路径确认的解决方法有许多,大部分方法是充分利用现有软硬件技术、数理统计、概率分配等技术,完成通行费的拆分问题。

①标识站法。

标识站法是在高速公路网中行驶车辆会产生二义性路段中设置标识站,车辆在通过该路段时在通行卡上记录标识站的代码信息,车辆经过不同的路径其标识站的代码不同,以此来确定车辆实际行驶路径,准确地判断车辆在路网中的行驶路径。

标志站法是在高速公路上设置几条带收费岛的车道,前方设标志说明,收费车道上安装两个高低不同的非接触式 IC 卡读写设备,高者适合于大车,低者适合于小车,驾驶员将 IC 卡在读写天线的规定距离内划过,收费员不做任何动作,自动栏杆开启、车辆通行,记录该标识站信息。标识站还要设置摄像机(对冲卡车辆进行抓拍)、雾灯等安全设施。

②最短路径法。

计算车辆在从起点到终点存在两条或两条以上的路径如何选择行驶,在交通规划的分配方法中,有许多种理论,最短路径法是在交通分配中使用较为简便的一种方法。最短路径法假设道路使用者在选择同一方向不同路径的时候,以两点之间里程(时间、费用或综合参数)作为唯一的考核指标,认为同一方向的不同道路使用者一定是选择最短的路径行驶。

③动态交通分配法。

动态交通分配法是为改善最短路径法的缺陷而诞生的,同时也是基于计算机计算能力提高的基础上。动态交通分配法认为最短路径的情况并非是一成不变的,所以在交通分配时,逐步将交通量分配到路段中,每次分配结合上次分配的交通量计算道路服务水平、路阻函数等参数确定新一轮的最短路径。随着交通量增加,路网中的最短路径也是在动态变化的。

④划性协商法。

由涉及到二义性路线的相关路公司业主进行协商,确定各公司拆分金额办法。此法有一定的偏差,但业主双方能达到一定的共识,具有一定的可行性,但缺乏科学依据。

⑤时性协商法。

利用分型设备实时确定拆分比例,可实时较准确拆分收费数据和收入。客观反应实际车流,调查数据可用于其他方面的交通管理。

（2）制定费率表。

为完成联网收费系统中通行费的计算,收费结算中心应针对高速公路网的各个不同路段,统一制定通行费费率表。在制订费率表时,根据各路段收费标准,按照不同的车辆类别,通过计算,最终确定路网内每一个入口收费站与出口收费站之间应收取的通行费。对于入口收费站与出口收费站之间有二义性路径的情况,可分别根据各种路径情况确定各自的通行费数额。

对于每一通过车辆,按照确定的车辆行驶路径与车辆类别,根据联网收费系统制订的费率表,可计算出车辆实际行走路线中通过的各个路段应收取的收费金额总数。

**2. 通行费拆分原则**

通行费拆分基本原则:公开、公平、精确。

（1）逐车拆分。

为了保障各独立公司的利益,对车辆通过后收取的通行费实行逐车拆分的原则,车辆在其通过的每一条高速公路或大桥分别应交的通行费是可以计算的,一次收取的总通行费数据由车道计算机根据费率表拆分并将数据上传收费站服务器,由站管理机进行当天的通行费拆分金额的汇总及对特殊车辆通行费的拆分,由收费分中心、收费中心进行核对。

也可以将原始收费数据上传到站服务器,站服务器只计算总的通行费,原始收费记录通过通信系统提供的通道上传到收费中心,中心按照相应的费率表对通行费进行拆分。由于各站、中心的费率表都是统一的,并且费率表的编制和下发都是经过各路段业主和监督部门审核通过的,所以通行费能按公平、公正、精准的原则进行拆分。

（2）分路计价、一次缴费。

由于路网内公路等级有所不同,省政府批准的各高速公路及桥梁的收费标准和收费政策规定上会有差别,因此路网宜分路计价、一次收费,在通行费收据上分列打印各路段通行费以及总额。

（3）按日结算。

路网内的收费站,当日内将所收取的现金跟银行解缴款,各条路的通行费拆分应根据收费管理中心的计算机拆分结果进行分配,由银行划拨拆分金额到各公司账户。

（4）特殊处理车辆的通行费拆分。

由于通行卡丢失、坏卡、收费员错误输入、闯行、欠费等原因,有少量车辆的通行费不能精确在路网内拆分,此部分通行费可按当日各高速公路的收费总额占当日路网收费总额的比例进行拆分,还可以按照当日各收费站的各高速公路收费额占本站当日收费总额的比例进行拆分。因为收费总额不仅和里程有关,也和车辆数、车辆来源及收费费率等因素有关,包含了更多的合理收费因素,且各个收费站的收费因素不同,所以建议采用各收费站收费总额的比例来拆分。

**3. 通行费拆分方案**

对通行车辆而言,通行费收取应按照车辆的类型和行驶里程合理收费,不能因为高速公路联网而产生不合理收费。对各个路网业主来说,车辆在哪条路上行驶,相应的通行费应该归哪条路的业主所有,这就要求对通行费进行精确拆分。

根据拆分数据是否集中,可分为集中拆分和分散拆分或双重拆分。在拆分结算通行费时,可以针对各高速公路业主拆分结算通行费;也可以只针对路段拆分结算通行费,各业主之间的利益分配问题由各业主在路段内部自行协商解决。这两种方式差别不大,不影响拆分结算的整体方案。下文的讨论均只考虑针对路段拆分结算通行费的情况。

(1)集中拆分。

在集中拆分方案中,出口收费车道把收费数据上传到结算中心,通行费的拆分结算处理由结算中心集中负责,各下级收费机构不再拆分结算通行费。收费车道只计算总的通行费,并将每辆车的原始收费记录通过通信系统提供的通道上传到收费中心,中心按照相应的费率表对通行费进行拆分,按照统计日期打印出通行费拆账日报表,对于不可精确拆分的通行费(如无卡、卡坏、闯行以及欠费)的拆分按照本统计日期内各路公司的通行费收入比例进行拆分。银行每天按照由结算中心提供的拆账报表进行通行费的划拨。

本方式节省资金且有利于财务保密,在拆分方案变化时只需要变化各条高速公路中心部分的相关软件,对其他部分特别硬件设备影响小。但是中心计算机计算量大,需配备高速大容量计算机系统,另外所有原始收费数据均需传输到收费拆账中心和收费分中心,因此通信系统的负担较重,而且,若通信系统出现故障时,则将无法进行通行费的拆分。

(2)分散拆分。

分散拆分为各收费站拆分、结算中心校核的模式。通行费在收费站即进行了拆分,收费站服务器将数据进行汇总后上传到结算中心,同时将原始数据上传结算中心,中心服务器对拆账结果进行汇总统计,打印出该统计日期内的通行费拆账日报表;同时在收费中心以收费站为单位对原始数据进行二次拆分,对收费站上传的拆分结果进行校核。

本方式拆分直接准确,车辆的通行费在出口即可由车道机直接拆分,即使通信系统出现故障,也不影响通行费的拆分,收费拆账中心和收费分中心只进行拆分结果的汇总、复核,因此传输的数据量小,减轻了通信系统的负担。但是在收费站进行收费拆分,对收费站而言,增加了收费站的管理工作量,拆分结果保密性较低。

(3)双重拆分。

双重拆分方案同时由两级收费机构独立地拆分结算通行费,通过检查两个拆分账结算结果是否一致确定拆分账结算的公正、准确性。在双重拆分方案中,出口收费车道负责收费并拆分原始收费记录,把原始收费记录和拆分流水账上传到收费站。收费站汇总统计拆分流水账,形成本收费站的通行费拆分结算结果,并把原始收费记录和本站的拆分结算结果上传到结算中心。结算中心拆分原始收费记录,汇总统计拆分流水账,形成全区域的通行费拆分结算结果,结算中心通过对比两个拆分结算结果是否一致确定拆分结算结果的准确性。

本方案需要两次拆分原始收费记录,因此加重了出口收费车道、收费站软硬件系统的负担。需要在出口收费车道与收费站之间传输拆分流水账,加大了出口收费车道与收费站之间的网络传输流量。若由于网络故障等原因导致原始收费记录和拆分账结算结果等数据无法上传到结算中心时,各收费站可以根据各自的通行费拆分账结算结果临时清算通行费,待故障恢复后,结算中心再拆分原始收费记录,校验、修正通行费拆分结算结果,因此本方案在系统局部故障时,能按时完成通行费清算。

4.通行费结算实例

由于各省的实际不一样,因此选择的通行费拆分方案也不一样,根据拆分数据是否集中,可分为集中拆分和分散拆分或双重拆分;根据通行费款项的上缴和划账方式的不同可分为全额上缴、统一转账和当地缴存、差额划拨等,而每一类分法进行不同组合,又可形成不同的结算方法。

以下简介 Z 省实施的集中拆分方式下的全额上缴、统一划账方案。

(1)概述。

全额上缴、集中结算、统一划账方案要点是:采用先进的通信网络技术实现高速公路收费站收费车道原始数据直接上传收费结算中心,中途不停留直接转发,结算中心系统对此按通行费收益实际组成(车辆行驶里程、各路段实际费率)进行实时拆分;各收费站将收取的通行费全额上缴至结算中心在结算银行开立的汇缴户,结算银行将通行费缴款信息上传给结算中心;结算中心根据结算结果编制电子划账指令,并将划账指令发送给银行,银行通过资金汇划系统将收益款划转至各高速公路业主收益账户。

(2)账户开立。

该方案结算中心需在结算银行开立四个账户:"汇缴账户",用于核算各上门收款行汇入的各收费站收取的通行费款项;"清算账户",用于核算当日应清分的资金;"未清算账户",用于核算未清分的款项及违约金、赔款;"预售卡账户",用于核算预售卡的发售和付款。为了保障结算资金能及时到账,原则上规定各高速公路业主的收益账户也开在结算银行及相应的分支机构。账户设置和资金处理流程如图 3-44 所示。

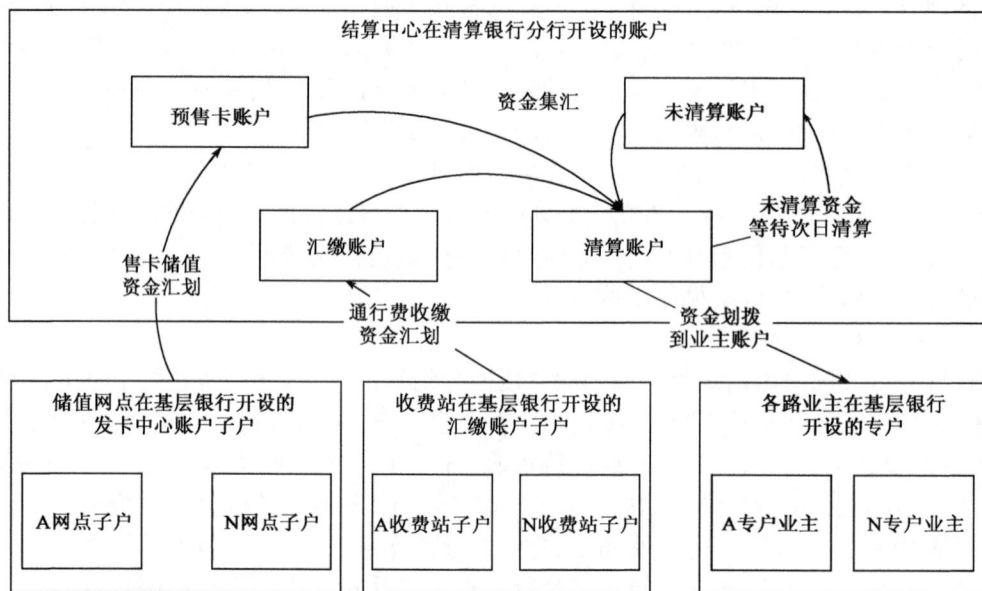

图 3-44　集中结算方案的账户设置和资金处理流程图

(3)各方职责(仅限于与结算有关的)。

收费系统的管理模式为:收费站—收费分中心—收费结算中心三级管理模式。

收费站负责收取通行费,并将车道原始数据实时或打包(打包上传的还包括收费站分员数据、清账数据,以便中心核对)上传给结算中心和分中心,将通行费款项全额上缴给结算银行;

收费分中心负责与收费站和结算中心进行数据核对,并对收费站进行监督管理;

收费结算中心,执行全路网通行费的拆分结算,并通过银行进行资金汇划。

联网单位是参与联网收费的高速公路公司(管委会)或高速公路业主,是通行费拆分的最终收益者;结算银行是工商银行浙江省分行及其辖属分支机构,是办理联网收费资金上门收款和资金转账的银行。联网单位、结算银行、结算中心是联网收费资金结算的主体,主体之间的权利和义务通过签订协议和制订与协议配套的管理办法来规范和制约。

（4）资金结算流程。

Z省对联网收费结算日作了明确规定：每日 0:00 时～次日 24:00 为一个结算日。结算日、交易数据所在日期、现金缴款单封包日期三者一致。系统运行参数由结算中心下发，包括费率表、系统同步时钟等。系统同步时钟使全路网收费站采用的时钟同步，保证交易数据时间的统一。整个资金结算流程通过协议的方式进行明确，对于收费车道产生的通行费收入，保证在 16h（或 48h）内进入各业主收益账户，确保通行费拆分结算的公正、准确、高效。结算流程概括起来有以下几点：

①实时或批量上传交易数据。

高速公路收费站各收费车道收费员按照收费规则收取通行费，作为结算原始数据；车道获得的原始数据通过先进的网络技术实时或批量上传结算中心；收费员交接班时上缴当班收取的通行费现金，并进行清账处理，在清账中将原始数据中与实际不符的情况纠正，并将清账数据、分员报表于每日规定时间上传结算中心；结算中心在收到交易数据后进行实时拆分。

②上门收款。

收费站和结算银行分支机构签订上门收款协议书，明确责、权、利。上门收款行主动提供上门收款服务，收取的款项以收费员为单位封包，并详细填写现金交款单，银行以封包内实际现金清点后入账。

③双向、双线核对。

上门收款行将现金和现金缴款单核对后，正确入账并上传实收现金信息至省行。省行收到基层银行信息后，与汇入款项核对一致后，于每日规定时间向结算中心提供交款处理信息。结算中心将银行提供的实收现金信息、收费站提供的分员报表、结算中心收费系统采集的信息三者进行核对（核对数据的准确性和完整性），核对不一致的将差错信息反馈给结算银行和联网单位，令其补传。为统一结算时间，对超过结算时间上传的收费数据以及相应的款项将并入下一个结算日处理，做到应收、实收、银行实收三者一致。

④资金结算和资金划拨。

结算中心通过上述核对后，按即定程序进行结算处理，拆分产生各联网单位的应收金额，编制划账指令，并于规定时间向银行发送加编支付密码的划账指令。银行在收到指令后于规定时间内将款项足额划转至各联网单位的收益账户中，并返回划账信息给结算中心，结算中心作结算后的处理。至此，一个完整的结算流程完成。

结算中心在办理资金结算时严格执行"资金结算协议"。为保障各联网单位的利益，对没有遵照联网收费运行规则的联网单位，则按照协议有关规定处罚。

# 项目七  维护高速公路收费系统

高速公路收费系统维护一般分为四级维护体制（一个公司管理多条道路）或三级维护体制（主要针对一路一公司）。这里，主要阐述四级维护体制，实际上三级维护体制和它并没多在区别，只是将三、四级维护合二为一。

根据系统设备维护、维修内容的简易程度、设备所处环境及使用对象，将收费系统维护、维修分为 A、B、C、D 四个级别。其中，A 级维护由收费站人员负责；B 级维护由收费站维护人员负责；C 级维护由本条路机电技术维护部门管理人员负责；D 级维护由总公司的机电技术部门负责。

（1）A 级维护工作内容由收费站的收费人员、监控人员和财务票管员负责，要求是在每班次上班前完成，它包括：

①收费亭内表面设备除尘：亭内卫生、收费员终端及内部对讲分机、语音发生器、金额显示器等。

②收费亭外设备表面除尘：自动栏杆、手动栏杆、车道信号灯等。

③监控机房设备表面除尘：控制台、内部对讲机、监视器和录像机机架、配电箱、计算机主机及外设等。

④财务站机房设备表面除尘。

（2）B 级维护工作内容由收费站维护人员负责，维护员还应该督促检查 A 级维护完成情况，主要内容有：

①自动栏杆和车辆计数器维护，包括更换栏杆杆臂、调整机座和弹簧位置、复位车辆计数器（在其死机情况下）等。

②读卡机和发卡机的维护，包括清洁磁头和传感器、取出塞在卡机里的卡等。

③更换天棚信号灯和车道信号灯灯泡。

④每周维护一次配电箱以及车道设备表面卫生。如：声光报警器、摄像机防护罩等除尘。

（3）C 级维护工作内容是由本条路的技术人员负责，检查、指导收费站维护人员的工作，其更主要的工作内容是对部分故障设备进行维修和报告上级部门对设备进行维修，主要工作有：

①车道控制机的内部除尘清理，自动栏杆活动部位的润滑，弹簧的除锈上油等。

②读卡机和发卡机的维护、维修，车道控制器外围设备维护以及机房设备的维护与维修，并将故障设备现象及时记录上报。

③每月进行一次车道控制机及外围设备的状态测试，UPS 设备内部除尘维护及电池的定期更换。

（4）D 级维护是由总公司技术人员负责，主要内容有：

①计算机及其软件维护，包括计算机内部除尘、硬盘维护和系统参数的检查与调整、数据备份和恢复。

②收费电视监控设备的维护。

③工业 PC 机维护每月一次。

④及时修复故障设备。

**复习思考题**

一、填空题

1.收费系统常采用的收费制式有＿＿＿＿＿＿＿、＿＿＿＿＿＿＿、＿＿＿＿＿＿＿。

2.目前支付通行费的付款方式有 ＿＿＿＿＿＿＿、＿＿＿＿＿＿＿、＿＿＿＿＿＿＿、＿＿＿＿＿＿＿等多种形式。

3.按车辆运营效益特征进行车型分类，可以根据＿＿＿＿＿＿＿和＿＿＿＿＿＿＿划分车型。

4.常用的网络传输媒体有＿＿＿＿＿＿＿、＿＿＿＿＿＿＿、＿＿＿＿＿＿＿等几种。

5.车牌自动识别系统主要由＿＿＿＿＿＿＿、＿＿＿＿＿＿＿、＿＿＿＿＿＿＿三部分组成。

6.电子收费系统通过＿＿＿＿＿＿＿与＿＿＿＿＿＿＿之间的专用短程通信，在不需要驾驶员停车和其他收费员采取任何操作的情况下，自动完成收费处理全过程。

7.ETC 系统必须包括三个关键的子系统，即＿＿＿＿＿＿＿、＿＿＿＿＿＿＿、＿＿＿＿＿＿＿。

8.电子标签可分为＿＿＿＿＿＿＿＿、＿＿＿＿＿＿＿＿、＿＿＿＿＿＿＿＿三种不同形式。

9.在实际运行的 AVI 系统中,我国无线电委员会推荐使用＿＿＿＿＿＿＿＿ Hz 系统。

10.收费系统的维护分为四个级别,其中 A 级维护由 ＿＿＿＿＿＿＿＿负责;B 级维护由＿＿＿＿＿＿＿＿负责;C 级维护由＿＿＿＿＿＿＿＿负责;D 级维护由＿＿＿＿＿＿＿＿负责。

二、简答题

1.各种收费制式的收费站设置有何不同?其各自的特点和适用范围如何?

2.通行券的选择需要考虑哪些因素?

3.封闭式收费系统的计算机网络应如何设计?

4.封闭式半自动收费系统应配备哪些车道设备(入口、出口)?

5.半自动收费系统的收费中心软件应具备哪些功能?

6.谈谈你对车型分类与车型判别的看法。

7.启动车牌自动识别系统的意义有哪些?

8.电子收费的工作流程是什么?电子收费需要哪些关键技术?

9.实现省域联网收费需具备哪些条件?

10.谈谈你对计重收费的看法。

# 模块四　高速公路监控系统集成与维护

【本模块学习目的】

正确理解高速公路监控系统组成和功能。掌握视频监控系统的原理，熟悉主要设备、信号的基本处理，掌握交通状况检测和交通综合信息显示的原理，了解监控中心计算机系统，熟悉有关设备，能正确进行系统的维护。适当了解GPS监控技术的发展。

## 项目一　认识监控系统的功能

监控系统的功能目标是连续监视道路状况、交通流状态，根据气候、环境、交通流、出入口车辆、道路使用、异常事件、路网等的动态变化，对正在高速公路上行驶人员提供道路交通状况信息，发出禁行、限速、劝诱、路径诱导等指令，避免道路拥堵和交通事故的发生。一旦发现交通事故及交通异常立即通知路政、养护、交警、医院等部门及时排除故障、疏导交通，减少二次事故的发生，保证道路的交通安全，使道路和路网的通行能力最大，并且为社会各信息媒体提供道路状况、出行向导等交通信息，实现高速公路的现代化管理。

### 一、监控系统的组成和分类

根据监控系统的功能目标，监控系统可以理解为由信息采集子系统、信息提供子系统和监控中心三大部分组成。高速公路监控系统根据所辖路段的道路状况和交通状况分为多种类型，主要有主线控制、隧道控制、匝道控制、通道控制和综合控制五类。

#### (一)组成

1. 信息采集子系统

信息采集子系统是高速公路上设置的用来采集信息的设备和装备。

采集的信息主要包括如下几个方面：

(1)交通流信息，如交通量、车辆速度、车流密度、车辆占有率、车重等。交通流信息的采集设备主要是各种类型的车辆检测器。

(2)气象信息，如风力、风向、降雪、冰冻、雾区等。这些信息的检测主要靠气象检测器。

(3)道路环境信息，如路面状况、隧道内的噪声、能见有害气体浓度等。这些情况靠环境检测器检测。

(4)异常事件信息，如交通事故、车辆抛锚、物品散落、道路设施损坏、道路施工现场等。这些信息主要靠紧急电话、闭路电视、巡逻车等设备和装备进行搜集提供，也可以通过交通流信息进行辅助分析判断。

所谓信息采集系统并非是上述各类信息采集设备完整地连成一个系统。事实上，根据高速公路情况的不同，监控系统中所应包含的信息采集设备的类型、数量、位置都会不同，但这些设备的功能都是相同的,即对原始信息进行预处理,以便得到符合系统应用要求的信息。

2.信息提供子系统

信息提供子系统是高速公路上设置的用来向道路使用者提供道路交通信息和诱导控制指令的设备,以及向管理、救助部门和社会提供求助指令或道路交通信息的设施。该子系统主要包括以下几个方面:

(1)向道路使用者提供信息。如前方路段交通阻塞情况、事故告警、气象情况、道路施工情况等。这些情况常通过高速公路上的可变情报板或路侧通信系统提供。

(2)向道路使用者提供建议或控制指令。如最佳行驶路线、最佳限速车道控制信号、匝道控制信号等。这些指令常通过可变情报板、可变限速标志、车道控制标志或匝道控制设备来实现。

(3)向管理和救助部门提供信息。在发生如交通事故、车辆抛锚、道路设施损坏等情况时,向消防、急救、服务区、道路养护工区等提供有关指令或信息。这些信息常利用指令电话或业务电话提供。

(4)向社会提供信息。包括对新闻媒介和高速公路以外的道路使用者提供本条高速公路的交通信息。这些信息的提供往往通过交通广播系统或广域信息网来实现。

3.监控中心

监控中心是介于信息采集子系统和信息提供子系统之间的中间环节,是监控系统的核心部分。它的主要职能是信息的接收、分析、判断、预测、确定、交通异常事件的处理决策、指令发布、设备运行状态的监视和控制等。监控中心通常由计算机系统、室内显示设备和监控系统控制组成。

根据高速公路里程长短、道路路况和监控功能需求的不同,监控中心有集中式和分布式等形式。对集中式而言,一条高速公路只有一个监控中心;对于分布式而言,一条高速公路可能有一个监控中心,下辖若干个分中心,每个分中心管辖一个路段、一座大桥、一条隧道或一组匝道控制设备。对于高速公路网而言,监控系统的规模和监控中心的分散程度会更大些。尽管规模和形式不同,但其基本功能是一致的,即信息分析、处理、交通控制和管理的辅助决策。

应该指出的是,高速公路监控系统应通过监控中心与外围的管理和服务机构紧密地联系起来,这样才能使监控系统真正发挥作用。当高速公路发生交通事故时,除在监控系统内及时向道路使用者和管理人员通报信息外,还应同时利用指令电话、业务电话、无线电话通过警察、医院、抢险、养护部门及时组织救助,这样不仅可争取时效、减少伤亡、尽快恢复交通,而且可避免事故扩大、发生二次事故,从而增进安全,提高服务水平。

监控系统的组成如图 4-1 和图 4-2 所示。

(二)分类

1.主线控制

主线控制是指高速公路主干线的交通控制。由于保证高速公路主线交通畅通是高速公路的首要目的,因此,主线控制是监控系统的基本类型。

主线控制的监控系统主要是对主线上交通异常事件的监测和应答。交通异常事件诸如交通事故、车辆抛锚等,是偶然的和不可避免的。由于路段上交通量和通行能力的不同,在异常事故发生时,事件对交通的影响程度是不同的。在交通量不大时,主线交通畅通,即使发生异常事件,也不会发生阻塞,此时,监控系统只需一般的信息采集设备和一般的信息提供设备就够了;当交通量增长到一定程度,平时交通可以畅通,但发生交通异常时监控系统的自动感知能力和迅速的应答处理能力就会减弱。因此,主线交通监控系统的规模和功能会随道路交通的具体情况有很大差异。一般而言,主线监控系统通过可变情报板、可变限速标志进行交通诱导、告警和控制。监控中心的主要职能则是对交通异常事件的及时搜索、判断、确认和处理。

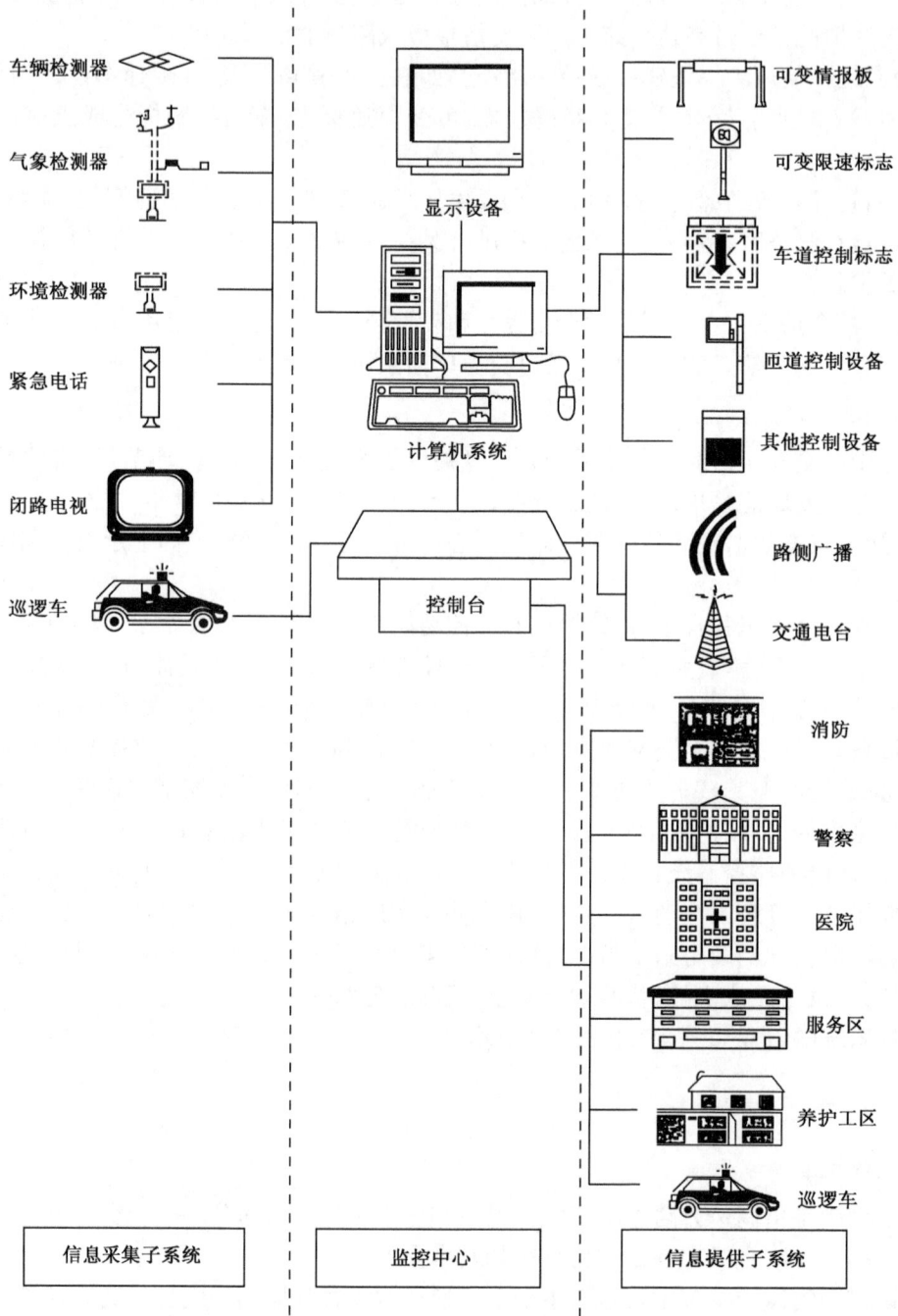

图 4-1  监控系统的组成(集中式)

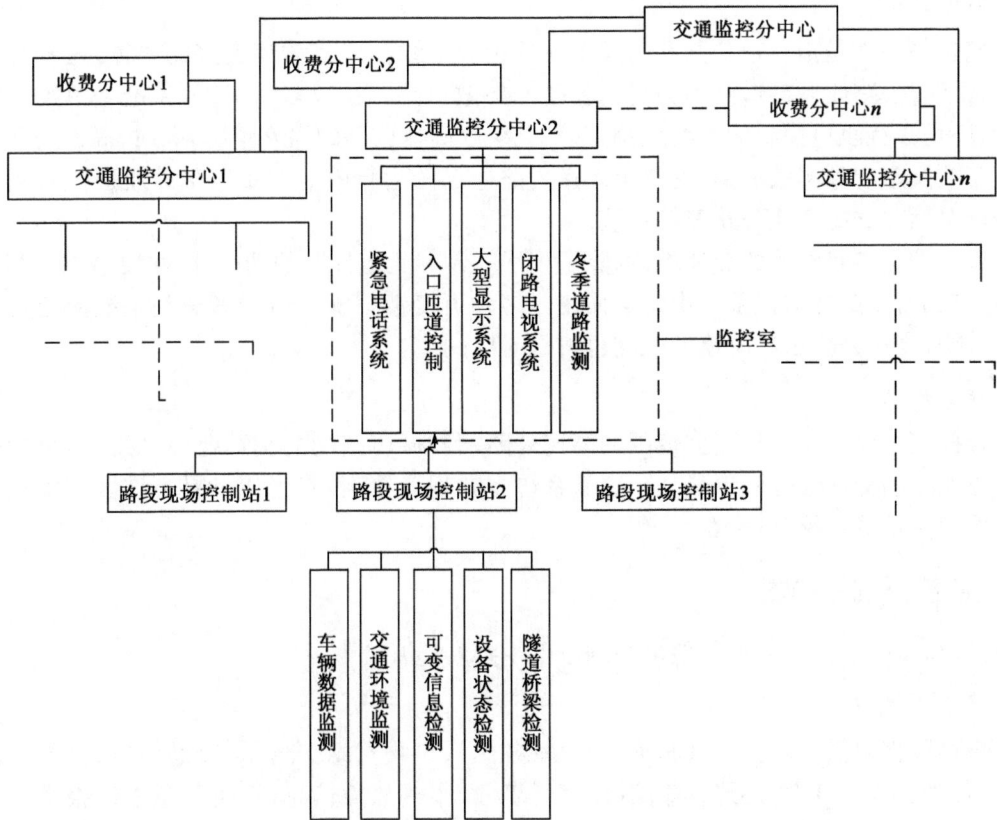

图 4-2　监控系统的组成(分布式)

**2. 隧道控制**

高速公路的隧道是主线的一部分,但由于隧道的特殊性,在隧道控制系统中除具备主线控制的功能外,还应当具有其他功能,如隧道的照明控制、通风控制、火灾报警控制以及在发生交通事故时的车道控制和交通信号控制等。因此,隧道监控系统中除具备主线控制的监控系统所具有的外场设备外,还将增加某些信息采集设备和控制设备,监控中心的分析处理功能相应也有所增加。

在通常情况下,隧道监控系统往往作为主线控制的监控系统的一部分进行设计、建立和运转,隧道监控系统并非完全独立。

**3. 匝道控制**

高速公路的出入口匝道本应是自由进出的,匝道本身并没有交通控制的需求。这种需求主要来自于主线。高速公路的主线上交通量增长到接近饱和的程度,即使不发生交通异常事件,在交通高峰时段也会发生交通阻塞。这种阻塞是周期性的,持续的时间也很长,主线控制没有任何有效手段去消除,只有通过上游入口匝道的交通控制来解决。入口匝道的交通控制适量地限制车辆进入,减少主线交通量,从而有助于主线交通阻塞的消除。当然,根据主线交通流的实时监测,及时启动匝道控制,也可以使主线上本来要发生的交通阻塞得以避免。

匝道控制有定周期控制、感应式控制、合流式控制、匝道关闭等多种方式。匝道控制系统所用设备主要有车辆检测器、交通信号控制机等。

143

### 4. 通道控制

高速公路通道是指高速公路和与其平行的相邻干线公路或城市道路的整体,这些与高速公路平行干线公路或城市道路称为高速公路的集散道路。在很多情况下,无论是单纯正的主线控制,还是具有匝道控制的主线控制,都不能缓解高速公路的阻塞情况,同时,高速公路的交通阻塞还波及影响到集散道路,使整个高速公路通道的运行效益严重下降。通道控制就是针对这种情况而建立的高速公路监控系统。

通道监控是带状路网的交通控制,除了主线控制和匝道控制的功能外,主要增加了车辆的路径诱导功能,因此在监控系统中将会使用更多的可变情报板。由于考虑到主线交通对集散道路的影响,高速公路出口匝道的控制也将是必要的。

### 5. 综合控制

综合控制的监控系统是更大范围的高速公路网和城市路网的交通监控系统,其目标是寻求整个路网上的交通运行效果最佳。这类系统复杂程度更高,属当代世界上许多国家竞相研究开发的智能运输系统(ITS)的范畴。

## 二、监控系统的功能

目前,高速公路监控系统一般可归结以下主要功能:

### 1. 信息采集功能

收集路段交通量、平均车速、车道占有率、各出入口收费站交通量、交通组成、重要路段气象信息、各外场设备工作状况信息、沿线交通事故、车辆故障信息,接听紧急电话报警求救信息等。

### 2. 交通、气象及设备状态监视功能

通过监控所、分中心、中心的计算机、监视器、地图板、大屏幕投影仪等设备实时地对全线交通运行状况、气象状况、道路状况以及设备状况进行动态监视,对重要互通立交、特大桥、隧道以及特殊路段等交通状况用摄像机进行连续地监视与记录。在交通发生拥堵、道路与气象异常、设备出现故障时自动报警。对于紧急电话呼叫信息,可实时显示呼叫位置,并与之通话。

### 3. 信息发布与控制功能

系统根据采集的信息进行分析处理,自动提示异常情况和拥堵区段,并且能自动提示处理提案或人工发布控制命令,对系统自动提出的控制方案,值班员可修改或确认后再执行。控制对象包括可变情报板与可变限速标志的显示信息、信号灯和车道指示标志等的显示,还包括根据隧道内能见度、CO以及火灾自动报警等检测数据对通风机和照明实行不同组合的智能控制与节能运行等。下级监控所或监控分中心根据监控分中心或中心下达的指令进行控制。控制方式有人工控制和自动控制两种,人工控制优先。

### 4. 自动告警及处理功能

系统能按预先设置的限制值和交通控制算法分析采集数据,越限时自动告警并且根据告警事件的严重程度分成轻故障、重故障、严重故障分别进行处理。一旦有告警信息,则在操作员工作站上立即显示设备的状态告警、交通运行状况告警、紧急告警等,并且有相应的声光信号提示值班员。所有告警随时进行存储、记录、打印,打印内容包括故障日期、时间、地点、故障性质等。

5.报表统计与打印功能

系统能按预先规定的格式和内容,对交通、气象和环境数据等定时进行日、周或旬、月、季、年报表的统计处理,并且进行自动打印。

6.查询功能

值班员可随时查询当前和历史数据,并且按值班员的要求进行显示和打印。

7.自动数据备份和系统恢复功能

系统具有数据自动备份功能,系统能实时自动的将重要数据进行备份,一旦系统受到破坏,可以尽快地恢复系统运行。

8.系统具有自诊断功能

能自动测试系统的工作状况,并且在检测到异常情况时,自动显示和打印诊断报告。

9.安全功能

系统对不同层次和职责的人员,分别设置不同的操作使用权限,设置不同的操作口令和密码,防止越权存取和修改,保障数据的完整性,并且对值班员的操作进行存储、记录、打印。

10.数据传输功能

向监控中心上传数据,与其他监控分中心互传相关数据,接受监控中心的指令或控制命令。

11.协调处理功能

在出现事故时,可通知交警、消防、医院、养护、路政等部门协调处理。

12.自动备用功能

系统中的打印机、局域网上的工作站、服务器等备两台以上设备,在一台设备故障时,另一台设备应能接替故障设备完成系统的正常工作,即具有自动后备功能。

# 项目二　集成视频监控系统

视频监控系统广泛用于公路交通监视,使用初期主要用来获取固定区域的实时交通图像,凭借人的视力与经验探测交通事件。近年来,计算机图像处理技术迅速发展,视频监控系统监控功能进一步扩展,可以对交通参数自动检测记录,对交通事件自动识别报警。

## 一、视频监控系统的原理

### (一)视频监控系统的功能和基本配置

目前,监测所得到的各种数据还不能反映交通流的全部形态,也难于描述交通事故现场具体细节。借助布设于重要地段的摄影机所拍摄的交通图像,由视频监控系统在监控室重现这些图像以支持人对监控过程的介入。这些图像帮助人们实时掌握全路的交通运行情况,了解重要地段的交通运行细节,以便正确地作出事件探测和控制决策。对事故现场的电视图像加以录制,叠加时间、地点等附注,以备存档和事后分析。

一般监控中心所属视频监控系统的监视点多达数十个,配置的设备很多,其基本配置见图4-3。

图 4-3 显示视频监控系统由前端和后端设备、传输等部分组成,在后面视频监控系统的主要设备中详细介绍。

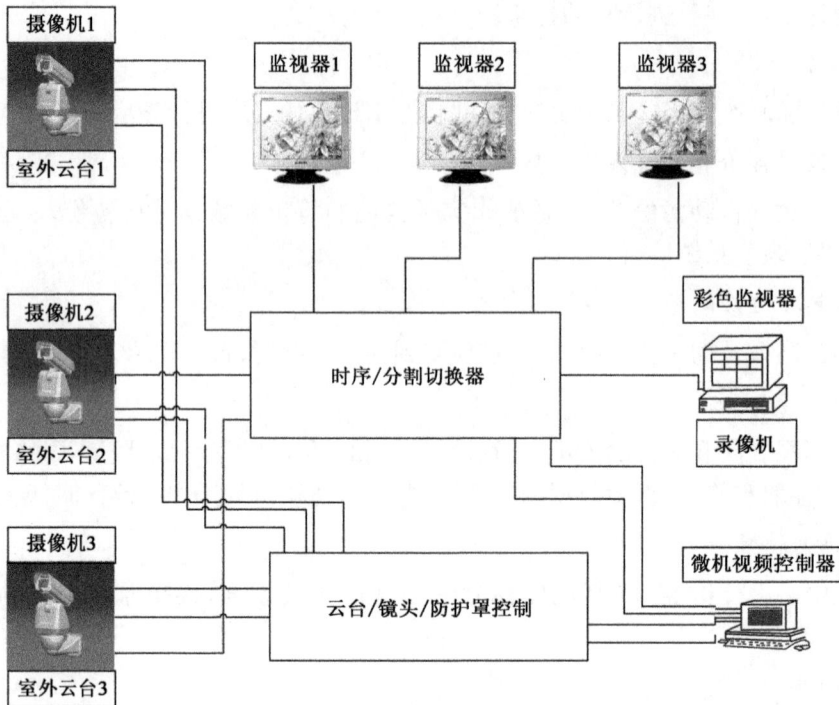

图 4-3　视频监控系统的基本配置

### (二)视频监控系统的基本原理

视频监控系统由前端和后端设备、传输三部分组成。

前端设备包括摄像机、镜头、云台和防护罩等。镜头的作用是成像,它把镜头前物体的空间景象变成镜头后焦距处的平面图像。摄像机的功能是把镜头后焦距处的平面图像变成电信号,它是光电转换、产生图像信号的主要器件。云台带动摄像机水平旋转和俯仰转动,扩大摄像机的视野,以监视更大的区域。防护罩用于保护摄像机和镜头,保证摄像机和镜头的工作环境,在严寒或酷热的条件下仍能正常工作。有的防护罩设有自动启动风扇,温度升高到一定值(如 40℃)便开启,进行散热,还设有自动加热装置,温度降到一定值(如 5℃)便开启,进行加热;有的还设有雨刷和喷水,必要时清洗防护罩的透光面,保证摄像机能看清被监视物体。解码器用于接受监控主机传来的控制指令,翻译成镜头、云台和防护罩可执行的信号,并控制它们的运转。

传输系统包括传输线路和信号转换器。传输线路把摄像机的视频信号传至信号转换器,由信号转换器把视频信号转变成传输线路可传输的信号(如传输距离小于 500m,则不需要信号转换器),通过传输线路传至另一信号转换器,并通过该把该信号转换器将传输来信号还原成视频信号,送至控制部分的视频分配器。

传输部分是系统的重要部分,它的技术水平高低、质量优劣,对整个系统的质量和技术水平有重要影响,不可忽视。对于 500m 以上视频信号传输,有很多方法可供选择,如电话线方式、视频方式、微波方式,而在高速公路实际应用中,多选择光缆传输技术,因为它传输距离远

(20km 以上),图像质量高,可和其他通信共用一条光缆,有一定技术储备,使用很长时间不会遭淘汰。单独使用时,两端要配光端机,如和通信共用光缆,两端要配信号压缩调制成 PCM 信号的设备。500m 以内的传输,基本上都用直通传输,用同轴电缆传送视频信号,用 RVV 电缆传送控制信号。

后端设备包括监视器、视频分配器、视频控制切换器、视频分割切换器和录像设备等,视频分配器的功用是把进来的一路视频信号,分成若干路(如四路)相同的视频信号,供不同的地方使用,如分成四路,一路到站长室内视频切换器,一路到多画面处理器,一路到监控主机,还有一路备用。视频切换器用于从多路出入信号中,选择一路进行观察监视。常用的是 4 选 1、8 选 1 和 16 选 1。视频分割切换器把多个视频输入信号进行压缩组合,送到一个监视器上,同时显示多个画面,送到录像机上,进行同时录像。微机视频控制器把多路视频信号分批地按一定的顺序编程显示在几台或十几台监视器上,控制各个摄像机的镜头,云台和防护罩雨刷、喷水,并设置控制报警等。监视器用于显示图像信号。投影仪在大屏幕上显示图像信号,它的图像大,清晰度高,真实感强。长延时录像机用于记录图像以备查询。它有多种时间模式,即用一盘普通的 3h 录像机,可录制 24h 图像信号,不过,回放时图像动作不连续,有些跳动。但作为判断仍然可用。启动报警信号时,录像机可按事先设置自动对报警区摄像机图像进行实时录像,以取得更清晰的图像。

### (三)交通事件视频管理系统

视频监控用作公路监控设施,要求操作人员长期注视多幅活动画屏,并能在交通事件发生初始阶段就做出正确判断,发出预警,事实上难于完成此项要求。市场已出现一种以视频检测器为基础的交通事件管理系统(Automatic Road Traffic Monitoring Information System),它能自动从视频画面的交通图像上识别交通事件的发生,发出声光警报,并自动将事件现场的摄像画面切换到主监视器上。

#### 1. 系统工作要求

可以设想一个理想的交通事件管理系统,它的工作内容和程序为:

对有可能发展成为交通拥堵或交通事故的某监视区的交通流状态判别为交通事件,并发出预警;将该监视点的实时交通图像自动切换为全屏显示或投影到大型屏幕,同步启动录像机和统计功能设施开始工作,直到事件结束。

报警吸引操作员全神注视报警区的交通图像,并随事件结束,采取各种针对性措施,直到事件结束,恢复正常交通。所记录的录像带和数据统计报表为事后分析提供依据。

系统工作的关键为事件判别。系统以活动图像为判别对象,设置以图像识别为基础的门限值。考虑车辆停驻和慢行是拥挤和事故前期常见现象,故预设报警门限值为:

(1)报警前任一辆车最短停驻时间。

(2)车队停驻持续时间,即报警持续时间。

(3)慢速行驶的最低车速值,即慢速报警值。

(4)解除慢速报警的最低车速值。

由摄像机传送来的交通图像可以分为两大部分:静止的交通设施(车道、匝道、桥梁和隧道等)和运动车辆。在静止图像上,可以用鼠标画出一些如图 4-4 所示的检测线,以测出车辆的停驻和慢行。检测是以活动线条与给定的静止线条相交汇为基础的。检测线的形状随需要而定,如在车道和硬路肩检测车辆停驻,一般画成"之"字形线;如检测一定路段的平均慢行车速,则可画成类似环行线圈的方形框。

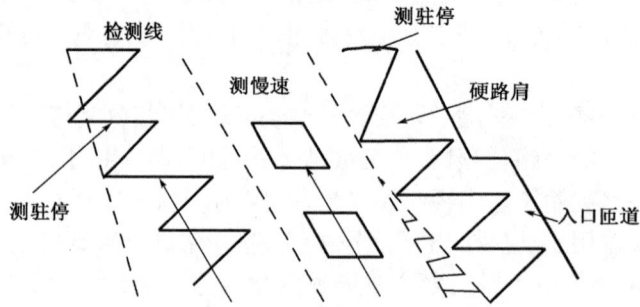

图 4-4　屏幕图像上的检测线

2.系统结构

事件管理系统是在视频监控系统的基本配置上,增加一台事件主处理器,通过局域网连接控制若干个从处理器的图像处理系统,如图 4-5 所示。主处理器提供系统控制和配置,对选用的摄像信号设置所需要的交通状况图像监视区域,并按分配给该信号的监视器支持图像显示。每个从处理器监控三个不同的摄像输入信号,实施实时图像分析并监控同一时刻的每一个输入和输出,统计并把事件数据传送给主处理器。

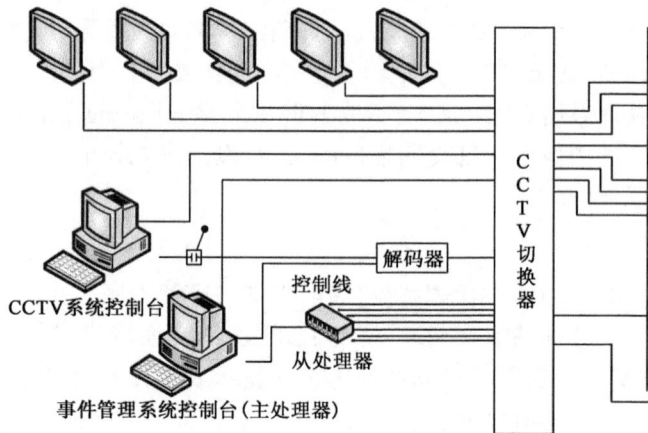

图 4-5　交通事件视频自动管理系统框图

主处理器配备一台功能强大、外设齐全的计算机,并拥有图形支持和专用处理软件。由各摄像机摄取的信号经过切换器(时序或分割)→事件从处理器→主处理器→监视器。主处理器在监视器上显示激活的交通图像、监视区号(摄像机编号)和报警状态。

摄像机的布设按需要而定,对重要路段如隧道和大型桥梁需要全程监视,摄像机所监视的区域应相互衔接,不能留有未监视的空白区。摄像机镜头宜固定,以提供连续的视频信号,进行持续监视。主处理器设置的检测线应该为"之"字形复合线段,便于采集车辆停驻和慢行信息。在匝道连接点附近,经常安装带云台的摄像机,通过回转、俯仰以获取各进口的交通图像;此时也可设置类似环形圈形的检测线。

由于在静止图像上设置检测区,当输入当前活的车辆图像时,应仔细观察车辆在静止图像上的运动轨迹,如不匹配,应进行调整。

## 二、视频监控系统的主要设备

图 4-3 视频监控系统由前端和后端设备、传输等部分组成,下面予以分别介绍。

### (一)前端设备

包括摄像机、镜头、云台、防护罩和解码器等。

#### 1. 摄像机

目前很少采用光电导管摄像机,已广泛使用电荷耦合固体器件作为摄像元件的摄像机,英文缩写为 CCD。这是一种金属氧化物半导体(MOS)集成电路器件,它能将表示图像的各像素亮度转换成相应强度的电信号。它以体积小、质量轻、灵敏度高、惰性小、抗烧伤、图像均匀性好和寿命长等突出优点而被广泛使用。

摄像机种类很多,应根据监视的需要和工作环境条件选择合适的机型及其配件。

选择摄像机应以监视地区的最低照度下能摄取到清晰的图像为主要指标。按适用照度可分为普通摄像机和微光摄像机:前者要求照度较高,白天和较强灯光下(照度大于 2~3lx),人眼能清晰分辨并摄取图像;后者可以在低照度下(0.1~0.5lx),如黎明、黄昏、暗光下摄取图像。如果在安装摄像机处装有人工照明,平均水平照度又能保持在 2lx 以上,则 24h 连续监视也可采用普通摄像机。微光摄像机的价格高很多,非必要不要采用。清晰度以水平和垂直方向的电视线数决定,是摄像机固有特性,一般要求 350~400 线。高清晰度摄像机则要求水平方向达到 500 线,垂直方向达到 450 线以上。

按摄取图像可分为黑白和彩色两种,前者清晰度较高,后者色调逼真,目前大都采用彩色的。按图像组成信号可分为模拟和数字式两类,前者价格较低,通常都采用它;数字式彩色摄像机只在有特定需要的场合下使用。

摄像元件 CCD 的尺寸一般选择为 1/2~1/3 寸(1 寸≈0.33m)。

#### 2. 镜头

镜头的作用是把被摄景物成像在摄像管的靶面上,形成清晰的光学影像。影响图像清晰的镜头参数主要是光圈和焦距。光圈孔径和焦距之比愈大,进入的光通量就愈多。摄像机的光圈是根据环境照度自动调节的。焦距确定物像比例,当被摄景物与镜头间的距离改变时,焦距应能自行调整;否则,成像面可能落到焦点深度以外,而使图像模糊。交通监视的汽车大都在 200m 以内,一般采用能自动调焦的摄像机,焦距变化范围选为 20~400mm。很多摄像机没有这么大的调节范围,可以配置一个 X2 的接圈,扩大焦距调节范围。监视用摄像机快门均能自动调节。

#### 3. 云台

云台的作用是安装和支持摄像机,同时以两个伺服电动机带动摄像机作水平、俯仰运动,以扩大观察视域。交通监视要求摄像机水平回转能接近 360°,上下摆动分别要求达到 15°和 30°。运动速度要求均匀,不能太快(每秒 3°~6°),不能有任何抖动,以致影响图像的稳定。云台有室外、室内之分,可按需要选择。

#### 4. 防护罩

摄像机在野外环境连续工作,要经受风霜雨雪、阳光直射、风沙侵袭。我国地域广阔,南北室外温度差异大,如南方最高可达 55℃以上,北方最低在−35℃以下;沿海地区潮湿闷热,又存在腐蚀和霉菌问题,而摄像机为光电器件,对使用环境有一定要求,上述种种恶劣环境都会给正常摄取图像带来不容忽视的干扰。防护罩就是为解决这些干扰而设置的,其具体功能见表 4-1。

摄像机防护罩功能                                                      表 4-1

| 环 境 条 件 | 防 护 罩 功 能 | 控 制 要 求 |
|---|---|---|
| 过热,表温 50℃,内温 60℃ | 密封,装风扇,装通风遮阳板 | 室内保温−5～30℃;≥40℃,开始吹风 |
| 过冷−40℃ | 装电热器,电热玻璃 | <5℃,加热,到 30℃,自动切断 |
| 阳光直射镜头 | 散热型遮阳罩 | |
| 雨 | 自动雨刷器,自动回位 | |
| 风沙 | 定时清洗,高压泵洗净剂清洗器 | 抗风雨 36m/s,清洗周期自行设定 |
| 沿海盐雾 | 加强金属镀层防腐 | |
| 湿热地区霉菌 | 定期喷药 | 自定 |

在选择摄像机时,应对下述指标指出明确、具体的要求:

摄像元件 CCD 尺寸、最低使用照度、清晰度、信噪比和工作环境温度;对镜头应提出自动变焦距变化范围,快门速度和安装形式;对云台应提出回转、俯视的范围、转动速度、承载能力、环境温度和抗风指标等。

5. 解码器

接收后端切换控制设备发来的信号,对云台进行上/下、左/右运动控制;对镜头作远/近焦距、广角/窄角变焦、光圈的开/关控制;对防护器进行风扇/电热/喷水/雨刷等项控制。

### (二)后端设备

包括监视器、视频分配器、视频控制切换器、视频分割切换器和录像设备等。

1. 监视器

监视器和摄像机配套使用,在监控室重现交通图像。在确定视频监控系统时,需要确定监视器的数量、尺寸、色彩和清晰度。对一个监视点不多的系统,监视器和摄像机可以一对一使用,即监视器与摄像机的数目相等。如果监点很多,监视器可以少于摄像机,采用顺序切换,轮流监视或一个屏幕显示多个图像的方法实现监视目的。公路监视目前常用 9～14 彩色监视器,清晰度需与摄像机匹配,常大于 350 电视线。

2. 视频分配放大器

视频分配放大器的功用是把一个视频输入信号分成相同的多个输出信号,供不同的地方使用,由于需要进行分配,为保证分配后的信号有适当的功率,先对输入信号进行功率放大,而后再进行信号分配。

视频分配放大器的主要技术指标为:

(1)一路输入,$N$ 路输出。

(2)输入输出信号电平,一般输入 $0.5～2.0V_{p-p}$。

(3)工作环境温度 0～50℃,相对湿度 30%～90%。

3. 视频控制切换器

几台摄像机共用一台监视器需借助切换器将各个监视点的交通图像按预定的时序轮流显

示在监视器上。目前多用微机视频控制器,配有键盘、解码器和专用软件,具有可编程时序、自动报警、字符叠加、前端控制、屏幕编辑和网络通信等多种功能。键盘操作包括时序编制、运行、手动切换、报警参数设置、字符输入、云台和镜头遥控等。可实行可编程矩阵切换方式,使得任一摄像机的图像可在任何监视器上显示;手动切换和时序运行可交换进行,每一条时序由用户自行编制、修改、存储,普通单步时序和齐步群时序并存,且切换时间在1~60s之间任选。

4. 视频分割切换器

采用时序切换将使监视图像在一定时间内被隐藏,脱离监控者的视线,潜伏不安全因素。把监视器画面分割为几块,将多幅摄像同时显示在屏幕上,既可以节省监视器的设备投资,也可进行全面监视。市场供应的新型视频分割切换器可以通过串行接口实现远端计算机遥控操作,同步处理16个视频信号,以不同的画面分割形式实时显示;也可采用可编程预校视频切换方式,分割方式有全屏、四分、4+3、8+2、12+1和4×4等。

5. 图像存储设备

出现交通事件时,有必要将事件的发生、发展过程记录下来,进行事后分析。因此后端一般应配置可长期录制的长延时(几十小时或更多)录像机,也可配置视频捕获器,将图像录制在计算机硬盘内。

### (三)传输系统

高速公路视频监控系统目前常用光缆通信传输(在下面视频监控系统图像信号的处理部分详细介绍)。

## 三、视频监控系统图像信号的处理

视频监控系统图像信号的处理主要包括图像信号的传输、存储和查询。

### (一)视频图像信号传输

高速公路监控系统有大量的图像信息需要实时传输。高速超大规模集成电路、图像压缩和副载波调制技术的发展给利用光纤网络传送图像提供了可行性。

1. 要传输的视频图像与相关信息

(1)重要路段、立交和隧道摄像机拍摄的交通流图像信息需要实时传送给监控中心。与此同时,监控中心需要将对镜头和云台的控制信号分别反向传送给摄像机。

(2)收费车道摄制工作图像需实时传送监控楼,反向控制信号由监控楼传送给摄像机。

(3)收费亭收费工作图像实时传送给收费站监控楼。

(4)异常收费图像需传送给收费中心。

2. 视频图像信号传输主要技术指标

(1)带宽:5k~10MHz。

(2)信噪比大于等于56dB(加权)。

(3)视频信号电平/阻抗为$1V_{p-p}$,75Ω。

(4)微分增益小于等于3dB。

(5)微分相位小于等于3°。

3. 视频图像的同轴电缆传输

同轴电缆适用于基带传输,将摄制图像信息不经调制直接送入同轴电缆传输,简单易行且成本低廉,广泛用于2km以内的图像传送,如收费车道和收费亭的监视图像常用这种方式传送给收费站的监控楼。同轴电缆是一种非平衡传输线,为了与其他电视设备实现阻抗匹配,均采用75Ω同轴电缆。

同轴电缆对信号的衰减量近似与信号频率的平方根成正比,当铺设电缆长度超过300m左右时,需要使用电缆补偿器进行频率特性补偿。由于发信端和收信端的地电位常常不同,同轴电缆传输视频信号易受低频交流干扰,最常见的是50Hz的工频干扰。最好能切断地回路或截断纵向电流通道,也有采用抗干扰稳压器和抑制电路法对干扰进行抑制。

对摄像机的控制信号,可使用频蔽双胶线单独反向传送。

4. 视频图像的光缆传输

光缆传输可进一步分为基带传输,调制传输和数字传输等方式。

(1)基带传输。

工作方式与同轴电缆相同,但传输距离更长(可大于10km),干扰也大大减少,控制信号经过调制后,可从同一光纤反向传输。

(2)副载波复用传输。

公路交通有多路摄制图像要从不同路段的多个点位实时传输给监控中心,理想的传输方式是将所有信号复用到一条线路传输,副载波复用技术提供一种相对廉价和方便的方法。首先对各路图像信号分配副载波频率(中心频率为几百兆赫兹至几个吉赫兹,频率间隔为50~100MHz),副载波用压控振荡器产生。将所要传输的图像基带模拟信号用频率调制法调制在各自的副载波上,然后经过频分复用(合路),用合路的已调信号去调制半导体激光器的输出光强,经光纤将多路图像信号复用传送给监控中心。对模拟视频图像而言,中心仅需选择单个信道加以解调。因此,信号经光电转换和放大后,通过可调谐的本地振荡器、混频器和窄带滤波器即可选出需要的信道,并将其转换成中频信号,经中频放大和解调,恢复原来的基带信号,传送给指定的监视器。摄像机控制信号可在同一信道调制反向传输。

这种方法的优缺点是:

①成本低。不需要复杂的编码、复用设备,调制/解调、合路/分路及放大等微波电器件,技术成熟,价格低廉。

②频带宽。副载波频率只受激光器调制速率限制(目前已达20GHz),可实现大容量传输。

③数模混传。在同一光纤内,既可传送数字信号,也可传输多路模拟信号。

④传输质量。易受光源非线性和光纤色散影响,产生失真,使图像质量下降。

⑤多次合路。由于图像摄制点相距较远,信号需经多次复用合路。

(3)数字传输

传输一幅电视图像的数码率为140Mb/s,数十幅视频图像复用合路同时传输,要求高数码率信道和相应的传输设备,一次投资和网络管理维护费用都将大幅度上升。因此,图像数据压缩编码是实现图像传输的关键技术。经过近30年的研究,图像压缩编码技术的各种算法大都可以通过高速超大规模集成电路予以实现。根据ITU-TH.261的国际建议标准"pX64kb/s视声业务用视频编/解码器",可选择p=1~30。此标准已在全球推广,目前视频图像数据编码已可压缩成34.368Mb/s速率的数码广播电视信号,还能压缩成2.408Mb/s数码会议电视信号。而且,图像清晰,可实时操作,解码延时也较短。交通监视图像背景变化小的特点有利于图像压缩技术的使用。采用2M数码率的图像信号更方便从ADM的2M端口插入光同步数字网,充分利用光纤数字通信线路,可省去专用光纤来传输视频图像信号,但反向控制数字信号则需用专用线路单独传送。

### (二)视频信号的存储和查询

家用录像机在录像带上记录视频信号是公众熟悉的。高速公路电视监控系统用的不是家用录像机,而是长延时录像机。普通 3h 的 VHS 录像带,可以录制 24h 甚至更长的图像信息。它的关键技术是每几帧图像中录制 1 帧图像(实时录像时,每秒 25 帧图像,由于人的视觉暂留作用,回放时,人们看到的是连续画面)。例如选 24h 模式,那么每 8 帧录制一帧。这样每秒约 3 帧图像,回放时自然会有点动画感、画面不够连续。但是对于记录日常工作的事件是可以满足要求的。它和视频分割切换器连用,可记录多路长时间的图像信息。

上述是用 VHS 录像带(磁记录)记录图像的模拟信号。现在随着数字电子技术的发展,出现了数字视频录像机,如皖通 WT 系列数字硬盘录像机系统。它把视频信号数字化后,记录在硬盘上。它的视频采集速度为每路每秒 1~30 帧可选,该种设备也可以同时记录(和显示)多达 16 路的视频信号。

以上两种设备可以连续录制,也可以用事件(报警信号)启动录制。即平时不录制,但报警信号一到,它立即启动录制。模拟长延时录像机还有一种功能,平时多画面录像,报警信号一到,立即转到对报警信号所在的录像机进行实时录像。

记录的目的之一是为了查询,在进行图像信息查询时,由于录制时在录像带或磁盘上存有年月日和时间信息,可以按日期时间进行快速查询,数字式录像机查询更加方便快捷。数字式录像机,对查询到的图像,还可以单独以文件形式储存,若配有打印机,还可以把图像打印出来。

## 四、高速公路专用数字化视频设备

### (一)数字硬盘录像机

随着数字电子技术的发展,出现了数字视频录像机,它把视频信号数字化后,记录在硬盘上。下面以皖通 WT 系列数字硬盘录像机系统为例简要介绍。

1. 系统基本功能

(1)实时录像功能。系统提供基于 MPEG-1、MPEG-2 及 MPEG-4 的视频编码格式,具有单路或多路音视频同步实时录像功能,可设置每路的录像和录音模式(如:单视频、单音频、混合同步)。

(2)特殊录像标记功能。数字硬盘录像机在录像过程中可以对特殊事件录像进行标记,以便录像管理器或控制软件对特殊录像进行检索。一个录像标记可以对记录 8 个属性(如:事件发生时间、收费站、收费员、车道、车型、车种、事件类型等),发生特殊情况时,通过网络或 RS-232 接口,控制系统可以将 8 个属性传送到数字硬盘录像机,数字硬盘录像机自动将录像属性标记到录像文件中。录像回放时可以直接回放特殊事件标记前后的图像。

(3)影像品质可调整。数字录像机支持 10 个等级的连续录像录像品质,较低的影像品质有较高的压缩比,较高的影像品质有较低的压缩比。在录像过程中,日常的 24h 连续录像可以采用较低品质的影像录像状态,当发生特殊事件需要标记录像时,系统可以根据设置,自动进入较高品质的影像录像状态,事件结束后或系统定时时间到,系统自动恢复正常的较低品质的影像录像状态,这样可以保证长时间的 24h 录像,并且在发生特殊事件时,可以保证较高的影像质量。

## 2. 录像管理器

录像管理器是数字硬盘录像机的网络监控套件,可以运行于网络中的任何计算机上,主要实现对网络内所有数字录像机的远程配置、监控、录像检索、回放及备份等功能。

(1)录像实时监控。录像管理器可以提供单路或多路音视频同步实时监控功能,每路均可达到 30 帧/s。

(2)可调整影像参数。录像管理器可以实时调整录像参数,如:亮度、对比、饱和度、色调和音量等,还可以对录像品质进行监控与调整。

(3)录像检索、回放。录像管理器提供所有录像机的集中检索功能,可以按照特殊录像的属性一次性检索所有录像中的录像,例如:可以检索所有车型冲突的录像、所有免费车录像等,系统检索后可以逐一进行回放,录像文件资料的检索满足高速公路领域的特殊管理要求,是其他通用数字视频设备所不具有的。回放速度达到 25 帧/s,可以快进、快退、单帧回放、放大等功能,录像回放不影响系统正常录像及特殊事件的图像标记功能。

(4)剪辑及备份。由于连续录像的文件较大历史使用价值较小,一般仅需要对特殊标记录像及指定录像进行备份,录像管理器提供特殊录像及指定录像的自动或手动剪辑功能,可以对录像中的特殊标记录像进行剪辑,复制备份到光盘或硬盘,形成历史资料。

(5)设备状态实时监控。录像管理器提供所有数字硬盘录像机实时的状态信息,指示录像状态、录像设备资源状态、故障状态等。

## 3. 录像软件开发包

软件开发包是数字硬盘录像机的二次开发套件,主要为系统集成商提供一套简单的系统集成接口,可以方便地由系统集成商直接控制与监控数字硬盘录像机,主要用于视频图形处理软件中。软件开发包提供一套数字硬盘录像机管理控件及开发指南。

通过软件开发包,在系统集成商提供的视频图像控制软件中,可以非常方便地实现类似录像管理器的功能,可以非常简单地集成在应用系统中,可以控制特殊事件录像属性,并根据要求对数字硬盘录像机的启动、停止、标记、检索功能。

软件开发包支持多种流行的软件开发工具,如:Visual Basial、Visual C++、Delphi、Powerbuilder 等语言,接口设计简单,通过一个控件可以管理系统中所有的数字硬盘录像机。

## 4. 主要技术指标

(1)音视频输入:1~16 路音频、视频同步输入。

(2)压缩格式:MPEG-1、MPEG-2、MPEG-4 可选。

(3)视频标准:PAL/NTSC 制式。

(4)视频采集速度:每路 1~30 帧/s。

(5)录像图像分辨率:720×576(PAL)。

(6)编码传输速率:1.5~100Mb/s 之间可调。

(7)图像画质:10 级画质质量可连续分级调节。

(8)监视画面显示:1、4、9、16 路显示。

(9)字符叠加:日期、时间及其他属性。

(10)图像安全:图像水印技术,防止原始图像被篡改。

(11)录像启动:受控启动、手动启动、定时启动、移动侦测启动、报警触发启动。

(12)回放模式和速度:定时多速同步回放、快速检索定位、支持单帧回放。

(13)图像检索方式:通过录像标记快速检索定位。

(14)远程传输:可通过 LAN、INTERNET、PSTN 等进行远程传输和操控。

(15)支持协议:TCP/IP、UDP、IGMP、DHCP。

(16)四工同步:监视、录像、回放、远程传输可同步进行。

(17)外部接口:10/100M 网络接口、串行接口 2 个(RS232)、并行接口 1 个、USB 接口 2 个。

(18)外接备份方式:移动硬盘、DVD 刻录机。

(19)扩展性:提供 SDK 开发包、支持二次开发。

5.应用方式

在高速公路实际应用中,存在三种类型的录像,可以根据实际情况进行选择,第一种是连续录像方式,第二种是受控录像方式,第三种是报警方式。

(1)连续录像方式。

连续录像方式是指可以 24h 连续录像方式,数字硬盘录像机在无特殊请求的情况下,以较低画质对收费车道、收费亭、收费广场进行连续录像,当车道发生特殊事件时,控制系统可以将特殊事件属性(如:事件发生时间、收费站、收费员、车道、车型、车种、事件类型等)发送到数字硬盘录像系统,制作录像标记,同时以较高画质继续进行不间断地录像,事件结束后,控制系统发送事件结束命令,恢复正常录像状态。

连续录像方式既可以保证图像记录的连续性,降低整体存储需求,又保证了在发生特殊事件时,可以精确记录事件的每一细节。

连续录像方式为系统集成商提供了简单的控制接口,应用系统只要在发生特殊事件时,将事件属性发送到数字硬盘录像机即可,整个录像画质调整及录像标记均是自动完成。

(2)受控录像方式。

受控录像方式是指在接收到控制系统的启停命令时才进行录像的方式。数字硬盘录像机在无录像事件请求的情况下,处于停止录像状态,当车道发生录像事件(如:车辆通过)或特殊事件(如:免费车、冲载重车、无款车等情况)时,控制系统可以将录像请求的属性(如:事件发生时间、收费站、收费员、车道、车型、车种、事件类型等)发送到数字硬盘录像系统,数字硬盘录像机接收控制后以设定的画质启动录像,对相应收费车道、收费亭、收费广场的视频进行录像,事件结束后,控制系统发送事件结束命令,停止录像。

受控录像方式由于仅是在发生车辆通行或特殊事件时才启动录像,因此录像存储的需求较低,并且可以精确记录事件的每一细节。该方式的不足之处在于录像资料的间断的、不连续的,虽然如此,这种方式仍是高速公路数字录像的首选方式。

受控录像方式也为系统集成商提供了简单的控制接口,应用系统只要在发生特殊事件时,将事件属性发送到数字硬盘录像机即可,整个录像启停自动完成。

(3)报警录像方式。

报警录像方式是指在接收外界报警控制或视频报警控制后,不需控制系统启停即可进行录像的方式。数字硬盘录像机在无报警请求的情况下,处于停止录像状态,当车道发生报警事件时,数字硬盘录像机可以自动启动录像,记录录像时间、车道属性,事件结束后,数字硬盘录像机自动停止录像。

外界报警输入主要是指车辆驶入检测线圈、车辆驶出检测线圈、收费员报警器等报警触发信号源,数字录像系统可以根据这些报警信号启动/停止录像。这种方式与系统集成商的应用系统是独立的,系统集成商仅将报警信号接入数字硬盘录像机即可。

视频报警主要是指直接根据数字硬盘录像机接收到的视频信号,通过视频移动目标分析,当摄像机指定区域内发现移动目标时,数字录像系统启动录像,移动目标消失即停止录像。这种方式不仅与系统集成商在应用系统级是独立的,而且在设备集成及安装级也是独立的,数字硬盘录像机仅需相应的视频输入即可。

报警录像方式存储的录像资料与受控录像方式基本相同,由于仅是在发生报警时才启动录像,因此录像存储的需求较低,并且可以精确记录事件的每一细节。该方式的不足之处是录像资料是间断的、不连续的,并且录像属性较少,仅记录录像时间、车道号,虽然如此,这种方式也是高速公路数字录像的一种可选方案,特别适合于模拟录像系统的改造。

(4)检索回放方式。

所有三种录像方式均提供丰富的检索回放功能,支持基于网络的本地检索回放及远程检索回放,使用系统提供的录像检索及回放功能,在监控总中心,可以检索高速公路路网内指定路段、指定收费站、指定车道(或时间、收费员、车型、事件类型等)的录像资料并进行回放。不管录像资料存在于哪一台录像设备上,检索回放系统可以将所有录像资料一次性全部检索出来,例如,可以检索某收费站所有免费车辆通行的视频图像,可以检索所有无款车辆的收费过程等;在监控中心,只能检索所管辖路段的收费站数字录像资料。

**(二)视频编解码器**

为实现视频图像的远程传输,需要专门的数字设备对视频图像进行编解码,并可通过接口对视频的编解码参数进行控制,下面以皖通 WT 系列视频编解码器为例介绍视频编解码器。

1. 系统基本功能

(1)支持基于宽带 IP 网的图像上传方式和基于 SDH 的 E1 专线图像上传方式。

视频编解码器通过分配 IP 地址、连接 IP 网络,视频编码器即可自动开始以组播或者单播的方式将 MPEG 码流送往网络上指定的目标 IP 地址。

(2)具有广播级的视频编码和解码功能。

视频编解码器支持 MPEG-1、MPEG-2、MPEG-4 三种视频压缩标准,通过通信网络,视频编码器将视频图像数字化、压缩、发送到接收端,接收端接收到数据流后,进行解码可以输出视频图像,也可以接收后存储到录像硬盘中。

(3)视频数字化参数调整。

视频编解码器可以通过调整视频数字化参数,来调整视频图像的质量。

(4)视频编解码器 MPEG 视频码流多处理方案。

IP 网络的 MPEG 视频码流可以被解码器获得,还原成视频图像信号在监视器或大屏幕上显示;也可以被 IP 网络中的计算机获得,直接在桌面上进行路网监视;还可以被网络硬盘录像机获得,直接保存到录像硬盘中,起到视频数字硬盘录像机的功能。

2. 视频传输管理器

视频传输管理器是视频编解码器的网络管理与监控套件,可以运行于网络中的任何计算机上,主要实现对网络内所有视频编解码器的远程配置及监控功能。

(1)传输监控功能。

视频传输管理器可以提供单路或多路音视频同步实时监控功能,每路均可达到 30 帧/s。

(2)可调整传输参数。

可以实时调整传输参数,如:亮度、对比度、饱和度、色调和音量等,还可以对录像品质进行监控与调整。

3.传输控制软件开发包

软件开发包是视频编解码器的二次开发套件,主要为系统集成商提供一套简单的系统集成接口,可以方便地由系统集成商直接控制视频编解码设备,主要用于视频图形处理软件中。

软件开发包支持多种流行的软件开发工具,如:Visual Basic、Visual C++、Delphi、Powerbuilder 等语言。接口设计简单,通过一个控件可以管理系统中所有的视频编码设备。

一般情况下,可以使用视频传输管理器进行视频传输的控制工作,不需要系统集成商进行二次开发。

4.主要技术指标

(1)音视频输入:1~4 路音频、视频同步输入。

(2)压缩格式:MPEG-1、MPEG-2、MPEG-4 可选。

(3)视频标准:PAL/NTSC 制式。

(4)视频采集速度:每路 1~30 帧/s。

(5)录像图像分辨率:720×576(PAL)。

(6)编码传输速率:1.5~16Mb/s 之间可调。

(7)图像画质:10 级画质质量可连续分级调节。

(8)监视画面显示:1、4 路显示。

(9)远程传输:可通过 LAN、INTERNET、PSTN 等进行远程传输和操控。

(10)支持协议:TCP/IP、UDP、IGMP、DHCP,支持 IP 协议的组播、单播传输方式。

(11)外部接口:10/100M 网络接口、串行接口 2 个(RS232)。

(12)扩展性:提供 SDK 开发包、支持二次开发。

5.应用方式

(1)单播传输方式。

单播传输方式主要用于视频的远程传输,不对视频码流进行综合运用,其作用等同于光端机。在接收端一般使用视频解码器,将 MPEG 压缩视频码流还原成视频图像信号,供所有模拟视频设备使用。

这种方式结构简单,不需要对应用系统进行改造,一般适合基于 SDH 的 E1 专线网络。在视频源端连接视频编码设备,在接收端连接视频解码设备,直接构建一个基于 IP 网络的数字化传输系统,图像传输质量不受距离的限制,保证了远程图像传输的质量。

(2)组播传输方式。

组播传输方式主要用于视频的传输及对视频码流进行综合应用的情况。这种方式适合于基于宽带 IP 网络,需要在系统构建时对视频监控系统有一个整体的应用设计,要求较高,也是目前高速公路图像监控系统发展的必然趋势。

①在视频源端连接视频编码设备,用于将视频图像信号数字化、压缩并发送到 IP 网络上。

②在网络中的任何地方安装视频传输控制器,用于管理和监控 IP 网络的视频传输情况。

③在 IP 网络中可以采用三种不同的方式使用 IP 网络上的 MPEG 视频码流。

④IP 网络的 MPEG 视频码流可以被解码器获得,还原成视频图像信号在监视器或大屏

幕上显示。

⑤可以被 IP 网络中的计算机获得,直接在桌面上进行路网监视。

⑥可以被网络硬盘录像机获得,直接保存到录像硬盘中,起到视频数字硬盘录像机的功能。

### 五、视频监控系统案例

图 4-6 为广清高速公路龙山收费站视频监控系统构成图。

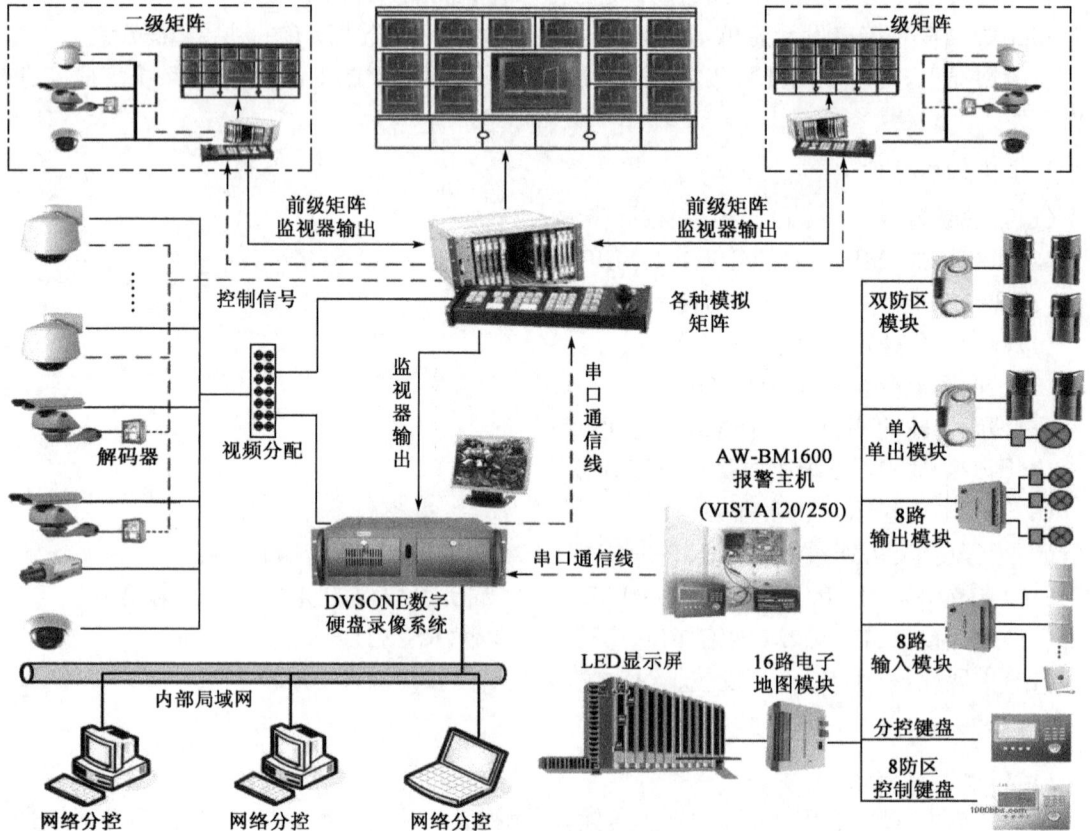

图 4-6  广清高速公路龙山收费站视频监控系统构成图

# 项目三  检测交通状况和发布交通综合信息

在高速公路中,交通状况检测以及相应的信息显示发布系统为高速公路的顺利运行提供了一定的保证,它检测车道交通量、车速、道路平均占有率和交通流方向等交通状况及道路能见度,并综合道路状态、报警状态、交通状况、道路能见度等信息,通过信息显示发布系统,发布车速限制、道路状况等信息,提醒在道路上的驾驶人员正确行驶。报警设备可对各入口、出口车道的外部设备状况,紧急电话的状况,视频监控状况等进行报警,并通过相应设备通知相关人员,做出响应处理。

交通状况检测及信息显示发布系统由车辆检测器、检测主机、雾感应器、各种状态报警信号的采集设备、主控计算机、可变情报板、可变限速标志牌和地图板等组成。

# 一、交通状况检测

交通状况检测通过车辆检测器检测每一车道的交通量、车速、平均占有率,通过气象和环境道路检测器检测能见度、道路状态,并且采集各种报警器信号,这些数据通过通信链路传送到监控中心。

交通状况检测主要设备包括车辆检测器、气象和环境道路检测器、各种状态报警信号的采集设备等。

## (一)车辆检测器

车辆检测器是高速公路交通管理与控制系统的主要组成部分之一,是交通流信息的采集设备。它通过数据采集和设备监视等方式,在道路上实时地检测交通量、车辆速度、车流密度和车辆占有率等各种交通参数,这些参数都是控制系统中所需的配时计算参数。检测器检测到的数据,通过通信系统传送到本地控制器或是直接上传至监控中心计算机,作为监控中心分析、判断、发出信息和提出控制方案的主要依据。所以,车辆检测器及其检测技术水平的高低直接影响到公路交通控制系统的整体运行和管理水平,交通控制系统的工作效率决定于检测器对车辆的检测能力。

### 1.车辆检测器的分类

车辆检测器的运用是随着高速公路的建设而发展起来的,国外(如:德国、意大利、美国、法国等国家)起步较早,我国大规模使用车辆检测器是近十多年的事情。传统的车辆检测器是通过在高速公路沿途埋设环形线圈检测器及在交通要道处装设电视录像机等,将数据和画面传送到控制中心进行分析、判断和确认交通偶发事件,从而达到报警和人工干预的目的。近些年来,随着传感器技术、微电子技术和信息处理技术等的发展,车辆检测器也有较大发展,按其基本工作原理可分为电磁感应式、电接触式、光电式、超声波式、红外线式等多种类型。但这些车辆检测器的基本功能可概括为两大类:一类为检测车辆存在的存在型检测器;另一类为检测车辆通过的通过型检测器。任何车辆检测器至少应具有上述两个基本功能之一。有些检测器只能检测静态的存在或动态的通过中的一种;有些则既能检测静态的存在,又能检测动态的通过,称为复合型检测器。

目前具有代表性的是按检测器的工作方式及工作时的电磁波波长范围,将检测器划分为3大类:磁频车辆检测器、波频车辆检测器和视频车辆检测器。

### 2.磁频车辆检测器

磁频车辆检测器是基于电磁感应原理的车辆检测器。这类检测器包括环形线圈检测器、地磁检测器、车辆磁映像检测器和压电传感器。

(1)环形线圈检测器。

目前,高速公路检测交通流状态用得多的传感器件是环形线圈,它可以检测交通量、车速、占有率、车头时距、车长比和车辆存在等多个项目。

①工作原理。环形线圈检测原理见图4-7。线圈由专用电缆及馈线构成,它能通过一个变压器接到被恒流支持的调谐回路,有源环形线

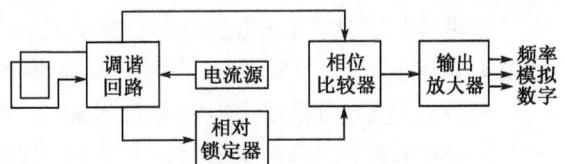

图 4-7 环形线圈检测工作原理

圈构成 LC 调谐回路的电感部分,并在线圈周围的空间产生电磁场。当含有铁金属的车体进入线圈磁场范围,车辆铁构件内产生自成闭合回路的感应电涡流;此涡流又产生与原有磁场方向相反的新磁场,导致线圈的总电感变小,引起调谐频率偏离原有数值;偏离的频率被送到相位比较器,与压控振荡器频率相比较,确认其偏离值,从而发出车辆通过或存在信号。

埋在路下的有源环线圈产生的电磁场有一定的作用范围,路面上部有效高度称为检测场高。场高决定于线圈的几何尺寸和匝数,约等于方形线圈边长的一半;车辆底盘高度大于场高,将无法获得车辆整体通过的有效输出,小尺寸环形线圈只能得到与单个轮轴相对应的输出信号。因此,线圈的几何尺寸应由被检车辆底盘高度决定。

相对比较器由专用芯片组成,比较器发出的信号控制压控振荡器,使振荡器频率跟踪线圈谐振频率的变化,从而使输出为一脉冲信号,其宽度由锁相电路的充放电时间常数决定。

输出放大器将相位比较器输出的脉冲放大,并可以数字、模拟和频率三种形式输出;其中,数字信号将脉冲与一个基准电压相比较而得到的。频率输出可用测速,数字信号便于车辆计数,模拟量还可用于计算车长和识别车型。

②结构和安装。环形线圈由多芯低阻抗软线的电缆绕成,单芯铜线直径约 0.5mm,导电总截面面积约为 $1.5mm^2$(如 7 芯铜线),外包聚丙烯或交键聚乙烯(XH—HW)作为绝缘层,绝缘层的平均厚度为 $0.8\sim1.0mm$;电缆外径不大于 4mm,介电常数不超过 2.3,其性能指标应满足超低压(32VA 以下)电缆的要求。一般将电缆绕四匝成为线圈,线圈的边长和形状(正方、长方或其他)根据需要而定,主车道的线圈大都为 $2m\times2m$ 的正方形;线圈加馈线后的电感量为 $20\sim2\,500\mu Hz$(随频率而定),用 50Hz 电源检测,线圈本身 $100\sim150\mu Hz$,加馈线后为 $200\sim250\mu Hz$;馈线长度应小于 500m,最好控制在 150m 以内,线圈与馈线串联电阻应小于 $10\Omega$。在收费车道和入口匝道,线圈采用菱形、长方形和其他特种形状。

线圈埋设点应避开铁磁全体。安装时,在路面切一深 $40\sim50mm$、宽 $6\sim8mm$ 的矩形槽,槽底平直无金属屑,槽内干燥清洁。当线圈置于钢筋混凝土上时,线圈距钢筋至少为 50mm。放入线圈后,将馈线穿过承重管,引到路肩外侧监控机箱内与检测单元相接。槽口用胶化沥青或环氧树脂料密封,防止雨水渗入。馈线最好与线圈采用同规格电缆,成对拧在一起,每米缠绕 16 圈以上,并应进行屏蔽。埋设后环圈加馈线的对地绝缘电阻大于 $10M\Omega$(DC500V)。为精确测量车速,沿车道主轴,连续布设两个线圈,线圈间距为 $2\sim4m$,相邻车道的环形线圈,距离应大于 1m。

环形线圈作为传感器和图 4-7 所示部件及监测和通信单元等其他器件组合成检测器,才能对车辆检测。线圈外的其他器件均组装在监测和通信模块上,安装在路侧的现场监控机箱内。监测单元由微处理器和存储器等组成,能按不同采样周期对所采集的数据作预处理,并具备将处理结果存储 $3\sim7d$ 的容量,最后由通信单元将检测数据传输给计算机。

③技术要求。

a. 环境温度:$-40\sim+80℃$。

b. 电源:220V AC$\pm20\%$,50Hz$\pm4\%$;功率消耗小于 5W。

c. 调谐范围:线圈电感在 $20\sim2\,500\mu Hz$ 自动调谐,并在此范围内连续自动作漂移补偿,灵敏度为 $0.02\%\sim1.30\%$ 可调;检测器应具有防冲突功能。

d. 检测精度:两轮以上机动车计数精度大于 98%;占有率检测误差 $4\%\sim6\%$;测速范围 $0\sim250km/h$,误差 $4\%\sim6\%$;排队长度检测误差 $4\%\sim6\%$。

e. 平均无故障时间:15000h。

f. 寿命：>10 年。

④使用和调试。环形圈检测器的频率、灵敏度和信号存在时间应根据使用需要进行调整。相邻线圈的工作频率应该不同，以防止相互干扰；检测器上的频率可调档级一般为 4～6 级，可保证相邻线圈具有不同的工作频率。车辆大小不同，检测要求的灵敏度不一样，如自行车和摩托车要求检测灵敏度高。检测器一般有 4～7 档灵敏度可供选用，应该注意的是过高的灵敏度使邻近线圈相互干扰的可能性也加大。当环形线圈用来控制收费车道的开闭时，需对继电器的开闭时间（存在时间）进行调整。

⑤环形线圈的使用效果。

a. 环形线圈适应性强，可改变线圈形状，以适应不同的检测需要。

b. 检测精度较高。当车辆边缘在线圈外通过时，检出率约为 90%；随车头时距的减小（<0.5s），误检率将提高到大于 2%；当两车横向距离小于 1.5m，纵向间隔小于 1.3m，或车辆行驶于两车道中间时，则难于分辨；对摩托和底盘高的大型车应调整到两者都有较满意的灵敏度。

c. 安装质量影响工作可靠性，槽口密封不好、槽内积水、线圈受潮将产生误报或丧失功能。

d. 对气象和交通环境的变化表现出较强的抗干能力；自调谐改善工作稳定性。

e. 在建路和修路时安装，比较简便，费用不高；但维修和更换需封闭车道，影响交通。

最近开发一种环形线圈增强技术，使输出增强若干个数量级，检测精度也因此大幅度提高。畅通时，车辆计数误差降低到 0.01%；拥挤时，计数误差约为 0.2%。若车行方向与车道斜向时，车长和车速的测定精度也较改进前有明显提高。采用增强型线圈，其模拟输出信号可以更清晰、形象地显示车辆运行状态，有利于识别不同的运行情况。图 4-8 是两个车道交通状态模拟信号输出图像。下面对图形予以说明。

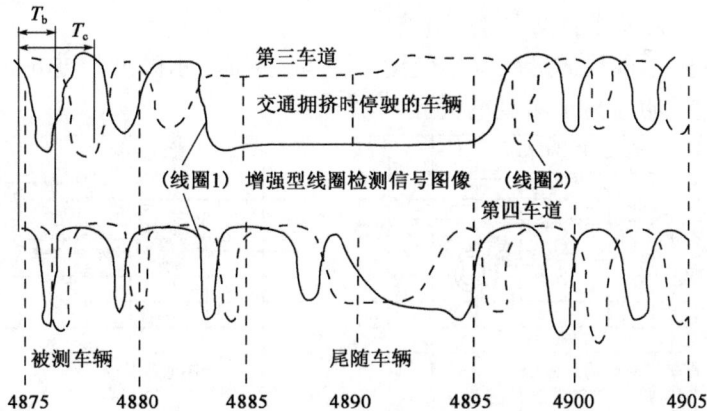

图 4-8 环形线圈模拟输出图像

图 4-8 横坐标为时间，纵坐标为电信号，实线为第一线圈的输出，虚线为第二线圈输出。没有车辆通过时，感应圈输出为高电平，车辆进入线圈前沿，电压下降；车辆离开线圈后沿，电压恢复为原有高电平，形成一个凹形曲线。每个凹形曲线表示一辆车通过，凹形线时距 $T_a$ 为车辆通过线圈所需时间，其值由车身长度和车速决定。实虚两相邻凹形曲线对应点的时距 $T_b$ 为车辆通过一、二两线圈所需的时间，显然，$T_b$ 的大小与该车车速成反比。$T_c$ 为相邻行驶车辆的车头时距。

根据上述观点不难判别：第三车道车速较慢，车辆停停走走于交通拥挤状态，3 号车在第一线圈停了约 15s；第四车道车辆车速高，第四个实凹形曲线相当完整，第四个虚凹形曲线则下降后没有马上升起,约 6s 后才上升,这说明 4 号车停留在第二线圈处约 6s;紧随其后 1m 左右的 5 号车属于尾随车辆而不是拖挂车,被迫停在第一线圈处。不同的交通流状态与不同的曲线形状一一对应,通过多次试验,可得出其映射集,将它作为规则,经过智能处理,可以用模拟曲线来识别各种交通状态。

（2）地磁检测器。

地磁检测器是把一个具有高导磁率铁芯和线圈装在一个保护套内,里面填满非导电的防水材料,形成一根磁棒。在路上垂直于交通流的方向开一个 0.2～0.6m 的孔,把磁棒埋在路面下,当车辆驶过这个线圈时,通过线圈的磁通量发生变化,在线圈中产生一个电动势,这个电动势经过放大器放大后去推动继电器,发出一个车辆通过的信息。这种检测器只能检测以相当车速通过的车辆,所以是通过型检测器,不适用于需要检测车辆存在的地方。

这种检测器具有安装容易,不易损坏,价格便宜等优点。缺点是对慢速车辆不能检测,有时会出现误检,且材料容易老化,灵敏度会逐年衰减。

（3）车辆磁映像检测器。

磁映像检测器利用车辆对通过地磁场的影响,检测车辆交通参数。它利用低耗、高灵敏度的强导磁材料,将地磁磁通线集中约束在比较小的空间,当车辆停驻、慢带接近或通过时,被约束的磁力线发生变形,产生原始信号,经转换、处理后形成一个电压随时间变化的曲线,如图 4-9 所示。这些曲线具有如下特点:

①各个车辆车体的铁金属材料分布不同,对地磁通线产生的变形影响不一样,所得出的电压—时间曲线形状也各不相同,各具特色,见图 4-9b)。这一现象可以用来区分大货车和小客车、检测车身长度,也为识别车型提供了基础。要实现车型识别目标,需要有庞大的车形图像数据库和更大容量、运算速度更快的计算机。

②车辆车速改变,曲线的形状发生变化。图 4-9a)所显示图形的变化,表示出坐标时间轴被压缩,而且压缩量明显与车速成正比。

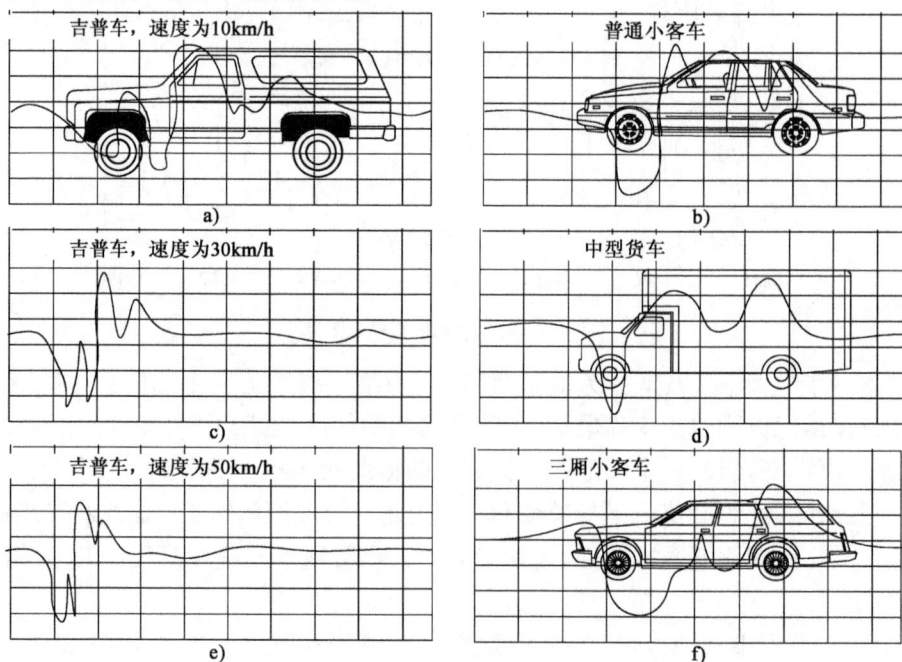

图 4-9　车速变化曲线图

磁映像检测器有多种产品,现在某公司的 NC-97 型产品来了解这种传感器的工作。

①几何尺寸。长宽厚 165mm×140mm×16mm。

②检测参数。检测交通量、车速、车头时距、车长和路面状况(路面温度及干湿程度)、车速可分阶段 15 级,车长 8 级,每秒可检测 5 辆。

③检测精度。交通量:自由流＞99％,拥挤＞96％;车速:95％;车长:95％。

④安装方便。置于路面,加盖保护就可投入使用。

⑤无线传输。距离＞200m;频率:300～400MHz。

⑥工作环境。温度:－30～＋75℃;湿度:0～100％。

⑦电源。镍镉电池 3.6V,可控制自动充电。

⑧功能强大。专用软件支持手提电脑现场处理数据,数据也可存储传感器内事后处理。

检测器体积小,质量轻,安装不需破坏路面,直接平放于路面,加一薄保护罩即可工作;检测数据可先存储后处理,也可计算机现场实时处理,很适合作交通调查等科研使用。

(4)压电传感器。

压电传感器可检测轴数、轴载和车速,其主要特点是体积小、使用方便。压电传感器的工作原理为压电效应,有套管形压电聚合体 P,其内均镀以金属层 I 和 O,形成一条可弯路变形的压电电缆。当沿径向施加外力时,在两金属表面产生符号相反的电荷,电荷量与外力成正比。压电传感器的输出能量非常微弱,为了减小检测误差,一般先将信号送到具有高输入阻抗的前置放大器(电压或电荷放大器),然后再进行一般的放大、检波等到处理,最终输出指示信号。

市场供应的管形压电检测器如图 4-10 所示。压电电缆被凝结在挤压成型的工程塑料壳内,壳体连同壳座一并埋设在车道路面下。当车轮滚过时,检测器承受载荷而输出信号,每通过一根车轴,就会出现一个脉冲,故常用来检测车辆的轴数。脉冲的峰值越高,轴载也越大,因此,也可检测轴载和车载。隔一定的距离埋设两根压电检测器,测出时间和已知距离,车速也就被测出,见图 4-11。

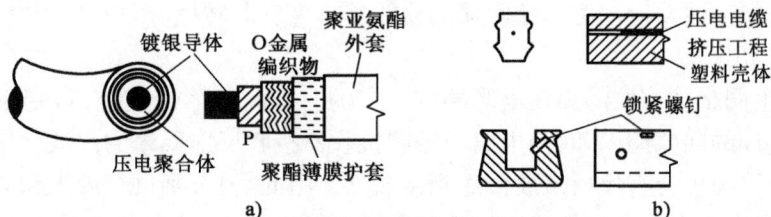

图 4-10　压电电缆和压电检测器
a)压电电缆;b)压电检测器构成

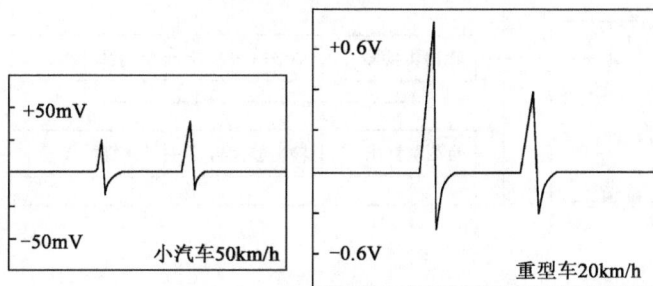

图 4-11　压电检测输出信号

压电传感器技术指标为：

①压电系数 25pC/N,23℃时。

②温度系数 0.5%/℃。

③电容 750pF/m。

④绝缘电阻＞$10^{10}$Ω。

⑤工作温度－40～＋70℃。

⑥压电传感器可以是多种形状,它的主要问题是对车速和动态计重的检测精度还不够高。

### 3. 波频车辆检测器

波频车辆检测器是以微波、超声波和红外线等对车辆发射电磁波而产生感应的检测器。

(1)超声波检测器。

超声检测器是波频车辆检测器的一种。波频车辆检测器有多种形式,都由波束发射器、接收器和时控电路组成。前两者为换能器,产生电声或电磁波的正、逆变换;时控电路对发射器和接收器进行调谐控制,使发射器每隔一定的时间间隔产生并发射出一束波;同时,又可在发射的间隔接收反射回来的信号,即传感器集发射和接收功能于一身。当然,也可分成两个器件,安装于两处。

超声波检测器由超声波发射器、接收器和时控电路三部分组成,其工作流程见图 4-12。

安装在车道上方的收发式超声探头向下发射超声脉冲。无车时路面反射声波,由安装在同一个探头内的接收器接收,时控制电路对发射至接收这段时间计时,作为基础时距;有车通过或存在时由车辆上界面对声波反射。显然,有车时,发射和反射距缩短,时距减小,与基础时距的差异即为车辆出现信号。如果将车辆上界面反射的信号强度全部用像素灰度表示,可以得到一张不很清晰的车辆俯视图。沿车道方向安装两个间距不大的传感器,即可对车速、时间占有率等变量和车长作出检测。

发射器由高压脉冲发生器和换能器构成。脉冲发生器产生高压电脉冲,由换能器进行电→声转换,变成超声波发射出去。接收器的换能器产生反向转换(声→电),并由输出放大器将电信号放大并输出。

时控电路产生同步脉冲控制高压电脉冲按一定的时间间传输给换能器,变成声脉冲发射出去;在发射声脉冲的间隙期内,时控电路又控制接收器接收反射回来的声波。接收的声强较发射时衰减,而且路面也会有反射声波传送到接收器。因此,要分别进行放大和滤除。

超声探头装在车道上方龙门架或路侧高杆悬臂(单车道)上,安装高度大于 5.5m,用同轴电缆与装在路侧的检测器相连。目前,常是一条车道安装一台探险头,如图 4-12 所示。

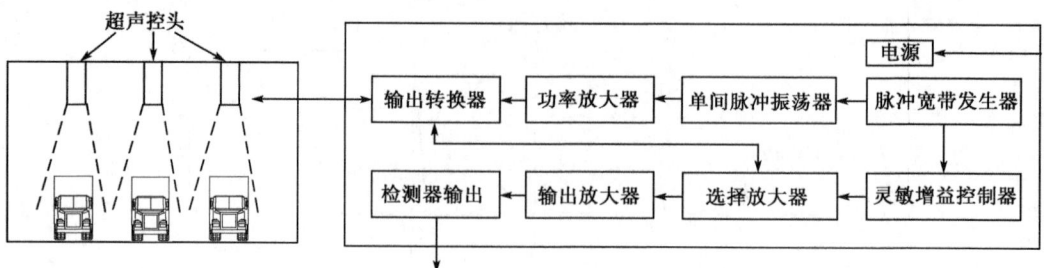

图 4-12　超声波检测框图及工作示意图

超声波检测器的主要技术指标为：

①发射频率：26kHz。

②检测车速：0~160km/h。

③检测区域：探头下方路面圆形区，圆直径为 2.4~3.2m。

④环境温度：-35~70℃。

超声波检测器使用中的优缺点为：

①价格便宜，安装方便，维修容易，主要表现为不破坏路面，不封闭车道，不受路面施工和变形影响。

②使用寿命长，可以移动，更换检测地点。

③检测精度不高。检测域为锥形，无法适应车型和车辆高度的变化，对小型车辆的分辨较差，严重拥挤时，误报率也较大。

④抗干扰能力不强；6 级以上大风使检测声束产生飘移，无法正常检测。

（2）微波车辆检测器。

前面介绍的超声波检测器的严重缺点是穿透云雾、雨滴和雪花的能力很弱，无法在这些气候条件下进行检测。而波长 3cm 左右的电磁波对云雨的透射率达 70%~90%，为此，人们利用成熟的雷达测距、测速和成像技术开发出微波车辆检测器。

微波检测器向检测区发射小功率以不同中心频率连续调制微波，中心频率大于 10GHz（波长约 3cm），带宽容 45MHz，进行分区扫描，获得被测物的反射回波。扫描区域的数量和大小可由软件控制，最多可分为 8 个区，每区长度 2~10m（可调），宽度为 2m（覆盖一个车道）；每区还可进一步细分理 2~4 个小区，供测速使用。检测器最多可检测八个车道的交通量、平均车速、占有率、按长度划分的车型和排队长度等参数。

检测器由三部分组成：微波发射、接收探头及其控制器、调制解调器和专用电源，如图 4-13a)所示。发射器可安装在路侧灯杆或专用立柱上，安装高度大于 5m，称为侧视安装，微波波束俯仰角 40°~50°，水平方位角 15°，作用距离 3~60m，如图 4-13b)所示。也可像超声检测一样安装在车道上方龙门架上，称为前视安装。调制解调器安装在同一根立柱上，通过连接盒与探头连接，将处理过的检测信号调制后发射给接收单元。

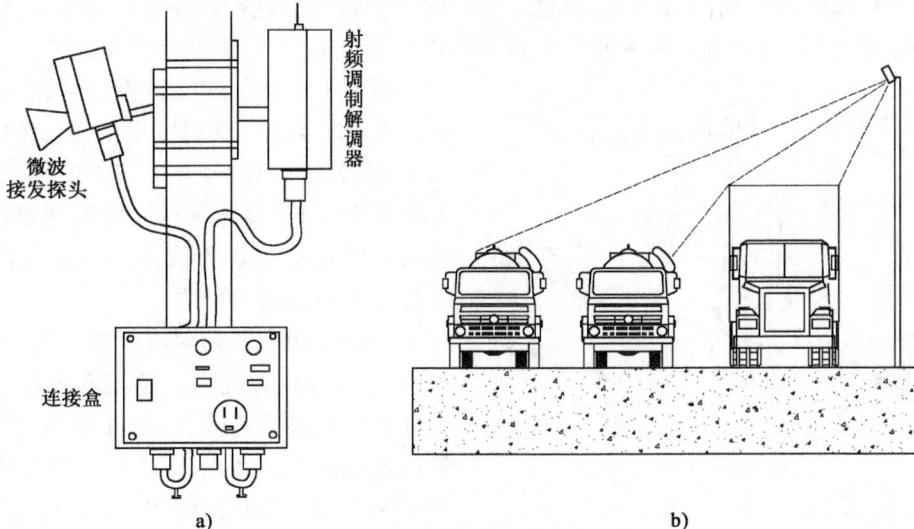

图 4-13　遥传微波检测器结构和工作示意图

检测器面对高速公路车道行驶方向布设,称为前视检测。通常将一条车道划分为一个检测区,配置一台检测器。检测车速时,需要在检测区内沿行驶方向细分成几处窄区,并设定窄区的距离长度;对通过窄区的车辆计时,就可测出车速及其他交通参数。前视可延长纵向区(车道)监测长度,以提供更精确的数据。检测区及窄区的划分均由软件设定,修改软件可重新设定,因此,可应用于高速公路监测、城市交通信号控制和区域交通事件报警告等不同场合。检测器沿车道布置,称为侧视检测,可同时得出各车道的交通流状态变量的实时数据。在城市道路十字路口,可以采用多个探头对四个道口的车辆检测和处理,对监视和控制路口交通效果良好,前视和侧视也可以混合使用。

微波车辆检测器的使用特点为:

①多车道检测。一台检测器可完成多条车道交通流的同时监测。

②全天候工作。抗干扰能力强,能穿透雨滴、浓雾和大雪而不受影响;测速为非多普勒模式,安装杆的弯曲和振动不影响检测质量,因此大风下能正常检测。

③使用方便。安装维修不封闭车道,不破坏路面;运行模式由软件决定,便于扩展升级。

④检测精度。前视——车辆计数和占有率:误差2%;平均车速:误差5%;侧视——车辆计数和占有率:误差5%;平均车速:误差10%。

⑤漏检测率低。超声和红外检测时,存在车辆相互遮挡问题。特别是小车紧傍着大车行驶,往往出现漏检。厘米波接触大型车车顶边缘是,边缘成为一个副天线,使微波再次发射形成绕射现象,仍可测出紧靠在大车旁的小车。据统计,使用一般车辆检测设备,被遮挡而未能测出的车辆约占被测总数的2%,便用微波可使漏检数减少一半。

(3)红外检测器。

红外检测器有主动和被动两种形式。

①主动式红外检测器。红外光是太阳光谱红光外侧的不可见电磁波,波长范围为0.75~1000μm,在检测和通信中常用的是近红外光,波长在0.8~1.6μm之间。主动式红外检测有阻塞和反射式两类。

主动遮断式红外检测器的发射串的接收器分别为半导体激光器和光电二极管,将两者对中,水平安装在车道两边。无车道通过时,接收器接收细束线状红外光,有信号输出;车辆通过时,遮断光束,接收器无输出,通断转换是对车辆的检测信号。这种设备不能检测车速、占有率等变量,常采用它在收费匝道检测通过车数和车辆前轴处车身高度(车型分类用)。

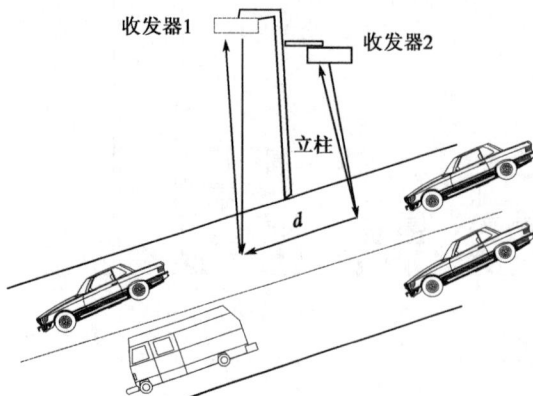

新型主动反射式红外检测的原理为:在相同红外光辐射下,反射物的大小、材料和结构不同,反射能量就不一样。车体表面反射能量大于路面(如金属与木材的反射率要比混凝土高出一倍),接收器接收不同的反射能量成为区分车辆和道路的标志。

半导体激光器发射峰值功率为50mW,波长为0.9μm红外光束。路面和车体表面反射的红外光,由安装在同一个探头内的光电二极管接收,如图4-14所示。因为两者反射的辐射能不一样,二极管输出的电流大小也不一样。对车辆计数检测的结果如图4-15所示,

图 4-14　主动红外检测示意图

平直线表示无通过时路面的反射,跃变线表示有车。沿车道方向在给定的距离 $d$ 装设两个探头,此种设备就和环形线圈一样,可检测包括车长在内的交通流参数。

有人论证过,在 18m 辐射距离内,要想误报率大于 0.1％,检出信号的信噪比(SNR)应大于 17dB。经过推算,不同颜色车辆各种测距检出信号信噪比的变化见图 4-16。此图说明对黑色汽车,检测距离为 18m 时,检出信号信噪比为 18dB;对银灰色汽车,同样的检测距离,检出信号的信噪比可高达 55dB。

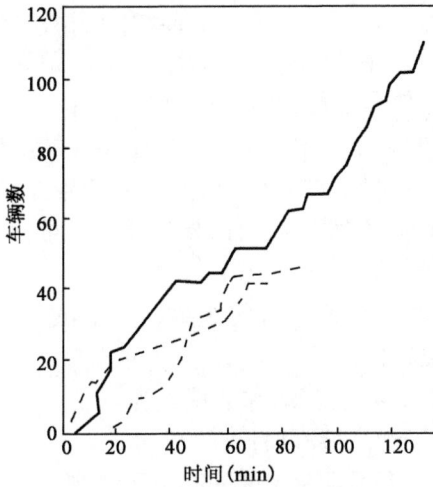

图 4-15　红外检测通过车辆数目　　　　　图 4-16　信号信噪比与测距关系

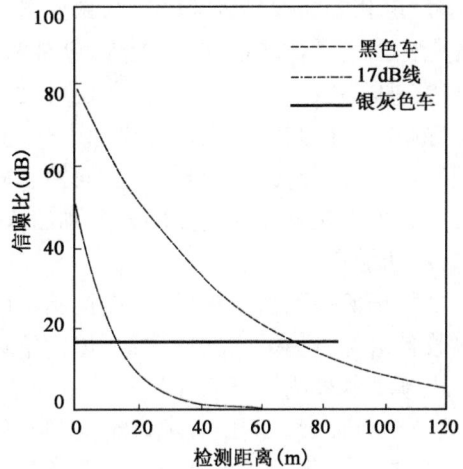

浓雾、大雪和大雨等严重影响能见度的因素会降低红外检测效果。试验证明,在能见度为 3～5m 的浓雾下,不宜用红外方式检测车辆;而能见度好的天气,红外检测距离可达到 40m。

②被动式红外检测器。任何物体温度高于绝对零度即辐射红外光。在低照度和黑夜环境,红外光都能使热敏和光电元件产生反应,因此广泛应用于检测工作。被动式红外检测没有发射器,只有接收器,接收器感受路面和车辆以红外波长为主的辐射能量。路面和车体材料的温度和表面光洁度都不一样,它们的辐射能也必然不相等。现代红外测温的分辨率已到千分之一度,因此,区分道路和车辆已不存在困难。

被动式红外检测情况见图 4-17。在路面相隔一定距离的地方,以特种涂料画出两个明显的区域,使它们在给定的环境温度下,辐射出比较稳定的能量。在车道上方的龙门架上,安装红外接收器,分别对准这两个区域。无车时,又先后感受车辆的辐射能量。能量的差异使接收器不仅分辨出车辆的存在和通过,也能检测车速和占有率。红外成像技术还提供获得车辆长度和图像的可能性。

这种检测器的特点为:

a. 抗干扰好,波长 8～14$\mu$m,能穿透雨雾。

b. 路面温度变化对检测精度无影响。

c. 功率消耗低度,交流约 500mW。

d. 有静态和动态两种形式,静态检测车辆存在和排队长度,动态检测交通量、车速和占有率。

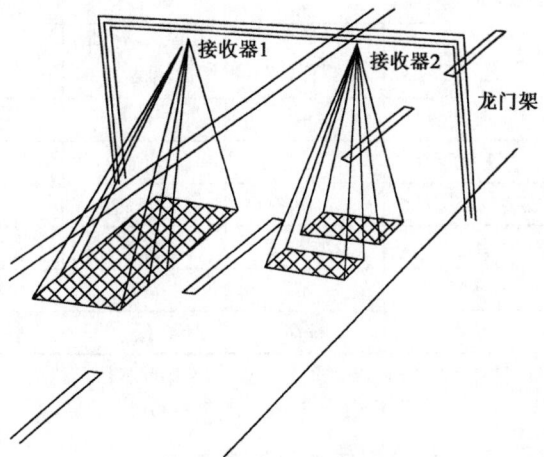

图 4-17　被动红外检测示意图

e. 工作环境：－40～＋70℃,湿度大于95％。

### 4. 视频车辆检测器

视频车辆检测器是运用视频图像处理和计算机图形识别技术于近年开发出来的新产品,它可以取代环形线圈,进行高效益的广域视频监视并现场实时采取各种交通参数。

在需要重点监测的路段,安装1台或多台(如4台)数字式摄像机,将一定范围的交通图像,经过一个图像处理硬件,输入计算机显示器;通过互动控制软件,用鼠标操作在屏幕交通图像上,设定和叠加检测区,其尺寸、数量可随时调校。操作设定一旦建立,车辆经过检测区,就会产生检测信号,经过分析和处理(软件),可得到交通量、平均车速、占有率、车头间距和排队长度等各种参数。在软件支持下,还可对不同检测区的信号进行逻辑处理(与、或、非等),对交通情况做出正确判断。在具有交通事件门限值的算法软件的配合下,要对交通事件的发生做出判别,发出预警信号。与其他交通控制软件结合,还可对城市交叉路口的交通信号控制,做出决策。由于检测元件是在屏幕上画出来的,在布置上明很大的灵活性,检测项目也可视需要而增设,功能存在巨大开发潜力。

视频车辆检测器由摄像机、连接箱、计算机(附外设)和专用软件等组成。其中,连接箱用来接收各摄像机拍摄的交通图像,传输给计算机或加以存储。

视频车辆检测器可以在－34～＋74℃和95％相对湿度下工作,它的特点为:

(1)功能强大。图像直观,软件控制,便于升级,易于增添检测项目。

(2)多道检测。一台摄像机可覆盖6条车道,监视长度通常为1.5～50m;可监视交叉路口各个方向的交通;可多台同时监测100个以上的区域,适用于城市交叉路口的交通控制。

(3)使用方便。安装维修不破坏路面,不封闭车道,可重新设定,以满足不同要求。

(4)受环境干扰。受恶劣气候影响(雨、雪、雾),夜间要求为路面提供足够的亮度。

### 5. 几种车辆检测器比较

环形线圈、压电、超声、微波、红外、视频等传感器用作车辆检测器的定性比较见表4-2。

**几种主要车辆检测器的定性比较**　　　　　　　　　　　　　　　　表4-2

| 比较内容 ＼ 检测器 | 环形线圈 | 压电 | 超声 | 微波 | 红外 | 视频 |
|---|---|---|---|---|---|---|
| 检测车道数目 | 1 | 1 | 1 | 8 | 1 | 8或更多 |
| 检测项 | 常规* | 常规＋轴数＋轴载 | 车数＋车存在 | 多* | 常规＋车长＋车形 | 多 |
| 检测精度 | 中 | 低 | 低 | 高 | 中 | 中 |
| 抗干扰能力 | 较强 | 较强 | 弱 | 较强 | 不强 | 强 |
| 安装位置及方便 | 需切割路面 | 需切割路面 | 方便 | 方便 | 方便 | 方便 |
| 维修 | 影响交通 | 影响交通 | 方便 | 方便 | 方便 | 方便 |
| 具备智能 | 不 | 不 | 不 | 是 | 不 | 是 |
| 价格 | 偏高 | 低 | 低 | 中 | 低 | 高 |

注:1.＊"常规"指交通量、车速、占有率和车长。

　　2.＊"多"指常规＋排队长、横向运动(转向)等。

### 6. 车辆检测技术的发展方向

近年来,随着高速公路和城市交通监控系统的发展需要,车辆检测器已得到了广泛的应用,同时车辆检测技术也随着传感器技术、通信技术、计算机和人工智能等技术的发展而得到了迅速提高。目前车辆检测技术的发展集中在以下几个方面。

(1)表现在以传感器技术发展为基础,大幅度提高检测器的各项性能。其一是对基于电磁感应原理类检测器的研究,通过对检测器探头和信号处理装置的改进,来提高检测器的可靠性和使用寿命。其二是对波频车辆检测器的研究,其研究重点在于提高检测器的精度和抗干扰能力,由于此类检测器具有便于安装和维护的特点,因而有着良好的发展前景。

(2)表现在以车辆检测器的发展为基础,结合人工智能和先进的计算方法等,使车辆检测器朝着系统化、智能化和光电一体化方向发展。如智能化遥感微波检测器、感应线圈智能交通流量测试仪以及借助于红外线技术的定点摄像记录系统的研究等,为我国实现交通管理智能化打下坚实的基础。

(3)最先进的系统和最集中的研究领域是采用视频检测技术的车辆自动识别系统和高速公路事故测报系统。在基于图像处理的车辆自动识别系统中,采用计算机视觉(Computer Vision)和图像处理技术可以获得车辆的外形三维数据及车辆的轴数、轴距、轮距和车辆组成等交通参数,这是以前传统的车辆检测器所不能做到的。该方向的研究重点是提高图像识别的实时性和准确性。基于图像处理的高速公路事故测报系统目前正处在研究开发阶段,它利用计算机视觉、神经、网络、模糊逻辑等技术和先进的计算方法进行事件检测、车辆识别和公路监控,可以获得车辆数量、车速、道路的空间占有率及车辆的前进程度等重要交通参数,从而可以预测和发现事故。交通视频车辆检测技术的运用以及光纤通信技术、计算机信息处理系统和人工智能技术的应用必将使交通控制系统向大范围、全方位、智能化和实时控制方向发展。

### (二)气象和环境道路检测器

目前发达国家道路、气象结合在一起检测,既为交通运行管理服务,也为道路维修(特别是严寒地区的冬季道路养护)服务。

气象检测项目有:风速、风向、气温、相对湿度、能见度等。

道路环境检测项目有:路面温度、路面相对湿度、路面积雪深度、路面冰冻、一氧化碳浓度等。

#### 1.常规气象检测器

气象变化超过一定范围就会影响交通流的正常运行,如平均或瞬时横向风速过高,易破坏行驶稳定性而出现安全事故。同时,气象对车辆排放的扩散,即气象对公路沿线大气污染影响很大。中小范围的气象可从公路所在地区的气象预报中获得,安装常规气象检测仪器是为了检测公路上空贴地层的气象。下面介绍常用的气象检测器。

(1)温度检测器。

大气温度测量常采用薄膜工艺制作的铂电阻,路面温度检测常用绕线工艺制作的铂电阻。铂电阻温度传感器的电阻值与温度有如下关系:

$$R_t = R_0 + \alpha t + \beta t^2 \tag{4-1}$$

式中:$R_0$——0℃时铂电阻的阻值;

$\alpha,\beta$——铂电阻温度系数。

铂具有良好的化学稳定性,铂电阻温度传感器也具有很好的稳定性。要注意铂电阻的原始阻值 $R_0$ 为 100Ω 左右,检测时引线电阻和接线端子电阻对检测精度具有一定的影响,可以采用恒流源供电,用四线制测量方式将引线和接点电阻的影响降到最小。

（2）湿度检测器。

湿度传感器常用聚合物湿敏电容，其结构见图 4-18。它是由两块下电极、湿敏材料和上电极组成两个电容的串联电路，置于玻璃底衬上。湿敏材料为高分子聚合物，其介电常数随环境的相对湿度而变化，因此电路电容是相对湿度的函数。传感器的变换电路将电容变化转换成电压变化（0～1000mV，相当于 0～100％相对湿度）。此检测器结构简单，稳定性较好。

（3）风速、风向检测器。

风速检测器的传感元件为安装在轴承上的三个风杯。风杯由碳纤维增强塑料制成，质量轻、强度高，具有优良的动态和抗腐蚀性能。风杯转速由固定在转轴上的磁棒盘及霍尔电路测出并转成频率，输出信号频率与风速成正比。

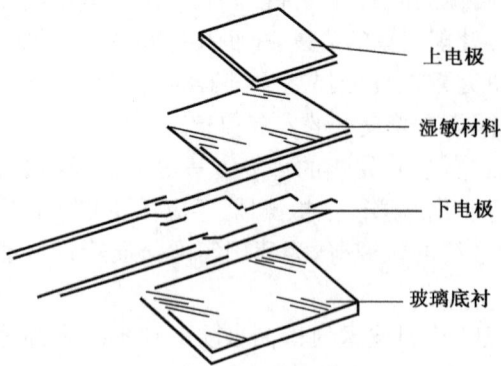

图 4-18　湿敏传感器结构

（上电极、湿敏材料、下电极、玻璃底衬）

风向感应元件是风标，其尾板用轻巧、坚韧的碳纤维增强塑料板制成，以改善动态性能。风标方向用固定在转轴上的导电位器测量，电位器电阻和转角具有良好的线性关系，改变电阻可以将风向转换成所期望的电压信号值输出。

（4）雨量检测器。

常采用双翻斗式雨量传感器，每次降水达到 0.1mm，计算翻斗转一次；斗上固定有一块永久磁铁，磁铁翻转使磁铁附近的干簧继电器闭合，闭合次数由计数电路测量并转换成降水量信号输出。双翻斗结构具有高分辨和较均匀的灵敏度。

2. 能见度检测器

能见度定义为：正常人视力能将目标区别出来的最大水平距离（m 或 km）。

光线通过空气，特别是当空气含有一定浓度的悬浮颗粒物和气溶胶时（如水蒸气和烟雾），部分光线被这些颗粒物所吸收和散射（折射和漫反射），使穿透空气，到达目的物的光通量大为减少。人们为此提出透射率 $\tau$。

$$\tau = \frac{\Phi(x)}{\Phi(0)} = e^{-ax/d} \tag{4-2}$$

式中：　　$\tau$——透射率；

$\Phi(x)$、$\Phi(0)$——与光源相距 $x$m 处和 0m 处的光通量；

　　$d$——基准距离，一般取为 1m；

　　$a$——衰减系数，因为 $a_s \gg a_a$，故 $a = a_a + a_s \approx a_s$；

　$a_s$，$a_a$——光线散射、吸收所产生的衰减系数，对一定的透明媒质，$a$ 为定值。

测出 $\Phi(x)$ 和 $\Phi(0)$，通过式（4-2）可求出 $a$。气象光学距离 MOR 是常用的能见度参数，它可表示为下述关系：

$$\text{MOR} = \frac{3}{a_s} \tag{4-3}$$

为了检测能见度研制出透射和散射型能见度检测仪。前者将光发射器和接收器分别安装在两地，按上面所讲的原理检测出透射前后的光通量，从而得出能见度。后者考虑空气消光主要是由于散射，以测量空气的散射衰减系数来确定能见度。使用中常见的有前后和后向散射仪。前向散射仪由光发射器、光接收器和控制器等部件组成,见图4-19。由大功率发不光二极管发出的一束经过调制的红外光,投射到被测空间,造成视程障碍的颗粒物(雾、雨等)对入射光产生散射。在与入射光束成35°角的前方,装有光接收器,接收前向散射光的强度。由散射光的强度可以得出散射衰减系数,从而算出表示能见度的光学距离MOR。发光器投射调制光束是为了在能见度散射中采用同步检波技术,有利于减小背景光和散杂光散射衰减系数的测量精度。

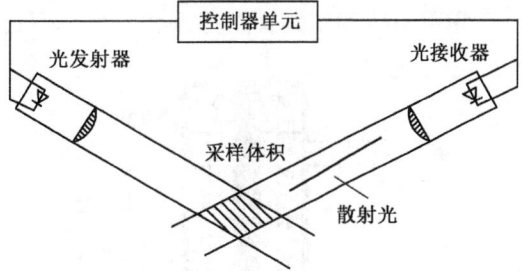

图4-19　前向散射能见度仪工作原理图

由于能见度与空气透射率(反映烟雾浓度)存在式(4-2)的关系,故能见度检测器也可用来检测透射率和烟雾浓度。

常规气象检测设备(气压、气温等)种类很多,应选择能连续检测、自动采集数据,显示存储,并有接口可以输出数据的仪器。

3. 路面干湿状态检测器

路面干湿状态检测器的结构见图4-20,将四个路面状态检测探头均匀埋设在所检测路面的四周。探头由两组碳纤维导电板制成的电极间的绝缘板组成。为了减小电极的极化,电极加交流电压。通过电极的交变电流经整流电路转换成直流电压。此电压与电极间的漏电电流有关,路面潮湿有水时,漏电电流较大,直流电压也大。将此电压与设定的门限植电压相比较,就可判别探头是否有水和沾水的程度。用光电隔离电路将有无积水的开关信号经过D/A变换器转

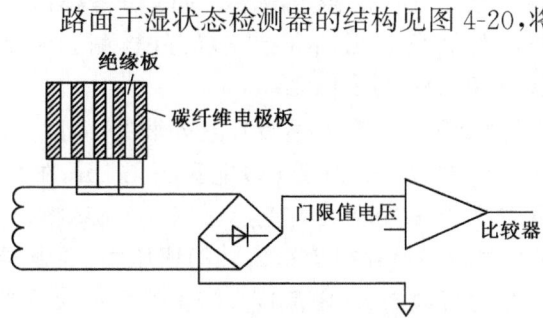

图4-20　路面干湿状态检测原理图

换成模拟电压传送给采集系统。此模拟电压与表面有积水的探头数目成正比,也与探头表面沾水的程度有关。采集系统将此电压的测量值划分成0~4共五个等级,表示路面干湿状态。

4. 非接触式冰冻检测器

非接触式冰冻检测器是利用冰冻表面和干燥路面对光的不同反射性制成的。凡物体表面平整光滑,光的入射角等于反射角。在反射角以外,人眼看不到反射光,这种反射称为定向反射,有水的潮湿路面和冰冻路面具有此性质。光线从某个方向入射到粗糙表面,反射光射向各个不同方向,与入射方向无关,称为定向漫反射。

在装有表面温度计的道路上方,安装一带有收光器的投光装置,从上往下对路面投射光线。当路表面有水,则带水的镜面对入射光定向正反射,反射的光通量绝大部分被收光器接收。如此时路面温度大于0℃,则说明路面有积水镜面;如此时路面温度低于0℃,则路面冰冻成镜面。如果路面干燥,则入射光成漫反射,与投光器装在一块的收光器就不可能接收到较多的光通量,其工作原理见图4-21。

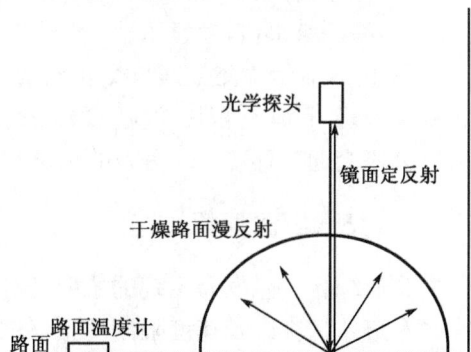

图4-21　路面冰冻检测

## 5.路面积雪厚度检测器

积雪不仅改变路面摩擦系数,加大行驶阻力,减低车速,而且积雪在车轮反复碾压下,极易

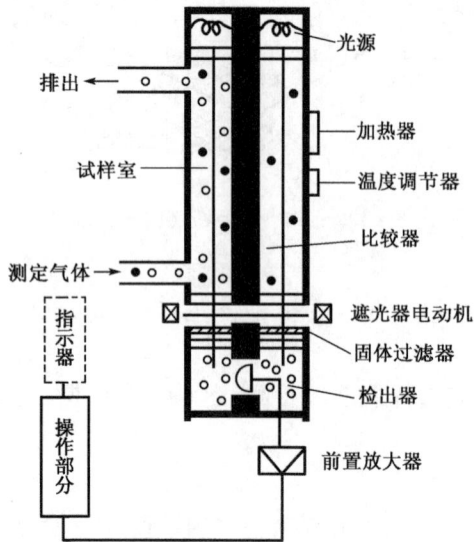

图 4-22 CO 红外检测器工作原理和结构

冰冻。因此,需要及时检测积雪厚度。积雪厚度由安装在路面上方的超声探头检测。无雪时,探头至路面垂直距离一定,垂直往下发射时距和反射时距已知且一定。有积雪时,超声波从雪层表面反射,空间距离减小,发射至反射的时距也减少。根据超声波的速度即可算出积雪厚度;因为声速是随温度的降低而减小,故此项检测需作温度修正。

### 6.一氧化碳红外检测器

一氧化碳浓度检测常用非扩散型红外检测器,它的工作原理是基于大多数非对称分子对红外波段中的一定波长的光具有吸收能力,其吸收程度与被测气体的浓度有关。如 CO 气体能吸收的红外波长为 $4.7\mu m$。CO 红外检测器的基本原理和结构见图 4-22。

光源产生的红外线分别穿过试样室和比较室,比较室预先充入不吸收红外波的 $N_2$ $H_2$ 等双原子气体或惰性气体,试样室则充入待测的含有 CO 的气体。由于 CO 能吸收 $4.7\mu m$ 的红外线,故穿过试样室和比较室后到达检出室的两束红外光的能量会有差异。用一个旋转遮光器控制两室出来的红外线轮流作用于检出器。红外线的能量在检出室内转换成压力,导致器内一个电容式薄膜产生振动,发出交流电信号。此信号经过放大,整流成直流信号显示为数据或加以处理存储。此型检测器常和能见度检测共用一个探头。

国外将多组环形圈与 CO 等环境检测器同时工作,既可测出道路附近的空气污染程度,还可积累浓度(强度)与交通流变量间的关系,为控制排污总量准备条件。这类设备可连续采样并自动分析、显示检测结果,如 TPM660 型检测器的功能为:

(1)检测内容:CO:$0\sim400mL/m^3$,交通量、车速、车型、气温。

(2)检测范围:8 车道。

(3)CO 检测温度:$0\sim40$℃。

(4)标定时间:10min(采用标准样气)。

(5)检测结果:自动显示。

图 4-23 显示检测数据与交通流量的 24h 变化关系。图明确显示 CO 浓度与交通量存在正变关系,而且具有积累效应。如果交通量包括各个时段的车型组成,长期监测数据的统计将表明公路交通对环境 CO 污染的贡献和各型车辆的影响程度。

## 二、交通综合信息发布

交通综合信息发布系统的主要任务是向道路使用者和管理者提供某个区段的交通、气象、事故和道路情报以及速度限制情报,作为道路使用者的行车指南,辅助调节高速公路上的交通流,参与交通管理和调度。

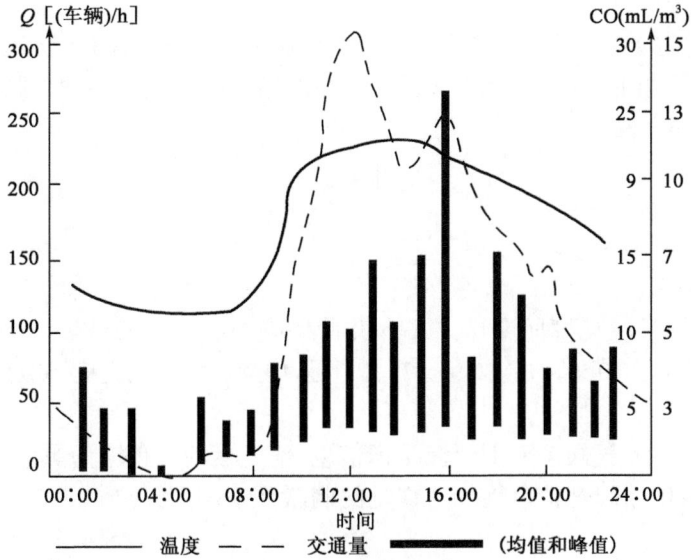

图 4-23 CO、温度和交通量日检测分布

本系统主要由可变信息显示子系统和大型显示系统组成。

## (一)可变信息显示子系统

将交通流环境信息及时通知用户,指示和诱导驾驶员采取相应的车辆操作,是执行交通控制的一个重要环节。早期采用广播、固定标志、机械、灯光和磁翻板可变显示器等发布交通信息。由于视觉接受信号的灵敏度和可靠性较高,光电技术的进步也提供迅速改变高亮度图文信息的可行性,故近年多采用发光二极管和光纤显示。以下主要介绍这两种技术。

光电类信息显示屏的图文是由许多不同亮度或色度的像素点表示,阿拉伯数字和英文一般用 $5 \times 7 \sim 9 \times 11$ 个像素点阵显示,一个汉字则最少用 $16 \times 16$ 点阵显示,如图 4-24 所示。可变信息的电子显示主要是控制像素点阵某些点亮和不亮。电子显示板与计算机组合所形成的可变信息显示系统,图文编辑方便、图文种类不受限制、使用灵活且可靠性高,虽然价格较高,但仍为多数公路管理部门采用,有取代固定机电显示器的趋势。

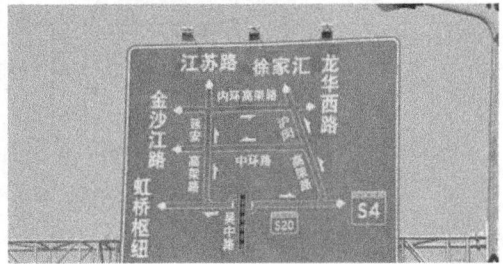

图 4-24  可变信息显示举例

### 1.信息显示内容及其要求

可变信息按功能划分为可变限速和可变交通信息:前者为具有法规性质的禁令标志,它以数字显示允许的最高车速;后者为诱导信息,它以简要的文字(汉字、西文)或图形(含动画)通告当前的交通情况和驾驶员应该采取的行动。

当车速为 100km/h 时,距标志 $200 \sim 250m$,驾驶员昼夜应能清晰辨识所显示的图文。为此,要求:

(1)图文尺寸。

可变限速标志的数字直径大于或等于 100cm;红色外圆直径大于或等于 140cm;正方形汉字的边长为 $64 \sim 96cm$。

(2)图文亮度。

信息标志所在地的环境背景照度经常变化,太阳直射时最亮,阴雨天较暗,黑夜最暗。视觉分辨能力决定于恰当的亮度对比值$C$,过于光亮的标志会像眩光一样刺眼,不仅引起视觉不舒适,反而会降低分辨率。

$$C = \frac{|L_o - L_b|}{L_b} \tag{4-4}$$

式中:$L_o$——标志亮度;

$L_b$——环境亮度。

信号的亮度应随环境亮度而变化。试验表明,环境照度为 $400\sim40000$lx(相当白天),$C$ 取 $10\sim30$;环境照度不大于 40lx 时,$C$ 取 $30\sim70$。但是,像素点的最低亮度不能低于 20cd/m²。

(3)图文颜色。

为了在雾、雨等不良气候条件下仍能辨识信息,信息板的底色应为黑色,图文应为黄色、琥珀色或其他颜色,可以用闪烁信号增加对视觉的刺激强度。

(4)显示长度。

试验表明,距标志 $50\sim250$m 范围内,驾驶员辨识图文的仰角高水平小于 4°,图文长度构成的小平视角应小于 12°。因此,文字显示多数为 $8\sim10$ 个,文字行的中心线距路面高为$6.3\sim6.8$m。

(5)切换时间。

如果中文和西文信息都要显示,则需要间隔一定的时间切换信号。信号持续显示时间通常为 $60\sim120$s,切换时间可选取为 $0.1\sim2$s。

2. 可变信息显示系统组成

现代监控系统的可变信息显示子系统由显示器、控制执行器和可变信息控制计算机组成,见图 4-25,可视为一个有人介入的控制子系统。它有联机和脱机两种方式。

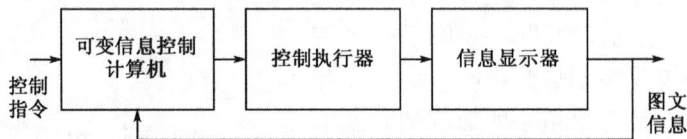

图 4-25　可变信息显示子系统

联机是由监控系统直接控制显示子系统的工作,它从交通监控计算机接受控制指令,驱动可变信息控制计算机检索图文数据库,是否存在有与指令相符的图文,如有,则立即提出并传输给执行器,在路段现场可变信息器上显示,并将所显示的图文信息反馈给控制计算机,在其显示屏上求得操作者的确认和终止控制;如数据库没有与指令相符的图文,则需调出专用软件,绘制所需的图文,传输给控制器执行。

脱机是指脱离中心控制,由现场控制信息显示,主要用于特殊情况和现场检测调试。

3. 发光二极管(LED)矩阵显示器

(1)发光二极管特性。

LED 是一种半导体固态器件,在砷镓磷半导体材料中掺入不同的添加剂,就可发射红、绿、黄等不同颜色的光。现在发光二极管在半导体材料和散热方式等方面有了很大改进。市场已推出一种高亮度、低消耗二极发光管,已有一些可变信息显示器使用它。高亮度发光二极管与传统二极管的性能比较见表 4-3。LED 具有制成可变信息显示器突出优点。

两种 5mm 二极管发光管性能比较

表 4-3

| 性　　能 | 传统二极管 | 高亮度发光二极管 |
|---|---|---|
| 功率(mW) | 25～50 | 625～1000 |
| 热阻(℃/W) | 300 | 12 |
| 光通量(lm) | 0.5～1 | 10～15 |

①体积小。单个体积小,可制成比 5mm 还小的管径,易于组装成光点阵。

②转换快。开关特性好,信息写入速度很快,便于信息快速自动转换。

③易控制。改变输入电流,即可改变所发出的亮度。

④能耗低。单管能耗在 25～1000mW 间。可选用间断开闭方式节能,如亮 16ms 关断 16ms,可产生人眼无法察觉闪烁的连续光亮,又如采用亮 40ms 再关停 100ms 而产生闪烁效果等。

⑤亮度高。高亮度管出现后,在高照度背景(白天)中也可使用 LED 显示信息,由几个 LED 管组成的约 2W 信号灯,可取得 25W 白炽灯的相同亮度。

⑥寿命长。由于采用金属底板取代塑料底板等到新工艺,散热效果大为改善,管子老化减弱,寿命增长,可靠性也得到提高。现在连续使用寿命已达 10 年以上。

(2)发光二极管显示器。

由若干个二极管以矩阵形式布置成显示单元模块,再由单元模块拼装成所需要的尺寸,其外部覆以玻璃镜保护作为显示器。每一个发光二极管成为图文中的一个像素,由控制执行器控制某些像素通电发光,某些像素不发光,这样就可以组成所需要的任何文字和图形。

4.光纤矩阵显示器

光纤矩阵也有单元模块,不过模块上代替发光二管的是光纤端头(像素点),端头由 2～3 根光纤末端组成。单元模块全部光纤的另一端由集中光源输入光通量,在这一端,每一像素的三根光纤(A、B 和 C)由螺线管控制一个小型回转叶片,操纵 A、B、C 三个端面与光源接通或遮断。控制执行器通过对螺线管的控制实现像素的亮和不亮,形成所需要的图文。集中光源大都选用低压石英卤素灯,其亮度根据环境照度的变化可自动调节。

光纤矩阵显示器的特点表现为:

(1)亮度较高,因为集中光源便于选择大光强光源。

(2)成本稍低,能源损耗也较低,一块单元模块只需一个光源。

(3)安装维修较麻烦。

5.控制执行器

控制执行器主要部件是可编程微处理器,储存有各种可变信息的驱动方案。其主要功能是执行可变信息控制计算机下达的指令,调出相应的驱动方案,接通像素点阵中应该发亮的像素光源的电路,产生应该显示的图形和文字。控制器应具有手动功能,即管理人员在现场可通过按键直接操作,显示信息。如控制器控制多块显示板,则应能联动控制,并防止矛盾状态出现。它应能自动调光,即能根据所检测的环境照度自动改变图文的显示亮度。还应具有自检功能,能确认本机的工作状态和所显示的信息,向监控分中心传输此种状态。

控制执行器由安装在印刷电路板上的供电单元、中央处理单元(可编程微处理器)、防冲突电路、存储器、外设扩展单元和叶片控制单元(光纤显示器有)等组成。控制器一般安装在外场监控站的机箱内,执行控制的驱动电路模块则与显示板同装在路面上方的龙门架上。架上还装有光电管,作为检测环境光强的传感器,以控制图文显示亮度。

控制执行器应具有手动功能和与便携式计算机的接口,以便管理人员直接操作,实施脱机运行,检测显示功能。

安装显示板的龙门架应能承受 35～40m/s 的风速,相当于承受 0.016MPa 的风压。

6. 可变信息控制计算机

可变信息控制计算机用来编辑要显示的图文,配备运算速度较快、存储量较大的计算机和图形编辑支持软件。应预先生成经常发布的图文,建立图文数据库,需要时可立即调出使用。操作员还可根据需要利用图文编辑应用软件任意编辑新的图形和文字。

### (二)大型显示系统

高速公路现有监控系统,还需要人介入监控过程的多个环节。人接受外界信息主要通过视觉,监控室配置大型显示系统,供许多人同时观看交通流实时图像显得特别重要。目前监控中心使用的大型显示系统有两种:大型镶嵌式电子地图板和大型投影屏幕。

1. 大型电子地图板

地图板由镶嵌式电子地图板、地图板控制器和支架等附属设备组成。

地图板静态显示的内容有:公路走向,分隔带和桩号;路段划分和各管理(监控)分中心位置及所辖路段范围的标示;互通式立交图形;重要河流及桥梁、隧道位置;沿线重要城市名称、位置和现场设备图例。

地图板动态显示内容有:各路段交通状态;救援活动;交通流检测数据;可变信息显示板工作状态及显示内容(含可变限速);时间、气象参数和能见度等。动态显示大都以约定的光亮色彩(红、绿、橙)与显示方式(闪烁或固定)表示。

地图板由小块马赛克镶嵌拼制,正面绘制有静态显示图文,根据设计要求背面安装有灯泡和二极管,可以按指令有静态图形某些地点显示出约定色彩的光亮,形成动态图文。地图板的大小根据需要而定,高度一般为 1.5～2.5m。地图板控制器为微处理器,包括驱动器及接口。输入口与图形计算机、紧急电话系统相连接,输出口与显示驱动部件相连。

2. 大型屏幕投影系统

大型屏幕投影系统为动态信息综合显示装置,由数据采集器、多屏幕视频投影器、工作站、控制台和大型屏幕组成。信息流程如图 4-26 所示。

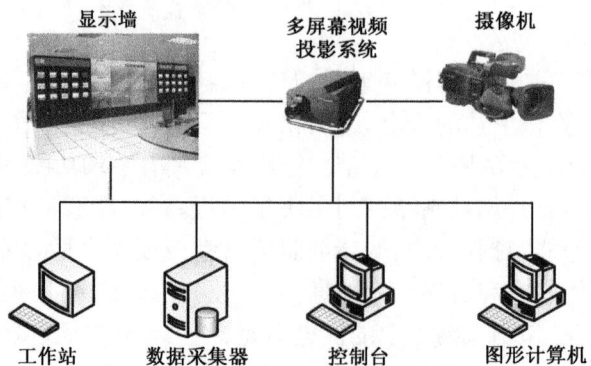

图 4-26　大型屏幕投影系统组成及信息流程

图形计算机接收数据、图像、语音和键入的信息,配备专用支持软件,编辑显示屏上的所有动态图文和大型投影屏幕的全部图文。计算机具有高性能、高运算速度的 CPU,大容量内存和高速缓存,有大显示内存和同步显示图形系统。有的还配 CAD 工作站和视频打印机。

(1)大型屏幕投影系统的功能。

①投影机可以接受以下三类信号。

a. 视频监控录像机等视频信号。

b. 计算机等输送的 VGA 数字信号。

c. RGB 等模拟信号。

②投影机可以通过遥控器遥控或控制计算机控制,也可手工控制。控制计算机通过RS232 口控制投影机的显示状态。操作员可以在控制台上通过鼠标或键盘任意选择改变画面,选择控制方案。

③投影显示内容。

a. 高速公路上预设摄像点拍摄的现场图像。

b. 监控室的工作站显示的图形、文字、表格、标绘内容、定位信息、报警信息等。

c. 视频监控系统输出的视频信号。

d. 便携式数据终端显示的图形、表格、报文、定位信息。

e. 网络信息、其他监控信息、实物投影显示、文稿投影显示等。

f. 经专门编辑制作的,用于回放、汇报、演示,存储在计算机内或以 VCD、DVD、录像方式存储的图形、图像、文字、数据、表格等。

(2)投影机。

目前投影机主要分为 CRT 投影机、LCD 投影机、DLP 投影机三种。

CRT(Cathode Ray Tube)是阴极射线管。是应用较为广泛的一种显示技术。通常所说的三枪投影机就是由三个 CRT 投影管组成的投影机。CRT 投影机显示的图像色彩丰富,还原性好,具有丰富的几何失真调整能力,缺点是亮度很低,一般为 140~270ANSI 流明,操作复杂,体积庞大,对安装环境要求较高,并且价格昂贵。

LCD(Liquid Crystal Display)投影机是目前投影机市场上的主要产品。液晶是介于液体和固体之间的物质,本身不发光,工作性质受温度影响很大,其工作温度为 $-55$~$+77$℃。投影机利用液晶的光电效应,即液晶分子的排列在电场作用下发生变化,影响其液晶单元的透光率或反射率,从而影响它的光学性质,产生具有不同灰度层次及颜色的图像。LCD 投影机色彩还原较好、分辨率较高,体积小,重量轻,操作、携带极其方便,价格比较低廉,但其色彩不可调,亮度均匀度不理想。

DLP(Digital Light Processor)数码光路处理器。DLP 投影机的技术是一种反射式投影技术。其特点是图像灰度等级提高,成像器件的总光效率大大提高,对比度非常出色,色彩锐利。DLP 投影机以 DMD(Digital Micromirror Device)数字微镜作为成像器件。单片 DMD 由很多微镜组成,每个微镜对应一个像素点,DLP 投影机的物理分辨率就是由微镜的数目决定的。

DLP 投影机分为:单片 DMD 机(主要应用在便携式投影产品);两片 DMD 机(应用于大型拼接显示墙);三片 DMD 机(应用于超高亮度投影机)。

DLP 投影机的技术是一种全数字反射式投影技术。其特点首先是数字优势。数字技术的采用,使图像灰度等级提高,图像噪声消失,画面质量稳定,数字图像非常精确。其次是反射优势,反射式 DMD 器件的应用,使成像器件的总光效率大大提高,对比度亮度均匀性都非常出色。DLP 投影机清晰度高、画面均匀,色彩锐利,三片机可达到很高的亮度,且可随意变焦,调整十分方便,其价格适中。

综上所述,在 CRT 投影机、LCD 投影机、DLP 投影机三种类型的投影机中,DLP 投影机的性价比最好,是背投式投影机的主流。

以美国 3M 公司的 3M8750 投影机为例。其技术参数为:

显示技术:DLP 数码光输技术;

分辨率:1024×768(XGA);

亮度:1800ANSI 流明;

质量:7.2 kg;

尺寸:宽 33.1cm×高 14.0cm×长 27.2cm;

颜色:16.7 兆色;

对比度:300:1;

长宽比:4:3;

镜头:电动变焦镜 1.8:1 多用途;

投影尺寸:762～7620mm(30″～300″)(对角线);

水平扫描:14k～150kHz;

垂直扫描:40～120Hz;

立体声:20W 环绕音响系统;

灯泡类型:350W 金属卤素灯;

灯泡寿命:2000h;

功率:500W;

工作温度:0～40℃;

储存温度:—10～50℃;

湿度:2%～80%非凝结。

输入端口:

S—Video:(1)Mini DIN 4—Pin;

Video:(2)RCA jack;

Audio:(3)RCA jack and(2)mini stereo;

RGB:(2)Mini—D—sub 15 pin(2)stereo mini pin jack。

输出端口:

Audio:(1)RCA stereo Jack;

RGB:(1)Mini D—sub 15-pin(female);

Mouse control and RS—232C:(1) D-sub 9-pin (male)。

(3)投影屏幕。

①屏幕类型:分正投幕和背投幕。

正投幕:有手动挂幕和电动挂幕类型、双腿支架幕、三脚支架幕、金属平面和弧面幕。

背投幕:多种规格的硬质背投幕(分双曲线幕和弥散幕)和软质背投幕(弥散幕),硬质幕的画面效果要优于软质幕。

②屏幕尺寸。要选择最佳的屏幕尺寸主要取决于使用空间的面积和观众座位的多少及位

置的安排。首要的规则是选择适合观众的屏幕,而不是选择适合投影机的屏幕,也就是说要把观众的视觉感受放在第一位。

屏幕高度要让每一排的观众都能清楚地看到投影画面的内容。屏幕到第一排座位的距离应大于2倍屏幕的高度。屏幕底边离地面距离1.5m左右。

③画面比例(投影设备需求的格式)。常见格式如表4-4所示,表中列举了影像格式与屏幕比例的对应关系,不同的影像格式对应的屏幕尺寸比例不同。

影像格式与屏幕比例的对应关系 表4-4

| 影 像 格 式 | 屏幕比例(宽∶高) | 影 像 格 式 | 屏幕比例(宽∶高) |
|---|---|---|---|
| VGA 信号 | 4∶3 | PAL 制式 | 4∶3 |
| 投影仪 | 1∶1 | HDTV(高解像电视) | 16∶9 |
| NTSC 制式 | 4∶3 | | |

④屏幕材料。选择的屏幕面料要适合投影机及观众的需要。但是,如果一张屏幕需要供给多部投影机使用时,屏幕面料就应选择适合对屏幕要求较高的那台投影机的需要。例如,当同时拥有幻灯机和投影机时,因为投影机的光线输出量比幻灯机低,所以应选择那种反射率(增益)参数适合投影机的面料。但是,由于现在多数投影机的亮度都比较高,所以采用反射率(增益)比玻璃珠(Glass Beaded)幕低的白塑(Matte white)幕反而可获得更好的投影效果。

大型投影屏幕画面见图4-27。

图4-27 监控用大型屏幕显示图形

(4)反射镜。

投影机将图像通过反射镜投射到投影屏幕上。反射镜选择得好会提高显示的效果。反射镜有前表面反射镜和后表面反射镜之分,后表面反射镜由于受到镜片折射的影响,效果不如前表面反射镜。

(5)背投显示屏箱。

背投显示屏箱为可拆卸结构,内设通风设备,内部为无反射材料。

(6)附件。

附件中换灯工具,多制式视频解码板,可调变焦镜头,可向投影机提供商订购,以保证最好的显示效果。支架、线缆等可以采用国产设备。

# 项目四　集成监控(分)中心计算机系统

监控(分)中心是管理(分)中心的一个组成部分,它负责所管辖区段的交通运行管理。需要将各路段采集的信息(数据、图像、语音)汇总处理,做出控制决策,下达控制指令,监视执行效果,并将经过整理的信息送给公路监控中心和接收中心下达的控制指令。

监控分中心有一间大监控室,配置综合控制台和大型显示屏幕,便于管理人员分头操作、管理各个监控子系统。这些子系统是:视频监控、紧急电话、数据采集处理、控制决策和执行、可变信息和显示、图形编辑显示、通信控制等。同时,分中心还要和同一个管区的收费分中心进行联系,以便获取必需的车辆信息,及时下达入口控制指令。各个现场监控站所有子系统都是由微处理器或计算机控制管理的。监控室配备有内部工作电话,以便和交警、路政、救援、消防等单位联系。各子系统之间的信息依靠计算机网络。所以,分中心监控室的主要工具是一个交通监控计算机网络系统。

## 一、监控(分)中心计算机系统的组成和功能

监控计算机网络大都采用大都采用客户/服务器(Client/Server)体系结构,是由系统主机(服务器)和客户机(终端)组成的计算机网。它和收费计算机网用网桥连接;网络和各现场监控中心进行数据联系,发展成为一个广域网,见图4-28。

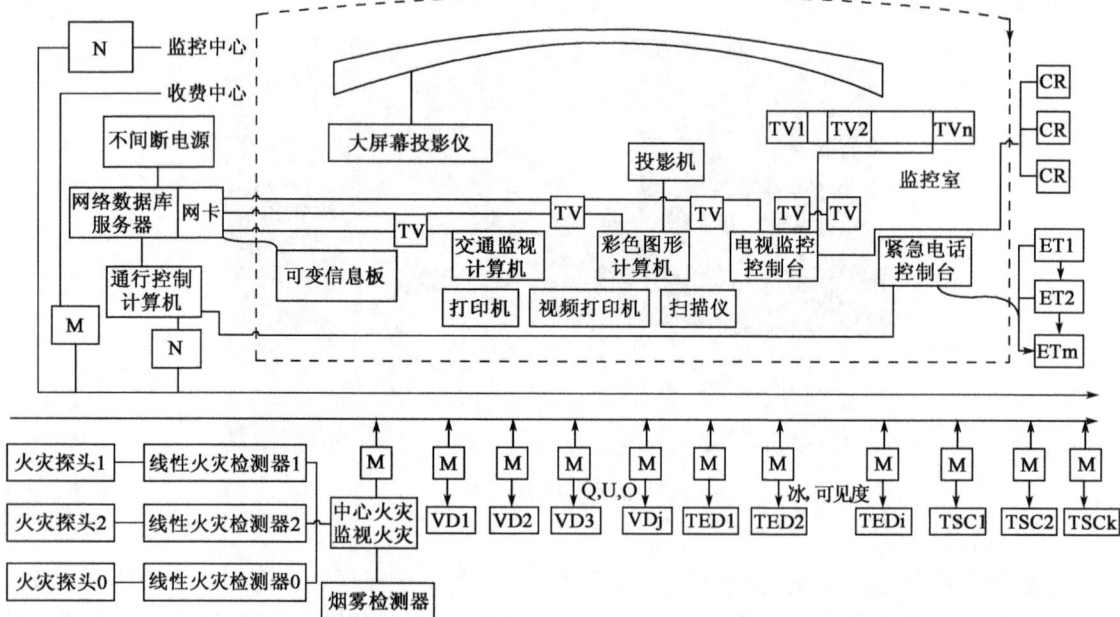

图 4-28　监控中心(分中心)计算机系统及其与现场监控设备联系构图

N-调制解调器;TED-交通环境检测器;VD-车辆检测器;ET-紧急电话;CR-摄像机;TV-监视器;TSC-隧道监控器;M-灯光通风照明电源开关

分中心计算机系统的功能为:

(1)接收和处理检测器传送来的数据,并自动显示数据产生的信息。

(2)根据操作员的命令,显示需要的数据的信息。

180

（3）进行控制决策，向可变信息显示系统（限速值和交通信息）和各入口匝道发布控制指令，并检测执行情况。

（4）自检并对现场设备巡回监测，发现故障及时报警并采取措施。

（5）自动、并行地向监控中心计算机系统传送本分中心运行数据（含控制指令）。

（6）接收并执行监控中心计算机系统的指令。

（7）自动按规定生成数据库和存储数据。

（8）生成并打印各种报表。

需要加以说明的是由于技术水平的限制，监控用计算机系统还不能完全满足交通监控的要求，有很多工作还需要"人"介入，特别是与交通安全相关的事故发现和处理，都需要监控值班员的组织、调度和指挥。

## 二、计算机系统硬件

### 1. 系统主机（服务器）

系统主机负责网络操作、系统进程的管理和运行。主机常作为系统数据库服务器，储存监控系统的数据，大型通用软件有时也存储于此，供各客户机调用。此外，它还通过网桥接受收费网传送过来的各进口交通量和车型信息。主机一般采用内存大、方频快的高档 PC 机，也可采用工作站作为主机，CPU 常为 32 位高性能处理器。由于数据量太多，除机箱内装有大容量硬盘（≥20GB）外，有的采用可读写光盘和数据流带保存数据。为了保证网上各计算机共享资源和具有互操作性，保证与收费局域网和其他计算机网的信息传递，需要配置网络操作系统软件。

### 2. 交通监控计算机

交通监控计算机负责监控各路段外场监控沾设备的运行；收集和处理车辆、交通环境和隧道的监测数据，运行各种优化控制模型，发出控制指令和数据越限报警；生成和打印各种报表。本机任务较多，可能影响控制的实时性。因此，也有将任务收两台计算机分别担负的，即一台负责数据采集、处理；另一台负责控制决策和发出指令。这种计算机需要配置专用软件。

### 3. 可变信息显示控制计算机

可变信息显示控制计算机负责接收主机数据，根据控制指令，编辑需要显示的图文，并向现场发出执行指令。为了保证工作迅速、有效，对经常发布的各种图文，要预先编辑，并存入已建成的图文数据库内。

### 4. 彩色图形计算机

彩色图形计算机负责接收主机数据或 CAD 工作站（根据需要配置）等其他信息，生成管辖和路段的全部交通状况或局部细节图形，并操纵图形在大型投影屏幕上显示。本机需要配备图像编辑软件，并建立所辖路段的图形数据库。

### 5. 通信控制计算机

通信控制计算机负责与路段现场监控站的通信控制单元连接，目前大都采用异步半双工通信，监视各条传输信道的工作状态，并作出越限报警。

计算机外设的配置随工作需要而定，常规外设键盘、鼠标和打印机是必需的，也有配备扫描仪和绘图仪的。

### 三、计算机系统软件

计算机监控系统软件可分为两类：系统软件和应用软件。

系统软件是支持计算机网络正常运行的通用软件，它是由软件公司编制并被广泛使用的一种软件，如网络操作系统、数据库软件和图形支持软件等，使用单位只需要根据交通监控计算机网络的规模和功能要求，从众多的系统软件中选用。

应用软件是完成高速公路交通监控功能的专用软件，由研制交通监控软件的单位提供，如交通数据采集及处理软件等。公路管理部门应就这种软件向研制单位提出技术要求。

1. 对应用软件的基本要求

(1)确定计算机与用户界面的汉字显示标准，选用菜单和图形的方式。

(2)采用模块结构便于剪裁、扩展。

(3)应全面达到交通监控的技术性能指标，如数据处理、优化计算、控制决策以及精度和速度方面的要求。

(4)具有较强的透明度，客户应该有重组模块、修改扩展模块和输入新模块的软件环境，如果新模块不能运行，应有能力返回老模块。

(5)具有多级保密功能，不同级别的管理员掌握不同口令，进入系统的不同层次，在一定程度上实现系统保护。

(6)具有防冲突等安全措施，绝不能因软件本身故障而引起交通运行异常。

2. 网络操作系统软件

网络操作系统是计算机软件和网络协议的集合，是在网络环境下用户与网络资源间的接口，通过它实现对网络的管理和控制，实现用户对资源的共享，满足多用户、多任务的环境。

交通监控对网络操作系统的具体要求为：

(1)收集系统各计算机(微处理器)提供的数据，生成监控数据库，向网上客房提供需用的数据。

(2)向网络客户机提供功能强大的应用软件特效药协调客户机(前台)和服务器(后台)的工作，保证网上各计算机的互操作性。

(3)保证分中心局域网与收费网、外场监测站及其他网络的通信联系。

目前，使用较多的网络操作系统有 Windows NT 和 UNIX 等。其中，NT 既可单机使用，又可作网络操作系统用，具有较强的图形处理能力，具备高效集群服务器，功能强大；UNIX 适用于大型数据库操作系统平台。

3. 数据采集及处理软件

(1)数据采集。

计算机与外场监测站轮询周期为 20～60s，常用异步半双工通信，传输速率为 1200～9600b/s可调。三次通信失败判为故障，通过用户接口发出声光报警。

输入信号有：交通流变量、收费站车辆及车道数据、可变信息显示内容、气象数据、交通控制(含匝道控制)信息、交通和道路环境异常信息、紧急电话信息和操作员输入信息。

输出信息有：可变显示信息(现场)、入口匝道控制指令(收费站)、转发处理后的全部输入数据(监控中心)。

(2)数据处理。

统计处理、状态估计、事件判别并进行越限报警(事件、事故、冰冻、大雾、暴雨、大雪和隧道火情等),应满足报出率、误报率和平均测算时间等指标的要求。

(3)事故录入。

操作员根据电视、电话和巡逻获取判别事故,通过用户接口将事故输入计算机,计算机立即转发此信号给监控中心和各客户机,事故解除由操作员作出。

(4)设备状态。

外场监控站的监测和通信单元均能监测所联设备工作状态,主监控机轮询外场和分中心的各种设备,发现非正常运行时,软件通过用户接口报警。

(5)数据存储。

建立数据库,完成每天系统数据备份入重要文件存档(硬盘、光盘或数据流带),并带有时间记录。

(6)生成报表。

显示和打印报表,包括:交通流(分、时、周、月、季、年的 $Q$、$\overline{U}_s$、$O_t$)和气象、事故、事件、发布命令和设备工作状态报表。

数据库系统软件在公路部门采用较多的有 Oracle Workgroup 和 Sybase 公司的基于开放的数据库平台,它为用户提供了功能强大的开发工具系列。

4. 彩色图形处理软件

(1)显示图形。

综合监控机和闭路电视发来的信息,编辑为动态显示图像,并可驱动大型投影屏幕和地图板动态显示。

(2)建立图形数据库。

图形库应有本公路的详细图形及与本公路有关的地形、地物、道路、河流、地面主要构造物和沿线有关的设施(消防队、急救站等)。

(3)图形开发工具。

软件中应含有功能强大的开发程序,以便自行开发所需要的功能。

5. 交通控制及可变信息软件

(1)编辑可变信息。

建立图文数据库,存储已生成的 30~60 幅图文;软件支持在图形计算机上编辑图文,显示的图文应符合国标和国际惯例,发出指令并核实执行情况。

(2)实时控制。

按要求编制控制决策所需要的各种程序(建模、参数和状态估计、优化计算、方案比较),作出决策,编写和发出控制指令。

(3)设备监控。

接收可变信息显示系统反馈的工作状态信号,发现不正常立即报警。

(4)工作记录。

向主机传送已发布的命令记录(含时间、内容)和工作状态。

监控中心的计算机系统功能要求与分中心的大体相同,但要增加协调各监控分中心工作的功能,要根据各分中心所辖路段相互关联的程度,下达必要的控制指令。中心的设备配置也与分中心相类似,它的监控对象是整条公路,而不是部分路段;提供给它的信息是各分中心经过处理的信息,大型屏幕显示的是整条公路的交通图像。

# 项目五　集成 GPS 监控系统

随着经济发展,各类运输工具日益增多,交通运输的经营管理和合理调度已经成为交通系统中的一个重要问题。传统的交通管理一般是监控调度中心通过无线电通信设备发出监控指令,而驾驶员根据视野中的地物景象报告所处的大概位置,往往造成调度工作效率低。随着GPS 定位技术的出现以及 GIS 和通信技术的成熟,交通运输调度工作进入了计算机辅助支持的实时管理新阶段。

GPS 全球定位系统是美国国防部于 1973 年授权研制的第二代卫星导航系统,该系统可提供高精度、全天候,全球覆盖的定位信息,1995 年将预设的 24 颗卫星全部配齐(包括 3 颗在轨备用卫星),并向全球用户免费开放 C/A 码。

地理信息系统(GIS)是一个能够获取、存储、查询、模拟和分析地理信息的计算机系统、是一种能够处理和分析海量地理数据的通用地理信息技术,它将多方面的数据当作一系列不同层次的信息,按照地理特征相联系而构成现实世界模型,在此模型上使用空间查询和空间分析方法进行管理,并通过地球信息模拟和分析软件包进行地球信息的加工、再生,为空间辅助决策的分析打下基础。

## 一、GPS 监控系统的特点和结构

### 1. 特点和应用

GPS 监控系统是 GPS 接收设备获得 GPS 的定位信息,经过数据处理后通过无线通信链路将数据传送到监控中心,并显示在由一个 GIS 平台提供的电子地图上,监控中心的调度人员利用 GIS 平台对接收的数据进行分析和查询,实时完成对目标信息的搜集和调度指挥。

由于 GPS 监控系统具有实时显示目标位置信息、通信双向性以及快速定位空间信息等特点,因此已经广泛运用于陆地、海洋和航空运输管理中。在发达国家,由于经济实力雄厚,通信基础设施完善,GPS/GIS 集成技术支持下的运输导航与监控应用已经非常普及。目前,此项技术在中国的一系列大中城市,特别是在公安、交通、消防及银行等部门也有了较快的发展,取得了一定的成效。

### 2. 系统的组成

GPS 监控系统一般由具有通信功能的 GPS 接收机、控制中心和监控管理台组成,如图 4-29 所示。

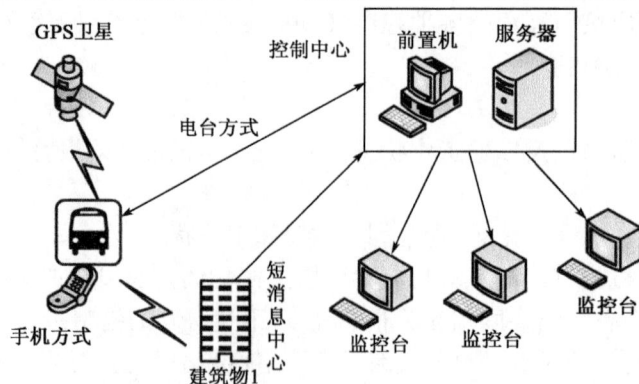

图 4-29　GPS 监控系统的结构

(1)GPS接收机。

常用的GPS接收机分为车载式和手持式两种。车载式接收机可以通过两种方式与控制中心进行通信:集群电台通信方式和GSM手机方式。两种连接各有优缺点:电台方式是利用现有集群通信设备进行数据和语音传输,一次性投资较少,但作用范围有限;GSM方式是利用手机126字节的短消息进行通信,通信距离远,基本上能实现全球范围的定位,但是一旦处于盲区中则不能向短消息中心发送信息,影响了对目标的实时监控。手持式只有通过手机方式传输定位信息。GPS接收机的基本功能有:采集GPS定位信息并通过无线链路将定位信息和其他状态信息传送到控制中心;接收并显示控制中心发出的调度信息;主动向控制中心发出警报信息;按一定周期将目标定位及状态信息保存于存储器中。

(2)控制中心。

控制中心包括两部分:一部分是接收和解析目标信息的前置机设备,另一部分是高性能的服务器或小型机,用于运行大型数据库系统,负责目标物体的定位数据、调度信息的存储和调用任务。控制中心一方面接收GPS接收机发送的信息,另一方面向监控管理台转发监控信息。

(3)监控管理台。

监控管理台是监控和调度目标运行的终端,其实质是一个能接收并显示动态信息的GIS平台。它的功能是将目标定位信息动态显示在电子地图上;进行空间信息和属性信息检索;进行地图开窗缩放等基本操作;查询并回放目标运行轨迹;发布调度信息。

## 二、地理信息系统在高速公路监控系统中的应用和功能

地理信息系统(Gcographic Information System,GIS)是集计算机科学、空间科学、信息科学、测绘遥感科学、环境科学和管理科学等学科为一体的新兴边缘科学。它是一种特定的十分重要的空间信息系统,在计算机软硬件支持下,对空间中分布的地理数据进行采集、存储、管理、运算、综合分析、显示和描述,解决复杂的规划、决策和管理问题。GIS集成了计算机数据库技术和计算机图形处理技术,把事物对象的地理位置及其相关属性有机结合起来,实现地图与数据的完美结合,使所处理的事物对象不仅具有统计信息特征,而且具有空间地理特性。在美国及发达国家,地理信息系统的应用遍及环境保护、资源保护、灾害预测、投资评价、城市规划建设、政府管理等众多领域。近年来,随我国经济建设的迅速发展,加速了地理信息系统应用的进程,在城市规划管理、交通运输、测绘、环保、农业、制图等领域发挥了重要的作用,取得了良好的经济效益和社会效益。

因此,将GIS技术应用于高速公路监控系统,集成多种不同类型的交通数据进行空间分析和处理,并将复杂的分析结果快速地以图表形式表示出来,为高速公路监控系统的图形化管理及图形与属性的一体化提供强有力的支持。

1. GIS在高速公路监控系统中的应用

GIS作为一种空间信息输入、处理、存储、管理、分析和输出的技术,其应用的核心在于空间现象、过程和规律的可视化分析。在本系统中,GIS主要用于图形显示软件中,实现道路地图的显示和交通信息、气象信息以及设备状态的实时显示,图元对象和属性数据的双向查询,数据的统计分析,生成和打印各种地图专题和统计报表等功能。

(1)图形数据的支持。

系统根据高速公路地理特性,采用层的概念,将其分为基础背景图层(包括行政区域、水

系、重要地名等,为管理交通信息专题图提供背景参照)、公路立交图层、收费站图层、紧急电话图层、车辆检测器图层和气象信息检测器图层等多个图层,分层进行存储和管理。其中,基础背景图层为面图层,公路因层为线图层,其余图层均为点图层。原有的图形数据格式主要是AutoCAD 的 dwg 和 dxf 数据格式,系统应用桌面地图系统 MapInfo Professional 的通用转换器将其转换为 MapInfo 的图形和属性数据文件格式 map、tab、ind 和 dat,并将其坐标信息上传至服务器数据库中。

(2)动态数据绑定和生成专题图。

系统基于 MapItlfo 建立在 OCX 技术基础上的 GIS 功能控件 MapX 的支持,在标准编程语言 Boland Delphi 5.0 环境中,将 MapX 控件嵌入应用程序中进行开发。系统通过 ODBC 数据源使用 Map. Datasets. Add 方法将数据库中的属性数据绑定到地图上的相应对象(如车辆检测器、收费站等)上,以数据库中的数据来动态改变地图对象的可视属性,赋予地图对象不同的颜色、图案或符号从而创建不同的专题地图(包括范围值、等级符号、点密度、独立值、直方图和饼图 6 种方式)。例如可在地图上形象地显示出每 5min 的车流量情况、车辆占有率情况、每小时气象情况等,使数据以更直观的形式在地图上体现出来。

(3)图形数据与属性数据的双向查询。

地图中每个对象均有其对应的唯一的标识(ID 号),系统以此为索引建立该对象的图形数据文件。各对象属性记录的关键字为图形文件中该地物的 ID 号,使得图形数据与属性数据之间实现一一对应。这样,系统就可以实现通过 SQL 语句对图形数据与属性数据的双向查询,当用户使用图形查询属性功能时,只需用鼠标点击公路地图中的某个图形对象(如车辆检测器等),其相关的属性数据便可在弹出的窗口中显示出来;当用户使用属性查询图形功能时,只需输入查询条件,地图窗口中便会指示出具有该条件的图形对象。

### 2. GIS 在高速公路监控系统中实现的功能

系统在桌面地图系统 MapInfo 的支持下,将交通和气象属性数据绑定到公路地图相应图元上,在地图上实时显示所有交通、气象信息和设备状态信息等,并可进行图元对象和属性数据的双向查询和数据的统计分析等,实现对高速公路进行动态监控和管理,生成各种地图专题和统计报表,为公路管理部门提供强有力的决策支持依据。

(1)地图数据的添加和维护。

系统可实现有限制的对地图上的图层和图元对象进行添加和修改等操作,并可改变与后台数据库的对应关系,以适应公路路段扩充及路面设施改变的需求。系统操作员可将扩充的外场设备标记在地图相应位置,系统会对该地图自动重新链接,并将新生成的地图应用于用户界面。该功能只对具有修改权限的操作人员开放。

(2)交通、气象信息和设备状态显示。

系统在图形计算机屏幕上显示出公路地图。包括公路地形、地物、沿线有关设施等,将沿途的道路、河流、互通立交、收费站、服务区、管理所、养护工区、火灾消防队、医院、急救站、汽车修理厂以及各外场设备的位置标识在公路地图上,并模拟显示各路段的交通状况、气象状况和各外场设备运行状态等,当出现异常时,立即显示警告信息。

(3)信息查询。

可实现对地图空间数据和属性数据的双向查询,管理人员既可在计算机屏幕上使用鼠标选择某个路段或外场设备(如车辆检测器等)、收费站等,显示其相关的属性数据,也可以输入属性数据查询条件进行查询,在地图上显示相关的路段或设备等。

（4）图形输出。

系统可输出整个路段、分段的或详细的公路状况图。可输出各路段和外场设备属性的报表;打印条件查询结果。还可以将地图与各种专题图、统计图表、浏览表、查询信息等组织在一起打印。

另外,系统可以实现对地图的无级放大、缩小、漫游、选择、测距等功能,可以计算道路上任意一点距任一设备或设施的距离,如果公路上出现问题(车祸、塌方等)可以方便的找出离问题点最近的相关设施的距离,方便抢救、抢险等。

地理信息系统应用于高速公路监控系统,能够高效、直观、综合地管理空间和属性信息,比单纯的基于属性数据库的高速公路管理系统具有更直观、信息容量更大的优点。

## 三、构建 GPS 监控系统的技术分析

GPS 监控系统是集 GPS、GIS、通信技术、数据库技术和网络技术于一体的综合性应用,因此,整个系统要求有很高的稳定性和整合性。监控管理台的主要职责是对监控目标的位置进行实时跟踪,并发布相应的调度信息,可以说在系统中处于核心地位。

### 1. 电子矢量地图

作为 GPS 监控系统重要部分,电子矢量地图反映了监控目标的周围环境信息。在电子矢量地图中,空间数据是以记录坐标的形式,通过点、线、面等矢量数据模型表示的,并且用一定的分类标准将空间数据按层进行叠加显示;属性数据则与空间数据一一对应,记录了空间数据的描述性信息。电子地图将空间数据和属性数据统一起来,在此基础上可以进行地图显示、缩放和漫游,并进行空间分析和查询等应用。

由于 GPS 监控系统需要动态监控移动目标运行的状态,可以说,电子地图是工作在实时环境下的,所以地图显示刷新时间、搜索移动目标时间和地理信息查询响应时间都是衡量系统设计成功与否的重要指标。通过分层储存、分幅储存和分级显示等技术设计的电子地图能够提高系统速度和响应时间。

分层储存技术是以图层的形式将地理信息组织存放。由于图层是按不同的地理要素来划分,每一层上的信息尽可能的单一,因此有助于图形的编辑和检索处理,避免了图层的干扰,同时又减少数据冗余,并提高了成图速度。

分图幅储存技术是按单幅地图的相邻关系建立地图库,显示时系统只是把用户所在位置的那幅地图以及周边的图幅调出,并保证地理底图填充整个屏幕,从而大大提高了地图刷新显示的速度。

由于计算机屏幕显示范围的局限,如果将所有图层的地理信息全部显示在电子地图上会使显示的信息杂乱无章,这既分散了用户对特定目标监控的注意力,又降低了地图的显示速度。通过分级显示技术,在不同的视野比例范围内显示对应的图层信息可以便整个电子地图简洁高效。

### 2. GPS 定位误差的纠正

GPS 定位的误差主要来源于 GPS 卫星、卫星信号的传播过程和地面接收设备。在过去很长的一段时间内,美国军方为限制其他国家,将 GPS 系统用于军事领域,通过选择可用性(SA)技术,人为地在卫星信号中加入噪声干扰,使 GPS 测距误差约为 33m。从 2000 年 5 月开始,美国政府正式批准取消选择可用性技术,普通用户使用民用 GPS 接收机器可以使得空

间定位提高一个数量级。尽管如此,GPS 导航测距误差仍维持在 20m 左右,这仍然不能满足高精度导航监控的要求。

提高 GPS 定位精度的常用方法是采用位置差分技术。其思路是差分站实时计算出位置改正值及改正值变化率,并按照应用特点向外发送或对接收数据进行差分处理。位置差分可以简化 GPS 接收机结构的复杂度,接收机只接收 GPS 信号,不必考虑差分信号的接收。而控制中心则集中进行差分改正、数据存储转发,因此大大节约了成本和通信数据量。

### 3.地图匹配算法

采用差分 GPS 能使目标定位精度达到 5m,若要进一步提高精度,就应采用地图匹配算法,地图匹配算法的基本思想是通过目标的 GPS 航迹与地图上矢量化的路段对象进行匹配,寻找目标当前行驶的道路,并将目标当前 GPS 定位点投影到道路上。

当 GPS 定位系统输出的坐标值偏离了电子地图的道路时,监控平台根据一定的算法找到最近的道路并将目标精确地显示在其应在的道路位置。寻找目标当前行驶的道路是问题的关键,其基本思想是在目标 GPS 航迹的邻近区内搜索所有路线组合,将这些组合路线分别与 GPS 航迹求取匹配度量,以最大匹配度量值的组合路线作为目标当前行驶路线。因此,地图匹配算法要求数字电子地图本身具有较高精度,才能提供更高的定位精度。

### 4.地图坐标转换误差纠正

GPS 系统采用的是 WGS—84 坐标系,若不经过大地直角坐标转换,直接将 GPS 测量结果进行高斯—克吕格投影变换纳入北京 54 或西安 80 坐标系与 GIS 数字地图配服,将会有较大的误差,通过实测证明不采用坐标转换要导致近 60m 的平均误差,这已经大于 GPS 常规测量平均误差。可以通过布尔莎模型实现坐标转换以消减误差。

### 5.监控管理台的功能

作为一个监控系统,监控管理台是整个系统的核心,负责对所有目标的调度和监控任务。一个监控管理台最基本的功能有:对电子地图的放大、缩小、区域选择、地图漫游以及图形分层等;接收控制中心发送的定位数据;发送调度报警信息;轨迹回放;地图空间数据和属性数据管理、修改和查询;查询监控目标;地图和报表的打印输出等功能。作为路上交通监控,在监控平台可以进行最短路径分析,最近车辆查询以及通过远程遥控,对报警车辆进行断电、鸣叫等操作。

### 6.面向对象的程序设计

面向对象程序设计是软件系统的设计与实现的新方法。这种方法是通过增加软件可扩充性和可重用性,来改善并提高程序员的生产能力,并能控制维护软件的复杂性和开销。

其关键思想有以下几个方面:

(1)类和对象:面向对象程序设计思想将对应于现实世界的各种实体抽象成对象,当作整体来处理;对象可以保存自己的状态(属性);具有共同属性的多个对象抽象为类,而对象与对象之间通过引用该类的方法来操纵,即向这些类发送消息,实现交互,由于对象与现实世界功实体对应,从而加强了软件模型的易理解性、可读性和可维护性。

(2)封装:对象所有的信息由对象自己维护封装起来,对外不可见,通过对对象的隐藏,增加了软件的稳固性。

(3)继承与多态:类可以继承,这样子类可以继承父类的大部分特性,而修改自己的专有特性,对象可以继承父类的方法,也可以在相同的接口下提供不同的对象,从而实现对相同接口的不同反应。通过继承和多态性,大大增强了软件的可重用性。

实践证明,使用面向对象的程序设计方法确实能够快速构建 GPS 监控系统,并使之行良好的扩展性。

采用 GPS 定位技术、GIS 和计算机通信技术的交通运输调度监控系统可以将交通运输管理提高到一个新的阶段。其应用前景将是非常广阔的。在开发 GPS 监控应用的同时,也将带动与其相关的通信技术、信息技术、控制技术、多媒体技术和计算机应用技术的发展。

# 项目六　维护高速公路监控系统

监控系统维护的目的是保证系统设备完好,使之处于良好的运行状态。设备完好要求包括:主要技术指标和电气性能符合规定,结构完整。保持设备良好的运行状态需要两个条件:一是通过各种手段及时掌握设备状态;二是拥有高水平的检修力量,对各种设备进行正确的保养和维护,并能根据已知的设备状态信息,预知和预测有关异常或故障的程度,分析、判断原因及对未来工作的影响,找出必要的对策和及时修复。

## 一、及时掌握设备状态

现场检查和连续监视是了解设备状态的两种手段:前者花钱多且不及时,只在必要时才采用;对于监控系统的大部分硬件,有可能也有必要进行连续监视。

### (一)坚持可靠性指标

在采购合同上坚持可靠性指标是保证设备状态良好的重要措施。

监控设备的可靠性指标有:

(1)平均故障间隔时间(MTBF)相邻两次故障间隔时间,也称为平均无故障时间。

(2)平均修复时间(MTTR)排除故障需用的时间。

(3)平均寿命(MTTF)设备或系统发生失效前的平均工作时间。

### (二)提高故障预测性

维修记录的积累和统计能得出设备失效的规律,对于提高故障的预测性,提高维修的计划性和维修质量具有重要的意义。此类统计可按表 4-5 进行。

设备失效和维修分布情况　　　　　　　　　　　　　　　　　表 4-5

| 设备名称 | 维修次数(%) | 维修时间分配(%) | | | |
| --- | --- | --- | --- | --- | --- |
| | | 调　整 | 现场维修 | 维修站维修 | 总　计 |
| | | | | | |
| | | | | | |
| | | | | | |

### (三)充分重视设备状态监视

从检测设备角度出发,可将设备分为能自检和不能自检两大类。

(1)凡是能自检的设备,一般对状态不正常的检测结果会发出报警信息,或保留状态异常信号等待主监控机的巡回检测。

(2)对不能自检设备的监视,往往要根据设备的工作特点进行监视。最常用的监视方法是:

①任何一台设备都会有输出,检测有、无输出。有输出,则判为正常,无输出,则判为异常。

②在有输出的情况下,判断输出是否正常。若输出有规定范围,则超出此范围可判别为异常;若无规定值,可从历史资料得出统计平均值,并根据经验人为确定一个门限值,超出限值范围也可判为异常。

(3)故障判断案例。

案例1:

可变显示系统工作状态的监视是将显示图文反馈给控制计算机,若反馈的图文与发出的指令不一致,可立即判定系统出了故障。

案例2:

环形线圈车辆检测器出现下列情况之一,可判为电子器件失效:

①检测的交通量(车辆数)超过预置的最大值。

②车辆存在时间比预置的最大值还大(如12min)。

案例3:

如发现下列情况之一,则很可能是通信单元存在故障。

①在比预置的时间长(如4min)的时间间隔内无车辆存在信息。

②将每天各时段平均交通量乘以平均车头时距作为门限值,在大于限值时无车辆出现。

## 二、监控系统的正确保养和维护

保持设备完好,必须以日常维护为主,大修更新为辅。凡是通过经常维护及重点检修仍不能解决问题而又严重影响运行质量的设备,可列入大修计划。根据条件和需要,也可更新设备。

监控系统的保养和维护可分为内场维护和外场维护两部分。

### (一)内场维护

内场维护的对象主要包括:控制计算机、数据采集计算机、背投计算机、监视器、光端机、视频分配器、视频切换器、多画面分割器、长延时录像机、投影仪、地图板、操作台以及UPS电源、稳压电源等内场设备。

内场维护工作主要分为日常维护、定期维护和障碍处理三种。

1.日常维护工作内容

(1)监视和记录设备运行情况和障碍情况。

(2)设备的仪表指示、声光告警情况、各开关位置情况。

(3)设备表面的保洁工作,机房及工作环境整理。

(4)UPS电源系统的供电情况等。

2.定期维护工作内容和周期

(1)设备机架内的灰尘清除每周一次。

(2)各种计算机的数据备份可根据数据量的大小选择适当的时间。

(3)各种电源保险、电线及接头、各类电表告警线的检查、老化及有异常现象电线的更换等。

(4)各接入设备的 IP 地址端口的拼接,每周两次。

3. 障碍处理

(1)电气设备发生的一切障碍及不良现象均应按照设备的重要性和障碍的危害程度,按顺序尽快修复。

(2)查找障碍应遵守下列规定:

①检查障碍时必须细心,在未找到障碍原因和部位前,应尽量不使障碍消除以便追查。

②障碍的原因若在线路和其他系统时,要会同相关人员进行检查。

③根据记录检修障碍时,应先对障碍部件进行测试以便证实记录表多记录的现象是否正确。

(3)修理障碍应遵循下列要求:

①修复障碍必须使用适当的工具。

②障碍消除后,应将有关部分检查一遍,进行电气测试,经试验完全良好,方恢复使用。

③修复障碍时,禁止从备用整套机器上拆卸零件。在不得已的情况下,必须拆卸时须经过领导批准,并且在事后应尽快补还,使备用的设备恢复原状。

④为迅速恢复障碍而采取的应急措施,应在消除障碍后,尽快恢复设备的正常状态。

**(二)外场维护**

监控系统外场维护的对象包括:车辆检测器、可变情报板、可变限速板、摄像机及杆架、气象和能见度检测仪、远供电源(或太阳能板)等外场设备。监控系统的外场日常维护是由技术维护人员通过见监控中心观察检测的数据和发出检测指令来完成。外场定期维护和障碍处理在下面主要阐述。

1. 外场定期维护内容及周期

(1)外场设备的保洁。由于设备处于野外恶劣环境中,且车辆尾气和灰尘较多,因此每周须对设备的表面进行一次保洁。每月对设备内部及各板块进行一次保洁,可用带电清洁剂进行带电维护。

(2)设备的线路板检查。每月进行两次各外场设备的线路板的检查,包括线路板是否插接牢固,线路板是否有腐蚀及脱线现象,设备接地是否良好等。

(3)设备转动部件检查。每月进行一次各转动部件的检查,包括摄像机云台、雨刷、气象仪的风速计等,对需要保养的进行保养。

(4)对可变道路情报板、可变限速板等发光部件的检查。及时更换损坏部件,确保显示准确。

(5)各远供电源保险、电源线及接头的检查。每月查看两次,及时更换保险丝,检查电源线是否有破损情况,插头是否有松动等。对于太阳能供电电源,需要检查蓄电池接线是否有松动,蓄电池是否有漏液,蓄电池桩头是否有腐蚀等。

2. 故障处理

监控系统的外场设备的故障处理同内场设备处理方式相同,应遵守相应的规定和要求。

**复习思考题**

一、填空题

1.高速公路监控系统根据所辖路段的道路状况和交通状况分为多种类型,主要有

_____、_____、_____、_____和_____五类。

2.目前,监测所得到的种种数据还不能反映_____的全部形态,也难于描述_____现场具体细节。借助布设于重要地段的摄影机所拍摄的交通图像,由_____系统在监控室重现这些图像以支持人对监控过程的介入。这些图像帮助人们实时掌握全路的交通运行情况,了解重要地段的交通运行细节,以便正确地做出_____和_____。

3.在高速公路实际应用中,存在三种类型的录像,可以根据实际情况进行选择,第一种是_____方式,第二种是_____方式,第三种是_____方式。

4.交通状况检测主要设备包括:_____,_____等。

5.目前发达国家道路、气象结合在一起检测,既为交通运行管理服务,也为道路维修(特别是严寒地区的冬季道路养护)服务。气象检测项目有:_____、_____、_____和能见度等。

6.高速公路现有监控系统,还需要人介入监控过程的多个环节。人接受外界信息主要通过视觉,监控室配置大型显示系统,供许多人同时观看交通流实时图像显得特别重要。目前监控中心使用的大型显示系统有两种:_____和_____。

7.可变信息按功能划分为_____和_____信息。前者为具有法规性质的_____标志,它以数字显示允许的最高车速;后者为_____信息,它以简要的文字(汉字、西文)或图形(含动画)通告当前的交通情况和驾驶员应该采取的行动。

8.监控计算机网络大都采用_____体系结构,是由_____和客户机(终端)组成的计算机网。它和收费计算机网用网桥连接;网络和各现场监控中心进行数据联系,发展成为一个_____。

9.监控系统维护的目的是保证系统设备完好,使之处于良好的运行状态。设备完好要求包括:主要技术指标和电气性能符合规定,结构完整。保持设备良好的运行状态需要两个条件:一是通过各种手段及时_____;二是拥有_____,对各种设备进行_____,并能根据已知的设备状态信息,_____有关异常或故障的程度,分析、判断原因及对未来工作的影响,找出必要的_____和及时_____。

10.GPS监控系统一般由具有_____,_____和_____组成。GPS监控系统是集_____、_____、_____、_____和_____技术于一体的综合性应用。

二、选择题

1.以下何种设备不属于视频监控系统的前端设备?(　　)
　　A.录像机　　　　B.镜头　　　　　C.云台　　　　　D.防护罩　　　　E.解码器

2.以下描述不符合微波车辆检测器的使用特点的是:(　　)
　　A.多车道检测　B.全天候工作　　C.使用方便　　　D.检测精度高　　E.漏检测率高

3.以下不属于超声波检测器优点的是:(　　)
　　A.价格便宜　　B.安装方便　　　C.使用寿命长　　D.可以移动　　　E.检测精度高

4.以下不属于道路环境检测项目,但属于气象检测项目的是:(　　)
　　A.路面温度　　B.路面相对湿度　C.路面积雪深度　D.路面冰冻　　　E.风速风向

5.以下三种类型的投影机中,何种投影机的性价比最好,是背投式投影机的主流?(　　)
　　A.CRT投影机　B.LCD投影机　　C.DLP投影机

三、简述题

1.高速公路监控系统由哪些子系统构成,它们是如何协同工作的?

2.简要归纳视频监控系统的工作原理。

3.车辆检测器按工作方式及工作时的电磁波波长范围可划分为几类,每类有哪些典型设备?

4.监控中心与监控分中心计算机系统在功能上有什么不同?

5.高速公路监控系统内场维护工作中查找障碍应遵守哪些规定?

四、案例分析题

试根据图 4-6,分析广清高速公路龙山收费站视频监控系统的构成。

# 模块五　高速公路供配电系统及照明系统集成与维护

**【本模块学习目的】**

了解高速公路机电设备供配电系统的特点、构成和供配电方式，掌握高速公路机电设备的防雷、接地的工作原理和防雷保护技术；了解高速公路照明系统对车辆行驶的影响，掌握高速公路照明系统的类型特点。

高速公路照明系统是保证高速公路夜间行车安全和旅行舒适的重要条件，是高速公路机电系统不可缺少的一部分。

众所周知，电能是现代化管理的主要能源和动力。由于电能具有输送和分配简单、经济、便于控制、便于调节和测量等一系列优点，有利于实现高速公路运营与管理过程的自动化，因此，电能在高速公路现代化管理过程中，具有极其重要的作用。

## 项目一　认识一般供配电系统

供配电系统电能的产生、传输和配电基本过程如图 5-1 所示。发电厂发电机产生的电压，通常为 6.3kV、10.5kV、13.8kV。为了减小电能在传输途中线路对电能的损耗，需要经过升压变压器升压后(110/220kV)，再向远处输电。在传输到用户前，必须经过降压变压器降压(10/35kV)，再经高压线传输送到配电变压器，再将电压降伏至 220/380V，才能供给负载使用。为用电设备提供符合标准的、足够容量的电能。

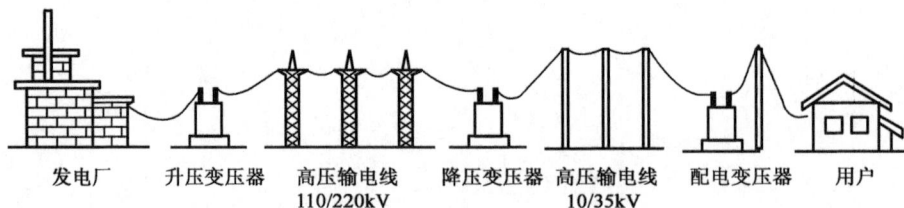

| 发电厂 | 升压变压器 | 高压输电线<br>110/220kV | 降压变压器 | 高压输电线<br>10/35kV | 配电变压器 | 用户 |

图 5-1　从发电厂到用电户的输电配电过程

一般供配电系统是指由高压输电线(10/35kV)经配电变压器降为(220/380V)并提供给负载使用。

### 一、一般供配电系统的设计需考虑因素

(1)根据供配电系统的负荷确定基本方案。

电力负荷根据供电可靠性及中断供电在社会上所造成的损失或影响的程度，分为以下三个等级。

一级负荷：中断供电将造成人身伤亡，中断供电将在政治上和经济上造成重大损失。

二级负荷:中断供电将在政治、经济上造成较大损失者,如引起主要设备损坏、大量产品报废、连续生产过程被打乱需较长时间才能恢复、重要产品大量减产等的电力负荷。

三级负荷:凡不属于一级和二级负荷的其他负荷均属于三级负荷。

不同用户对供电的可靠性要求不一样,对于一级负荷,需要有两个电源的供电,此外还应设有应急电源,以保证不会中断用电。二级负荷要求有两个回路供电,每一回路最好来自不同的变电所,若来自同一个变电所,也不能来自同一个变压器。三级负荷无特殊要求。

(2)负荷计算。在实际系统中,各种用电设备运行过程中负荷是时大时小变化的,但不应超过其额定容量,此外,各台用电设备的最大负荷一般不会在同一时间出现,显然整个系统的最大负荷总比系统各种用电设备额定容量的总和要小。若根据整个系统用电设备额定容量的总和作为计算负荷来选择导线截面和开关电器、变压器等,则将造成投资和设备的浪费;反之,若负荷计算过小,则导线、开关电器、变压器等有过热危险,使线路及各种电气设备的绝缘老化,过早损坏。所以我们进行电力负荷计算,目的是为了合理地选择供电系统中的导线、开关电器、变压器等元件,使电气设备和材料得到充分利用和安全运行。电力负荷计算主要采用三种方法:需求系数法、二项式法、利用系数法。

(3)在系统中,功率因数降低会引起电力系统内的电气设备容量不能得到充分利用、增加电力网中输电线路上的有功功率损耗、线路的电压损失增大,在负荷端的电压就要下降。由于以上的原因,要进行无功功率补偿。功率因数补偿方法,一是提高自然功率因数;二是采用移相电容进行补偿。

(4)对系统用电设备的供配电要提供继电保护(包括短路保护、过流保护、漏电保护)、电力计量设备、电力控制设备等。对于负荷的分配要尽可能采用三相平衡接法。此外,对电力设备要进行防雷保护。

## 二、一般供配电系统图例

图 5-2 和图 5-3 为柱上变压器接线实体及原理图,大致反映了一般供配电系统主要设备和连接。

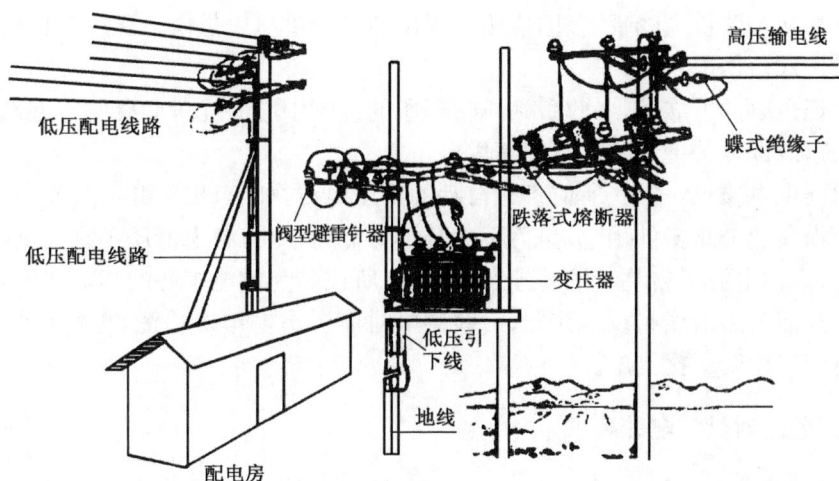

图 5-2　柱上变压器接线实体图

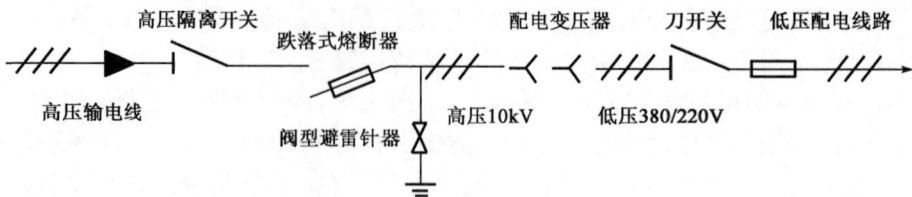

图 5-3　柱上变压器接线原理图

# 项目二　认识与维护高速公路供配电系统

## 一、概述

### (一)高速公路供配电系统的特点

高速公路与一般公路相比,除了高速公路的几何特征外,主要是其先进的配套管理系统。近些年来,随着电子技术和计算机技术的迅猛发展,管理系统的各种设备不断改进和更新,形成了用于高速公路现代化管理的大型、综合的电子技术系统。随着现代化电子技术系统的发展,对供电系统的要求也越来越高,以致形成如果供电系统不按要求提供规定的电压和电流,则现代化的高速公路管理系统就不可能正常地进行工作的现象。

由于高速公路的自身特性,使其对供电的要求有别于一般的工业与民用供配电系统。首先,由于高速公路路线长,且跨省市或跨地区运行,给集中供配电造成一定的难度;第二,沿高速公路的用电点多,且负荷量小而分散,如沿路线的收费站、管理所、服务区和几大系统的外场设备的供配电;第三,有些外场设备要求直流供电,且功率很小;第四,有些外场设备对供电的质量要求较高,如监控设备、机房和收费站等,故需引专线供电。

由于高速公路供配电系统的上述特点,要求在其供配电系统设计时注意以下问题:

(1)由于高速公路供电的重要性,应按一级负荷进行供电。供电电源应引自附近的高压供电网,并且采用双备份电源。

(2)为保证供电的可靠性,各收费站或管理所的控制中心应配置必要的小型发电机组或其他的供电装置,以保证关键设备的不间断供电。

(3)为保证供电质量,各站、所应备配自动的稳压电源,如 AUPS 和 DUPS。

(4)由于沿高速公路多处用电,负荷不大且多为低压单相,考虑低压不宜远供的原则,可采用相对集中供电。电源引自临近的管理所,形成以所或站为供电中心的相对集中供电体系。

(5)由于高速公路沿线布设检测器,沿线供电时应考虑输电对检测、报警系统可能造成的干扰,必要时应采用防干扰措施。

### (二)高速公路对供配电的要求

高速公路供配电系统要做到很好地为现代化管理系统工作服务,切实保证电子技术系统工作和管理机构生活用电的需要,并搞好能源的节约,就必须使供配电系统达到以下基本要求:

## 1. 安全

随着电能在高速公路管理过程中应用的日益广泛,安全用电问题变得很突出。供配电系统的安全是指电能在高速公路各系统的供应、分配和使用过程中,不应发生任何的人身伤亡事故、设备损坏事故和由电能引起的其他事故。为保证这一点,一是要求供配电系统具有自身的安全防护能力;二是要求有关的工程技术人员必须掌握安全用电的基本知识,使电能更好地为高速公路的自动化管理服务。

## 2. 可靠

供配电系统的可靠性是指电能的供应与分配满足高速公路各子系统对供配电可靠性的要求。因为高速公路供配电系统通常是给高速公路的监控、通信、收费和照明等几大系统供电,一旦供配电系统发生故障,必然使以上各系统处于瘫痪,从而失去各系统对高速公路交通运行的监视与控制功能。严重时,会使整个高速公路处于瘫痪状态,造成巨大的经济损失。因此,可靠的供配电系统对维持高速公路的正常营运起到重要作用。这就要求供配电系统必须对重要系统设备采取不停电的供电措施,如采用备份电源或自发电系统(交流或直流),以提高供配电系统的可靠程度,满足高速公路管理对供配电系统的要求。

## 3. 优质

供配电系统的优质是指在对高速公路用电系统的供配电过程中,应满足系统设备对供电电压、频率、电流等参数的质量要求。高速公路几大系统所采用电子设备及计算机系统对供电电压及频率都有着较为严格的要求,电压过高,会损坏系统设备的电子元件,造成设备损坏;电压过低,则系统设备不能正常工作,还会加速电子元件老化,降低设备的寿命;频率的不稳定,会造成电压的脉动波过大,特别会影响监控系统的正常工作,甚至可能造成系统的误判断,导致监控系统的错误决策和失误。因此,要求供配电系统在向用电系统供电时,应提前优质、稳定的电压或电流,满足大型电子设备规定的技术要求。

## 4. 经济

供配电系统的经济性是指在满足公路用电要求的前提下,系统的投资要少,运行费用要低,利用效率要高,并尽可能地节约电能和减少用于输送电能的传输线路有色金属的消耗量。节约电能,不仅可以减少高速公路系统的电费开支、降低营运管理成本,还可以为国家节省更多的资金。特别是因为电能能够创造出比自身价值高几十或上百倍的工业价值,所以高速公路系统节约用电具有十分重要的意义。此外,在供配电系统设计方案中,应合理处理局部与全局、当前和长远的关系,既要照顾局部和当前利益,又要有全局观念;既要满足当前用电负荷的要求,又要为将来的发展需要留有余地。

### (三)高速公路供配电的方式

#### 1. 高速公路就近取电

高速公路就近取电,比较适用于我国目前高速公路没有使用监控、通信设备,用点相对集中在服务区、管理所和收费站的状况。如河北省内京石高速公路沿线的收费站、服务区和管理所等的电源,都是来自附近城乡的农业或民用电。这种供电方式虽然可以减少集中供电在输、配电上的麻烦和投资,但由于国家农业用电政策,经常造成停电、供电故障及电压过低,使供电质量难以保证,给一些电子监控设备、收费系统的正常工作带来严重的影响,甚至有可能造成系统的误动作。另外,就日常的运行情况看,在管理上,也常与地方发生矛盾,这都将给高速公路管理系统的正常运行造成困难。

2. 高速公路的集中供电

所谓集中供电,是指沿线系统与生活用电都是由相对独立的供配电系统提供。这种方式的供电电源一般来自附近的高压供电干线网。集中供电的优点首先是避免了与地方在用电问题上的矛盾,减少停电和供配电故障的次数。另外,由于集中供电容易控制用电的质量,因此保证了监控设备的用电要求。特别是当全线路的监控、通信及安全等设施投入营运以后,随着高速公路管理自动化程度的提高,路上的外场监控设备相对增多,这无疑会使目前的相对集中用电的状况发生改变。而且一些自动化程度较高的监控设备,对供电质量的要求也相当严格,这都将加速我国高速公路管理系统集中供电的步伐。但是集中供电供配电系统相对比较复杂,尤其是沿线的远距离输配电,不仅要增加供配电系统的投资,而且由于沿线电力线的分布电场形成对监控、通信等外场设备的电磁干扰,对系统的正常运行产生干扰。

3. 供电方式选择原则

高速公路是采用分散供电还是采用集中供电,应该说是一个比较复杂的问题,最终决策应在满足高速公路用电要求的前提下,考虑供配电的技术可行性,同时还要考虑其经济可行性。应该说,如果分散供电能够保证供电质量,满足高速公路用电系统要求,就不必去搞长距离的集中供电。因为目前高速公路外场用电设备功率很小,如监控和通信设备,用电相对集中在管理所、收费站和服务区。在这种情况下,长距离(一般 50km 以上)的集中供配电在输电问题上成本较大确实不够经济,而且意义也不显著。对已采用几大系统的供配电系统,如采用分散供电方式,电源取自附近民用或农用电,又会给几大系统的正常工作带来威胁。因此在这种状况下,可以考虑相对集中的就近取电,如在一个管理所辖区或一个行政管辖区内的集中供电。一个所的管辖距离为 50km 左右,可以考虑以所为供电中心,供电电源应根据一级负荷的供电原则,取自附近高压电网。此时要考虑热备份问题,并设置自发电装置。这种供配电方式不但可避免分散供电电源的不可靠,有可避免长距离的输电问题。

## (四)供配电系统的构成

1. 交流供配电系统

高速公路所用的电能,除少数外场设备外,绝大部分都是交流电。有些外场设备所使用的直流电也是利用整流设备把交流电转变成所需要的直流电。

采用集中或相对集中供电的高速公路供配电系统,所用电源或是从发电厂直接引出,或是从附近地区的高压电网引出 10kV 或 35kV 高压到高速公路自己的变电所,用低压变压器产生 380V 或 220V 的供电电压,然后再由低压配电屏及输配电线路送到有关用电的设备。

2. 备用电源

为保证在供电电源因故中断时高速公路管理系统的重要设备能够正常工作,系统需要配备备用电源,一般多采用柴油发电机组。当供电停电时,能在规定时间内启动柴油发电机组供电。目前国内已开始采用自动柴油发电机组,在供电断电时,机组能够自动启动、发电和自动实现电源的切换,无需人的干预。对某些重要设备,还可以采用静止型交流热备份电源,以保证系统电源的不断电和无瞬变要求。

### 3. 直流供电系统

直流电源主要供监控、通信系统中某些直流设备的用电需要,如车辆检测器、紧急电话等。直流供电系统一般由交流电源经整流后得到,直流供电系统的不间断电源可由蓄电池组构成。

### 4. 接地保护系统

接地系统目的在于保护工作人员及设备的安全和避免对小信号系统的干扰,为此,直、交流供配电系统都必须设置良好的接地。

图 5-4 为高速公路交直流供配电系统构成示意图。

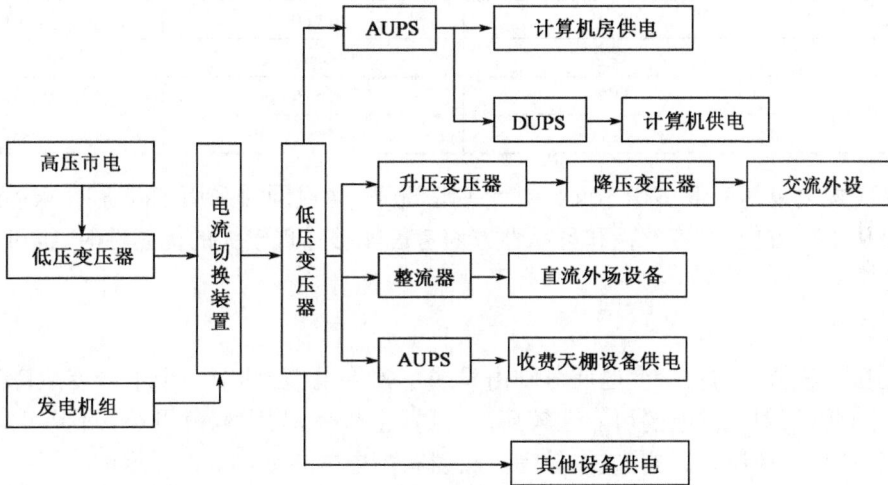

图 5-4 高速公路交直流供配电系统构成图

## 二、交流供配电系统

高速公路所用的电能,除少数外场设备外,绝大部分都是交流电。有些外场设备所使用的直流电也是利用整流设备把交流电转变成所需的直流电。

采用集中或相对集中供电的高速公路供配电系统,所用电源或是从发电厂直接引出,或是从附近地区的高压电网引出高压到高速公路自己的变电所,用低压变压器产生 380V 或 220V 的供电电压,然后再由低压配电屏及输配电线路送到有关用电的设备。

为保证在供电电源因故中断时高速公路管理系统的重要设备能够正常工作,系统需配备备用电源,一般多采用柴油发电机组。当供电停电时,能在规定时间内启动柴油发电机组供电。目前国内已开始采用自动柴油发电。

### (一)高压供配电

#### 1. 配电电压

高压配电是指变电所变压器高压侧的配电设置,高压电源由附近高压网引入。

供电电压的高低,一般取决于用电区域的范围、用电设备电压的高低、用电负荷的大小和分区域等因素。在高、低压两种方案的论证过程中,如果高、低压的优缺点和经济效益比较接近,这时应该从系统发展的观点出发,宜采用较高的电压。配电电压的选择应考虑输送距离及输送功率的影响,在同样输送功率的条件下,电压越高,线路电流越小,则可选用小截面的电线或电缆,从而可降低输电线路的成本。各级电压电力线路合理的输送功率和输送距离见表 5-1。

各级电压电力线路合理的输送功率和输送距离 表 5-1

| 线路电压(kV) | 线 路 结 构 | 输送功率(kW) | 输送距离(km) |
|---|---|---|---|
| 0.38 | 架空 | ≤100 | ≤0.25 |
| 0.38 | 电缆 | ≤175 | ≤0.35 |
| 6 | 架空 | ≤2000 | 3~10 |
| 6 | 电缆 | ≤3000 | ≤8 |
| 10 | 架空 | ≤3000 | 5~10 |
| 10 | 电缆 | ≤5000 | ≤10 |
| 35 | 架空 | 2000~1500 | 20~50 |
| 63 | 架空 | 2500~30000 | 20~100 |
| 110 | 架空 | 10000~50000 | 50~150 |

工业高压配电电压一般多用 10kV,在个别情况下,也可同时采用 6kV 和 10kV 两种电压配电。如果从工作方便、经济效益和可靠性方面考虑能够体现较大的优越性时,也可采用更高的配电电压。

2. 配电方式

(1)放射式:其特点为每一变电所分别由母线单独供电,若其中一个干线有故障不会影响其他干线。因此,放射式供电的可靠性较高,一旦发生故障,其影响范围小,便于切换,保护较简单,便于实现自动控制,只是其成本较高。放射式配电方式如图 5-5 所示。

(2)树干式:其特点是多个变电所的引入线均来自一个主线,这种方式投资少,但故障的影响范围大,如图 5-6 所示。

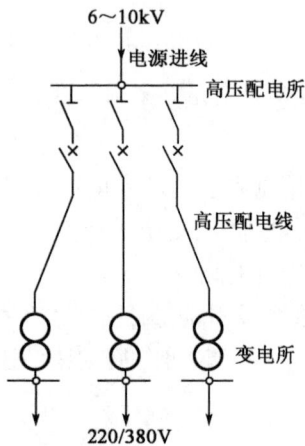

图 5-5 高压放射式配电系统

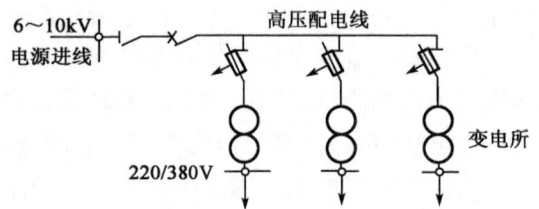

图 5-6 高压树干式配电系统

(二)低压供配电

1. 配电电压

高速公路的用电设备电压多为 380/220V,所以其低压配电电压也多采用 220/380V 两种。其中,线电压为 380V,主要接三相动力设备及 380V 的单相设备;相电压为 220V,主要接

200

220V 的单相用电设备及一般的照明灯具。在负荷中心离变电所较远时,考虑线路的电压损耗,可采用 660V(或更高的 1140V)作为低压配电电压。采用 660V 电压配电与 380V 相比,不仅可以减少远距离电压输送造成的线路电压损耗,提高负荷端的电压水平,而且还能在降低线路有色金属消耗量的前提下,增加配电半径和减少线路的电能损耗。因此提高低压供配电电压,可以提高供电能力,减少变电点,使配电系统得以简化,具有明显的经济效益,是节约电能的有效手段之一。目前,提高低压配电电压,在世界上已成为发展的趋势。

在我国应用 660V 电压的工业,目前还只限于如采矿、石油和化工等少数部门。鉴于采用集中供电的高速公路沿线照明及收费站、所及沿线外场设备的配电距离较长,考虑到远程低配电问题,可考虑使用 660V 配电电压,在减少沿线变电站点、节约导线方面将有显著效果。当然这还取决于电器制造部门的全力配合。

2. 配电方式

类似于高压配电系统,低压变电所引出若干支路到用电设备,其形式有以下几种:

(1)放射式:图 5-7 为放射式低压配电系统示意图,其特点是由许多干线分别供给各处负荷用电,使得配电干线故障互不影响,供电可靠性较高,而且便于检修。但系统灵活性较差,有色金属消耗较多,一般多用于大容量的重要用电设备及不宜设置配电保护的现场。

(2)树干式:图 5-8 为树干式配电系统示意图,一般工程上低压常采用这种形式。其特点是每一干线可以供给沿线许多负载用电,所用导线节省。但一旦干线出故障,其影响面很大。树干式配电系统常用在负荷比较集中,负荷距配电室距离不长的场合。

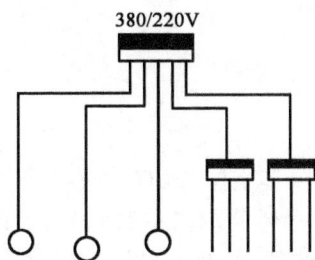

图 5-7 放射式配电系统

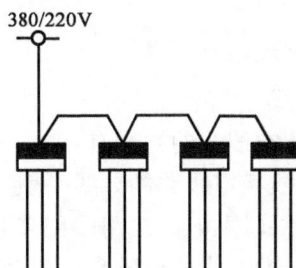

图 5-8 树干式配电系统

(3)变压器干线式:图 5-9 为变压器干线式配电系统示意图。它除了具有干线式系统的优点外,还有接线更为简单,并能够大量节省低压配电设备的优点。对起动频繁、容量较大的冲击负荷及对电压质量要求严格的场合,不宜用此方式。

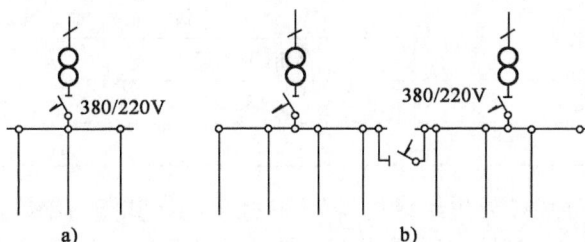

图 5-9 变压器干线式配电系统

(三)高低压供配电设备的选择

为保证高低压供配电系统的可靠运行,所用高低压电器和设备应按正常工作条件下的额定电压、电流等来选择,并按短路电流校验动稳定和热稳定性能,对断路器和熔断器还要按断流容量选择。除此之外,还要根据电器的安装、使用环境(如温度、空气介质及海拔高度)等,选用不同类型的高压电器。

1. 按工作电压和电流选择

电器的额定电压或最高工作电压,不应小于所在回路的工作电压,而熔断器、避雷器、电压互感器的额定电压应与所在回路电压相等。

各电器的额定电流不应小于所在回路的工作电流。

当电器的额定工作环境温度与实际温度不一致时,电器的最大允许工作电流与电压应按有关规定进行修正。

2. 按断流容量选择

断路器、熔断器及带熔断器的负荷开关额定开断流容量不应小于装设处的起动瞬变短路容量。

3. 海拔高度

海拔高度对电器的影响,主要是温度升高和外绝缘下降问题。

## 三、电力线路的结构和敷设

### (一)电力线路构成

1. 架空线路的组成

(1)导线。

常用架空线路的导线有:

①裸线:架空线路的导线一般多采用裸导线。裸导线按其结构分,有单股导线和多股绞线两种,一般的输配电力线路多用多股绞线。绞线根据金属材料分,有铜绞线、铝绞线和钢芯铝绞线。由于铜绞线造价较高,目前输电线路多用钢芯铝质绞线,这种绞线既能增加普通铝绞线的机械强度,又能克服钢线导电性能差的缺点。

导线的截面面积可根据电压计算得到,根据机械强度的要求一般规定架空裸导线的最小截面面积如表 5-2 所示,可供参考。

架空导线最小截面面积　　　　　　　　　　　　　　　　　　　　表 5-2

| 导 线 种 类 | 最小允许截面面积(mm²) | |
| --- | --- | --- |
| | 高压(至 10kV) | 低　　压 |
| 铝及铝合金线 | 35 | 16 |
| 钢芯铝线 | 25 | 16 |

②绝缘导线:绝缘导线按外皮绝缘材料分,有橡皮绝缘和塑料绝缘两类。后者的绝缘性能良好,且价格较低,但由于塑料在低温时变脆、高温时又易软化的缺点,使其不宜在户外使用,因此一般多用于室外。

按芯线材料分,又分为铜芯和铝芯导线两种。同样,根据"节约用铜,以铝代铜"的原则,一般设计上多采用铝导线。

绝缘导线的选择详见有关手册。

(2)电杆、横担和拉线。

电杆是支持导线的支柱,是架空线路的重要组成部分。对电杆的要求是:要有足够的机械强度,同时还要便于搬运和架设,且价格低廉,易于维护。

电杆按其采用的材料分,有木杆、水泥杆和铁塔杆等三种。对于高速公路来说,水泥杆应用最为普遍,因为采用它可大量节约木材和钢材,而且特别经久耐用,维护简单,也比较经济。

横担安装在电杆的上部,用来安装绝缘子以架设导线。常用的横担有木横担、铁横担和瓷横担。瓷横但是我国独创的产品,有良好的电气绝缘性能,能节约大量的木材和钢材。

拉线是为平衡电杆各方面的作用力,并抵抗风压,以防止电杆倾倒用的,如终端杆、转角杆、分段杆等,往往都装有拉线。

(3)线路绝缘子。

线路绝缘子(又叫瓷瓶)是用来将导线固定在电杆上,并使导线和电杆绝缘,因此对绝缘子既要求有一定的电气绝缘强度,又要求有足够的机械强度。线路绝缘子按电压高低分低压绝缘子和高压绝缘子两大类。

2. 架空线路的敷设

(1)敷设的要求和路径的选择。

敷设架空线路,要严格遵守有关技术规程的规定。选择架空线路的路径时,应考虑以下原则:

①路径要短,转角要少。

②便于施工架设和维护。

③尽量避开雨水冲刷地带及易撞等场所。

④不应引起交通困难。

(2)导线在电杆上的排列方式。

三相四线制低压线路的导线,一般都采用水平排列。由于中性线的电位在三相对称时为零,而且截面也较小,加之机械强度较差,所以中性线一般架设在靠近电杆的位置。三相三线制线路的导线,可三角形排列,也可水平排列。

多回路导线同杆架设时,可采用三角、水平混合排列,也可垂直排列。电压不同的线路同杆架设时,电压较高的线路应架设在上面,电压较低的线路应架设在下面。

(3)架空线路的挡距、弧垂和线间距离。

架空线路的挡距(又叫跨距)是同一线路上相邻两根电杆之间的水平距离。一般挡距为50m。导线的弧垂(又叫弛垂)是架空线路导线最低处与挡距两端电杆上的导线悬挂点间的垂直距离。导线的弧垂是由于导线存在着荷重所形成的,弧垂不宜过大,也不宜过小,过大则在导线摆动时容易引起相间短路,而且可以造成导线对地或对其他物体的安全距离不够;过小则使导线内应力过大,在天冷收缩时,可能被拉断。

架空线路的线间距离、导线对地面和水面的最小距离、架空线路与各种设施接近或交叉的最小距离都有明确的规定,安装时必须遵照执行。

(二)电缆线路的结构和敷设

电缆线路与架空线路相比,虽然具有成本高、投资大、维修不便等缺点,但是它运输可靠、不易受外界影响、不需架设电杆、不占地面,特别是在有腐蚀性气体和易燃、易爆场所不宜架设架空线路时,只有敷设电缆线路。

### 1.电缆和电缆头

电缆是一种特殊的导线,在几根(或单根)绞绕的绝缘导电芯线外面,统包有绝缘层和保护层。保护层又分为内护层和外护层,内护层用以直接保护绝缘层,而外护层用以防止内护层免受机械损伤和腐蚀。外护层通常为钢丝或钢带构成的钢铠,外覆沥青麻丝或塑料护套。

电缆的种类很多,供电系统中常用的电力电缆按其采用的绝缘介质分油浸纸绝缘和塑料绝缘两大类。油浸纸绝缘电缆具有耐压强度高、耐热能力好和使用年限长等优点,因此应用最为普遍。但是它工作时,其中的浸渍油会流动,因此对两端的高度差有一定的限制,否则电缆低的一端可能因油压很大使端头胀裂漏油,而高的一端则可能因油流失而使绝缘干枯,耐压降低,甚至击穿损坏。

### 2.电缆的敷设

(1)电缆的敷设方式。

电缆敷设方式有直接埋地和利用电缆沟敷设等几种,也可采用电缆隧道和电缆排管等方式。

(2)电缆敷设路径的选择。

选择电缆敷设路径时,应考虑以下原则。

①使电缆路径最短,尽量少拐弯。

②使电缆尽量少受外界的因素如机械的、化学的或地中电流等作用的损坏。

③散热条件好。

④尽量避免与其他管道交叉。

⑤应避开规划中要开挖的地方。

(3)电缆敷设的一般要求。

敷设电缆一定要严格遵守有关技术规程和设计要求。竣工以后,要按规定的手续和要求进行检查和试验,确保线路的质量。

### (三)导线和电缆截面的选择

为了保证供电系统安全、可靠、优质、经济地运行,选择导线和电缆截面时必须满足下列条件:

### 1.发热条件

导线和电缆(包括母线)在通过正常最大负荷电流(即计算电流)时产生的发热温度,不应超过其正常运行时的最高容许温度。

### 2.电压损耗条件

导线和电缆在通过正常最大负荷电流时产生的电压损耗,不应超过正常运行时的电压损耗。对于输送距离较短的高压线路,可不进行电压损耗校验。

### 3.经济电流密度

高压线路及特大电流的低压线路,一般应按规定的经济电流密度选择导线和电缆的截面,以使线路的年运行费用最小,节约电能和有色金属。

### 4.机械强度

导线的截面不应小于最小允许截面。对于电缆,不必校验机械强度,但需校验短路热稳定度。此外,对于绝缘导线和电缆,还应满足工作电压的要求。

根据设计经验,低压动力线因其负荷电流较大,所以一般先按发热条件来选择截面,再校验其电压损耗和机械强度。低压照明线路因其对电压水平要求较高,所以一般先按容许电压损耗条件来选择截面,然后校验其发热条件和机械强度。而高压线路则往往先按经济电流密度来选择截面,再校验其他条件。按以上经验选择,通常较容易满足要求,较少返工。

### (四)输电线路产生的电磁干扰

对采用集中供电方式的配电系统,一般高低压输电线路是沿道路布设的,由此在高速公路周围形成一个电场。由于电场电磁波的作用,将会对监控系统中的一些外场设备,特别是一些电磁感应式检测器产生干扰,严重时会导致其产生误动作。因此,有必要在布设输电线路和埋设安装检测设备时,注意了解有关输电线路产生电磁干扰的问题,保证检测器的准确动作。

#### 1. 高次谐波干扰

由于电力系统中存在着各种非线性元件,如交流电动机、电焊机、大型变流设备、电弧炉、荧光灯、高压汞灯和气体放电灯,其结果在电力系统中总有高次谐波的电流或电压产生。高次谐波不仅对电力系统的正常工作产生不良影响,还将对附近的通信设备和信号检测线路产生严重的干扰,同时还可能使继电保护和自动控制装置产生误动作,可见危害极大。

#### 2. 输电线的天线效应

由于输电线是水平架设的,因此对水平极化电磁波来说,输电线本身具有天线的作用,能接收和发射电磁波,因而形成电磁波干扰源。

## 四、直流供配电系统

### (一)直流供配电的应用

在高速公路供配电系统中,直流供电系统主要用于高速公路管理系统中的直流设备供电,同时还用于供配电系统自身操作电源的供电。这里介绍的直流供电系统,主要是向管理系统中的直流设备供电,如监控系统中的外场车辆检测器,信息显示、指示器,通信系统中的紧急电话系统等。

### (二)直流供配电系统的组成与分类

#### 1. 直流供配电系统的组成

直流供电电源一般也需交流电作为供电电源。直流供配电系统主要由以下元件组成:
(1)整流器:整流器的作用是将输入的交流电源改变成直流电源,向直流配电屏供电。
(2)滤波器:用以降低整流器输出直流电压的波纹系数,以抑制输出电压的波动。
(3)储能器:其作用是当整流直流系统正常工作时,存储由整流器供给的直流电能;当交流供电系统发生故障造成电压下降或消失时,储能装置则向保护设备供电,实现系统保护。同时还可作为应急电源,向紧急信号灯供电和提供事故照明等。常用的储能装置有电容储能和蓄电池储能两种。
(4)充电回路:主要负责向储能系统供电,如向蓄电池储能装置的充电。充电回路的电源由整流器供给。
(5)电压变换回路:将整流器或储能系统输出的直流电压,根据直流系统设备的电压需求,变换成不同的直流电压值。

### 2. 直流供电系统的分类

根据直流操作电源的组成,直流供电系统可分为:

(1)带电容直流储能装置的直流系统。

储能装置的整流直流系统在正常运行时,直流电源由可控硅整流器供给;当系统故障导致交流电源电压降低或消失时,由电容储能装置放电向保护电路供电产生保护动作。这种电容储能装置直流系统的优点是投资省、建设快、系统运行维护简单方便,但其可靠性较差,且仅作短时间供电,一般仅向保护系统做瞬时供电,以完成保护动作。

(2)带铬镍蓄电池组的直流系统。

带蓄电池组的直流系统与电容储能的直流系统相比,由于蓄电池组是独立的化学能源,较电容储能装置可靠,而且可以在完全停电的情况下保证供电。当控制回路较多时,低压保护可采用不同时限的分批保护形式,无需增加电池容量。其缺点是设备复杂,建筑面积大,投资多,而且运行中的维护工作量大。

铬镍蓄电池直流系统在正常情况下,硅整流器有直流电压输出,电池组接入直流母线,以浮充方式工作。当硅整流器失去直流电压时,则蓄电池接入控制回路,向保护系统供电和向系统紧急供电。

### (三)整流装置与储能装置

#### 1. 整流装置

整流装置的主要作用是把交流电源变为直流供电电源,向直流供电配电屏及储能装置供电。供配电系统中用的整流装置,多采用成套产品,目前采用较多的是硅整流器。对整流器的选择主要依据整流器的直流输出额定电压与电流。

(1)直流输出额定电压。

对一般工业用的整流器,其直流输出额定电压不应小于直流用电设备最高工作电压的 1.05 倍。对充电用的整流器,其直流输出电压一般不宜低于蓄电池组额定电压的 1.5 倍。

(2)直流额定电流。

对一般工业用的整流器,选择时应注意其额定直流电流不应小于用电设备的计算电流。

#### 2. 储能装置

(1)蓄电池组。

蓄电池组作为独立的化学能源,具有储存能源和电能与化学能之间转换的作用。对蓄电池组容量的选择,应保证变、配电保护装置供电要求,同时还应保证应急装置的短时供电要求。

对蓄电池组的输出电压应设电源电压表及电流表进行监视,对蓄电池组的接线应设置自动控制充电和防止过充电的保护装置,同时还应保证蓄电池组在 0~40℃ 的环境温度下正常工作。

(2)储能电容器。

用电容作为储能元件,主要是利用电容的充放电原理。电容的主要作用是在系统正常工作时,并联在保护回路中的电容由系统充电,达到一种饱和状态。当系统供电下降或停止时,继电保护装置靠电容放电产生保护作用。

### 五、供配电系统的维护

#### (一)供配电系统的维护

高速公路供配电系统担负着高速公路机电设备用电和照明系统的用电。其使用环境较为恶劣,负荷变化较大。做好供配电系统的维护非常重要,供配电系统的维护应注意几个方面的内容:

(1)保证机电设备接地良好,定期检查供电线路的配电箱、照明线路、用电设备的连接情况,确保连接牢靠。

(2)注意观察系统仪表指示是否正常,出现异常立即检修。

(3)供配电系统不能超负荷长时间运行。

#### (二)供配电线路的运行维护

1. 架空线路的运行维护

(1)一般要求。

对架空线路,一般要求每月进行一次巡视检查。如遇大风大雨及发生故障等特殊情况时,需临时增加巡视次数或随时巡检。

(2)巡视项目。

对架空线路的巡视检查,一般应包括以下内容:

①电杆有无倾斜、变形、腐朽、损坏及基础下沉等现象。如有时,应设法修理。

②沿线路周围有无危险建筑物,应尽可能保证在雷雨季节和大风季节里,这些建筑物不致对线路造成损坏。

③拉线和板桩是否完好,绑扎线是否紧固可靠。如有毛病时,应设法修理或更换。

④导线的接头是否接触良好,有无过热发红、严重氧化、腐蚀或断脱现象,绝缘子有无污损和放电现象。如有时,应设法检修。

⑤避雷装置的接地是否良好,接地线有无锈断情况,在雷雨季节到来之前,应重点检查,以确保放雷安全。

⑥其他危及线路安全运行的异常情况。

运行维护人员应将巡视中发现的问题记入专用记录本内;较重要的异常情况,应及时采取措施,迅速处理。

2. 电缆线路的运行维护

(1)一般要求。

电缆线路一般是敷设在地下的,要做好电缆的运行维护工作,就必须全面了解电缆的敷设方式、结构布置、走线方向及电缆头位置等。对电缆线路,一般要求每季进行一次巡视检查,并应经常监视其负荷大小和发热情况。如遇大雨、洪水等特殊情况及发生故障时,须临时增加巡视次数或随时巡检。

(2)巡视项目。

对电缆线路巡视检查,一般应包括以下内容:

①电缆终端头及瓷套管有无破损及放电痕迹;对填充有电缆胶(油)的电缆终端头还应检

查有无漏油溢胶现象。

②对明敷的电缆,应检查电缆外表有无锈蚀、损伤,沿线挂钩或支架有无脱落,线路上及附近有没有堆放易燃、易爆和强腐蚀性物体。

③对暗敷及埋地的电缆,应检查沿线的盖板和其他覆盖物是否完好,有无挖掘痕迹,路线标桩是否完整无缺。

④电缆沟内有无积水或渗水现象,是否堆有杂物及易燃易爆物品。

⑤线路上各种接地是否良好,有无松动、断股和锈蚀现象。

⑥其他危及电缆安全运行的异常情况。

运行维护人员应将巡视中发现的问题记人专用记录本内;较重要的异常情况应及时报告,以便采取措施,迅速处理。

**(三)安全用电**

严格遵守电气安全操作规程是保证高速公路供配电系统正常运行和工作人员身体健康,避免意外伤害的主要条件之一。下面就安全用电方面作简单介绍:

(1)电工必须持证上岗,严格考核。

(2)系统的检修一般应在断电情况下进行,并设立警示标志。

(3)高压电作业应保持两人以上。

(4)在技术上和组织上采取安全措施,保证安全。

(5)做好触电的紧急救护措施。

# 项目三　认识接地系统和机电设备防雷保护

## 一、接地系统

### (一)接地系统的分类与选择

#### 1.接地的有关概念

电气设备的某部分与土壤之间作良好的电气连接称接地,与土壤直接接触的金属物件,称为接地体。连接接地体与电气设备接地部分的金属线称接地线。接地体和接地线的总称为接地装置。

当电气设备发生接地短路时,电流就通过接地装置向大地作半球形散开,称为接地短路电流。由于这半球形的球面,在距接地体越远的地方球面越大,故电阻值小,其电位值就低。实验证明,在距单根接地体或接地故障点 20m 左右的地方,实际上的流散电阻已趋近于零,故这里电位已趋近于零。这电位为零的地方,称为电气上的"地"或"大地"。

电气设备的接地部分,如接地的金属外壳和接地体等,与零电位的"地"之间的电位差,称为接地部分的对地电压。

在用星形连接的三相电路中,三个线圈连接在一起的一点称为三相电路的中性点,当中性点接地时,则该点称零点。由中性点引出的线,称中性线;由零点引出的线称零线,以符号 N 表示。

以防止触电为目的而用来使设备或线路的金属外壳与接地母线、接地端子、接地板、接地金属部件等作电气连接的导线或导体。称为保护线,以符号 PE 表示。当零线 N 与保护线 PE 共为一体,同时具有零线和保护线两种功能的导体,称为保护零线或保护中性线,以符号 PEN 表示。

2.接地系统的分类

一般电气设备的金属外壳在正常情况下是不带电的,但当电气设备的绝缘损伤或意外情况发生,其金属外壳会带电造成触电事故。因此有必要采取技术保安措施,即将电力设备和系统进行接地处理。电力设备的接地按其功能分为工作接地和保护接地两大类,此外尚有进一步保证保护接地的重复接地。

(1)工作接地。

为保证电力系统和设备实现正常工作要求而进行的接地,称为工作接地,如供电系统中电源中性点接地、高压消弧线圈接地和设备防雷采取的接地等。其中,不同的工作接地有各自不同的功能,如上述三种工作接地设施中,前者用于维护三相电力系统中相线对地电压不变;消弧线圈接地,在于防止系统出现过电压;而防雷保护接地的目的在于释放雷电流,实现防雷保护。

(2)保护接地。

保护接地是为保障人身安全,防止间接触电而将设备外壳进行接地,称为保护接地。

保护接地的形式有两种,一种是把设备金属外壳经各自的 PE 线分别直接接地;另一种是将设备金属外壳部分经公共的 PE 线与供电线路的中性线做金属连接,这种连接称保护接零。

低压配电系统按保护接地的形式,可分为:

①TN 系统。

TN 系统的电源中性点直接接地,并引出有 N 线,属三相四线制系统。当其设备发生一相接地故障时,就形成单相短路,其过电流保护装置的作用是切除故障部分,减少人体触电的危险。根据零线 N 和保护线 PE 的不同排列方式,TN 系统又分以下三种形式:TN-C 系统、TN-S系统、TN-C-S 系统。

a.TN-C 系统。这种系统 PE 线和 N 线合二为一根 PEN 线,所有设备的外露可导电部分均与 PEN 线相连,如图 5-10 所示。在这种系统中,当三相负荷不平衡或只有单相用电设备时,PEN 线上有电流通过。在一般情况下,如开关保护装置和导线截面选择适当,是能够满足供电可靠性要求的,而且投资较省,又节约导电材料。这种系统目前在我国应用最为普遍。

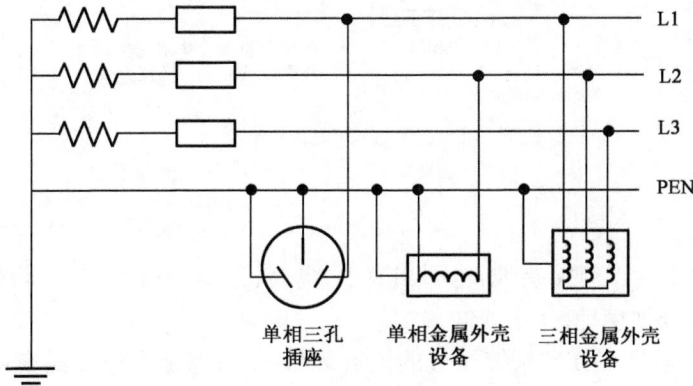

图 5-10　TN-C 低压配电系统

b.TN-S 系统。这种系统的 N 线和 PE 线是分开设置的,所有设备的外露可导电部分均与公共 PE 线相连,如图 5-11 所示。在 TN-S 系统中,N 线的作用是用来通过单相负载电流、三相不平衡电流,故称工作零线。PE 线的作用是用来保护,故称保护零线。由于正常情况下,PE 线上无电流通过,因此用电设备之间不会产生电磁干扰,但这种系统消耗的导电材料较多,投资较大,但由于设备间不会产生电磁干扰,广泛适用于条件较差,对安全可靠性要求较高及设备对电磁干扰要求较严的场所。

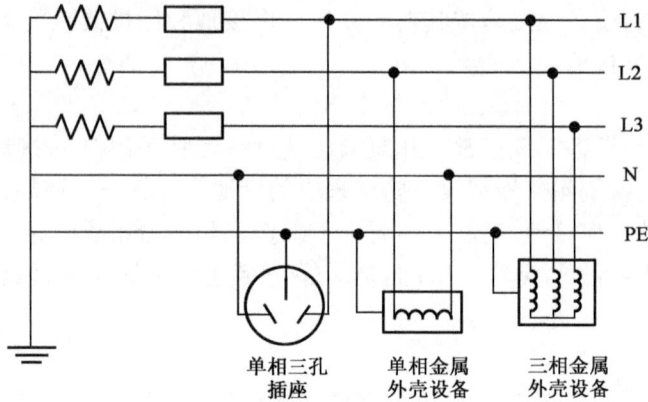

图 5-11　TN-S 低压配电系统

c.TN-C-S 系统。这种系统前边为 TN-C 系统(即 N 线和 PE 线合一),后边是 TN-S 系统(即 N 线和 PE 线分开,分开后不允许再合并),如图 5-12 所示。这种系统兼有 TN-C 系统和TN-S 系统的特点,保护性能介于两者之间,常用于配电系统末端环境条件较差或有数据处理等设备的场所。

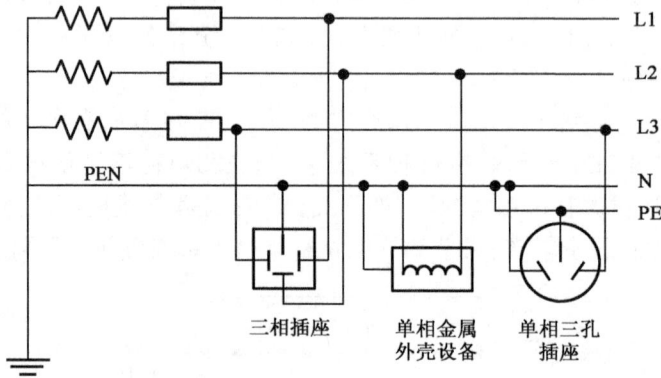

图 5-12　TN-C-S 低压配电系统

②TT 系统。

TT 系统的电源中性点直接接地,也引出有 N 线,属三相四线制,只是设备的金属导电外壳可经各自的 PE 线分别接地。

这种接地系统不但具有 TN 系统类似的优点,而且还可保证在故障尚未切除、人体触及故障设备的金属外壳时,由于人体电阻远大于保护接地电阻,使通过人体的电流比较小,对人体的危险性也小。但这种系统会因设备外壳接地而导致漏电流较小,从而导致过电流装置不及时动作,使设备外壳长期带电。对此应该设置灵活的触电保护装置。

③IT 系统。

IT 系统的电源中性点不接地或是经一定的阻抗(约 1000Ω)接地,且该系统通常不引出 N 线,属三相三线制系统。其中,用电设备的金属导电外壳可经各自的 PE 线分别接地,这种接地系统称为 IT 系统,见图 5-13。

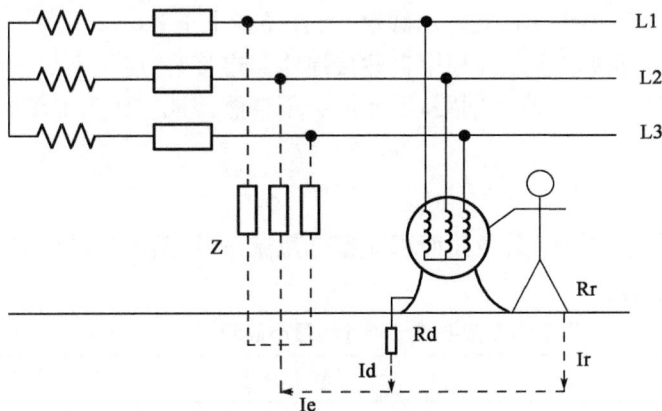

图 5-13  IT 低压配电系统

该系统的一个突出优点是在系统发生一相接地的故障时,所有三相用电设备仍可暂时继续运行。但此时另两相的对地电压将由相电压升高到线电压,增加了对人身安全的威胁。该系统的另一优点与 TT 系统一样,都经各自的 PE 线分别直接接地,各自 PE 线无电磁联系,因此 IT 系统也适应于对数据处理、精密检测装置供电。

(3)重复接地。

在 TN 系统中,为确保公共 PE 线的安全可靠,除需要在电源中性点进行工作接地外,还需在 PE 线的下列地方进行必要的重复接地:

①在架空线路的干线和分支线的终端及沿线每 1km 处。

②在电缆和架空线引入建筑物处。

3.选择接地形式时的注意事项

在选择系统接地形式时,应根据系统的要求及用电环境进行选择。但应注意:

(1)在同一配电系统中,不允许一部分电气设备采用保护接地,而另一部分电气设备采用保护接零。这是因为,如果其一接地保护设备绝缘损坏导致外壳带电时,会使中线上出现对地的电压,致使所有接零保护的设备都可能有触电的危险。

(2)在电源变压器中性点不接地的系统中,当电压低于 100V 时,多选用保护接地措施。而对于电压高于 1000V 的设备,无论电源中性点接地与否,都应采取保护接地。

(3)在中性点接地的低电压电力网中,电力设备的外壳宜采用保护接地,其零线应在电源处接地。

(4)单相用电设备的保护接零宜采用三眼插座,将设备外壳接在有接地标志的插座上,并通过插座与中性线相连。

(二)接地装置

在接地系统中,接地体和接地线的总和称为接地装置。

1. 接地体

接地体可分为两类,即人工接地体和天然接地体。人工接地体是人为地把金属管、角钢或扁钢、圆钢等埋入地下,称为人工接地体。天然接地体是指利用建筑物的钢结构和钢筋、埋地的金属管道及与大地接触的各种金属构件等作为接地体。

最常用的人工接地体为直径 50mm、长 2.5m 的钢管。水平接地体一般用扁钢,其截面面积不小于 48mm²,厚度不小于 4mm;采用圆钢时,直径不小于 8mm。

对交流电器设备,其接地应充分利用自然接地体。连接时,应用不少于两根导体在不同地点与人工接地体相连接。对直流电回路,不允许利用自然接地体作为电流回路的零线、接地线或接地体。

2. 接地线

接地线一般采用钢质导线,其截面面积应符合载流量、短路时自动切除故障及热稳定的要求,且不应小于表 5-3 的要求。

低压电力设备钢或铝接地线最小面积(单位:mm²)          表 5-3

| 接 地 线 种 类 | 铜 | 铝 |
|---|---|---|
| 裸导线 | 4 | 6 |
| 绝缘导线 | 1.5 | 2.5 |
| 电缆接地芯线 | 1 | 1.5 |

接地线与电力设备的连接,可用螺栓连接或焊接。用螺栓连接时,应设防栓螺母或防栓垫片。而接地线与接地体的连接宜用焊接。每一个电力设备应以单独的接地线与接地干线相连接,严禁在一条接地线上串接几个需要接地的设备。

3. 接地电阻

接地电阻是接地体的流散电阻与接地线电阻和接地体电阻的总和。由于接地线和接地体电阻相对很小,可略去不计,因此可以认为接地电阻就是指接地体的流散电阻。接地电阻有工频接地电阻和冲击接地电阻之分,前者是指工频接地电流流经接地装置所呈现的接地电阻,后者是指雷电流或过电流流经接地装置所呈现的接地电阻。一般情况下,需计算接地装置的工频接地电阻,对于防雷和过电压保护的接地装置,则需计算冲击接地电阻。

我国有关规程规定的部分电力装置所要求的工作接地电阻如表 5-4 所示。

部分电力装置所要求的工作接地电阻          表 5-4

| 电力装置名称 | 接地的电力装置特点 | 接地电阻 $R_E$ |
|---|---|---|
| 1kV 以上电流接地系统 | 仅用于该系统的接地装置 | ≤10Ω |
| 1kV 以下系统 | 与总容量在 100kV·A 以上的变压器相连的接地装置 | ≤4Ω |
| | 与总容量在 100kV·A 以下的变压器相连的接地装置 | ≤10Ω |
| 建筑物的防雷装置 | 第一、二类防雷建筑物 | ≤10Ω |
| | 第三类防雷建筑物 | ≤30Ω |
| 供电系统的防雷装置 | 保护变压所的独立避雷针 | ≤10Ω |
| 无避雷线的架空线 | 低压线路水泥杆、金属杆 | ≤30Ω |

### (三)特殊设备接地装置

**1. 变电所接地**

在敷设变、配电接地装置时,应尽量使接地网做到电位分布均匀,以降低接触电压和跨步电压。接地网外缘应闭合,且外缘的各角做成圆弧形,并在环状装置内加设相互平行的均压带,相互距离一般为 4～5m。为保证电气工作人员的人身安全,应在建筑物出入口处的接地装置加装帽檐式均压带或铺设百米石、沥青路面等,以使电位均匀。为减少建筑物的接触电压,接地体与建筑物的基础间应保持不小于 1.5m 的水平距离,一般取 2～3m。

**2. 电子计算机接地**

电子计算机除了为人身安全和设备安全把正常运行时不带电的设备外壳进行安全接地外,还有为使计算机电路有一个统一的基准电位或一个等电位面的所谓逻辑接地以及对电子设备中的大电流电路、非灵敏电路和噪声电路等设备的功率接地。采取交、直流电时的功率接地,又称交流功率接地和直流功率接地。

由于计算机设备需要接地的种类较多,因此,对计算机接地系统可分为:

(1)混合接地。

混合接地系统适用于小型机、微型计算机、小型的程控交换机及带微电脑的自动控制及报警系统。具体做法是把计算机内部的逻辑地、功率地和安全地都接到设备的同一个接地端上,在做机房接地设计时,从这个端子上引出接地线到接地装置,如图 5-14 所示。

(2)悬浮接地。

悬浮接地系统适用于大中型计算机。在电路设计上,不是以"地电位点"作为各电路的统一基准电位,而是把计算机系统电路分解成各个悬浮电路,而各个悬浮电路分别有各自的基准电位。各悬浮电路之间在电路上是严格隔离的,所以整个设备是与大地绝缘的,因此,可以保持高的绝缘性能。

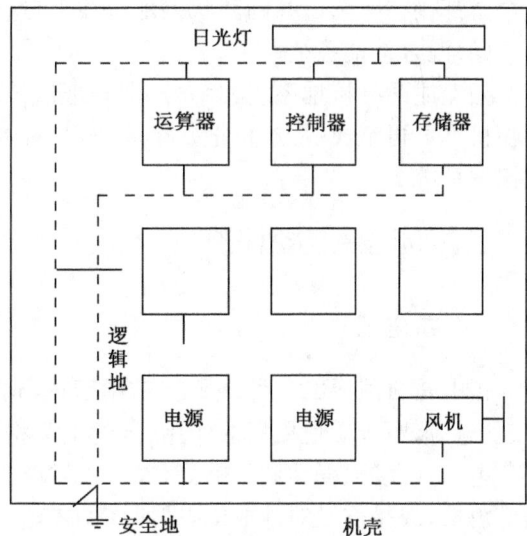

图 5-14　小型机接地示意图

(3)交直流分开系统。

此种系统是逻辑地与直流功率地合接在一起,且接在地网上,接地电阻不大于 4Ω;机柜和交流功率也共同接地。同样两个接地点也可以通过电容器连接到一起,这种形式可避免磁场干扰。

(4)一点接地系统。

此系统是将大中型电子计算机的逻辑地、功率地与安全地分开,各自成为独立的系统,从机柜上引出三个相互绝缘的接地端子或者铜排,其中,将逻辑地、功率地的接地铜排从机柜底座引到地板下的铜排网上,然后从铜排网和机柜其他接地端子各引出一根引线在同一点与接地体相连,接地电阻不大于 4Ω。

### 3.电子设备接地

电子设备接地首先是为了保证设备和人身安全,其次是为了电子设备工作时有一个统一的电位参考点和防止外界电磁场的干扰。其中,信号地是电子设备有关信号的电路进行的接地,其作用是减少信号量的误差。功率地和安全地与计算机的功率地和安全地相同。

同样,对电子设备的接地系统可分为:

(1)电子设备的辐射式接地系统。

辐射式接地系统是把电子设备中的信号地、功率地分开敷设的接地引线接至电源室的接地总端子板,在端子板上,信号地、功率地与安全地接在一起再接到接地体上,其中,安全地也可直接接零。这种接地系统也称一点接地系统,多用于低频回路。

(2)环网式接地系统。

在高频电路中,因频率高,耦合电容变大,高频信号在分开的地线中仍可以耦合过去,高频电路中信号地、功率地和安全地是无法分开的。因此在高频电子设备中,将信号地、功率地和安全地都接在一个公共的环状接地母线上,这种系统也叫多点接地。

(3)混合接地系统。

把上述两种接地系统相结合,即先把信号地、功率地与安全地在设备内用辐射线分开,然后在机壳上再汇成一点,再把每个电子设备的汇接点接到环状接地体上的接地系统成为混合式接地系统。

## 二、机电设备防雷保护

### (一)雷电现象

雷电是自然界的一种现象。雷雨云内部的不停运动和相互摩擦而使雷雨云产生大量的正、负电荷,由于受地磁场的作用,云的上部将积聚越来越多的正电,云的下部将积聚越来越多的负电,当电场强度达到足够高($25\sim30$kV/CM)时将引起雷云间的强烈放电,或是雷云中的内部放电,或是雷云对地放电,即所谓的雷电。雷电的出现是与气流、风速密切相关的,而且与地球磁场也有一定联系的。也就是说没有大气的运动,是不会有雷的。同时说明了为什么雷电总伴随着狂风骤雨而出现。

雷击是一部分带电云层与另一部分带异种电荷的云层或是带电的云层对大地之间迅猛的放电过程,产生强烈的闪光并伴随巨大的声音。云层间的放电只对飞行器有关。而云层对大地的放电,则对建筑物、电子电气设备和人、畜危害甚大,这是我们需要研究的主要对象。

雷击的三种主要形式:其一是带电的云层与大地某一点之间发生迅猛的放电现象,叫做"直击雷";其二是带电云层由于静电感应作用,使地面某一范围带上异种电荷。当直击雷发生以后,大地带电迅速消失,而地面上某些电缆由于散流电阻大,以致出现局部高压,或者由于直击雷放电过程中,强大的脉冲电流对周围的导线或金属物产生电磁感应发生高压,以致发生闪击的现象,叫做"二次雷"或称"感应雷";其三是球形雷,对于球形雷至今还没有一种学说能够圆满解释这种现象,或再现这种现象。

### 1.尖端放电与雷击

由电磁理论可知,带电物体所带电荷分布于物体最外表层,并且有"逃离"物体表面的趋势。而物体带尖峰部分的电场强度最大,即该点电荷受到的同性电荷往外排斥力最强。故最易离开物体,即人们常说的"尖端放电"。

当天空中有雷云形成的时候,因雷云带有大量电荷,由于静电感应作用,雷云下方的地面和地上的物体都带上了与雷云相反的电荷。雷云与其下方的地面就成为一个已充电的电容器,当雷云与地面之间的电压高到一定的时候,地面上突出的物体比较明显地放电。其过程是少数带电云在电场的作用下向地面靠拢,这些少数带电微粒的靠拢,叫做先驱电流,又叫做电流先导。当先导电流到达大地,或与大地放电迎面会合以后,就开始主放电阶段,这就是雷击。在主放电中雷云与大地之间所聚集的大量电荷,通过先驱放电所开辟的狭小电离通道发生猛烈的电荷中和,放出能量,以至发出强烈的闪光和震耳的轰鸣。在雷击中,雷击点有巨大的电流流过。一般为几十千安,也有少数达上百千安以至几百千安的级别。

雷电流大多数是重复的,通常一次雷电包括 3~4 次放电,重复放电都是沿着第一次放电通路发展的。

从大量观测数据表明,一次闪电放电电荷 $Q$ 可从零点几库仑到 900 多库仑。一朵雷云是否会向大地发生闪击,由以下几个基本因素决定:其一是云层带电荷多少,其二是云层与大地之间形成的电容模拟为平板电容时,它对大地的电容是多少。当这个模拟电容内的电位梯度 $du/dl$ 达到闪击值时就会发生闪击。

### 2.雷击的选择性

实验表明,在土壤电阻率较大的山区和平原,雷击选择性比较明显;例如,一座很高的铁塔,由于此时建筑物的尖顶具有较大的电场强度,雷击经常发生在这些地段。在湖沼、低洼地区和地下水位高的地方也容易受雷击。此外地面上有一座孤立建筑物,雷电先驱自然会被吸引向这些建筑物,在旷野,即使建筑物并不高,但是由于它比较孤立、突出,因而也比较容易遭受到雷击。有金属矿床的地区、河岸、地下水出口处、山坡与稻田接壤的地段和具有不同电阻率土壤交接处,也比较容易遭受到雷击。

由此可见,高速公路上的摄像机杆等外场设备,很容易受到雷击。所以高速公路上的外场设备要安装避雷针,而在电源电缆、视频电缆、信号电缆要安装避雷器。

### (二)雷电的破坏作用和避雷原理

由于高速公路沿线用电设施及变配电、输电系统大部分在露天条件下工作,是雷电袭击的目标,所以作为高速公路系统管理的技术人员,掌握有关雷电的破坏作用和避雷原理是十分必要的。

### 1.雷电的破坏作用

(1)雷电流热效应的破坏作用。

由于雷电流很大而通过的时间又短,如果雷电击在树木或建筑构件上,被雷击的物体瞬间将产生大量热,又来不及散发,以致物体内部的水分大量变成蒸汽,并迅速膨胀,产生巨大的爆炸力,造成破坏;当雷电流通过金属物体时,如果金属体的截面面积不够大时,甚至可以使其熔化。

与雷电接触的金属因高温而熔化的可能性很大,因为通道的温度可高达 6000~9000℃,甚至更高。因此在雷电流通道上遇到的易燃物质,可能引起火灾。

(2)雷电冲击波的破坏作用。

雷电通道的温度高达几千摄氏度至几万摄氏度,空气受热急剧膨胀,并以超声速度向四周扩散,其外围附近的冷空气被强烈压缩,形成"激波"。被压缩空气层的外界称为"激波波前"。"激波波前"到达的地方,空气的密度、压力和温度都会突然增加。"激波波前"过去后,该区压力下降,直至低于大气压。这种"激波"在空气中传播,会使其附近的建筑物、人、畜受到破坏和伤亡。这种冲击波的作用就跟炸弹爆炸时附近的物体、人、畜受伤害一样。

与上面讲冲击波相似的另一种冲击形式是次声波。

(3)雷电流电动力效应的破坏作用。

由物理学可知,在载流导体周围空间存在磁场,在磁场里的载流导体常受到电磁力的作用。我们假定雷击的瞬间两导线均有较大的电流通过,由于电动力的作用,有可能使导线折断。同样,在同一根导线或金属构件的弯曲部分有电流通过的时候,凡拐弯的导体或金属构件,在拐弯部分将受到是电动力的作用,它们之间的夹角越小,受到的电动力就越大。

(4)雷电的静电感应和电磁感应的破坏作用。

①静电感应。

当空间有带电的雷云出现时,雷云下的地面及建筑物等,由于静电感应的作用而带上相反的电荷。由于从雷云的出现到发生雷击(主放电)所需要的时间相对于主放电过程的时间要长得多,因此大地可以有充分的时间积累大量电荷。然而当雷击发生后,雷云上所带的电荷,通过闪击与地面的异种电荷迅速中和,而某些局部,由于与大地间的电阻比较大,而不能在同样短的时间内相应消失,这样就会形成局部地区感应高电压。

这样形成的局部地区感应高电压在高压架空线、一般低压架空线、电信线路、建筑物产生相当高的有危险的电压。

②电磁感应。

由于雷电流有极大峰值和陡度,在它周围的空间有强大的变化的电磁场,处在这电磁场中的导体会感应出较大的电动势。

由雷电引起的静电感应和电磁感应统称为感应雷,或叫二次雷。

一般来讲,感应雷没有直击雷那么猛烈,但它发的几率比直击雷高得多。因为直击雷只发生在雷云对地闪击时才会对地面造成灾害,而感应雷则不论雷云对地闪击,或者雷云对雷云之间闪击(据观测资料介绍,雷云对雷云闪击比雷云对地面闪击几率高得多),都可能发生并造成灾害。此外,直击雷一次只能袭击一两个小范围的目标,而一次雷击可以在比较大范围内的多个小局部同时发生感应雷过电压现象,并且这种感应高电压可以通过架空线、电话线等金属导线传输到很远,致使雷害范围扩大。如图 5-15 所示。

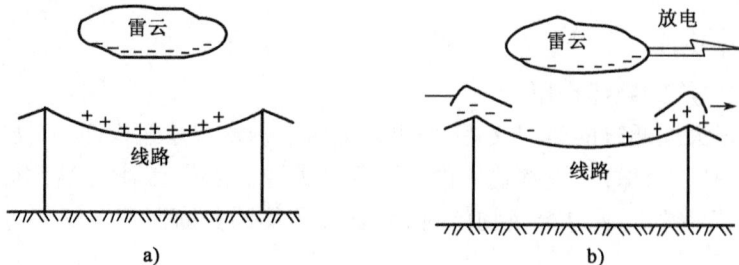

图 5-15 架空线路上的感应过程
a)雷云产生的束缚电荷;b)雷云消失后,束缚电荷自由形成过电压

(5)雷电反击引入高电。

雷电反击通常是指接受直击雷的金属体(包括接闪器、接地引线和接地体),在接闪瞬间与

216

大地间存在很高的电压 $U$,这电压对与大地连接的其他金属物品发生闪击(又叫闪络)的现象称为反击。

由于雷电电压的大小是在很大范围变化的,为了使各种建筑物能有效地防止雷电反击,在具体做法上各国都有不同的要求。西方有些国家对避雷装置与建筑物的间隙距离分别做明确规定。在因为条件限制而无法达到所规定的间隔尺寸时,应把避雷引线与金属体用金属导线连接起来,使它们成为等位体而避免发生闪击。对房屋周围的高大树木都应留有足够距离,以免树木与房屋间发生雷电反击。

雷电引入高电位是指直击雷或感应雷从输电线、通信电缆、无线电天线等金属的引入线引入建筑内,发生闪击而造成的雷击事故。这种事故的发生率很高,而且往往事故又严重。

2.避雷原理

防直击雷都是采用避雷针、避雷线、避雷网作为接闪器,把雷电流接收下来,然后通过良好的接地装置迅速而安全把它送回大地。所有的避雷装置都只是把雷击的几率和强度大大地降低了。

常用的接闪装置,避雷针、避雷带、避雷线、避雷网作为接闪器等,它们都是金属做成,安装在建筑物的最高点。然后用截面积足够大的金属物让它与大地连接。

当高空出现雷云时,大地上由于静电感应作用,必然带上与雷云相反的电荷,然而接闪设备都处于地面上建筑物的最高处,与雷云的距离最近,而且与大地有良好的电气连接所以它与大地有相同的电位,以致接闪设备附近空间电场强度相对比较大,比较容易吸引雷电先驱,使主放电吸引到它上面,因而在它附近尤其是比它低的物体受雷击的几率就大大减少。而接闪器雷击的几率却大大提高,就接闪器本身而言,它不但不能避雷击,相反是招来更多的雷击,它以自身多受雷击而使周围免受雷击。

由于接闪器都与大地有良好的电气连接,使大地积存的电荷迅速与雷云的电荷中和。这样由雷击而造成的过电压的时间大大缩短,雷击危害性就大大减少。需要注意的是避雷装置必须有足够可靠和足够小接地电阻的接地装置,否则它不但起不到避雷作用,反而增加雷击的危险。一般来讲引下线电阻不能大于 $4\Omega$。

### (三)高速公路机电设备工程防雷系统

依照《建筑物防雷设计规范》(GB 50057—2010)及高速公路机电工程的特点,防雷工程采用整体多级防雷体系,在机电工程(监控、通信、收费、供配电)防雷及高速公路沿线紧急电话系统、外场监控防雷。

1.防雷接地系统

接地是防雷系统中重要的一环,因为无论是直击雷还是感应雷,最终防护目的都是将雷电流送入大地,良好的接地系统能够有效地防止雷击,作为一道防线,保证机电设备的正常运转。

在施工中,将办公楼、配电房及收费岛所有外墙柱的主筋作引下线使用,均匀对称布设,在天面由镀锌圆钢引出,和避雷针相连,这样可以较大地降低每根引下线的沿线压降,便于雷电均匀入地及地网散流,以均衡地电位。同时,可使引下线泻流时产生的强电磁场拓引下线所包围的范围内相互抵消,减少雷击感应的危险。

广东省西部沿海高速新会段采用法国卫星牌提前放电避雷针,该针具有保护范围大、效果良好、美观耐用的特点。其工作原理为:通过雷电场的电场触发器,引起电晕放电效应;脉冲振荡器被雷云电场感应,以准确被控的频率和辐射发射高压脉冲,产生提前放电,从而提高避雷针的有效性,同时减少空间电荷的发展。

因为接地电阻越小散流越快,被雷击物体高电位保持时间越短,其跨步电压,接触电压也小,危险性就小,所以设计、施工时根据实际情况尽可能地追求小的接地电阻。接地电阻不仅与接地体材质、安装形式、埋设深度有关,更主要是与土壤的电阻率有关。在金门、崖南管理中心均采用合设防雷地网,针对土壤的情况,适当加入降阻剂,有效地降低了地阻。沿线外场弱电设备、紧急电话采用独立地网方式敷设,在高土壤电阻率的地方,地网除使用降防阻剂外还在垂直接地体处采用了低电阻的接地模块。

2.电源的防雷

感应雷可以通过电力电缆、通信电缆、光纤和天馈线侵入机电设备,所产生的高压浪涌沿着电子线路会将半导体集成电路器件击穿。由于电力电缆的距离长且对雷电波的传输损耗小,电源侵入的感应雷造成的危害十分突出,因此机电防雷电源是重点,这就需要在设备的线路出入口端对雷电浪涌进行堵截和疏导。

施工中主要采取的措施是在电源上逐级并联安装相应的电源避雷器,将沿线传入的过电压波在避雷处分流入地。多级布置避雷器,可减少引线电感带来的额外残压。本工程采用三级防雷保护,第一级为在变压器的高压端加装低压避雷器,第二级为在机房的主配电柜加装低压避雷器,第三级为在机电设备的电源进线端加装电源避雷器。由于避雷器的防雷能力与安装方式有密切联系,因此施工中尽可能缩短缆与避雷器的连线和避雷器与接地汇接板连线的长度。

3.传输信号的防雷

信号主要分为视频信号、网络信号、数据信号等,传输使用的数据线路在遭受雷击时会传递雷击高位电压至设备,因此需根据不同的信号选用合适的避雷器,在靠近设备的线路中应可靠连接和接地。

采取的措施有:在外场沿线的监控摄像枪接线端安装视频信号避雷器,在收费亭内、外设备之间,亭外设备之间的传输线两端安装信号防雷器,在计算机网络传输线安装网络避雷器等。在埋地进局施工中,注意将线缆的金属外皮接到接地汇接板上,而不要接在设备机架上。

4.屏蔽和等电位处理

机电设备的工作地、保护地及房建的防雷接地共用同一地网,形成一个均压等电位体。具体施工时,根据地形的实际情况,将多组地网采用扁钢连接共地处理,可消除各地网之间的电位差,保证设备不因雷电的反击而损坏。在办公楼每层设置均压环,并与防雷引下线及所有的铝合金门窗相连,使各导体间在闪电流通过处于等电位。

屏蔽是一个重要措施,对通过空间传播的雷电电磁干扰有很好的防护作用。在机房室内防静电地板下设金属线槽和设备的金属外壳、金属走线架通过连接线连接到接地汇流排,达到屏蔽的作用,也可以形成一个等电位。接地汇流排布置在靠近避雷器处,以使避雷器接地连接线最短。

5.高速公路机电设备工程防雷系统设置应注意的几个问题

(1)机房及机电设备的布置。

大楼中机房位置的选择及机房内机电设备的摆放十分重要。由于雷电流几乎集中在外墙,建筑物内磁场强度在电流流经的柱子附近最大,因此,机房最好设置在建筑物中间位置,机房内的设备应与外墙、立柱保持一定的距离。

（2）避雷器的选择。

在避雷器的选择上，应根据传输线种类不同，采用不同的避雷器，避雷器应具有兼容性（即不对所保护的设备或线路造成任何干扰及中断）、承受高电压、低通过电压、全面保护（即提供每线对地的保护及提供线间保护）等特点。在实际工程中，要根据不同环境、不同设备的抗雷击性采用不同级别的防护措施，并联（图 5-16）安装不同的避雷器，将沿导线传入的过电压波分流入地，保证所有设备都受到保护，避免因出现一台设备受到损坏而造成系统内其他设备损坏的"链式反应"。

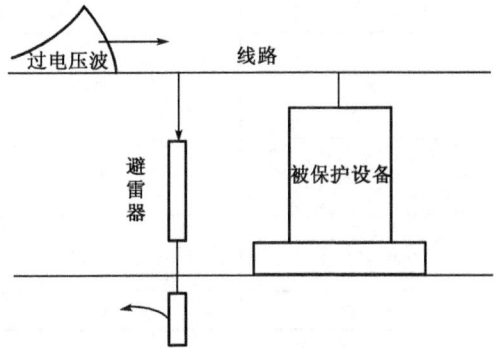

图 5-16　避雷器的连接

（3）地网的施工。

随着时间的推移，接地电阻会逐年升高，因此，施工中地网的接地电阻应尽可能地降低，角钢、扁钢应采用镀锌处理，焊接处要刷红丹或沥青作防腐处理。对于土质较差的地段，应沿线敷设长效降阻剂。

# 项目四　认识与维护照明系统

高速公路照明系统包括主车道道路照明、隧道照明、立交和广场照明。

## 一、照明系统概述

### （一）高速公路照明系统的目的与作用

高速公路具有良好的道路交通条件，其设计车速达 $100\sim120$ km/h。强大的交通流量和较高的车流密度（昼夜通车能力为 30000 辆）使高速公路的行车安全造成很大的威胁，特别是高速公路的夜间行车安全。因此，高速公路的照明系统是保证高速公路行车的重要条件。大量的研究表明，高速公路照明条件的好坏，直接影响夜间高速公路的行车速度及交通事故的潜在发生率，进而影响到高速公路作用的充分发挥。

高速公路设置道路照明的主要目的是为了使车辆在不使用前大灯的条件下，也能够看清前方道路形状、周围交通情况，并能够及时认清前方障碍及各类标志等。另外，高速公路对对向车辆大灯眩光影响的要求较一般公路更为严格，因而足够的照明能够使驾驶员从容、安心地驾驶车辆，保证夜间交通安全。

在高速公路高速行车中，驾驶员必须提前发现道路前方的各种障碍物，如损坏的车辆、行人或其他障碍物等，它们自身的反射率大都在 20% 以下，而汽车前灯的照明范围只能在 $100\sim150$ m 范围内，所以在道路上如不设置照明设施，汽车在夜间行驶过程中就不得不降低行车速度。即便设置了照明设施，高速公路的夜间事故还是远远高于白天。据资料介绍，在不设照明的高速公路上，夜间交通量是白天 1/3 的条件下，发生事故的次数要比白天多得多。在设置照明的高速公路上，可使交通事故减少 40%～60%。一些国家设置了道路照明后得到的交通安全改善效果如表 5-5 所示。

| 道 路 种 类 | 国　　名 | 夜间事故减少率(%) | 交通事故种类 |
|---|---|---|---|
| 高速公路 | 美国 | 40<br>52<br>62 | 全事故<br>死亡及重伤<br>一般事故 |
| 干线公路 | 英国 | 53<br>61 | 全事故<br>死亡及重伤 |
| 高速公路 | 法国 | 45<br>50 | 全事故<br>死亡及重伤 |
| 高速公路 | 日本 | 48 | 重大事故 |

高速公路良好的照明不但可以提高行车速度,提高道路的利用率,而且还可以减轻或消除驾驶员的紧张与不安全感。由于照明设施保证了高速公路行车的通视与诱导性,容易注视前方,缓和了注意力的紧张程度,从而可以大大减轻驾驶员的驾驶疲劳。特别是在高速公路上长距离行驶时,更为显著。由此可见高速公路照明应作为高速公路建设的重要组成部分,同时也是一个国家科学技术、经济实力与能源工业发展水平的综合体现。合理的照明在保证高速公路交通安全、提高运输效率、美化环境和节约电能等方面均有重要作用。

### (二)高速公路照明的分类

高速公路照明根据高速公路系统的各组成部分,大致可分为以下两类:

1. 为路面运行车辆提供的照明

这类照明是为提供高速公路使用者以必要的视觉信息而进行的照明,如高速公路主线照明、互通式立交照明及隧道照明等。其主要功能是使驾驶人员观察到必须要观察的对象及其背景,如道路的几何线形,前方道路上是否有各类的障碍物,路面状况信息及关于道路上的特殊场所及位置信息等。确切地讲,高速公路照明兼有两种作用,起主要作用的是准确方便地将高速公路沿途的视觉信息直接传递给高速公路的使用者。另外,由于高速公路上照明器的排列,还起着诱导车辆前方行进道路的作用。由于高速公路照明主要为运行的车辆而设计,故其属于专门交通照明的领域。

2. 为高速公路管理业务及乘客的照明

这类照明既是为保证高速公路管理工作人员的正常业务,又应满足车辆行驶的视觉需求。如高速公路的收费广场与收费遮棚,既要满足收费人员的工作环境照明,也应兼顾车辆在收费广场内的行驶需求。服务区广场的照明也兼顾乘客与驾驶员在场内各种活动对照明的需要。这一类照明的目的在于满足管理工作及乘客活动的需要,属于一般照明业务范畴,可采用通常的照明方法与标准即可。

### (三)照明系统的功能

照明系统的设置功能在于满足驾驶员所必需的视觉条件,能够使车辆安全和舒适地在公路上行驶。照明设置标准应使驾驶员能够在相当远的距离内准确地获得以下一系列的视觉信息:

(1)道路是否有障碍物或行人,及其形状、大小、移动速度及方向等信息。

(2)关于道路宽度、线形及道路结构的信息。

（3）关于道路特殊场所如立体交叉、分合流路段、收费站、桥梁及隧道等的交通环境信息。

（4）路面破损状态及缺损状况信息。

（5）道路交通指示标志与标线的信息。

（6）关于车辆自身状况的信息。

随着公路智能运输系统（ITS）的深入发展，我国的公路运输也将向自动化方向前进，使得交通工具自动化运行。

## 二、照明设备

照明设备也称照明器，由电光源和灯具组成。道路表面材料和结构对照明效果影响很大，常将路面纳入照明设备一并研究。照明设备的选择对照明质量和成本控制影响甚大。

### (一)电光源(灯泡)

电光源按发光原理可分为热辐射和气体放电两大类。前者利用物体加热辐射发光，如白炽灯和卤钨灯等；后者利用气体放电发光，如荧光灯、高、低压钠灯等。

电光源特性除常用额定功率（W）和亮度（cd/m²）表示外，还有光效、光通量、平均寿命、光通维持率、显色性等指标。

光效是指输入电功率转换成光通量的比例，单位为 lm/W，反映能量利用效率。光通量是指灯泡功率和光效的乘积，光效为 85lm/W 的 100W 的灯光泡，其光通量 8500lm。平均寿命是指一定数量灯泡的平均使用时间，以 h 表示。光通维持率是指经过一定运行时间后，现有光通量和原始光通量之比（百分比）。

而显色性是指物体在自然光与在人造光源照射下所显示的颜色并不相同，为评价光源显示被照物固有颜色的能力，采用显色性指数。它是试验物在所用光源与参考光源照射下的颜色差异，用显色指数 $R_a$ 表示，$R_a$ 为 100 时，显色性质相同；$R_a$ 为 75～100，显色性接近；$R_a$ 小于 50 时，显色差异大。此外，评价电光源性能的电参数指标还有：启动时间、再启动时间、电压、温度对光通量影响等。道路照明常用电光源的主要技术参数见表 5-6。

道路照明常用电光源的主要技术参数表 表 5-6

| 特性参数 ＼ 电源类型 | 白炽灯 | 节能荧光灯 | 高压汞灯 | 高压钠灯 | 低压钠灯 | 卤化物灯 |
|---|---|---|---|---|---|---|
| 额定功率范围(W) | 10～1000 | 6～60 | 50～1000 | 35～1000 | 18～180 | 400～4000 |
| 发光效率(lm/W) | 10～20 | 70～97 | 40～70 | 80～140 | 120～300 | 60～90 |
| 平均寿命(h) | 1000 | 5000～8000 | 4000～8000 | 24000 | 20000 | 10000 |
| 显色指数 $R_a$ | 95～99 | 85～95 | 30～40 | 20～25 | — | 60～95 |
| 启动时间(min) | 瞬时 | 1～4s | 4～6 | 4～8 | 7～15 | 4～8 |
| 再启动时间(min) | 瞬时 | 1～4s | 5～10 | 10～15 | ＞5 | 10～15 |
| 功率因数 cosφ | 1 | 0.33～0.7 | 0.45～0.62 | 0.30～0.44 | 0.06 | 0.4～0.6 |
| 表面亮度 | 大 | 小 | 较大 | 大 | 大 | 较大 |
| 频闪效应 | 无 | 明显 | 明显 | 明显 | 明显 | 明显 |
| 电压对光通影响 | 大 | 较大 | 较大 | 大 | 大 | 较大 |
| 温度对光通影响 | 小 | 大 | 大 | 较小 | 小 | 较大 |
| 耐振性能 | 较差 | 一般 | 好 | 较好 | 较好 | 好 |
| 需配附件 | 无 | 镇流器 | 镇流器 | 镇流器 | 镇流器 | 触发器、镇流器 |

光源对降低运营成本直接相关,建议淘汰光效和寿命都不高的白炽灯等电光源。钠灯特别是低压钠灯,光效高,寿命长,发出纯黄色的近似单色光,具有较强的穿透烟雾能力,是市郊车道桥梁和隧道的理想照明光源。英国有70%的公路采用钠灯。我国在主车道常用高、低压钠灯,立交和广场用高压钠灯和金属卤化物灯,隧道使用节能荧光灯和钠灯。

### (二)灯具

图5-17为某型道路照明灯具结构。灯具的主要作用是通过反射、折射和漫透射将光通量合理分配到需要的方向(图5-18),提高光通量利用率和抑制眩光,同时也固定和保护光源、连接电源、装饰和美化环境。

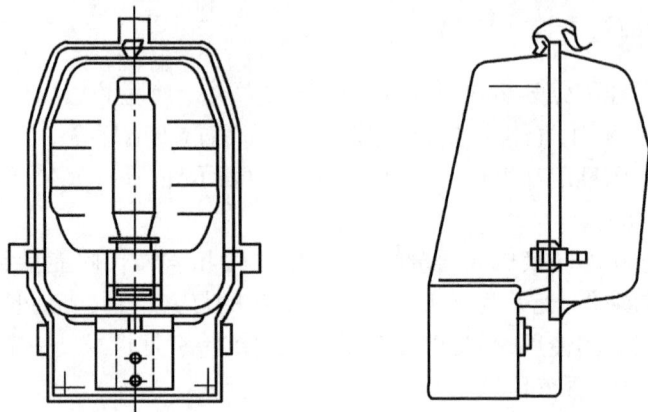

图 5-17　道路灯具照明

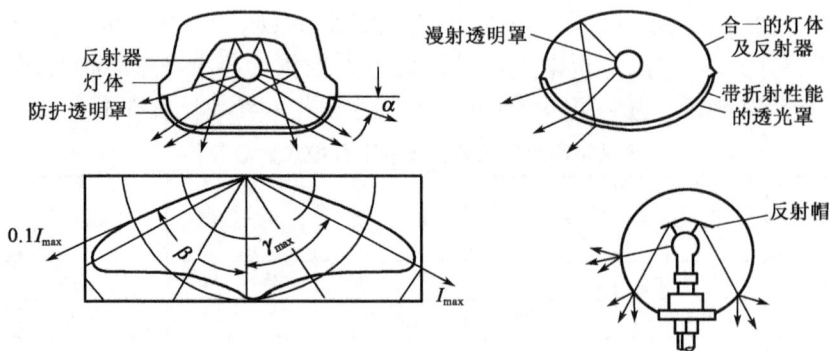

图 5-18　灯具光的输出控制

#### 1. 照明功能

公路照明要求光源所射出的绝大部分光通量照射在路面和指定区域,有足够的亮度与均匀度,且不影响视觉可靠性。为此,照明器要着重解决光输出比、光分配和眩光控制。

(1)光输出比。

灯具输出光通量 $\Phi_L$ 与灯具内光源裸露点燃时发出光通量 $\Phi_S$ 之比,以百分数表示,光输出比为60%~85%。光输出比反映照明器效率,输出光通量减少是因为灯具吸收部分光通量,还有部分输出光通量因反射又被光源吸收。被灯具所吸收的光能,转换为热量导致灯具温度上升,会降低光源和灯具寿命。

经过灯具器件的调节,照明器的部分光通量以光束形式向下射出,也有部分光以散射等形式向上漫射。把照明器向下和向上射出的光通量($\Phi_d$,$\Phi_U$)与其输出光通量 $\Phi_L$ 之比称为下射 $\eta_d$、上射 $\eta_U$ 输出比。有:

$$\eta_d = \Phi_d/\Phi_L; \eta_U = \Phi_U/\Phi_L \tag{5-1}$$

道路照明器主要用来照明路面及路面上的障碍物,故要求 $\eta_d$ 大于 $90\%$。

(2)配光。

照明器在空间各个方向上的光强分布称为配光。光源本身就有配光,灯具的作用使配光再次发生变化。实际运用中需要根据光强分布的测试和表示方法来掌握光强分布情况,按设计所要求的配光选择灯具。

公路使用的照明器分为常规灯具和投光灯具两类。前者用于车道照明,光束主要部分沿道路走向往下辐射;投光灯具利用反光器或透镜,将光束聚集在一个有限的立体角内,投向指定区域,从而获得光强高、方向性强的光束,主要用于立交和广场高杆照明。

(3)眩光。

室内照明器的眩光抑制很重要。对于管形荧光灯具常在出光口面上加格栅,对于类似点光源的灯具用控制光源在反射器内位置的方法实现对眩光的抑制。两者的原理都是控制保护角 $\alpha$ 在 $15°\sim45°$ 范围内。保护角大光束就窄,直射入人眼的光通量也小。公路照明中的路灯和高杆灯安装高度大,光线不易直射入驾驶员眼内而产生不舒适眩光,隧道照明如在两侧隧道壁安装灯具,需要考虑眩光抑制。

2. 安全性能

灯具安全性能反映灯具安全可靠的程度。安全性能应包含:热、电保护、抗环境污染、抗外物、外力袭击的能力等。公路照明设备大都安装在室外,使用、养护条件比较苛刻,对灯具安全应规定相关的性能指标。

(1)耐热。

光源工作时会产生一定数量的热量。在散热条件不好时,灯具的温度会迅速上升,高到干扰灯具的正常工作。对大功率全封闭的灯具要提出灯具表面的温度上限。

(2)机械性能。

升降式高杆灯具机械性能要求较高。台风频繁的沿海地区抗风力和高杆韧性应有具体要求,如能抗击每秒 35m 的风速,在顶端风荷载为 $750N/m^2$ 时,杆端偏移距离不得超过杆长的 1/40 等要求。升降蜗轮箱工作平稳可靠、可控、可操作性和抗冲击能力都有明确要求。

(3)电性能。

国际电工委员会(1EC)等标准组织根据电防护类型规定灯具共分 4 级。0 级不宜用于道路照明,公路常用的为 2 级和 3 级。3 级安全程度最高,触及带电部件也不会发生触电事故。常发生台风雷击的沿海地区,还应有防雷击的明确要求。

(4)防尘、防水、防腐。

公路照明灯具要经受雨雪侵袭,有的还要洗刷,应有较好的密封性能。大气中含有大量潜在腐蚀性气体,它们在潮湿空气中形成强腐蚀性混合物,沿海地区这种现象比较普遍。应按公路所在地区的情况确定大气环境的分级,并据此提出灯具的防护等级(IP)。IEC 规定防尘 6 级,防水 8 级,级数越大,防护性能越好。等级由字母 IP(防护指标)后跟两位数字表示。如 IP54 表示灯具为 5 级防尘,4 级防水。

### 3. 经济性

选择灯具所考虑的费用为设备购置费和运行费（电费和维修费）。购置和运行费常常相互矛盾，高质量灯具价格偏高，但光效高，寿命长，维护量少，运行费降低，而价廉质次的灯具往往正好相反。这需要仔细在寿命、单价、光衰退速度和维护等方面核算对比。

（1）寿命。

寿命涉及光源寿命和机械构件及光学系统在使用环境中的寿命。灯腔内环境温度高，电光源寿命通常要降低。露天条件下，灯具外壳及附件，寿命为 2～20 年，随表面处理情况而定。其中，以不锈钢和铝压铸件最高。有人统计过灯具价格和寿命的关系，结论是选用价格高的灯具，购置费虽高些，但总的效益还是合算的。

（2）灯具光衰退。

灯具使用一段时间（如 3 000h）后，光通量会降低。因为光源本身发出的光通量会随使用时间而减少；灯具反射面和透光玻璃器件在使用过程黏附灰尘和老化也使下射光通量下降。光通量减少的数量除了与灯具生产质量有关外，还与使用环境的污染程度和维护质量有关。在照明设计时，要将电光源标注的光通量乘上一个小于 1 的系数 $M$，代表它长期稳定的光通量。$M$ 称为维护系数，常取为 0.5～0.7。公路使用的大部分是密闭型灯具，除了上述光衰退因素外，灯具的呼吸现象也加速了光通量的减少。

光源点燃后，灯腔空气受热膨胀，从前后密封橡胶圈徐徐逸出。熄灯后，灯腔内空气冷却收缩，腔内形成负压，灯外空气与尘土被缓慢吸入，空气中含有的腐蚀性气体如 $SO_2$ 等吸附在反光器表面，表面腐蚀逐渐加深，光通量逐渐减少，这种现象在沿海地区比较明显。

### 4. 照明器分类

照明器可按结构特点、安装方式、配光和安装距高比等多种方法分类。

（1）按配光分类。

根据国际照明委员会 CIE 推荐，按上射 $\eta_u$ 和下射 $\eta_d$ 光输出比分为五类。

①直接型：$\eta_d$ 为 90%～100%，光线集中，工作面获得充分照度，适用公路照明。

②半直接型：$\eta_d$ 为 60%～90%，工作面照度较大，空间也有适当照度，眩光较直接型少。

③漫射型：$\eta_d$ 为 40%～60%。

④半间接型。

⑤间接型。

漫射型、半间接型和间接型的 $\eta_d$ 依次递减，它们的上射输出比逐渐加大，光线趋向柔和，眩光下降，但光利用率也随着减小，大都适用于室内。

（2）按结构特点分类。

结构特点主要以灯腔对空气是敞开或是封闭为特征，将照明器分为开启、闭合、封闭、密闭、防爆和防腐型等，在此着重介绍公路照明使用较多的几种类型：

①闭合型：透光罩包围光源，但罩内空气仍能自由流通，尘埃易进入罩内。

②封闭型：透光罩作一般性封闭，尘埃不易进入罩内。内外气压不同时，空气仍可进出。

③密闭型：透光罩加可靠密封，灯腔与外界隔离，内外空气不流通。还有防水防潮型等。

④防腐型：灯具外壳用耐腐材料制成，密封性能良好，腐蚀气体无法进入照明内部。

（3）以安装距高比分类。

照明器通常均匀布设，水平工作面能否获得均匀照度，很大程度上取决于照明器的距高比。距高比 $\lambda$ 为相邻灯具间的距离 $s$ 和照明器到工作面的高度 $h$ 之比，$\lambda = s/h$。垂直角与距高比如图 5-19 所示，不难看出，加大距高比 $\lambda$，路段路灯安装数目将有所下降，但平均照度及均匀性有可能随 $\lambda$ 的加大而恶化。有必要研究不恶化均匀度的允许距高比值。设照明器光轴正下方照度 $E_m$ 最大；在与路轴平行的垂直面内，距光轴愈远，照度将随着减少，至 $C$ 点照度恰为 $E_m/2$。这样，在 AB 路段不会出现照度小于 $E_m$ 的明显暗区。按图有：

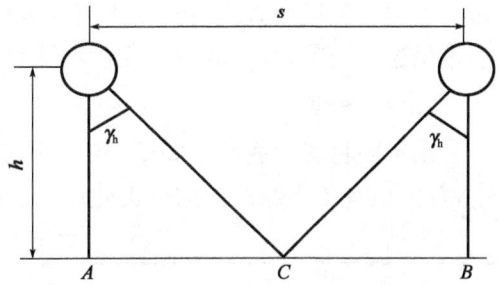

图 5-19　垂直角与距高比

$$\tan\gamma_h = s/2h; \gamma = s/h = 2\tan\gamma_h \tag{5-2}$$

按允许距高比可将直接型照明器分为五种类型：

①特广照型，为道路照明广泛使用。最大光强 $I_{max}$ 约在 $\gamma_{max} = 60°$ 处，而 $0°\sim30°$ 范围内光强值较小，允许距高比 $\lambda$ 达 4.0。

②广照型（$\lambda$ 达 2.0），适用于较大范围高大厂房照明。

③中照型（$\lambda$ 为 1.3～1.5）适用于大房间照明。

④深照型（$\lambda$ 为 0.7～1.2）适用于小面积高厂房照明。

⑤特深照型（$\lambda < 0.4$）。适用于补充照明。

### (三)路面结构对路面亮度的影响

在人眼成像的光学系统中，被观察物与路面亮度同时进入人眼。而且，观察物在人眼视网膜成像的清晰程度与作为视场背景的路面亮度是紧密相关的。因此，将路面作为照明设备的一个组成部分来考虑，是符合实际情况的。

#### 1. 路面的光度学特性

路面受到灯具的照射，将有少量光通量透过路面被吸收，大多数光通量反射出去。吸收和反射光通量间的分配，以及光的反射方式等都将随路面材料、质量和气候条件而变化。路面反射可能出现下列几种方式。

(1)定向反射。

又称镜面反射，遵守入射角等于反射角的规律。雨天路面积水较多，可以作为镜面处理，光滑的沥青路面也可近似为镜面。因此，沥青路面照明器的光束扩散角应少一些。

(2)漫反射。

各向都以均匀亮度反射，表面反射亮度与被照射方向无关，干燥水泥混凝土路面由很多随机凹凸不平的小块组成，每一小块都是较为光滑的小平面，可视为小镜面。路面微元小镜面的方向离散性将产生漫反射性质的差异，两种路面照明器配光曲线的最佳光束扩散角大小并不一样，如图 5-20 所示。

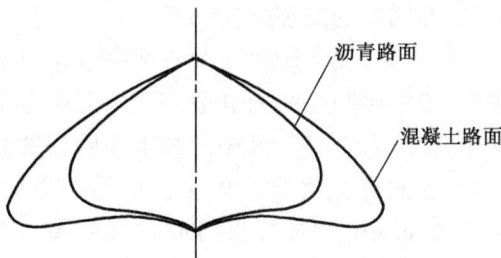

图 5-20　配光曲线

(3)定向漫反射。

反射面不太光滑，照射光在表面扩散，反射立体角增大。但反射光集中在此立体角内，此角的轴线与入射线仍遵循入射角等于反射角的规律。

上述三种反射方式在干燥路面可能同时并存。并存的情况将随路面而异,很难用一种模型来描述。目前,有关路面的反射特性和亮度系数 $Q_0$ 的求取主要依靠实验和类比获得。

2. 路面分类

由不同材料制成的不同质地的干燥路面,其反射特性也不会一样。CIE 在第 30 号出版物中,曾提出有关干燥路面的分类建议,美国也于 1983 年提出路面分类建议,见表 5-7。

美国公路干燥路面分类建议                                          表 5-7

| 类　别 | $Q_0$ | 说　明 | 反 射 类 型 |
|---|---|---|---|
| $Q_1$ | 0.10 | 普通水泥制成的混凝土路面;至少含有 15% 的人工磨光集料(如拉长石、石英石)的沥青路面 | 基本漫反射 |
| $Q_2$ | 0.07 | 至少含 60% 的砾石集料(砾石尺寸大于 10mm)的沥青路面掺和 10%～15% 的人工磨光集料的沥青路面 | 兼有漫反射和定向反射 |
| $Q_3$ | 0.07 | 有深色集料(如暗色岩、锅炉渣)的沥青路面(规则的覆盖层密封);使用几个月以后的质地粗糙的路面 | 轻微定向反射 |
| $Q_4$ | 0.08 | 质地非常光滑的沥青路面 | 基本定向反射 |

注:$Q_0$ 为典型的平均亮度系数。

3. 亮度系数 $Q_0$ 和照度换算系数 $P_0$

亮度系数定义为:同一光源照射下,路面某单元的亮度与同一单元的照度之比。

$$Q_0 = L/E;P_0 = E/L = 1/Q \tag{5-3}$$

亮度系数决定于路面材料性质、光源、光环境和观察者相对于所观察单元的位置,不是一个恒值。我国公路行业对水泥混凝土和沥青路面的 $P_0$ 值取为 15 和 21;在隧道内则改取为 13 和 22。人们通过试验和计算得出各种情况下的亮度系数值,列成 $Q_0$ 数值表供计算时使用。

**(四)照明器的安装布置方式**

1. 杆柱照明方式

杆柱照明方式是把照明器安装在杆柱的顶端,杆柱沿道路配置,这种方式应用最为广泛。杆柱照明的特点是灯杆可沿线任意布置,并且可依线形变化配置照明器,每个照明器都能有效地照亮路面,可以选用小光通量光源,比较经济。由于照明器沿线形而设,在弯道上能够得到良好的视觉诱导。这种照明方式可以应用于高速公路主线、立体交叉、大桥、收费站及服务区等处的照明。

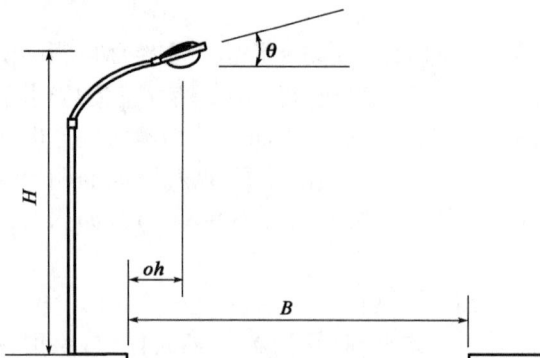

图 5-21　灯具外伸与仰角

杆柱照明灯与路面间的关系如图 5-21 所示,各参数具体关系列于后。

(1)照明器的安装高度 H。

一般来说,加大照明器的安装高度可以减少眩光,增加照明光线的舒适感。由照明器形成的亮度分布大而广,可相对减少照明器的数量,而得到同样亮度与均匀度。但另一方面,随高度增加既增加灯杆自身成本又使溢向路面以外的光通量增加,使照明器的利用率降低。根据气体放电光源的特点灯杆的高度在

10～15m 是经济的。

(2)照明器外伸长度 $oh$。

加大照明器向路面的外伸长度,可使路面的平均亮度增高,而路肩或紧急停车道的照明亮度却因此而降低,在道路潮湿情况下更为严重。特别当路侧是紧急停车带的道路,这些地方常有车辆或障碍物存在,如照明处理不当,可引发事故。

外伸长度太长或太短都易使整体失去美观性能,从而影响照明质量,且不易发挥灯具的配光性能。因此根据对环境的要求与影响,外伸长度一般不超过灯杆高度的 1/4。

(3)照明器的安装角度 $\theta$。

安装角度 $\theta$ 的变化虽不影响照明器的平均亮度及其均匀度,但会对眩光及光线的舒适性产生影响,一般的安装角度为 5°～15°。

### 2.高杆照明方式

高杆照明是指在 15～40m 的高杆上安装由大功率的光源组成的多个照明器,进行广阔范围内的大面积照明。

高杆照明主要适用于高速公路的立体交叉、收费广场、服务区广场和线形复杂、视野广阔场所的照明。

### 3.悬索照明

在道路的中间分隔带上设置较大挡距的杆柱,其高度一般为 15～20m,在杆柱间拉起钢索,并把照明器悬挂在钢索上进行道路照明。

悬索照明的优点是照明器扩展方向是沿道路横向,因此可以得到较高的照度和较好的均匀度;眩光较少,可形成舒适的照明环境。另外由于照明光束沿道路纵向分布,使得雨天也有良好的照明效果。荷兰沃特克立交公路悬索照明如图 5-22 所示。

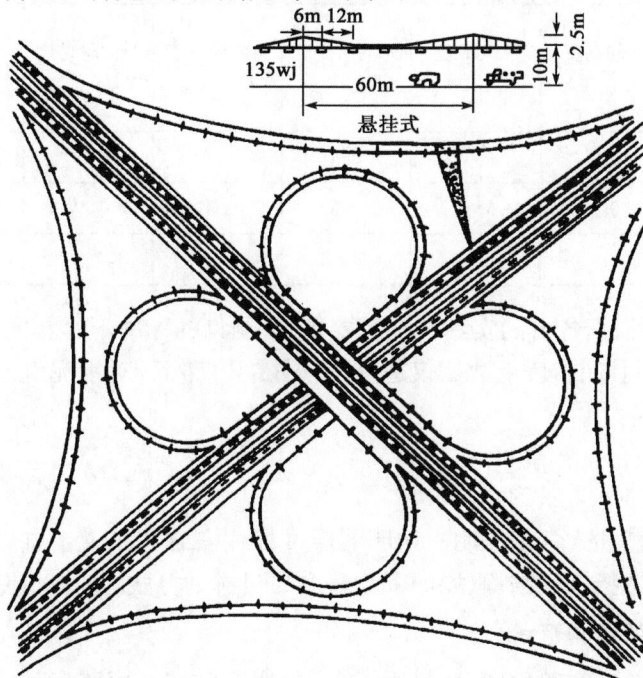

图 5-22 荷兰沃特克立交照明

# 项目五　认识主车道道路照明和隧道照明

## 一、主车道道路照明

### (一)道路照明设置和要求

#### 1.道路照明设置的条件

要不要设置全程道路照明,在那些路段设置局部道路照明是一个需要综合考虑的问题。从行车安全出发,影响设置道路照明的因素有:

(1)道路特征:沿线地形,道路线形、路面状况、立交数目,桥长和航道净空高度。

(2)交通流特征:路段高峰小时交通量、交通(车型)组成、最高车速及周围交通环境。夜间高峰小时交通量对设置道路照明有直接意义。

(3)安全要求:事故高发危险路段及场所,相似公路的夜间交通事故及伤亡人数。

(4)经济效益:全程照明对交通安全的支持人所共知,关键是经济上能否承担建造和维持的费用;夜间交通事故的经济损失与投入费用是否相当。这只有通过经济分析对比确定。

#### 2.道路照明的技术要求和标准

道路照明首先要满足视觉可靠性要求,其次是照明器结构和布置要符合光学诱导性和美学准则。各国为此制订了道路照明标准。我国于1990年颁布机动车道照明标准,与高速公路有关部分见表5-8。国际照明委员会(CIE)和美国推荐的照明标准也列在同一张表上。

高速公路路面照明规范　　　　　　　　　　　　　　　表5-8

| 标准归属 | 道路类型 | 平均亮度（cd/m²） | 平均照度（lx） | 总均匀亮度 $L_{min}/L_{av}$ | 总均匀照度 $E_{min}/L_{av}$ | 纵向均匀度 $L_{min}/L_{max}$ | 眩光限制 | 诱导性 |
|---|---|---|---|---|---|---|---|---|
| 中国 | 快速道路 | 1.5 | 20 | 0.4 | 0.4 | | $\gamma_{max}<75°$ | 很好 |
| 美国 | 高速公路 | 0.6 | 6~9 | 0.3 | 0.33 | 0.17 | TI | G |
| CIE | 高速公路 | 2 | | ≥0.4 | | ≥0.7 | ≤10% | ≥6 |

表5-8说明,各国根据各自的实际情况和要求,所制订的标准不尽相同。我国的标准是从城市道路的需要出发制订的,表上数据仅适用于干燥沥青路面,对水泥混凝土路面,平均照度值应降低20%~30%。

### (二)主车道照明

主车道广泛采用杆柱式常规照明。照明器通过杆柱安装在车道上空,杆柱按一定间隔沿车道线形布设。合理选择杆柱结构、照明器型号和布设排列方式,路面将获得良好照明。

#### 1.杆柱式照明器的结构形式

杆柱式照明器有单边和双边两种,见图5-23,单边型安装在硬路肩外,双边型安装在中央分隔带凸台上。结构的特征尺寸有杆柱高 $h$、悬臂长度 $t$ 和悬臂仰角 $\alpha$。

增加杆高可以加大照明区域,相对减少照明器数量,均匀度可适当改善,眩光也可得到一定抑制,提高了照明舒适感。但杆柱过高,会使平均照度减少,逸散路肩外的光通量加多,同时也会增加成本。目前,常用的杆柱高 10～15m。

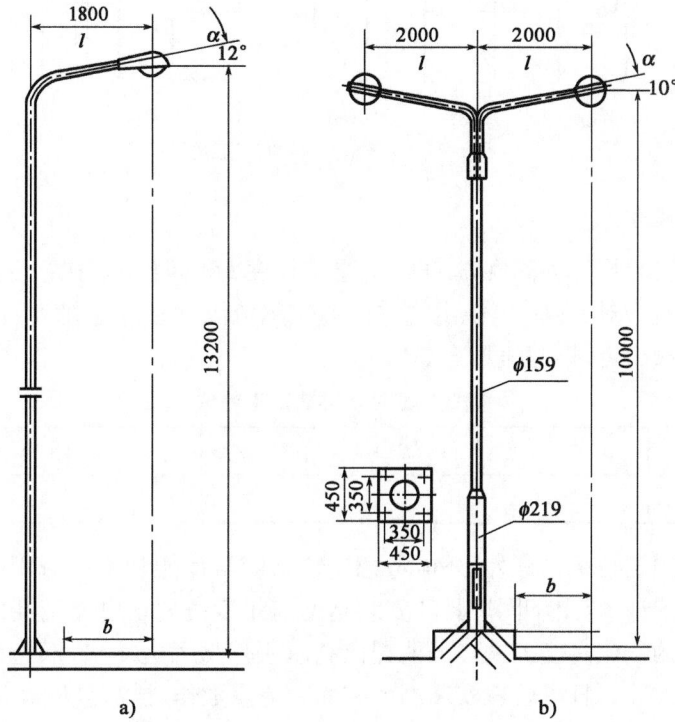

图 5-23　杆柱式照明器结构图(尺寸单位:mm)

加大悬臂长度可使照明器伸入车道的长度增加,车道接受的光通量加多,提高路面平均亮度,而路肩或紧急停车道的光通量下降。但过长的悬臂需加大结构强度,因此,悬臂长度需要优化。CIE 建议悬臂长度不超过杆高的 1/4,目前,常在 1.5～3.0m 范围内。

悬臂仰角增加照明器在某一安装高度对路面横向照射范围,过多地加大仰角并不能使路面亮度相适应地升高,在弯道还易产生眩光。我国规定仰角不超过 15°,CIE 建议仰角控制在 5°以内。

2.照明器布置形式

以照明器的正确选择为前提,沿车道布置形式的依据为:路面平均照度、均匀度、眩光抑制达到技术指标,诱导性良好,利用系数高和节能。照明有多种布置形式,见图 5-24。其中图 5-24a)为单侧布置形式,适宜于路宽较小的车道。图 5-24b)为双侧对称,适用于双向双车道以上的公路,路面平均亮度增加,诱导性良好。首都机场高速公路采用此种形式,灯杆紧贴护栏外侧安装、高 12m、间距 50m、仰角 12°、臂长 2.5m,顶端为半截光型 400W/250W 高压钠灯。图 5-24c)为双侧交错布置,均匀度较图 5-24b)有所改善,但这两种形式灯杆用得较多,中央分隔带附近亮度不会太好,而且逸散到路肩外的光通量也会达到一定数量。图 5-24d)为横向悬索式,在悬索上安装长形灯管,车道中央地带亮度高且均匀,逸散到路肩外的光通量也相对减少。图 5-24e)为分隔带中心对称形式,灯杆数量减少,照明器的利用系数 U 较高,电源线的铺设也较经济,广深高速公路采用此种形式。

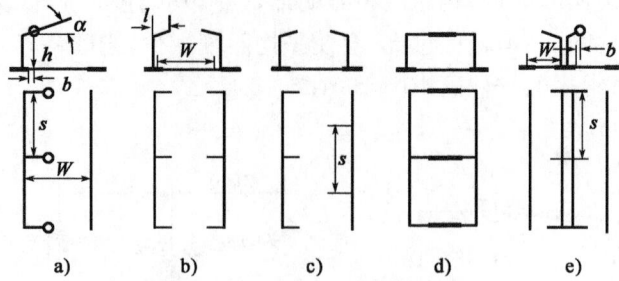

图 5-24　主车道照明器布置形式

### 3.照明器安装尺寸

杆柱式灯具的安装尺寸为高度 $h$、杆距 $s$、悬挑长度 $l$ 和仰角 $\alpha$。在一定的器件和路面条件下会有一组优化数值。对 $t$ 和 $\alpha$ 已规定过它们的使用范围，$s$ 基本上随 $h$ 而变化，最低安装高度由照明器的光通量决定，推荐值见表 5-9。

照明器最低安装高度推荐值　　　　　　　　　　　　　　　表 5-9

| 照明器光通量(lm) | 4500 | 12500 | 25000 | 45000 | 95000 |
|---|---|---|---|---|---|
| 最低安装高度(m) | >5 | >8 | >10 | >12 | >15 |

除了满足路面照明技术指标外，还应考虑安装高度与耗能和维持费用间的关系即经济问题。有人做过试验统计，得出不同灯具和安装高度与年度每公里电能消耗的关系，见图 5-25。图说明各种条件下的优化高度。钠灯的能耗比高压汞灯低了近 1 倍，双边型灯具分隔带安装方式明显优于单边安装。日本曾就安装高度和间距等参数作过规定，见表 5-10。

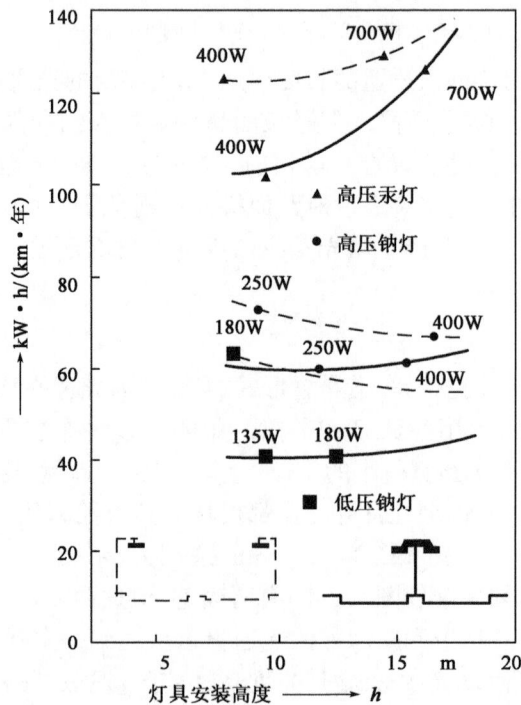

图 5-25　灯型/安装高度与能耗

| 灯具种类安装方式 | $\Gamma_{max}<65°$ | | $\Gamma_{max}<75°$ | | $\Gamma_{max}<90°$ | |
|---|---|---|---|---|---|---|
| | 安装高度 $h$ | 间距 $s$ | 安装高度 $h$ | 间距 $s$ | 安装高度 $h$ | 间距 $s$ |
| 单侧排列 | $1W$ 以上 | $3h$ 以下 | $1.2W$ 以上 | $3.5h$ | $1.4W$ 以上 | $4h$ 以下 |
| 双侧对称排列 | $0.5W$ 以上 | $3h$ 以下 | $0.6W$ 以上 | $3.5h$ | $0.7W$ 以上 | $4h$ 以下 |
| 双侧交错排列 | $0.7W$ 以上 | $3h$ 以下 | $0.8W$ 以上 | $3.5h$ | $0.9W$ 以上 | $4h$ 以下 |

注:$W$ 为路面宽度。

4. 路面照度计算

为了简化计算,可先计算照度,再按不同路面和观察角度,查出亮度系数求亮度。计算坐标见图 5-26。

(1)路面任意一点的照度(lx)。

一个灯具 $i$ 对路面任意一点 $P$ 的照度可按下式计算。

$$E_{Pi} = \frac{I_{\gamma\theta}\cos^3\gamma}{h^2} \qquad (5\text{-}4)$$

$I_{\gamma\theta}$ 值按 $P$ 点的垂直角 $\gamma$ 和水平角 $\theta$ 在灯具样本的配光曲线或光强表查出。$P$ 点的照度通常是邻近多个灯具照度的叠加值。一般只要求计算 $P$ 点附近 3~4 盏灯具的光照叠加值。

$$E_P = \sum E_{Pi} \qquad (5\text{-}5)$$

(2)平均照度和均匀度。

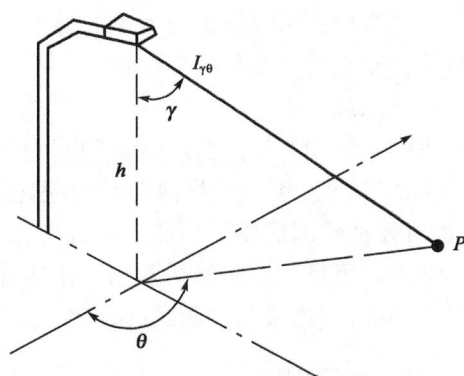

图 5-26　灯具计算点坐标

按灯杆间隔和路面宽度选择若干个有代表性的点,求出各点的照度值。其中必然会出现极大、极小值。利用下述公式可计算平均照度 $E_{av}$、均匀度 $E_0$ 和纵向均匀度 $E_1$。

$$E_{av} = \frac{\sum E_P}{n}$$

$$E_0 = \frac{E_{min}}{E_{av}} \qquad (5\text{-}6)$$

$$E_1 = \frac{E_{min}}{E_{max}}$$

计算点取得多,点分布均匀,计算值精度就高。这种方法宜用计算机编程计算。

(3)运用利用系数曲线计算照度。

计算长度有限的直线路段的平均照度最简捷的方法是采用灯具光度测试报告中给出的利用系数曲线,通过下述公式进行计算:

$$E_{av} = \frac{nMU\Phi}{Ws} \qquad (5\text{-}7)$$

式中:$n$——每一盏灯具内的电光源数目;

$M$——维护系数,取值为 0.5~0.7;

$U$——利用系数,由厂家灯具样本提供;

$\Phi$——灯泡光通量(lm);

$W$——所照射路面宽度(m);

$s$——邻近灯杆间距(m)。

5.照明器选择

照明器在很大程度上决定道路照明质量、投资数量、维护方便和运营成本。灯具经初步选择后,代入照度计算公式校核修正,并按以下所述的技术要求选择型号。

(1)电光源。

①光效和功率。电功率大小与道路照明维持费用相关,如每公里设置25~30kW电光源,则公里月电费将约5000元,费用颇高。采用高光效光源,在获得相同路面照度的情况下,可降低功率消耗,节省开支。目前,常采用400W高光效钠灯和金属卤化物灯作路灯。

②光色和显色性。显色性好的光源能帮助视觉更清晰地识别路面上的障碍物,同时光色的差异还可区别不同的路线、标志和某些特殊场所。高显色型的高压钠灯显色指数$R_a>60$,启动和再启动时间也相当短。

③可靠性。可靠性既要考虑光源的使用寿命,还要注意光衰退的大小和快慢。考虑光源对电压波动和温度变化的稳定性。

(2)灯具。

①配光特性。道路照明灯具的配光应满足:光输出比大,下射输出比大于90%,光束扩散角小于75°,垂直和平行路轴平面的配光特性应保证向下投射的光通量60%以上照射在路面上,而且要使路面照度均匀照度接近于1。

②安全可靠。道路照明器的工作环境比较苛刻,有大量灰尘和腐蚀性气体侵袭,还有遭受撞击的可能,应该采用封闭式或密闭式灯具。

### (三)大桥照明

主车道沿线桥梁的类型很多,照明应按类型分别处理。一般的中、小型桥梁与主车道照明相同;大型桥梁的照明较主车道的要求稍高一些。特大桥则需作专门照明处理。

1.大型桥梁照明

按技术标准高速公路大型和特大型桥梁应分上行和下行单独建桥,此时桥面侧向净空可能比主车道略小(左、右侧硬路肩较窄),出现交通事故时,车道容易挤塞,设置夜间照明很有必要。在主车道不设专用照明的情况时,桥面宜设置路面照明,照明技术要求与车道路面相同,但在进出桥梁前都应有一个亮度过渡段。如主车道设有专用照明,则桥面的平均照度标准应略高于主车道。

如桥下水道通航,应注意:

(1)在桥墩位置设置专用指示照明,将桥墩形状显示出来,以便船舶清晰识别,保证航行安全。

(2)桥梁上下照明器的选形、配光及安装应周密布置,避免产生强烈眩光,影响正常航行。

2.特大型桥梁照明

特大桥梁在照明上有以下特点:

(1)照明应包括引桥区。引桥部分应有亮度过渡段,桥面照度应高于车道路面。

(2)特大桥常作为道路景观,具有观赏价值,需设置供夜间观赏的立面照明。立面照明常沿桥梁轮廓布设灯具,用光点描绘桥梁结构线条,体现宏伟风姿。但这种方式耗电量颇大。近年来常采用投光照明,特别是对主要结构如斜拉桥和悬索桥的主塔,用自下往上的彩色投光,显得特别壮观,给人以美的享受。

(3)特大桥下面通常具有通航功能,照明要作相应处理。

## 二、隧道照明

### (一)隧道的视觉环境

车辆通过长隧道,白天和黑夜的视觉环境变化不同。黑夜洞内只是洞外视环境的延续,白天则经历突然从亮到黑和由黑到亮的急剧变化过程,人的视觉产生强烈的不适应。

1. 进入隧道的暗适应

白天,隧道内外亮度差别巨大,车辆驶近隧道,看到的是一个不可知的黑色洞口。进入洞内,亮度突然降低,视觉产生暗适应,什么也看不见。经过 4～9s 的时间,才逐渐适应,但仍无法看清前方景象。只有设置人工照明,才有可能察觉隧道环境。但人工照明环境从技术和经济上都无法达到洞外亮度,视觉还将经历从洞外高亮度到洞内低亮度的突变,视功能下降和适应滞后问题仍然存在。因此,需要在隧道入口设置亮度逐渐降低的过渡路段和提供足够的适应亮度变化所需的时间。

2. 隧道内的视环境

不论白天或黑夜隧道内过往车辆的排放物中,都有大量微细固体颗粒物(烟雾)悬浮在洞内空间,它吸收部分光能并对光线产生漫反射,形成透明度不高的光幕,使隧道内的能见度降低。同时,隧道侧向空间较窄,难于纠正侧向距离的判断误差,也缺少回避障碍物的足够空间。一辆车如出现操作错误,极易产生连续的严重尾撞。因此,即使视觉已经适应较暗的环境,对比洞外的路面照明,也还是要适当提高亮度,以增强人的视功能。

3. 隧道出口的亮适应

车辆白天接近隧道出口时,看到的是一个刺眼的眩亮白洞,视觉产生亮适应,同样会降低出洞时的视功能和视舒适,无法准确判别与前车的间距。为此,也需要设置亮度逐渐提高的路段和提供相应的适应时间。由于亮适应时间要短得多,故过渡路段的长度也可以缩短。

4. 隧道内的亮度频闪效应

车辆通过设有人工照明的隧道,驾驶员会遇到一种频率与车速成正比的亮暗相间的闪光脉冲,对驾驶员的视舒适造成干扰。闪光来自间隔配置的光源和本车前罩及前车尾部的弱反射。干扰的严重程度决定于下列因素:闪光频率;视野中的平均亮度;相对于背景的光源亮度;光源相对间距;由隧道长短决定的闪光持续时间。国外作过试验,闪光频率为 2.5～15Hz 时,出现不舒适感,频率为 6～8Hz 时,出现较严重的烦躁感。

对于长度很短的隧道(如小于 100m),从进口可看到白色的出口亮影,进出口的天然光通过反射和散射等途径在路面产生一定的微弱亮度,视觉适应不严重,就没有必要设置照明。

### (二)隧道照明对策

隧道路面的亮度应有一个随设计车速而不同的基础值 $L_B$,即夜间行车的隧道路面亮度。白天由露天亮度 $L_o$ 到基础亮度的变化必须缓慢而不是突变,需要提供视觉对亮度变化的适应时间,$L_o$ 到 $L_B$ 的变化时间为 7～15s,由 $L_B$ 到 $L_o$ 的时间可缩短到 2.5～4s。为了获得需要的适应时间,就必须针对行驶车速为隧道设置相应长度的照明适应区段。

下面介绍隧道照明的具体措施。

1. 洞外路段设置专用减光设施

在洞口外路段建造减光设施,使入口和出口天然光变化缓慢,增加亮度过渡变化的路段长度和视觉适应时间,相对减少隧道内设置亮度变化区段长度。对 500m 以下的隧道,能起到增加适应时间的作用。

减光设施目前普遍采用百页天棚、锯齿墙和遮光棚等形式,如图 5-27 所示。采用路旁栽植树冠高大的常青树也是较经济的遮光方法。入口遮光路段的长度目前常为 50～100m,出口路段可适当短些。也有不少隧道不设出口减光设施。

2. 分区段设置不同亮度

为使视觉适应洞外和洞内亮度的急剧变化,隧道划分为多个功能区段,各区段的长短和亮度的高低随设计车速、洞外亮度和洞壁及路面反光性质而变化,单向隧道区段照明见图 5-28。表 5-11 是洞外亮度为 $4000cd/m^2$ 时各区段的最小长度和最低平均亮度值。当洞外亮度值为 $L_0$ 时,引入、适应和过渡三段的亮度数值应乘以系数 $L_0/4000$。

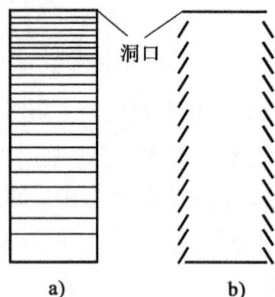

图 5-27　遮光棚
a)百页天棚；b)锯齿墙

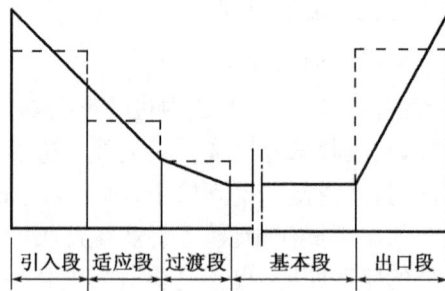

图 5-28　隧道照明渐变梯度图(单向)

**隧道各区段长度和亮度数据**　　　　　　　表 5-11

| 车速 (km/h) | | 引入段 | | 适应段 | | 过渡段 | | 入口照明区总长度 (m) | 基本段 | |
|---|---|---|---|---|---|---|---|---|---|---|
| | | 距离 (m) | 亮度 (cd/m²) | 距离 (m) | 亮度 (cd/m²) | 距离 (m) | 亮度 (cd/m²) | | 亮度 (cd/m²) | 换算平均照度(lx) |
| | | | | | | | | | 混凝土路面 | 沥青路面 |
| 100 | 55 | 95 | 60 | 95～47 | 60 | 47～9.5 | 175 | 9.5 | 120 | 200 |
| 80 | 40 | 83 | 40 | 80～46 | 40 | 46～4.5 | 120 | 4.5 | 60 | 100 |
| 60 | 25 | 58 | 30 | 50～30 | 30 | 30～2.3 | 85 | 2.3 | 30 | 50 |
| 40 | 15 | 29 | 20 | 30～20 | 20 | 20～1.5 | 55 | 1.5 | 20 | 35 |

　　注:1.上表是以隧道口部环境亮度为 $4000cd/m^2$ 为基本亮度拟定的,如果洞外亮度大于或小于 $4000cd/m^2$,表值应乘以系数 $K_0$,$K_0$=洞外环境亮度/4000。

　　　2.当洞口设有减光措施时,可考虑缩短引入段或取代引入段。

　　　3.表上标明亮度均为平均亮度。

　　　4.当设计车速超过 80km/h 时,应做专门研究。

　　　5.平均照度换算系数(亮度系数的倒数):混凝土路面为 13;沥青路面为 22。

(1)引入段。

为了使驾驶员从高亮度的露天进入隧道口就能看到洞内环境和障碍物,引入段必须具有

234

较高的亮度。有的资料认为:3s内亮度降低不能超过1/3,4s以上可降至1/10。引入段的亮度和长度应随设计车速和洞外亮度而变化,亮度还应随路段长度而逐渐降低。逐渐加大灯具排列间距和改变布置方式可以实现亮度随路段长度而减小。洞外亮度随天气变化很大,要随洞外亮度调节引入段的照明亮度难度甚大。目前,引入段常采用固定的较高亮度,图5-28中的粗虚线反映了这种情形。

(2)适应段和过渡段。

此两段提供一个由高到低亮度的视觉暗适应时间,即再给驾驶员视生理和视心理一个继续完成适应所需的时间。如果在过渡段亮度降低过于急剧,或适应时间过短,能见度和视舒适都将因适应不充分而恶化。适应不充分的主要表现是出现"后像",即视觉在很短的时间出现与原有观察物在对比度和颜色相反的图像。实验表明,此段的适应时间可取2~4s;如果用图5-28中的阶梯形亮度递减代替连续下降,则阶梯中的任何一级都有应大于3:1。

(3)基本段和出口段。

隧道内的侧向净空和视觉环境要求亮度应高于夜间露天路面的照明亮度,目前,大都在1.5~10cd/m² 范围内,如果隧道很长,适应时间也相应增加,此时可以将基本段亮度适当降低。对于500m以下的短隧道,可提供的适应时间也短,应该增加基本段的亮度,以便有可能减小入口区的引入、适应和过渡三段的亮度下降比例,并相应减少各区段的长度。

单向隧道的出口段可从基本段的亮度直接跃升至洞外亮度,而且长度也可适当缩短。

各区段路面亮度均匀度不应小于1/3,不应出现眩光和不舒适闪光。

夜间隧道的照明亮度为基础亮度,可按基本段的数值设置。如果露天车道不设人工照明,则在隧道出口应设置一段亮度逐渐降低的照明设施,以减少暗适应带来的视觉不可靠。

### (三)隧道照明方式

隧道人工照明质量与光源类型、光强分布、灯具数量和几何分布等因素密切相关。而这些因素也存在相互关联。

1.隧道路面照明计算

(1)平均照度计算。

隧道空间比较狭窄,高度约5m,宽度约10m。除光源直射路面的光通量外,还有来自天棚和两侧墙壁的反射光通量,路面照度会有所增长,平均照度计算将在式(5-8)的基础上略作调整:

$$E_{av} = KE_{av} = \frac{KnMU\Phi}{Ws} \tag{5-8}$$

式中:K——因物体表面反光而使路面照度提高的系数,K>1,具体数值与隧道几何形状、天棚和墙壁材料反射性质、计算点的位置有关,最好通过测试求出;

W——隧道路面宽度(m);

s——邻近灯具距离(m);

其余符号意义同式(5-7)。

(2)亮度和照度的换算。

按式$L=Q_0E$计算亮度,混凝土路面取$Q_0=1/13$;沥青路面取$Q_0=1/22$。

2.灯具布设方式

灯具布置方式与灯具类型、亮度控制及隧道通风方式紧密相关。合理的灯具布置应保证:

(1)路面平均照度和均匀度达到各段要求的指标。

(2)隧道侧壁墙面应具有足够的照度,让驾驶员能察觉墙壁的存在。

(3)灯具光轴应指向路面轴线,因为在隧道行驶的车辆,受到隧道"墙效应"的影响,习惯沿隧道中心线行驶。

(4)尽可能抑制眩光和频闪。按灯具安装在隧道的位置,可分为棚顶中心、棚顶侧和侧壁布置三大类;按灯具相对位置划分,有相对排列、交错排列和中间排列等。

图 5-29 为隧道照明器布设方式。

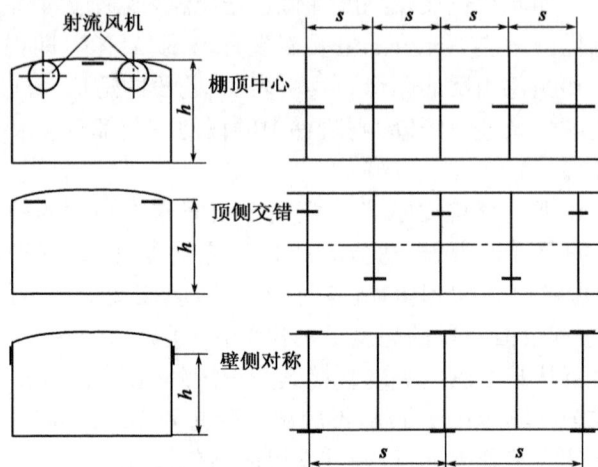

图 5-29　隧道照明器布设方式

①棚顶中心布置。在隧道有足够的净空高度,且顶棚不安装轴流风机或风机安装在顶棚两侧(如图)的情况下,沿隧道顶棚轴线用贴顶式安装一列或多列(2～4 列)照明器。常采用纵向和横向都具有对称光强配光的管形灯具。国外还喜爱用节能荧光灯,一根接一根地安装成一条光线。这种布置的主要优点有:比相同灯具侧壁布置的效率高 25%～40%;由于灯具基本连成一条,均匀度和诱导性也强于其他方式。荧光灯功率较小,有可能按区段采用 4 列、3 列、2 列和 1 列的排列方式,便于获得亮度梯级递减的控制目的。

②顶侧和侧壁布置。当棚顶中心不可能安装灯具时,则争取在棚顶中心两侧用贴顶式各装一条平行于道路轴线的灯具。有时,为了获得符合要求的净空高度,整个棚顶(含两侧)不能安装灯具,只有在两侧壁约 4m 高处用嵌入式安装照明器。灯具为高、低压钠灯或荧光灯,而且常采用纵向不对称配光,以便获得部分逆向投光。逆向投光朝迎面开来的车辆照射最大数量的光通量,以获得高路面亮度系数值($Q_0=L/E$)。同时,逆向投光只有很少或者几乎没有光线顺着车辆行驶方向射到路面上的物体,这就使得物体以远处亮路面和墙面为背景成为剪影,突出地显现出来。背景和物体间的亮度对比度提高,使驾驶员增强察觉障碍物的视功能。逆向投光时,需要采取某些防止眩光的特殊措施,否则有可能得不偿失。

③灯具类型和安装尺寸的选择。隧道内空气污染严重,烟雾大,透明度低;南方沿海地区,空气湿度大,腐蚀性也强。隧道照明宜使用可靠性高的封闭型和密闭型灯具。常规照明使用光效高,寿命长,穿透力强的低压钠灯比较理想;逆向投光照明则常用管形高压钠灯;荧光管灯光效低,但从控制亮度和提高诱导性考虑,目前使用的还不少。

安装尺寸主要是高度 $h$ 和间距 $s$。$h$ 在隧道内的变化范围较小,间距 $s$ 随要求的亮度指标、安装高度、灯具类型、布设和控制方式而变化。各功能区段亮度指标不同,且要求连续变化,需要根据亮度变化斜率和给定的灯具、安装高度计算间距。此时即使同一个区段,间距 $s$ 也在连续变化。目前,大多数隧道各功能区段的亮度固定不变,区段间成阶梯变化。因此,可按区段内亮度值和安装高度计算安装间距。间距确定后,再核算是否会出现严重的不舒适频闪。灯具间距还可以按照亮度变换、控制要求,逐段逐个进行计算。

改变钠灯排列方式,$h$ 与 $s$ 间有一些经验关系式。相对排列:$s \leqslant 2.5h$;交错和中间排列:$s \leqslant 1.5h$。

3. 应急照明

隧道需要 24h 不间断照明。意外停电时,应急电源应保证隧道路面亮度为基础值的 1/10,以保证车辆的低速行驶。应急电源通常由一组数量较多的防酸漏电瓶组成,具有维持 2～4h 的容量,还可配置相应功率的柴油发电机组。

**(四)照明控制和维护**

隧道内部亮度应根据洞外亮度进行调节,才能满足技术要求和减少维持费用。

隧道照明控制需要以灯具的合理布设为基础。可以将隧道照明灯具划分为两集群:A 群按基础亮度的需求沿隧道全程布置;B 群作为附加灯具分成几个独立回路组,以不同的排列形式布置,满足不同区段的亮度要求。B 群的各组既可穿插在 A 群灯具的间隔中,也可与 A 群平行布置成为另一列灯具。A 群 24h 连续照明,将洞外亮度变化范围划分成有限级数,级数与 B 群独立回路组数相等。按洞外亮度级别,分别接通或关闭相应回路,就可得到满意的控制效果。

道路、立交和广场等处下半夜交通量锐减,可以降低照明水平。灯具布置分为两个独立回路,一个管下半夜,两个共管上半夜。可采用手动或定时控制实现照明水平的变更。

灯具在恶劣环境下工作,灯泡、反光器和透光罩等器件极易黏附烟尘和老化,使光通量迅速下降。经常擦拭、保养非常必要,避免和减少保养工作对交通的影响具有现实意义。保养灯具和更换灯泡要在一定的高度下进行,目前急需一种不影响洞内交通又便于移动的高空作业工具。

# 项目六　认识立交和广场照明

## 一、立交照明特点和要求

立交是一座多层次立体型的复杂路桥结构,道路起伏大,迂回盘旋多,分流、汇接点也多。由多条直道、弯道、跨线桥梁和上下坡道衔接而成,是交通安全敏感区,也是驾驶员需要高度集中注意力的地区。车辆行驶在立交区,往往要经过多次急转弯,上坡或下坡,与其他车辆汇合或分流。夜间行驶在这种复杂的道路中,驾驶员要识别大量的交通指示标志和交通信号,需要有一个良好的视觉环境来看清前方道路走向和周围环境。立交人工照明为行车安全、舒适提供一个良好的光环境,对它的具体要求有:

1. 照明范围大

不能将灯具的光通量局限于照射车道路面。要在立交所在的范围内保持平均照度不低于 20lx,均匀度高于 0.4 的大面积照明,给驾驶员的视野提供充分的环境亮度。

2. 光学诱导性强

立交的弯道、岔道和坡道都较多,利用照明器布置的光点可以形象地显示立交造型、弯道半径、道路前进方向和坡度等视觉信息。取得良好诱导性是立交照明器布置的重要内容。

**3.眩光控制好**

立交层次多,转弯半径小,道路起伏变化大,不同位置灯具的投光角度颇难控制,容易产生刺眼的眩光,给在立交中转来转去的驾驶员造成视觉不舒适。

针对立交特殊交通环境和光照要求,照明对策选择高杆照明为主,辅以常规道路照明。

## 二、高杆照明

### 1.高杆灯具

一组灯具装在高度超过25m的灯杆顶端,灯光投向预定区域的大面积照明器称为高杆灯具。按灯杆类别将高杆灯分为:固定式、灯盘升降式和吊篮升降式三种。固定式的灯具不能从杆顶下移,维护时需要专用液压高架车;而升降式可操纵灯具从杆顶下移,从而可节省大量维护费用,目前,使用较广。图5-30是灯盘升降式高杆灯。升降式高杆灯由灯盘、灯杆、升降机构和电气装置四部分组成。

灯盘为钢或铝合金构件,上面装有12～24只400～1000W泛光灯具、镇流器和接线盒等。在保证照明效果前提下,兼顾灯盘造型美化。

灯杆有锥形、等径和分段变径三种,灯杆大都由钢板卷曲和无缝钢管焊接而成。灯顶部装有滑轮、托架、防雨帽和避雷针等,下部装有升降机构和电源箱等。杆高通常为25～35m,特殊的可达40～70m。升降机构由电动机、联轴器和卷扬机等组成。

电气装置包含电源箱、控制开关和操作箱,灯具光源可按用户要求分成多组控制;操作箱为便携式,使用时接通电源,可手持按钮盒在距杆5m外进行升降操作。

高杆灯以基杆为单位,目是可变的。

### 2.高杆照明特点基杆表示有一根带基础的灯杆,装设的灯具数

(1)照明水平高。增加灯杆顶端灯具数,采用大功率光源(≥400W高压钠灯),获得高光强。灯具安装高,可以照明大范围空间,有助于创造类似白天的视觉条件;照射面积大,既可照亮路面,也可照亮道路附近环境,使驾驶员视场尺寸得以扩大。

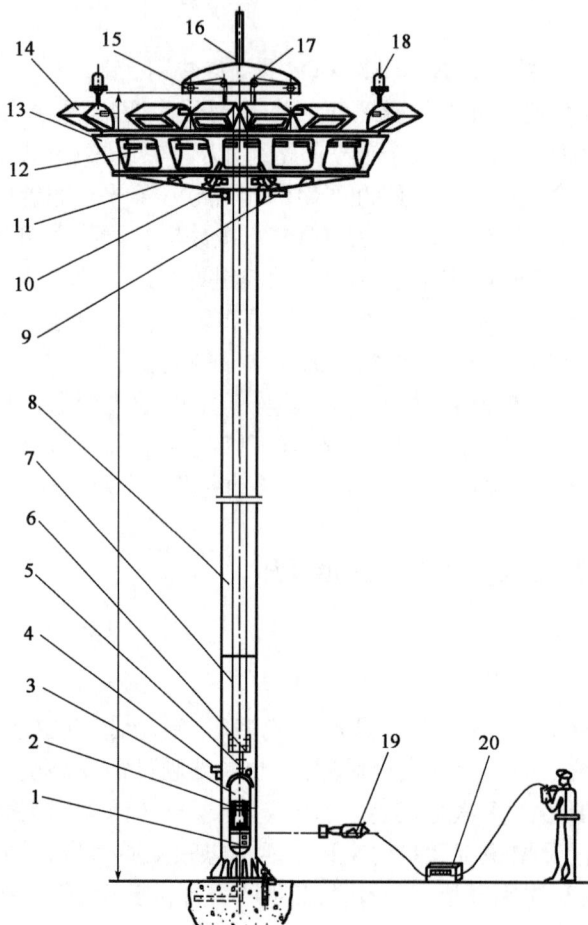

图5-30 升降式高杆灯具结构图

1-电源箱;2-升降装置;3-门部分;4-下托架;5-钢丝绳(1根);6-分绳器;7-钢丝绳(3根);8-灯杆部分;9-自动托轴部分;10-滚轮部分;11-防坠抱闸;12-双光源对称型泛光灯;13-灯盆部分;14-双光源非对称型泛光灯;15-防雨装置;16-避雷针;17-滑轮架;18-标志红灯;19-电动机;20-操作箱

（2）视舒适性好。普遍采用泛光灯具,亮度均匀性好,可采用几组不同配光的灯具排列组合,以取得按指定投向的大范围高均匀度的照明效果。如采用宽窄两种光束扩散角的灯具间隔排列,既可扩大照明范围,又可抑制眩光。

（3）视像清晰完整。灯杆少,视场障碍物少,可以提供整个立交和广场的完整清晰图像。可以选用不同类型的光源组合排列在灯盘上,形成混合色光,以获得较理想的显色效果,使物体本来面目更为逼真。

（4）维护方便。目前大都采用升降式灯杆,起降灵活,更换灯具方便,减少维护费用。

高杆照明的主要缺点是造价高,能耗大。

### 三、立交照明布置

1. 基杆数目和杆位选择

结合立交地貌、道路平面和立面线形,划分照明区域,确定高杆灯数目和灯杆安装位置。选择杆位要考虑三方面因素:首先要使灯具的光能投射到预定的区域,符合布光要求;其次要使灯具位于驾驶员正常视线之外,以避免和减弱眩光,提高视舒适;同时还要考虑不易发生撞杆事故,不致因维护而影响正常交通。

2. 选择灯具布置方式

高杆灯具布置方式有三种,应根据受照场地及其周围环境的不同情况予以合理选择:

（1）平面对称式。灯具对称排列在垂直对称面两侧的水平面上,主要用于宽阔公路的照明。

（2）径向对称式。灯具沿径向对称地布置在一个或几个水平面上,主要用于大面积广场和匝道布置比较紧凑的简单小型立交。

（3）非对称式。灯具根据实际需要布设并分别投射预定的区域,主要用于大型、多层的复杂立交和匝道分布广而分散的立交。复杂互通立交常采用中心和周边结合的布置方式。

3. 选择灯具

光源常用高压钠灯;河海旁水气和浓雾较多,可选用低压钠灯。灯具宜用泛光灯,功率为$400\sim1000\text{W}$。要根据受照场所的形状,选择具有不同配光的灯具。泛光灯有多种不同配光形式,有轴对称配光和不对称配光。后者相互垂直的两个平面的扩散角可以相差很大,如FGD-8601型泛光灯两个扩散角$\beta$为69°和75°。灯盘上各灯具的配光可以多种多样,以均匀覆盖预定照射面为目标。灯具要尽可能轻,以减少灯杆上部结构的载荷。

4. 确定投光俯角和安装尺寸

高杆灯具的光轴应射向指定区域,光轴与水平线的夹角称为投光俯角。俯角变化时,被照面的照度、光斑形状和面积、灯杆下照射不到的死区都在随之变化。设俯角为$\gamma$,灯具光束上扩散角为$\beta_2$,下扩散角为$\beta_1$,则当在$\gamma>\beta_2$时,光束利用率最高;当$\gamma<\beta_2$时,利用率最低,大量光束射向空间,产生能量浪费,如图5-31b)所示。图示说明俯角需结合灯具配光确定。通常$\gamma$在45°～70°范围内。

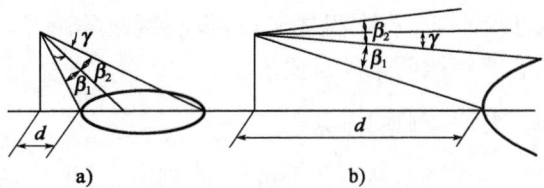

图5-31　光斑形状与俯角关系

安装高度 $h$ 决定光斑面积的大小和眩光的严重程度。轴对称配光灯具投射光斑的半径 $r$ 和安装高度 $h$ 存在关系式 $h \geqslant 0.5r$，非对称配光泛光灯具的安装高度需要根据配光类型和预定照射区域面积的大小经过计算确定。驾驶员行车时，如有光线射入其 $30°$ 平视角范围内，将产生影响操作的眩光。灯具的最低安装高度应根据此原则确定。

泛光灯具最大光强方向的 $\gamma_{max}$ 角不宜超过 $65°$；按径向对称布置的泛光高杆灯，其杆距和杆高之比为 $2.5 \sim 5$；非对称布置的泛光高杆灯可适当加大此比例。

5. 合理选择灯杆结构

灯杆分单柱和多柱；灯盘有固定、手动升降和电动升降三种；升降式灯盘用单柱灯杆，固定灯架用单柱、多柱均可。从更换灯泡和维护角度出发，采用电动升降式灯架最方便。

6. 要摆正美观和功能的位置

7. 诱导性

诱导性对线形复杂的互通式立交有重要作用，除用高杆照明实施诱导外，也采用常规路灯照明，对一些受到遮蔽的弯道实施诱导，见图 5-32。经验证明，外侧设置比内侧和两侧好。

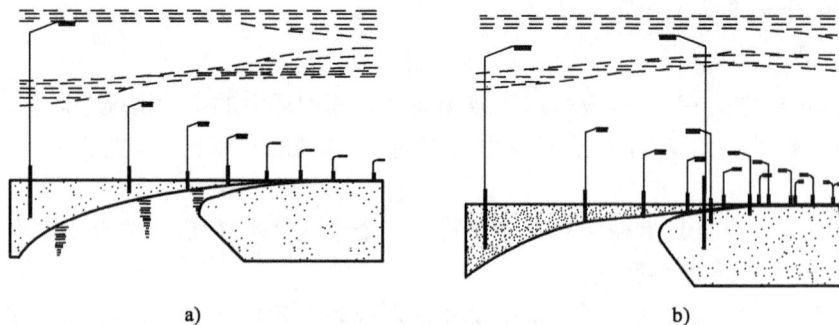

图 5-32 常规路灯对弯道的诱导
a)外侧设置路灯；b)两侧设置

## 四、广场照明

收费广场、服务区和停车场等地都需要照明，现以收费广场为代表叙述有关内容。

1. 收费广场照明需求

收费广场面积在数百到上千平方米，经常有不少车辆停在收费车道办理收费手续。收费员从亭内应能看清亭外的车辆和驾驶员，达到直接用目光监视车型的目的。有的收费站还设有广场监控楼，通过摄像机对各收费车道和整个收费广场进行监控，广场照明应为这些摄像机提供所需要的照度。广场对夜间照明的要求是：整个区域的照明水平较高，平均水平维持照度大于 20lx，没有明显的光斑，没有刺眼的眩光，均匀度为 $0.4 \sim 0.5$。目前，大都采用高杆照明结合常规照明来满足要求。

2. 广场照明布置

一个收费站有两个被收费车道隔开的广场，面积在 $200 \sim 1500 m^2$ 范围内，形状比较规整，接近长方形。面积小的广场用适当加高的常规路灯照明即可满足要求；大的广场常用图 5-33 所示的形式布置高杆灯具。基杆安装高度 $h$、间距 $s$ 和广场宽度 $W$ 间存在下述关系。

单侧排列时,图 5-33a),有:

$$h \geqslant 0.4W + 0.6a; s \leqslant 2h; s = 2s_1$$

对称排列时,图 5-33b),有:

$$h \geqslant 0.2W + 0.6a; s \leqslant 2.7h; s = 2s_1$$

广场中有灯杆时,图 5-33c),有:

$$h_1 \geqslant 0.5W_1; h_2 \geqslant 0.5W_2; h_3 \geqslant 0.25(W_1 + W_2)$$

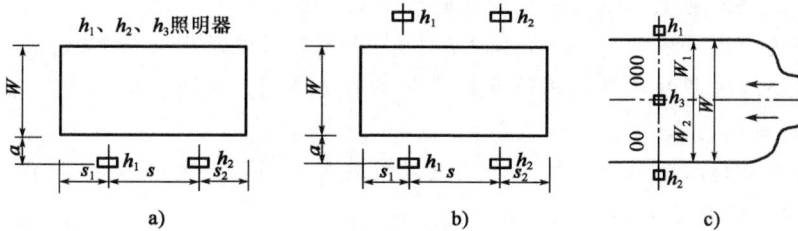

图 5-33 广场灯具布置

### 3.收费车道照明

收费站的照明重点在收费车道,每一条车道面对来车方向通常都配备一台摄像机,以便对违章车辆进行抓拍。同时,在灯光照明下,收费员也可以更清晰地看清车型,便于对缴费人员服务。收费车道、收费岛和收费亭都在天棚覆盖下,天棚下弦高约 5.5m,这种环境使车道照明具有室内照明性质。可以沿车道上方棚顶嵌装一列窄光束灯具,光轴可以轻微投向来车方向,以利于摄像。收费亭内的照明可以按室内照明处理。

**复习思考题**

一、填空题

1.电力负荷根据供电可靠性及中断供电在社会上所造成的损失或影响的程度,分为_____、_____、_____三个等级。

2.电力设备的接地按其功能分为_____、_____两大类。

3.路面反射可能出现_____、_____、_____等几种方式。

4.直流供配电系统主要由_____、_____、_____、_____、_____元件组成。

5.高速公路照明系统包括_____、_____、_____、_____。

二、简答题

1.一般供配电系统需考虑因素有哪些?

2.高速公路机电设备供配电系统有什么特点?

3.试归纳电子设备的接地系统的功能和分类。

4.高速公路机电设备系统如何实现防雷?

5.高速公路照明系统对车辆行驶有何影响?

6.高速公路照明系统如何分类?

# 参 考 文 献

[1] 杨志伟,罗宇飞.高速公路机电系统管理[M].北京:机械工业出版,2004.

[2] 翁小雄.高速公路机电系统[M].北京:人民交通出版社,2000.

[3] 焦振芳.高速公路机电工程[J].中国公路学会,2001-3.

[4] 孙国杰.高速公路联网收费热点问题探讨[J].中国交通信息产业,2009(10):77-79.

[5] 蔡华.高速公路收费技术发展探讨及标准化工作进展[J].交通信息产业杂志,第四届高速公路机电项目研讨班论文.

[6] 赵舞台.高速公路机电系统新技术应用及其发展趋势[J].交通信息产业杂志,第五届高速公路机电项目研讨会专辑,2003-3.

[7] 张智勇,朱立伟.高速公路机电系统新技术及应用[M].北京:人民交通出版,2008.

[8] 段国钦,孙憩,梁华.高速公路机电系统运行与维护手册[M].北京:人民交通出版,2006.

[9] 王晓燕,石俊平.高速公路机电系统集成与应用维护[M].北京:电子科技大学出版社,2010.

[10] 河北省交通通信管理局.机电岗位[M].北京:人民交通出版社,2005.

[11] 罗密,王晓燕,石俊平.高速公路机电系统集成与应用维护[M].北京:电子科技大学出版社,2010.

[12] 左海波.河北省高速公路机电系统技术要求[M].北京:人民交通出版社,2012.

[13] 张智勇,朱传征.公路机电工程检测技术[M].北京:人民交通出版社,2008.

[14] 邹国平,黄铮.高速公路机电工程软件开发技术[M].北京:电子工业出版社,2008.

[15] 交通运输部公路科学研究院,北京交科公路勘察设计研究院.中华人民共和国交通运输部:高速公路通信技术要求[M].北京:人民交通出版社,2012.

[16] 中国国家标准化管理委员会.GB/T 18567—2010 高速公路隧道监控系统模式[S].北京:中国标准出版社,2010.

[17] 福建省高速公路建设总指挥部.福建省高速公路机电工程施工标准化管理指南(通信系统)[M].北京:人民交通出版社,2012.

[18] 王自来.高速公路改扩建工程通信系统方案设计探讨[J].中国交通信息化,2013(03):95-96.

[19] 陈智远.试析高速公路通信技术的运用[J].信息通信,2012(05):272-273.

[20] 李新法,王跃山.高速公路通信系统全 IP 通信设计[J].公路交通科技(应用技术版),2012(11):331-333.

[21] 李会涛.高速公路通信技术的运用[J].中国新通信,2013(03):40-41.

[22] 朱志伟.高速公路信息化建设中通信技术的思考[J].道路交通管理,2013(01):40-41.

[23] 董亮,刁媛媛.浅谈高速公路通信技术应用与展望[J].科技致富向导,2012(33):323.

[24] 王彬.高速公路通信网络系统设计[J].经营管理者,2011(22):296-295.

[25] 代述强,张鹤然.贵州高速公路通信系统维护思考[J].中国交通信息化,2011(12):35.

[26] 谢淼.谈公路通信系统数字化平台的建立[J].信息安全与技术,2012(03):82-83.

[27] 王静.通信系统在高速公路机电系统中的应用[J].交通世界,2012(04):141-142.

[28] 谢冰,龚树超.PTN技术在高速公路通信系统中的应用探讨[J].中国交通信息化,2012(05):103-105.

[29] 王尚杰.甘肃省高速公路通信系统升级改造[J].中国交通信息化,2012(06):108-110.

[30] 杨鹏.论高速公路信息通信系统的建设与管理[J].山西建筑,2012(25):178-179.

[31] 贾国辉.基于以太网的高速公路通信系统应用分析[J].交通标准化,2012(15):157-160.

[32] 李冬陵,陈瑜.收费系统集成与维护[M].北京:人民交通出版社,2010.

[33] 陈斌.高速公路联网收费系统及其应用[M].成都:西南交大出版社,2007.

[34] 王笑京,蔡华,宋向辉,等.电子收费系统技术与工程应用[M].北京:人民交通出版社,2006.

[35] 郭敏.高速公路收费系统[M].北京:人民交通出版社,2002.

[36] 鲍钢,邹杰.广东省高速公路联网监控、通信系统技术要求研究及其推广应用[J].公路交通科技(应用技术版),2013(01):216-218.

[37] 于大鹏.高速公路联网收费现状及对策探讨[J].科技信息,2012(32):381.

[38] 张永忠.有关高速公路联网收费技术的分析与探讨[J].科技创新与应用,2012(29):52.

[39] 徐博强.高速公路车道收费系统的设计与实现[D].吉林大学,2012.

[40] 张向民.浅析河北省高速公路联网收费[J].品牌,2011(10):68-70.

[41] 王继芳.佛清从高速公路北段联网收费方案分析[J].中国交通信息化,2012(02):69-71.

[42] 张洋,李志高,等.河南省高速公路联网监控中心的建设与思考[J].中国交通信息化,2012(03):85-88.

[43] 王志强.高速公路联网收费路费收入流失及其对策探讨[J].现代商业,2012(10):212-211.

[44] 刘强.河北高速公路联网收费一片区通行卡管理[J].中国交通信息化,2012(06):74-76.

[45] 符传进,夏创文.广东省高速公路路径识别技术方案探讨[J].中国交通信息化,2012(09):71-73.

[46] 王飞,陈刘伟,项煜.河南省高速公路联网监控系统的建设与应用[J].河南科技,2012(13):53-54.

[47] 杨晓林,沈毅.联网收费应急系统[J].中国交通信息化,2012(10):78-79.

[48] 李林宏.浅析高速公路ETC不停车收费系统[J].科技致富向导,2012(14):345.

[49] 赵文文.珠三角高速公路计重收费方案研究[D].华南理工大学,2012.

[50] 陈晓光,吴利红,狄婕.我省公路联网收费总里程达3530公里[N].黑龙江日报,2012-01-01(003).

[51] 方芳.全省高速公路2013年前统一联网收费——高速公路区域内主线收费站将全部撤销[J].广东交通,2011(06):35.

[52] 曾瑶辉,李冬陵.高速公路监控系统集成[M].北京:人民交通出版社,2010.

[53] 罗世伟,左涛,邹开耀.视频监控系统原理及维护[M].北京:电子工业出版社,2007.

[54] 王华忠.监控与数据采集(SCADA)系统及其应用[M].2版.北京:电子工业出版社,2012.

[55] 郭秀才,杨世兴.监测监控系统原理及应用[M].北京:中国电力出版社,2010.

[56] 雷玉堂.安防视频监控实用技术[M].北京:电子工业出版社,2012.

[57] 欧阳东.数字安防监控系统设计及安装图集[M].北京:中国建筑工业出版社,2008.

[58] 西刹子. 安防天下:智能网络视频监控技术详解与实践[M]. 北京:清华大学出版社,2010.

[59] 《高速公路养护管理手册》编委会. 高速公路养护管理手册[M]. 北京:人民交通出版社,2002.

[60] 张月中,王彦卿. 高速公路交通工程及沿线设施[M]. 北京:人民交通出版社,1999.

[61] 贾元华,董平如. 高速公路建设与管理[M]. 北京:北京交通大学出版社,2002.

[62] 高速公路丛书编委会. 高速公路运营管理[M]. 北京:人民交通出版社,2001.